南京大学双一流建设文科"百层次"科研项目
南 京 大 学 人 文 基 金 项 目

南京大学六朝研究所书系·甲种专著·第叁号
南 京 大 学 六 朝 研 究 所　主编

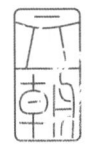

六朝的城市与社会

增订本

刘淑芬　著

南京大学出版社

图书在版编目(CIP)数据

六朝的城市与社会 / 刘淑芬著. —— 增订本. —— 南京：南京大学出版社，2021.1(2023.5 重印)
（南京大学六朝研究所书系. 甲种专著. 第叁号）
ISBN 978-7-305-23220-6

Ⅰ.①六… Ⅱ.①刘… Ⅲ.①城市社会学－研究－中国－六朝时代 Ⅳ.①K235.07

中国版本图书馆 CIP 数据核字(2020)第 070257 号

出版发行	南京大学出版社
社　　址	南京市汉口路 22 号　　邮　编　210093
出 版 人	金鑫荣
丛 书 名	南京大学六朝研究所书系·甲种专著·第叁号
书　　名	六朝的城市与社会（增订本）
著　 者	刘淑芬
责任编辑	张　敏　　　　编辑热线　(025)83592193
照　　排	南京南琳图文制作有限公司
印　　刷	徐州绪权印刷有限公司
开　　本	787×1092　1/20　印张 24.5　字数 405 千
版　　次	2021 年 1 月第 1 版　2023 年 5 月第 3 次印刷
ISBN 978-7-305-23220-6	
定　　价	98.00 元

网址：http://www.njupco.com
官方微博：http://weibo.com/njupco
官方微信号：njupress
销售咨询热线：(025) 83594756

＊版权所有，侵权必究
＊凡购买南大版图书，如有印装质量问题，请与所购图书销售部门联系调换

总　序

一

　　晃晃悠悠的节奏、断断续续的过程，也许是"万事开头难"吧，从2017年3月14日"南京大学六朝研究所成立仪式暨学术座谈会"召开、计划出版系列图书至今，竟然已经三年又八个月过去了，具有"标志"意义的南京大学出版社版"南京大学六朝研究所书系"首批四册，终于即将推出，它们是：

　　刘淑芬著《六朝的城市与社会》（增订本），"甲种专著"第叁号；

　　张学锋编《"都城圈"与"都城圈社会"研究文集——以六朝建康为中心》，"乙种论集"第壹号；

　　[美]威安道（Andrew Chittick）著、毕云译《中古中国的荫护与社群：公元400—600年的襄阳城》，"丙种译丛"第壹号；

　　[德]安然（Annette Kieser）著、周胤等译《从文物考古透视六朝社会》，"丙种译丛"第贰号。

　　既然是"首批四册"，如何"甲种专著"却编为"第叁号"呢？这缘于此前"书系"已经出版了以下数种：

　　胡阿祥著《东晋南朝侨州郡县与侨流人口研究》（修订本），江苏人民出版社，2019年10月版，"甲种专著"第壹号；

　　吴桂兵著《中古丧葬礼俗中佛教因素演进的考古学研究》，科学出版社，2019年12月版，"甲种专著"第贰号；

　　（唐）许嵩撰，张学锋、陆帅整理《建康实录》，南京出版社，2019年

10月版,"丁种资料"第壹号;

胡阿祥著《"胡"说六朝》,江苏人民出版社,2019年6月版,"戊种公共史学"第壹号;

胡阿祥、王景福著《谢朓传》,凤凰出版社,2019年12月版,"戊种公共史学"第贰号。

据上所陈,"南京大学六朝研究所书系"的总体设计,应该就可以瞭然了。

首先,"书系"包含五个系列,即甲种专著、乙种论集、丙种译丛、丁种资料、戊种公共史学,这显示了我们对六朝历史之基础研究与应用研究的全面关注、对话学界之"学院"史学与面向社会之"公共史学"的兼容并包。

其次,"书系"出版采取"1+N"模式,"1"为南京大学出版社,"N"为其他出版社,"1"为主,"N"为辅,但仍按出版时序进行统一编号。所以如此处理,自然不在追求"差异美",而是随顺作者、译者、编者的意愿以及其他各别复杂情形。

再次,"书系"虽以"南京大学六朝研究所书系"冠名,但只是冠名而已,我们会热忱邀约、真诚接受所内外、校内外、国内外的书稿,并尽遴选、评审、建议乃至修改之责。

要之,五个系列的齐头并进、出版单位的灵活安排、书稿来源的不拘内外,这样有异寻常的总体设计,又都服务于我们的相关中期乃至远期目标:通过若干年的努力,使学界同仁共襄盛举的"南京大学六朝研究所书系"渐具规模、形成特色、产生影响,而"南京大学六朝研究所"也因之成为学界同仁信任、首肯乃至赞誉的研究机构。如此,庶不辜负我们回望的如梦的六朝时代、我们生活的坚韧而光荣的华夏正统古都南京、我们工作的诚朴雄伟励学敦行的南京大学、我们钟情的昌明国粹融化新知的南京大学历史学院。

二

南京大学历史学院有着厚实的六朝研究传统。蒋赞初、孟昭庚等老一辈学者宏基初奠,如蒋赞初教授开创的六朝考古领域,在学界独树一帜,若孟昭庚教授从事的六朝文献整理,在学界备受赞誉;近20多年来,张学锋、贺云翱、吴桂兵、杨晓春等中年学者开拓创新,又形成了六朝人文地理、东亚关系、都城考古、墓葬考古、佛教考古等特色方向。推而广之,南京大学文学院程章灿之石刻文献研究、赵益之知识信仰研究、童岭之思想文化研究,南京大学地海学院陈刚之建康空间研究,皆已卓然成家;又卞孝萱师创办的"江苏省六朝史研究会",已历半个多甲子,一批"后浪"张罗的"六朝历史与考古青年学者交流会",近期将举办第七回,本人任馆长的六朝博物馆,成为六朝古都南京的璀璨"地标",南京师范大学、南京市考古研究院、南京晓庄学院等,也都汇聚起不弱的六朝研究力量。凡此种种,既有意或无意中彰显了学者个人之"文章合为时而著,歌诗合为事而作"的"义理"追求,也主动或被动地因应了现实社会对历史记忆、文化遗产等的"经济"(经世济用)需求。

即以现实社会之"经济"需求而言,就南方论,就江苏论,就南京论,六朝时代既是整体变迁过程中客观存在的一环,又是特别关键、相当荣耀的一环。以秦岭-淮河为大致分界的中国南方,经过六朝时代,经济开发出来了,文化发展起来了;跨江越淮带海的江苏,唤醒历史记忆,弘扬文化遗产,同样无法绕过六朝时代;而南京所以能够成为中国第四大古都、中国南方第一的古都,也主要是因为六朝在此建都。

六朝的意义当然绝不仅此。举其"义理"之荦荦大者,以言孙吴,经过孙吴一朝的民族融合、交通开辟、政区设置,南中国进入了中国历史的主舞台,并引领了此后北方有乱、避难南方的历史趋势,比如东晋、南朝、南宋皆如此;以言东晋南朝,当中国北方陷入十六国大乱,正是晋朝在南方的重建以及其后宋、齐、梁、陈较为平稳的递嬗,才使传统华夏文明在南方得以保存与延续、发展并丰富,这样薪火相传、"凤凰涅槃"的南方华夏文明,又给北方的十六国北朝之"汉化"或"本土化"的演进,提供了鲜活的"样本"、完整的"模范",其结果,便是南与北交融、胡与汉融铸而成的辉煌灿烂的隋唐文明,特别是其中的精英文化;再言虽然分隔为孙吴、东晋南朝两段而诸多方面仍一以贯之的六朝,就颇有学者把包括六朝在内的汉晋文化与罗马文化并列为世界古代文明的两大中心,这又无疑显示了六朝文化在世界史上的超凡地位。

然则围绕着这样的"义理"与"经济",笔者起 2004 年、至 2018 年,为《南京晓庄学院学报》"六朝研究"专栏写下了 50 篇回旋往复甚至有些啰嗦的"主持人语",这些"主持人语",现已结集在"南京大学六朝研究所书系"最先问世的《"胡"说六朝》中;至于"南京大学六朝研究所书系"过去近四年的"万事开头难"、今后若干年的"不忘初心,而必果本愿",我们也就自我定位为伟哉斯业,准备着无怨无悔地奉献心力了……

南京大学六朝研究所　所长胡阿祥
2020 年 11 月 16 日

原序（1992）

对历史研究者而言，六朝是一个丰富多彩的范畴，蕴含无穷的魅力。在多种民族角逐政权的纷扰中，哀哀百姓流离生死，从而转向宗教的安慰，佛、道二教因而大为兴盛流行；大、小佛教石窟的开凿，以及无数庄严佛像的塑造，千载之下，仍然撼人心魄。那也是一个气魄宏伟的时代，透过陆上与海上的丝路，越过千里无烟的沙漠，横渡万顷风波的大海，中国与东南亚、西亚，乃远至于罗马，有直接或间接的商业往来、文化交流。同时，在政治、社会、经济方面都占尽优势的贵族，为那一个时代盖上了"贵族制社会"的戳记；他们的悠游自恣与丰富学养，创造出的优雅风流，是六朝文化中最炫目的花朵。总的来说，六朝史研究可归结为下列几个重点：民族、宗教、中外交通，以及以贵族制为中心的政治、军事、社会、经济制度。迄今中、外六朝史的研究多集中于贵族制这个项目的讨论，成绩也灿然可观。

本书收录笔者近十年来关于六朝史研究的论文，尝试从另一个角度探索此一时的面貌，分为建康城、社会与经济、中古都城坊制三篇，各篇章之间的关联，正可显示这些年来思路的轨迹。

上篇诸文是有关建康城市史的论文，"江南佳丽地，金陵帝王州"，建康作为六朝的都城，所有重要的政治事件都以此地为舞台而逐一开展；它同时也是当时的经济与文化中心，在六朝有限的文献记载里，十之八九皆集中于此。又，建康城随着六朝政权的兴盛而与之共繁荣，也由于其政权的衰落而告倾圮。因此，建康城市史实可视为一简略的六朝史。

中篇系六朝史的区域研究，分别探讨浙东地区和交、广地区；另一方面,它也和上篇《六朝建康的经济基础》相呼应,是更进一步讨论六朝政权倚重的财赋重地之一——浙东地区的经济与社会,以及掌握六朝对外贸易的交、广二州。

下篇讨论中古都城坊制这种规划产生的背景、源起,并且探讨它破坏崩解的原因。这一部分问题的思考也和上篇《六朝建康与北魏洛阳之比较》有延续传承的关系。关于六朝建康与北魏洛阳城市规划的关联,近年来一直是中、日学术界讨论的课题。1983年,笔者在《六朝建康与北魏洛阳之比较》(发表于《台湾大学建筑与城乡研究学报》二卷一期)一文中,提出北魏洛阳的规划几乎全受建康城的影响。其后中、日学者亦主张此说,见秋山日出雄《南朝都城建康の復原序説》(《橿原考古研究所论集》7,1984)及《南朝の古都建康》(岸俊男编,《中國江南の都城遺跡》,1985),郭黎安《试论六朝时期的建业》(《中国古都研究》,1985),曹阳《中國歷史城郭楷式の一考察》(《待兼山论丛》日本学22)。虽然如此,但是笔者今日对此问题的看法,已和九年前不同了。由于建康城在六世纪时遭到隋文帝有意的破坏,平荡耕垦,无论是现在或将来,都难以得到六朝建康城市考古的数据,无法和北魏洛阳做一个比对。因此,对于建康影响北魏洛阳城市规划的程度,我反而持较为保留的态度。关于这个问题,学者似仍有讨论的兴趣,正可拭目以待。

不论建康和北魏洛阳城市规划之关系如何,北魏洛阳的城市设计直接影响及隋唐长安、洛阳的规划,这在两者都有大规模整齐几何形的城坊规划这一点上,显现得最为清楚。关于中古城坊制,前此学者很少就此做专题讨论,然而它是中古城市研究中最重要的课题之一,本篇尝试就时代的背景、规划的渊源来探讨其产生的原因,并且从有关城市管理法令及城市居民生活较具体的层面,探讨唐代末年城坊制崩坏的缘由。

就整体而言,本书希望能以不同于传统六朝史研究著作的视角,特别着重从城市和社会的方面,以展现多姿多彩六朝史的一个风貌。

我深自庆幸能够在史语所这样好的环境中做研究,列书满架,花影逼窗,在现代社会的急速变迁与匆忙之际,仍能拥有一份清心自在,和纯粹知识追求的喜悦。这一本书可以说是我在此工作的一份成绩单,我愿借此向爱护我的师长友侪致诚挚的谢意,如果不是他们给我机会,如果没有他们的鼓励教正,我是连这样一份初步的成绩单也无法交出来的。当此之际,我尤其感念先师傅乐成先生,如果没有他的激励,我也许不会走上学术研究这条路。

最后,谨以此书纪念先父刘长云先生。

目　录

总　序 …………………………………………………………… 1
原　序(1992) …………………………………………………… 1

上篇　建康城 …………………………………………………… 1

建康与六朝历史的发展 ………………………………………… 3
六朝建康城的兴盛与衰落 ……………………………………… 28
六朝建康的经济基础 …………………………………………… 66
六朝建康的佛寺与城市空间 …………………………………… 89
六朝建康的园宅 ………………………………………………… 125
六朝时代的建康——市廛、民居与治安 …………………… 142
东晋南朝"钟山文化区"的形成 ……………………………… 166
六朝建康与北魏洛阳之比较 …………………………………… 200

中篇　社会与经济 ……………………………………………… 221

移民潮、非汉民族和六朝商业政策的转变 ………………… 223
三至六世纪浙东地区的经济发展 ……………………………… 250
六朝会稽士族 …………………………………………………… 296

六朝南海贸易的开展 …………………………………………… 348

下篇　中古都城坊制 ……………………………………… 375

魏晋北朝的筑城运动 …………………………………………… 377

中古都城坊制初探 ……………………………………………… 417

中古都城坊制的崩解 …………………………………………… 442

后　记(增订本) ………………………………………………… 474

上篇 建康城

建康与六朝历史的发展

古代中国的政治文化中心皆在黄河流域,而长江流域的郢(今湖北鄂州北之纪南城)、吴(今江苏苏州)、会稽(今浙江绍兴)虽然曾为封建列国楚国、吴国和越国之都,但在秦统一以后,即隳坠不显。秦汉时长安与洛阳是中国的政治、文化中心,整个长江流域并没有一个较大的都会可与之并论。然自三国以降,位于长江下游、一无政治渊源和历史传统的建康,自孙吴建为都城后,一跃而成为六朝分裂时期南方的政治文化中心,与黄河流域的名都长安、洛阳相抗衡。

本文主要讨论六朝建康被建为都城的缘由。首先叙述六朝的立国形势;次则由孙吴建都的经过,探讨其决定建都建康的因素;再则说明建康都城地位的确立;最后探讨建都建康对六朝历史发展的影响。

一、六朝的立国形势

中国自汉末衰乱迄隋平陈,其间除了西晋短暂的统一外,其余的时间都处在南北分裂与对立的状态之中,立国于江南的政权都恃长江天险以自固。三国时,曹魏傅幹即指出"吴有长江之险,蜀有崇山之阻"①,而魏文帝于黄初五年(224)大举伐吴,吴人缘江守备,文帝临长江而叹:"魏虽有武骑千群,无所用之,未可图也。"②于是旋师罢兵。东

---

① 〔晋〕陈寿撰,〔南朝宋〕裴松之注:《三国志·魏书》(北京:中华书局,1982),卷一,《武帝纪》,注引《九州春秋》,页43。

② 《三国志·吴书》,卷十,《徐盛传》,注引《魏氏春秋》,页1299。

晋南朝情况也和孙吴相同,所以陶侃(259—334)说:"我所以设险而御寇,正以长江耳。"①因为倚长江之险以资守御,故须守淮南之地与巩固上游地区,而二者相较,又以上游地区为要。因敌方若据有淮南,便可直逼长江,江左虽有倾覆之虞,但不至于立即陷入危亡之境;如敌方据有上游,则可沿江而下,直指建康,江南便不免于灭亡的命运。故顾祖禹(1631—1692)云:

> 敌在淮南,而长江之险吾与敌共;敌在上游,而长江之险乃制之于敌矣。……欲固东南者,必争江、汉;欲规中原者,必得淮、泗。有江、汉而无淮、泗,国必弱;有淮、泗而无江、汉之上游,国必危。②

孙吴立国东南,孙权知东南形势必在上流,于是城夏口(今湖北武汉)、都武昌(今湖北鄂州),③特别重视上游;于其地置重兵防戍,西陵(今湖北宜昌)、建平(郡治在巫县,今重庆巫山)尤为重要的据点,称为"国之西门"。如西陵失守,则不能保有荆州;如不能保有荆州,则敌方借上流之势,灭吴易如反掌,故胡三省(1230—1302)云:"吴人都秣陵,不恃大江,而守荆渚。"吴人更以为荆州"存则吴存,亡则吴亡",若荆州危殆,则必须倾国争之。孙吴名将陆抗(226—274)在上后主疏中,对于这点陈述甚详:

> 西陵、建平,国之蕃表,既处下流,受敌二境。若敌泛舟顺流,舳舻千里,星奔电迈,俄然行至,非可恃援他部以救倒悬也。此乃社稷安危之机,非徒封疆侵陵小害也。臣父逊昔在西垂陈言,以为西陵国之西门,虽云易守,亦复易失。若有不守,非但失一郡,则荆

---

① 〔唐〕房玄龄等撰,《晋书》(北京:中华书局,1974),卷六十六,《陶侃传》,页1778。

② 〔清〕顾祖禹著,贺次君、施和金点校:《读史方舆纪要》(北京:中华书局,2005),《南直方舆纪要序》,页869。

③ 《读史方舆纪要》,《湖广方舆纪要序》,页3484。

州非吴有也。如其有虞,当倾国争之。①

西晋君臣亦深知欲平吴,则必先取得上游的据点,羊祜(221—278)以为"伐吴必藉上流之势"②。而吴建平太守吾彦也深信晋人来侵时,只要守住建平,便可无忧,"建平不下,(晋)终不敢渡"③。在晋平吴之役中,杜预(222—285)也说若攻下建平,顺流长驱,便告成功。④ 长江上游地区实关系吴之存亡,然至孙皓时,荆州的守备力量日趋削弱,陆抗曾上疏请求增兵三万,以益守御,但孙皓不予理会。⑤ 及陆抗病卒,上游非但没有将才,戒备又不足,因此晋将王濬(206—286)得以顺利攻下建平,顺流而下,直逼建业。另一方面王浑(223—297)自江西的横江攻吴,吴丞相张悌(236—280)率精兵三万迎战,于建业西南的板桥一役,不幸全军覆没⑥,继而王浚军临石头城(位于建康城之西),吴亡。吴之灭亡虽然主要是因孙皓的荒淫失政,但和其立国形势与荆州的守御实有密切的关系;孙吴末年,长江上流仅有兵数万,戍守微弱⑦,吴之灭亡并非偶然。

东晋南朝的立国形势与孙吴相似,在防守上依然守淮南及长江上游。孙吴荆州为上游重地,东晋以后其地位之重更超越三国时代,一则自孙吴以降,荆州境域之内有蛮族分布,所以陆抗说荆州之地须"内怀百蛮",至东晋南朝,荆州蛮族叛服不常,因此荆州除了军府之外,另设有南蛮校尉,以镇压蛮族的叛乱。荆州因内怀百蛮,外御强寇,为用武之国,所以军力特别雄厚,荆州将吏的数目为他州之数倍。宋武帝《永

---

① 《三国志·吴书》,卷十三,《陆抗传》,页1359。
② 《晋书》,卷三十四,《羊祜传》,页1017。
③ 《晋书》,卷四十二,《王濬传》,页1208。
④ 《晋书》,卷四十二,《王濬传》,页1210。
⑤ 《三国志·吴书》,卷十三,《陆抗传》,页1360。
⑥ 〔宋〕司马光编著,〔元〕胡三省音注,"标点资治通鉴小组"校点:《资治通鉴》(北京:古籍出版社,1956),卷八十一,《晋纪三》武帝太康元年,页2561—2563。
⑦ 《三国志·吴书》,卷十三,《陆抗传》,页1359—1360。

初二年诏》：

> 初限荆州府置将不得过二千人，吏不得过一万人；州置将不得过五百人，吏不得过五千人；兵士不在此限。①

而荆州的资实用度也常是他州的数倍，齐时"荆州资费岁钱三千万，布万匹，米六万斛，又以江、湘二州米十万斛给镇府。湘州资费岁七百万，布三千匹，米五万斛。南蛮资费岁三百万，布万匹，绵千斤，绢三百匹，米千斛"②。二则荆州物产富饶，"荆城跨南楚之富，扬部有全吴之沃，鱼盐杞梓之利，充仞八方，丝绵布帛之饶，覆衣天下"③，也有兴旺的商业："况荆州物产，雍、岷、交、梁之会……良马劲卒，彼中不无；良皮美罽，商贾所聚。"④军备加上财富、物产，使荆州成为东晋南朝势力最雄厚的地区，《宋书》云："荆州居上流之重，地广兵强，资实甲兵，居朝廷之半。"⑤因此如荆州衰敝势弱，江南便有亡国之忧，晋之重臣何充（292—346）云：

> 荆楚，国之西门，户口百万，北带强胡，西邻劲蜀，经略险阻，周旋万里。得贤则中原可定，势弱则社稷同忧。⑥

以立国形势而言，六朝的军事中心始终在长江上游的荆州，而六朝除吴大帝与孙皓曾都武昌，及梁元帝都于江陵（今湖北江陵）一小段时间外，

---

① 〔梁〕沈约撰：《宋书》（北京：中华书局，1974），卷三，《武帝纪下》，页57。
② 〔梁〕萧子显撰：《南齐书》（北京：中华书局，1972），卷二十二，《豫章文献王嶷传》，页407。
③ 《宋书》，卷五十四，《沈昙庆传》，页1540。
④ 《南齐书》，卷二十五，《张敬儿传》，页471。
⑤ 《宋书》，卷五十一，《临川王义庆传》，页1476。
⑥ 《晋书》，卷七十七，《何充传》，页2030。

皆建都于长江下游的建康。秦汉时关中为军事中心,建都于长安,系政治中心与军事中心重合。① 六朝放弃荆州军事中心而建都于建康,究竟基于何等考虑? 又在此以前,建康完全没有建都的传统,不像前代曾为都城的长安与洛阳,可以轻易建立政治地位。事实上,建康之地位并非一朝一夕建立起来的,以下拟从六朝建都的争议与经过,探讨建都于建康之缘由,以及其都城地位的确立。

二、孙吴建都的经过

三国以前,江南地区只有吴和会稽二城分别为春秋时代吴国和越国的国都,其中又以吴的城池较具规模,《越绝书》叙述吴国之城郭云:

> 吴大城,周四十七里二百一十步二尺,陆门八,其二有楼,水门八,南面十里四十二步五尺,西面七里百一十二步三尺,北面八里二百二十六步三尺,东面十一里七十九步一尺,阖庐所造也。吴郭周六十八里六十步。吴小城,周十二里,其下广二丈七尺,门三,皆有楼,其二增水门二,其一有楼,一增柴路。②

吴也是江南开发较早、经济最发达的太湖流域中心区,经战国秦汉的发展,成为江南最大的都会。汉末天下崩乱,群雄竞逐,位于富庶的三吴区域、又曾为都城的吴,便成为瞩目之地。其时吴中民谣云:"黄金车,班兰耳,闾昌门,出天子。"③昌门即吴故都城郭门之名,西晋左思

---

① 东汉虽都于洛阳,但关中与关东原本关系密切。如秦以咸阳为都,而于洛邑建宫殿;西汉因秦旧规,以长安为都,而于洛阳建武库与宫殿,以控制关东地区。
② 李步嘉撰:《越绝书校释》(武汉:武汉大学出版社,1992),卷二,《越绝外传·记吴地传第三》,页 27—28。
③ 《三国志·吴书》,卷二,《吴主传》,页 1134。《宋书》,卷二十七,《符瑞志》作"黄金车,斑阑耳,开昌门,出天子"。又云"昌门,吴郭门也"。页 780。

(250—305)《吴都赋》叙述孙吴都城建业,也先铺叙吴之城郭规模与繁华景象,由此可知至西晋时,吴仍是江南最重要的都会,不过吴却没有成为孙吴的国都。

吴大帝孙权何以放弃现成的都城吴,而选择没有任何历史渊源与建都传统的建业为都,是一个值得思考的问题。冈崎文夫认为孙权不以吴为都城,是因孙权以江南为根据地,得到三吴望族的支持,而得拓展其势力;但日后协助孙氏建立王业的人却多是南奔的北方豪族,为了使南、北势力能够携手合作,共同效力扶持孙氏政权,所以他选择都城时,便有意避开三吴豪族所居之地。同时建康南枕秦淮,西临长江,可借长江水运和上游的军事区联络,就对北方的防卫而言,建康实较吴为优越,故以建业为都。① 实则孙吴自拓展势力之初,就未曾考虑以吴为镇所或都城,孙氏最初以会稽为根据地,拓地江东,在发展实力之时,虽曾屯于曲阿(今江苏丹阳)及吴,但在赤壁之战(208)后,魏、吴、蜀三分天下的局面大致形成,其年孙权便移驻京口(今江苏镇江)。京口濒临长江,可借长江和上游联络。建安十六年(211),更徙治京口上游的秣陵(今江苏南京),次年,修筑秣陵西面的石头城,以资守御,并改称秣陵为建业。

《吴书》云孙权的徙治秣陵,乃出于张纮(153—212)的建议,"纮建计宜出都秣陵,权从之"②,而《江表传》却说孙权之都秣陵是采纳刘备的建议:

> 纮谓权曰:"秣陵,楚武王所置,名为金陵。地势冈阜连石头,访问故老,云昔秦始皇东巡会稽,经此县,望气者云:'金陵地形有王者都邑之气',故掘断连冈,改名秣陵。今处所具存,地有其气,天之所命,宜为都邑。"权善其议,未能从也。后刘备之东,宿于秣

---

① 冈崎文夫:《魏晋南北朝通史》(东京:弘文堂,1933),页555。
② 《三国志·吴书》,卷八,《张纮传》,页1245。

陵,周观地形,亦劝权都之。权曰:"智者意同"。遂都焉。①

不论张纮或刘备皆以金陵地形有王气的缘故,劝孙权建都于此,这种说法虽有可能,但必非孙权择定建业的唯一原因。孙吴创业之初,凡所举措皆以军事为先,汉献帝建安十六年(211)徙镇建业以后,因军情严重,孙权曾移屯公安。迄魏文帝黄初二年(221),刘备称帝于蜀,孙权更徙镇于鄂(今湖北鄂州),筑城守备,改其名为武昌。黄龙元年(229),他于武昌即帝位,其年九月,才正式迁都建业。孙吴于军事对抗激烈时期立国,而长江上游的荆州为三方所争,系为军事要地,以国防而言,则建都武昌较为理想。荆州西以拒蜀,北以抗魏,若魏、蜀有所行动,都于武昌,即能迅速举全国之力抗争;故自黄初二年迄黄龙元年八年间,孙权都于上游的武昌。黄龙元年冬,吴放弃军事中心武昌为都,下都建业,也曾犹豫再三,唯恐荆州一旦有变,不及赴援,甚至在迁都途中还特别议论此事:

> 初权在武昌,欲还都建业,虑水道溯流二千里,一旦有警,不相赴及,以此怀疑。及至夏口,于坞中大会百官议之,诏曰:"诸将吏勿拘位任,其有计者,为国言之。"②

又如晋武帝欲伐吴时,杜预深恐孙吴知其谋,迁都武昌,则伐吴便难以成功:

> 预旬月之中又上表曰:"……自秋已来,讨贼之形颇露,若今中止,孙皓怖而生计,或徙都武昌,更完修江南诸城,远其居人,城不

---

① 《三国志·吴书》,卷八,《张纮传》,注引《江表传》,页 1245。
② 《三国志·吴书》,卷六,《孙奂传》,注引《江表传》,页 1208。

可攻,野无所掠,积大船于夏口,则明年之计或无所及。"①

又以孙吴立国的形势而言,如欲采取主动攻击,也以都于武昌较佳。吴大帝之后,孙亮继位,诸葛恪(203—253)秉政,派人修治武昌宫室,预备迁都武昌:"恪有徙都意,使治武昌宫。"②但后来并未实现。诸葛恪是主张主动攻击的人,他曾北征淮南,所以有此构想。孙吴最后一任皇帝孙皓一度迁都武昌,史称这是他感于术士之言,为避开不利于己的建业,以及镇压荆州王气所采取的行动:

> 初望气者云荆州王气破扬州,而建业宫不利,故皓徙武昌,遣使者发民掘荆州界大臣名家冢与山冈连者以厌之。③

实则孙皓迁都之事并不如此单纯,《吴书·嗣主传》云:"从西陵督步阐表,徙都武昌",西陵为吴"国之西门",西陵督步阐表请迁都,可能基于军事上的考虑,冈崎文夫认为此举系为筹划北伐之故。④ 然而孙皓于甘露元年(265)九月迁都武昌,而此年正是司马炎代魏之年(晋泰始元年),⑤步阐请迁都可能与此有关,不是为筹划北伐,而系防御新兴晋室的攻击。

总之,以军事而言,孙吴无论是消极防守或是主动攻击,都以建都武昌较佳。然而孙权何以放弃已经营八年的都城,迁都尚无城郭宫室的建业?究其原因,可能有下列诸端:

---

① 《晋书》,卷三十四,《杜预传》,页1029。
② 《三国志·吴书》,卷十四,《孙和传》,页1370。
③ 《三国志·吴书》,卷三,《嗣主传》,页1166,注引《汉晋春秋》。
④ 冈崎文夫:《魏晋南北朝通史》,页87—88。
⑤ 司马炎受魏禅虽然在此年的十二月,然其年五月,魏元帝频加司马氏殊礼,故九月孙皓之徙都武昌可能和此有关,一如黄初二年,蜀汉刘备称帝,孙权即迁镇武昌。

其一为经济上的考虑。吴之境内,扬州最为富庶,其中尤以太湖流域的三吴及会稽最为丰沃富实,军国所需大都仰赖吴、会地区的供应。武昌居于上流,扬州贡赋逆水上运,甚为不便,同时孙吴也必须有效控制其经济重镇,因此最直接的办法就是建都于扬州。关于这一点,可以从孙皓迁都武昌一事获得证明。甘露元年(265)冬,孙皓迁都武昌,扬州百姓逆水输送贡赋,劳而生怨,因而有"宁饮建业水,不食武昌鱼;宁还建业死,不止武昌居"的谣谚,可见其怨苦之深,故次年十二月,孙皓即还都建业:

> 皓徙都武昌,扬土百姓溯流供给,以为患苦,又政事多谬,黎元穷匮。(陆凯)上疏云:"……又武昌土地,实危险而塉确,非王都安国养民之处,船泊则沉漂,陵居则峻危,且童谣言:'宁饮建业水,不食武昌鱼;宁还建业死,不止武昌居。'臣闻翼星为变,荧惑作妖,童谣之言,生于天心,乃以安居而比死,足明天意,知民所苦也。"①

由此可知,孙吴之都建业实为迁就经济中心扬州。建康位于太湖流域之西北角,和吴、会区域之间原无直接联络的交通路线,故吴大帝建都以后,即积极开发建康水运交通,并辟筑通往曲阿的陆路,②以沟通吴、会财赋之区。同时建业可借长江和荆州军事区联络,经吴大帝建设以后的建业,成为荆州军事区和吴、会财赋区的连接点,统驭孙吴之大局。

其二为建康地理环境优越。武昌虽位于军事要区,然其地形势并无特出之处;而建康虽不濒江,但西、北有长江环绕,西有石头城为其捍御,南倚秦淮河川为阻,东有钟山,北有幕府诸山环卫,地理环境优越。孙权虽曾驻屯于京口、吴、曲阿,但这些地方的形势都比不上建康:曲阿

---

① 《三国志·吴书》,卷十六,《陆凯传》,页1400—1401。
② 太湖流域原有天然河川、湖泊,从会稽渡浙江,可循水道至吴兴、吴县,经曲阿,北抵长江岸边的京口。吴大帝开辟通往曲阿的陆路(《三国志·吴志》,卷二,《吴主传》),使建康得以经曲阿北通京口,南达吴、会。

与吴距长江较远,和上游军事区联络不便;京口虽濒长江,易与上游交通,但因濒江而易遭受来自江北的攻击,不如建康有险可恃。

其三为政治因素。孙吴建国,系得三吴大族支持,建都于扬州地区,比较符合三吴大族的利益,而在扬州地区,又以建康的地理环境最为优越。

基于上列三个原因,故孙权于黄龙元年四月即帝位,六月与蜀汉结盟抗魏,约定中分天下,①荆州的军事情势缓和以后,为安国养民,九月即下都建康。

总而言之,孙吴的根据地本在扬州,后来逐渐拓展实力,赤壁战后,与蜀汉、曹魏鼎足而三,长江上游的荆州地区便成了三方共争之地,孙吴无论为自卫或扩张,都不能不以荆州为军事中心。孙权建都时,顾及此一事实,故初驻于曲阿及吴,但由于军事中心在上游地区,为了便利和上游的交通,寻即移驻京口,后又移镇建业。黄初二年,孙权更上镇武昌,都于武昌八年。黄龙元年之所以下都建业,放弃军事中心武昌为都,实由于以上的经济、政治因素。此后吴皆以建业为都,孙皓一度迁都武昌,然而军事上的因素终究抵不过经济的需求,一年后仍还都建业。孙吴的经济中心和军事中心分立,孙权建都迁就经济中心,致使经济和政治重合,而与军事中心分离之情势,乃成为六朝江南政权的新发展。

三、建康都城地位的确立

晋武帝平吴,将汉末以来的分裂归于一统,然不久即因五胡叛变,长安、洛阳相继失陷,怀、愍二帝被掳遇害,时为都督扬州、江南诸军事的琅琊王司马睿便即帝位于建康,立国江南,以延续晋室的政权。

东晋之都于建康并非偶然,永嘉初年琅琊王司马睿原镇于下邳,后

---

① 《三国志·吴书》,卷二,《吴主传》,页 1134—1135。

用王导(276—339)之计,方移镇建康。① 王导之所以主张以建康为镇所,实因建康经过孙吴五十年的经营,已成为江南最具都城规模的城市,故元帝即位后,便以此为都城。

然而建康的都城地位在东晋初年曾一度发生动摇。成帝咸和二年(327),苏峻(?—328)作乱,次年攻入建康,对都城造成巨大的破坏,宫室尽化为丘墟。咸和四年(329)乱平,朝臣议论迁都于豫章(今江西南昌)或会稽,而难以决断。其时唯有王导力排众议,主张仍都建康:

> 及贼平,宗庙宫室并为灰烬,温峤议迁都豫章,三吴之豪请都会稽,二论纷纭,未有所适。导曰:"建康,古之金陵,旧为帝里,又孙仲谋、刘玄德俱言王者之宅,古之帝王不必以丰俭移都,苟弘卫文大帛之冠,则无往不可。若不绩其麻,则乐土为墟矣。且北寇游魂,伺我之隙,一旦示弱,窜于蛮越,求之望实,惧非良计。今特宜镇之以静,群情自安。"由是峤等谋并不行。②

王导反对迁都他处的理由有三:一则建康为三国孙吴之都城,有历史传统。二则北方的胡族时有南侵之心,如迁都于建康之南的豫章、会稽,恐示弱于北方,易启其犯境的野心。三则会稽、豫章之地仍为蛮、越杂处之地,不适合作为都城。由于王导的坚持,成帝才未迁都,而重修建康城。自此迄东晋末,未再有都城的争议。

随着建康都城地位的确立,孙吴时曾与建康抗衡的武昌,在东晋以后则未见于记载。此或因西晋末年张昌之乱扰及荆州,使荆州蒙受损失,迄晋室南渡,江南地区足以支持一个朝廷者,唯扬州一地。永嘉年间,都督扬州江北诸军事、镇守寿春(今安徽寿县)的周馥见中原扰攘,洛阳孤危,曾上书请怀帝迁都寿春,他指出只有扬州是安定的地方:

---

① 《晋书》,卷六,《元帝纪》,页144。
② 《晋书》,卷六十五,《王导传》,页1751。

> 方今王都罄乏，不可久居，河朔萧条，崤、函险涩，宛都屡败，江汉多虞，于今平夷，东南为愈。淮、扬之地，北阻涂山，南抗灵岳，名川四带，有重险之固。是以楚人东迁，遂宅寿春，徐、邳、东海，亦足戍御，且运漕四通，无患空乏。①

而且东晋以降，荆州之地蛮患甚为严重，又因术士之言武昌无久长之运，故东晋不闻都武昌之言论。如术士戴洋即劝庾亮（289—340）不可久镇武昌：

> 咸康三年，（戴）洋言于亮曰："武昌土地有山无林，政可图始，不可居终。山作八字，数不及九。昔吴用壬寅来上，创立宫城，至己酉，还下秣陵；陶公亦涉八年。土地盛衰有数，人心去就有期，不可移也。公宜更择吉处，武昌不可久住。"②

东晋与孙吴皆立国于江南，孙吴时在选择以建业或武昌为都城上，曾费一番斟酌，迄东晋武昌已不具建都之条件，建康成为唯一适合建都之地。然而，东晋初年建康地位仍不稳固，至苏峻乱后，王导力排众议，重建毁坏的建康，并予以重新规划，其都城地位乃趋稳固。

降及梁朝，建康都城的地位已经确固不移。梁末丧乱，侯景窃据建康，幽死梁武帝，废杀简文帝，及侯景乱平，元帝于江陵即帝位，不肯还都建康，以致朝议汹涌。元帝之所以都江陵之因有三：其一为元帝未即位前担任荆州刺史，历时二十余年，其僚佐皆楚人，不愿迁往建康。其二为建康城经侯景之乱，荒废凋残，主张都江陵者便称其地王气已尽，不宜为都。其三为荆州之地自古相传，若在江陵的长江中九十九洲外，

---

① 《晋书》，卷六十一，《周浚传附周馥传》，页1664。
② 《晋书》，卷九十五，《艺术传》，页2474—2475。

再生一洲,积数满百,便可出天子。① 太清末年,江中果然生一洲,元帝及其臣僚皆认为此是天子符应,故不肯他迁:

> 武陵之平,议者欲因其舟舰迁都建邺,宗懔、黄罗汉皆楚人,不愿移,帝及胡僧佑亦俱未欲动。仆射王褒、左户尚书周弘正骤言即楚非便。宗懔及御史中丞刘瓛以为建邺王气已尽,且渚宫洲已满百,于是乃留。②

然而江陵一则未有建都的前例,二则就其地理形势而言,亦甚不利;侯景乱后,北方的北齐、西魏趁机侵轶梁之土宇,由巴陵至建康,南北两方以长江为界,而江陵位于长江北岸,逼邻魏境,不如建康安全。所以朝臣大都主张还都建康,周弘正(496—574)、王褒甚至认为如不还都建康,百姓会误认元帝是封建列国之主,不具天子之地位,因此极力主张还都建康:

> 时朝议迁都,朝士家在荆州者,皆不欲还,唯弘正与仆射王褒言于元帝曰:"若束脩以上诸士大夫微见古今者,知帝王所都本无定处,无所与疑。至如黔首万姓,若未见舆驾入建邺,谓是列国诸王,未名天子,今宜赴百姓之心,从四海之望。"③

武昌太守朱买臣更恳切陈词,指出若都江陵,则不可长久:"买臣家在荆州,岂不愿官长住,但恐是买臣富贵,非官富贵邪!"④可知梁世建康都城地位已经确立,非他处可以取代。

---

① 〔唐〕李延寿撰:《南史》(北京:中华书局,1975),卷八,《梁本纪下》,页246。
② 《南史》,卷八,《梁本纪下》,页244。
③ 〔唐〕姚思廉撰:《陈书》(北京:中华书局,1972),卷二十四,《周弘正传》,页309。
④ 《南史》,卷三十四,《周朗传附周弘正传》,页900。

虽然朝廷中半数以上的文武官员都主张还都建康,①但元帝及其近臣僚佐情深故府,不忍离去,因而违背众议,仍都江陵。元帝之固执己见,给他自身及梁室招致巨大的灾厄。承圣三年(554),西魏入寇前夕,散骑侍郎庾季才(515—603)以星象推断魏人可能来犯,请元帝速返建康避祸,以保全社稷;②在魏军方面,也认为此时元帝如还都建康方是上策:

> (九月)乙巳,魏遣柱国常山公于谨、中山公宇文护、大将军杨忠将兵五万入寇。冬,十月,壬戌,发长安。长孙俭问谨曰:"为萧绎之计,将如之何?"谨曰:"耀兵汉、沔,席卷渡江,直据丹杨,上策也;移郭内居民,退保子城,峻其陴堞,以待援军,中策也;若难于移动,据守罗郭,下策也。"③

可惜元帝采取了下策,所以魏军攻陷江陵,元帝及其江陵朝廷百官俱没入西魏,虽然陈霸先另立敬帝于建康,但此一徒拥虚位的梁帝不久即禅位于实权在握的陈氏。元帝若不都江陵,梁室虽然倾危,或不至于立即覆亡,故《梁书》慨叹"以世祖之神睿特达,留情政道,不怵邪说,徙跸金陵,左邻强寇,将何以作?"④

四、建都建康对六朝历史发展的影响

六朝立国形势相若,东晋、宋、齐、梁、陈五代皆沿袭孙吴的旧规,建都于建康。孙吴时期荆州为其军事重地,扬州为其财赋要区,吴先建都于武昌,其后吴大帝为迁就经济因素,放弃武昌城郭宫室,下都建业,政

---

① 《南史》,卷三十四,《周朗传附周弘正传》,页900。
② 《资治通鉴》,卷一六五,《梁纪二十一》,元帝承圣三年,页5114—5115。
③ 《资治通鉴》,卷一六五,《梁纪二十一》,元帝承圣三年,页5117。
④ 〔唐〕姚思廉撰:《梁书》(北京:中华书局,1973),卷五,《元帝纪》,页136。

治中心自此与军事中心分离。东晋南朝的形势也和吴相同,因此政治中心和军事中心的分立、政治中心和经济区域的重合便成为六朝的特色,配合此一形势所采取的政策及其因革,更影响及六朝历史的发展。

(一) 荆州阃外之寄政策的施行与瓦解

孙吴下都建业,政治中心和军事中心分立,因此采取将荆州建为军事区的政策,任命名臣宿将镇守,《江表传》称此政策系出于一默默无闻的小将领张梁的建议:

> 初权在武昌,欲还都建业,而虑水道溯流二千里,一旦有警,不相赴及,以此怀疑。及至夏口,于坞中大会百官议之,诏曰:"诸将吏勿拘位任,其有计者,为国言之。"诸将或陈宜立栅栅夏口,或言宜重设铁锁者,权皆以为非计。时(张)梁为小将,未有知名,乃越席而进曰:"臣闻香饵引泉鱼,重币购勇士,今宜明树赏罚之信,遣将入沔,与敌争利,形势既成,彼不敢干也。使武昌有精兵万人,付智略者任将,常使严整。一旦有警,应声相赴,作甘水城,轻舰数千,诸所宜用,皆使备具。如此开门延敌,敌自不来矣。"权以梁计为最得,即超增梁位。后稍以功进至沔中督。①

不论此则记载是否确实,孙吴实施荆州军事化的政策乃势在必行之举。迁都建业之后,如不将荆州建为一强固的军事中心,便无法御蜀抗魏;如不能御蜀抗魏,则上游危殆,吴帝亦不能安然都于建业,故孙吴时期始终奉行此一政策。先后为荆州守将的吕蒙(179—220)、陆逊(183—245)、陆抗,都是名将,颇能巩固上游地域,所以孙吴于三国之中享国最久。其后吴之亡于西晋,和孙皓末年荆州守备力量的衰微,及名将陆抗的殒沉有很大的关系,吴丹阳太守沈莹云:"我上流诸军,无有戒备,名

---

① 《三国志·吴书》,卷六,《孙奂传》,注引《江表传》,页1208。

将皆死,幼少当任,恐边江诸城,尽莫能御也。晋之水军,必至于此矣!"①荆州军事化政策的实施及其松弛实影响及吴的兴衰存亡。

晋室南渡,立国于江左,袭吴之旧规,建都于财赋区的扬州,而将上游兵冲之地的荆州建为军事中心,即所谓"树根本于扬、越,任推毂于荆、楚"②,以荆州为阃外之寄的政策。东晋以来,每以荆州刺史兼督数州,其他诸州刺史虽亦常兼督数州,但其所兼督之州多属侨州,只有荆州刺史所兼统者为实土,所以荆州实力远在他州之上:

> 南渡以后,豫、徐、江三州皆为重镇,纷纷兼督,多是侨州,或只一郡,或只一县。唯荆兼梁、益、宁、交、广,乃是实土,是以上流偏重,卒成王桓之变。③

此外,荆州拥有南楚之富,资产丰厚,史称江左"虽南包象浦,西括邛山,至于外奉贡赋,内充府实,止于荆、扬二州"④。荆州既为军事区,刺史又兼统数州,地广兵强,府库充实,如拥有荆州,其势力便足以和朝廷所在的扬州抗衡,故自东晋以后,称荆州为"陕西",而赋荆州刺史以"分陕"之重任:

> 境域之内,含带蛮、蜒,土地辽落,称为殷旷。江左大镇,莫过荆、扬。弘农郡陕县,周世二伯总诸侯,周公主陕东,召公主陕西,故称荆州为陕西也。⑤

---

① 《三国志·吴书》,卷三,《孙皓传》,注引《襄阳记》,页1174。
② 《宋书》,卷六十六,《何尚之传》,页1739。
③ 〔清〕周济撰:《晋略》(四部备要本,台北:台湾中华书局,1981),表五,页1。
④ 《宋书》,卷五十四,《沈昙庆传》,页1540。
⑤ 《南齐书》,卷十五,《州郡志下》,页273—274。

虽说"江左大镇,莫过荆、扬",其中荆州为用武之地,其实力更超过扬州,而荆州刺史既镇守重地,甲兵富盛,位高势大,因此易启篡夺王位之野心,如王敦(266—324)、桓玄(369—404)皆以荆州之资实甲兵作逆;而建康方面也因荆州实力强盛,所以对荆州刺史始终抱着猜疑的态度,如庾亮之忌陶侃,深恐陶侃自上流称兵,攻入建康,预先修筑石头城以资守备。① 这两个因素相因相乘,竟使荆州阃外之寄的政策,成为晋室内政上一大问题,关于这一点,《晋书》有一针见血之论:

> 维扬作寓,凭带洪流,楚江恒战,方城对敌,不得不推诚将相,以总戎麾。楼船万计,兵倍王室,处其利而无心者,周公其人也。威权外假,嫌隙内兴,彼有顺流之师,此无强藩之援。②

东晋末年,桓玄自荆州举兵,攻入建康,篡位为帝,虽旋为刘裕(363—422)所平定,但晋室政权亦转移到刘裕之手。刘宋鉴于东晋荆州政策造成"君弱臣强"的流弊,于是改弦易辙。

宋武帝不再遵守东晋荆州阃外之寄的政策,而采取削弱荆州的措施,一方面分割荆州的土地,另置新州,另一方面则改变荆州刺史任用的原则。

在分割土地方面,宋武帝永初三年(422),分荆州十郡,立湘州;③文帝元嘉二十六年(449),又割荆州的南阳、新野、顺阳、随五郡,设立雍州;④孝武帝孝建元年(454),又分荆州的一部分,及湘、江、豫的一部分,立郢州;⑤至齐高帝建元二年(480),分荆州之巴东、建平,及益州之

---

① 《晋书》,卷七十三,《庾亮传》,页1918。
② 《晋书》,卷六,《明帝纪》,页165。
③ 《宋书》,卷三,《武帝纪下》,页59。
④ 《宋书》,卷三十七,《州郡志》,页1135。
⑤ 《宋书》,卷六,《孝武帝纪》,页115。

巴郡为巴州。① 分割荆州削弱了荆州的实力,而分割荆州北部五郡而设置的雍州,则因紧临魏境,其国防地位便超越荆州之上,荆州更失却其军事中心的地位。荆州境内因设有荆州、南蛮校尉二军府,故兵力雄厚;孝建元年,罢南蛮校尉,以其营移入建康,②荆州的军备益形弱化。荆州土宇的削减及军备的削弱,瓦解了东晋以来荆州阃外之寄的政策,而在对北方的防卫上,产生"盗实人单"的弊病:

> 江左以来,树根本于扬、越,任推毂于荆、楚。扬土自庐、蠡以北,临海而极大江;荆部则包括湘、沅,跨巫山而掩邓、塞。民户境域,过半于天下。晋世幼主在位,政归辅臣,荆、扬司牧,事同二陕。宋室受命,权不能移,二州之重,咸归密戚。是以义宣借西楚强富,因十载之基,嫌隙既树,遂规问鼎。而建郢分扬,矫枉过直,藩域既割,盗实人单,阃外之寄,于斯而尽。③

宋孝武帝时,尚书令何尚之(382—460)曾建议复合荆州原有的辖区,而未受采纳。④

东晋荆州阃外之寄的政策下,荆州资实甲兵居天下之半,虽然造成君弱臣强的形势,而有王敦、桓玄等野心家举兵东下之举,为其弊病;但由于荆州兵力雄厚,权臣庾亮(289—340)、桓温(312—373)亦能以此规图恢复北方之大计。自刘宋以后,荆州境域的分割及军事力量的分化,使上游地区失却军事重心,无力兴复。南朝四代中,虽有宋文帝、梁武帝、陈宣帝之北伐,但宋文帝的北伐乃受北魏侵轶边境的刺激,而非主动的攻击;梁武帝遣陈庆之北伐,仅派遣数千人随行,实欲趁北魏政治混乱之际坐收渔利,也非大规模的北伐;陈宣帝北伐淮南,则为收复北

---

① 《南齐书》,卷十五,《州郡志》,页275。
② 《资治通鉴》,卷一二八,《宋纪十》,孝武帝孝建元年,页4021。
③ 《宋书》,卷六十六,《何尚之传》,页1739。
④ 《宋书》,卷六十六,《何尚之传》,页1738。

齐于梁末并吞的土地，以上皆非积极进行大规模的兴复之举。刘宋以后荆州阃外之寄政策的瓦解，也使南朝对北方转采较为消极保守的态度。①

在荆州守将的任命方面，宋武帝改任宗室子弟为荆州刺史："荆州居上流之重，地广兵强，资实兵甲，居朝廷之半，故高祖使诸子居之。"②其后因南郡王刘义宣（415—454）以荆州反叛，一度改变以宗室为荆州刺史的政策，改任异姓大臣。宋末苍梧王元徽五年（477）荆州刺史沈攸之（？—478）举兵反叛，③至萧齐建立，惩宋末之失，又回复宋初以宗室担任荆州刺史之政策。梁代更将长江上游诸州别由诸子分掌，因荆州已遭分割，失去其军事中心之地位，故各州实力相差无几。诸王各怀私心，又握有重兵，侯景之乱期间，诸王相互嫌猜，乃至于交兵，西魏乘隙取得益州，其后更攻陷梁元帝所在的江陵。梁室土宇丧失，以至于倾危，实为荆州阃外之寄政策瓦解的结果。

（二）扬州根本的文治政策

六朝都城建康僻处长江下游，远离西、北敌对政权的直接威胁，所以自孙吴开始将接邻敌境上游的荆州建为一军事区域后，东晋以降长江下游的扬州就成为一个文治区域。扬州刺史的治所在建康，并不设军府，仅有宿卫京师的左、右卫军，称为"台军"。宋武帝永初三年诏云：

> 朝廷不须复有别府，宰相带扬州，可置甲士千人。若大臣中任要，宜有爪牙以备不祥人者，可以台见队给之。有征讨悉配以台见军队，行还复旧……仗既不许入台殿门，要重人可详给班剑。④

---

① 傅乐成：《荆州与六朝政局》，收入《汉唐史论集》（台北：联经出版事业公司，1977），页94。
② 《宋书》，卷五十一，《宗室传》，页1476。
③ 《宋书》，卷七十四，《沈攸之传》，页1933—1940。
④ 《宋书》，卷三，《武帝纪下》，页59。

扬州之域不准挟藏武器,亦见于《隋书·食货志》:

> 又都西有石头津,东有方山津,各置津主一人,贼曹一人,直水五人,以检察禁物及亡叛者。……其东路无禁货,故方山津检察甚简。①

上文所谓的"禁物""禁货"系指器杖军械而言,《南齐书》云:

> 诸王在京都,唯置捉刀左右四十人,(长沙威王)晃爱武饰,罢徐州还,私载数百人仗还都,为禁司所觉,投之江水。世祖禁诸王畜私仗,闻之大怒,将纠以法。②

又《梁书》云:

> (刘峻)天监初,召入西省,与学士贺踪典校秘书,峻兄孝庆,时为青州刺史,峻请假省之,坐私载禁物,为有司所奏。③

因扬州为文治区域,吴、会地区自然没有兵器铠甲,故云"东路无禁货",而建康通往吴、会必经的方山津的检查甚简;至于扬州以外的地区则非纯粹的文治区域,所以由长江上游进入建康重要的津口石头津,检查就较为严密。又,在都城之中私藏武器是犯法的行为,梁武帝与其兄弟友爱情深,有人告发其弟临川王萧宏挟藏铠仗,武帝不悦,及亲往察视,知非兵器,而是聚敛得来的财物,则大为欣悦。④ 在扬州之域,持仗是要

---

① 〔唐〕魏徵、令狐德棻撰:《隋书》(北京:中华书局,1973),卷二十四,《食货志》,页689。
② 《南齐书》,卷三十五,《长沙威王晃传》,页624。
③ 《梁书》,卷五十,《文学传下》,页702。
④ 《南史》,卷五十一,《梁宗室上·临川靖惠王宏传》,页1277—1278。

经特别允许的,如宋孝武帝大明八年(464),因吴、会歉收多盗,特准粮食商人武装自卫,诏曰:"东境去岁不稔,宜广商货。远近贩鬻米粟者,可停道中杂税。其以仗自防,悉勿禁。"①又齐武帝恩赐周山图在京邑以仗自防:

  (周)山图于新林立墅舍,晨夜往还,上谓之曰:"卿罢万人督,而轻行郊外。自今往墅,可以仗身自随,以备不虞。"②

  由于扬州实行文治政策,故建康的防卫力极为薄弱,每不能抵挡叛军的攻势。三百余年间,建康曾被攻陷了九次,而每一次的战争都给予此城程度不等的破坏,尤其以苏峻、侯景之乱对建康的破坏最大。六朝立国皆资扬州贡赋,尤其倚重三吴的供给,三吴最是役重贼繁,因此常有乱事发生,而在扬州文治政策下"三吴内地,非用兵之所"③,兵多不习战,常不敌贼寇的侵扰,州郡往往望风而降,吏民奔散:

  天监九年,宣城郡吏吴承伯挟袄道聚众攻宣城,杀太守朱僧勇,因转屠旁县,逾山寇吴兴,所遇皆残破,众有二万,奄袭郡城,东道不习兵革,吏民怔扰奔散。④
  贼寻寇东境,没吴郡,(侯)景将宋子仙进攻钱塘……吴下军闻之,亦各奔散。⑤

因此之故,起于三吴的乱事,如东晋孙恩(?—402)、卢循(?—411),齐世唐寓之(?—486)乱事等皆迅速扩大,甚至威胁都城的安靖。三吴的

---

① 《宋书》,卷六,《孝武帝纪》,页134。
② 《南齐书》,卷二十八,《周山图传》,页543。
③ 《梁书》,卷三十一,《袁昂传》,页453。
④ 《梁书》,卷二十一,《蔡撙传》,页333。
⑤ 《梁书》,卷二十七,《陆襄传》,页410。

文弱常使叛乱贼寇易于得逞,肆虐此区,而三吴为六朝之财赋要地,此一地区的破坏,亦即削弱江左的国力。陈室不振,实和三吴地区经过梁末侯景之乱的摧残,未能恢复,有密切的关系。

此外,由于扬州文治政策,以及建康作为都城,人文荟萃,造成建康在文化上的绝对优势,而荆州文化有倒退的趋势。汉末荆州原系一文化中心,中原的战乱初未扰及荆州,且荆州牧刘表(142—208)礼贤爱士,故士人多因避难而往归之,如杜袭、赵俨、繁钦、裴潜、杜畿、韩嵩、杜夔等人皆游于荆州,①荆州遂成为一学术中心:

> (刘表)于是开土遂广,南接五岭,北据汉川,地方数千里,带甲十余万。……关西、兖、豫学士,归者盖有千数,表安慰赈赡,皆得资全,遂起立学校,博求儒术,綦毋闿、宋忠等撰《五经章句》,谓之后定。爱民养世,从容自保。②

王瑶认为荆州学术为两汉至魏晋学术转变的枢纽,荆州的后定五言章句重古文,且注重《易》及《大学》,别有新创,上接东汉古文经学,下为清谈家所祖述③。然而汉献帝建安十三年(208),曹操南伐荆州,攻陷江陵,荆州士人多随曹操北返入仕,在汉末动荡时代中,荆州所发出的熠熠文化之光因而倏忽熄灭。孙吴在赤壁战后取得荆州,一度都于武昌,但黄龙元年吴大帝下都建业,便将荆州建为一个纯粹之军事中心,遂限制其地文化的发展。东晋以后,荆州依然为军事区,荆州文化只能靠其

---

① 《三国志·魏书》,卷二十四,《杜袭传》,页 664—665、668;卷二十三,《赵俨传》《裴潜传》,页 668、671。
② 〔南朝宋〕范晔撰,〔唐〕李贤等注:《后汉书》(北京:中华书局,1965),卷七十四,《刘表传》,页 2421。
③ 王瑶:《玄学与清谈》,收入氏著《中古文学史论》(北京:北京大学出版社,1998),页 26—27。

牧宰之爱好，间有进展，如齐豫章王萧嶷（444—492）于荆州立学，①梁世因爱好文雅的湘东王萧绎（508—554，即后之梁元帝）镇于江陵，在侯景乱后，他在此即帝位，更建都于此，经由他的提倡，江陵一地聚书十余万册。② 然而整个六朝时代，荆州在文化上始终不及扬州，扬州的文弱与荆州的武勇是两种截然不同的风格，荆、扬文化偏枯偏荣的现象也是荆、扬二州政策推行下必然之结果。

五、结　语

总而言之，秦汉或都关中，或都关东，其地既为军事重心，亦为经济中心。至汉末天下三分，孙吴偏处东南，依扬州贡赋立国，恃长江之险为守，而以上游荆州为军事要区，因为经济中心和军事中心的分离，所以孙吴定都就不如前此之单纯，而依违于军事中心的武昌与经济区域的建业之间。孙吴立国五十九年之中，只有九年都于武昌，其余五十年皆都于建业，实为迁就经济中心之故。除此之外，也有政治上的用意，孙吴政权乃得到三吴大族支持而建立，朝廷在扬州，比较符合他们的利益；而在扬州地区，建业的地理环境最为优越，故以建业为都。然而三国以前，建业一地晦微无闻，亦不具建都之历史传统，孙吴一代建业的都城地位并未确立，武昌仍可与建业抗衡，故孙皓上都武昌，并未有反对之意见。东晋南渡，依孙吴之基础，都于建康，但建康的都城地位亦未获得时人普遍的承认。成帝时，苏峻作乱，建康城荒毁残破，朝臣皆欲迁都会稽或豫章，可见其时并不以为非都建康不可。幸赖王导独排众议，力陈建康具建都之传统，并言他处之不便，才平息迁都之议，而重新规划修筑建康城。自此以后，建康的都城地位日趋稳固。然因建康

---

① 《南齐书》，卷二十二，《豫章文献王嶷传》，页405。
② 《南史》，卷八，《梁本纪下》，页245，江陵覆陷，元帝命人焚古今图书十余万卷。

为六朝之都,故成为东晋南朝野心家竞逐的场所,屡遭兵燹,建康备受战火摧残,也成为梁元帝建都江陵的原因之一。江陵既无建康之政治地位,又无良好的防御形势,所以西魏南侵,一举而陷江陵,元帝及其江陵朝廷俱没于西魏。时论皆以为元帝之覆败,实为不肯还都建康之结果。陈代梁而兴,仍以建康为都。隋文帝平陈,深忌建康之政治地位,而将它夷为平地;唐代每有变乱,亦深恐有人利用东南王气会聚建康,每在此处立州设府,以资镇压。五代杨吴更于此建城,以为都城,南唐亦沿而都之;南宋虽都于临安,而仍以建康为行都。宋人非常重视此地,宋郑樵(1104—1162)论宋代以前的都邑,认为只有建康、洛阳、长安才具备建都的条件:"自成周以来,河南之都惟长安与洛阳,或逾河而居邺者,非长久计也。自汉晋以来,江南之都,惟有建业,或据上流而居江陵、武昌者,亦非长久计也。是故定都之君惟此三都是定,议都之臣,亦惟此三都是议。"①建康虽然具有良好的地理条件,但在汉末以前默默无闻,而在五代以后声名大噪,它的政治地位完全是六朝时代建立起来的。

历史上建都于军事中心的王朝,因天子居险地,不但可以激励民心士气,亦于强敌外寇有所警惕,②通常采取积极进取的政策。孙吴因经济上的需求,建都于建康,政治中心和军事中心分离,久而久之,易疏忽边防,又因远离敌境,亦生苟安心理,故采取消极退守的政策。孙吴的荆州军事化政策、东晋荆州阃外之寄政策都是非积极的防守态度,而自刘宋以来,逐渐破坏荆州阃外之寄的政策,荆州力薄势单,不再是上游的军事重心,南朝在军事上遂消沉不振,迄陈土宇更狭,欲振乏力,终于为北方的隋室所灭。③ 因六朝在军事上采取消极保守的态度,故向文化方面积极发展,位于文治区域的都城建康,在全国各地财富的基础

---

① 〔宋〕郑樵:《通志》(台北:台湾商务印书馆,1987),卷四十一,《都邑略序》,页553-1。

② 萨孟武:《中国历史上之国都》,《大陆杂志》,第五卷第七期。

③ 〔宋〕张敦颐:《六朝事迹编类》,《总叙门第一·六朝保守》。

上,经过长期偏安的孕育烘焙,终于开出照耀千古、灿炫夺目的六朝文化之花。

原刊于《大陆杂志》第六十六卷第四期(1983)

南朝都建康总图(朱偰:《金陵古迹图考》)

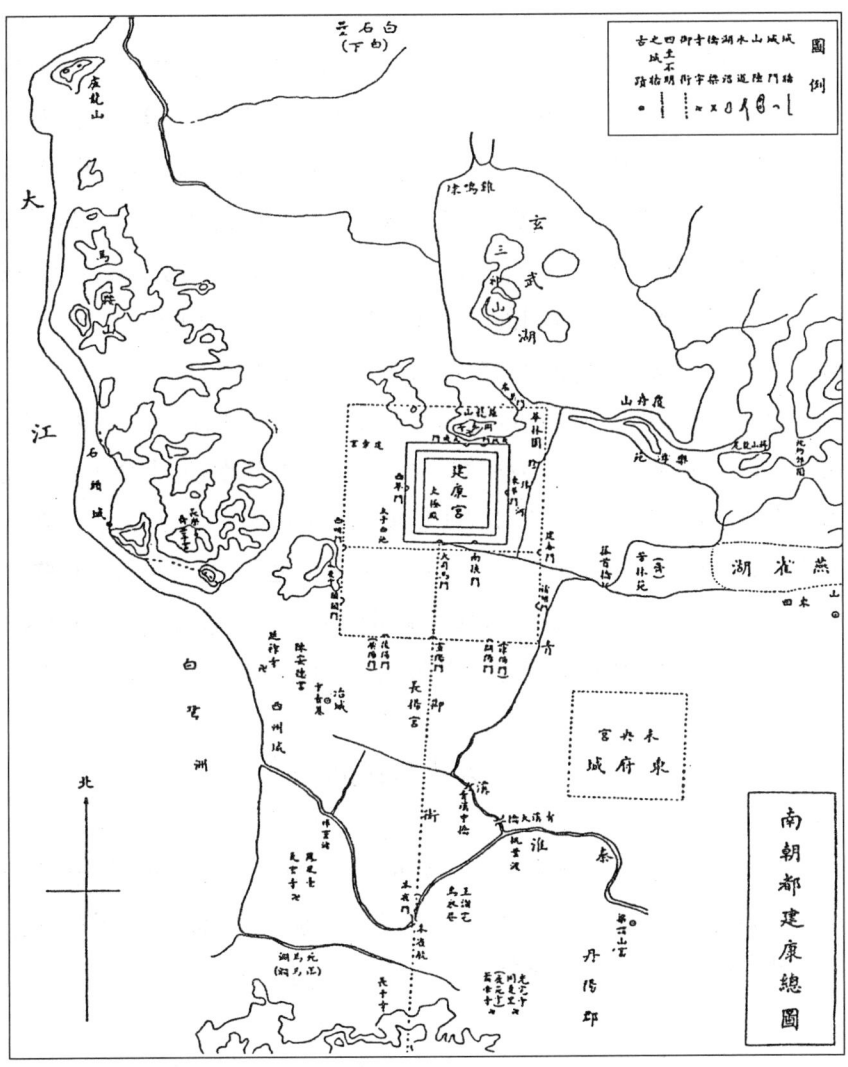

六朝建康城的兴盛与衰落

"黄旗紫盖,运在东南",谓王气在江东,是晋室南渡以后才大为流行的说法;不过,相传早在战国时代,望气的方士就已经指出东南蕴含王气,故战国时期楚威王(?—前329)埋金于建康城西的石头城,以镇压王气,故称此地为"金陵邑"。其后秦始皇亦相信此处有天子气,所以凿断山阜,泄断王气。① 然而在汉末以前,素称有王气的金陵一地,在历史上却默默无闻,一直到孙吴在此建都后,它才在中国历史上大放异彩。在隋统一以前,建康为六个朝代的首都;在唐代以后,又成为杨吴、南唐及明初的都城。杨吴、南唐为五代十国纷争中的小国,可以不论;明太祖以应天府(今南京)为都城,致力于此城的建设,五十余年后明成祖迁都顺天府(今北京)。因此,就建康城的历史而言,从孙吴迄东晋南朝连续为六代的都城,前后共计三百二十一年之久,这是它最辉耀隆兴的时代。本文分期讨论这个时代建康城的兴建与衰落:孙吴为奠基期,东晋、宋、齐为建设期,梁代为极盛期,梁末为破坏期,陈末为毁灭期。

一、奠基期:孙吴

春秋时代,长江流域有三个主要的国家,即长江中游的楚,和位于长江下游的吴和越。吴国以姑苏(今江苏的苏州)为都城,后世的建康即在其国境之内。吴、楚交争不已,周元王四年(前472),越灭吴,形成

---

① 〔宋〕马光祖修,〔宋〕周应合纂:《景定建康志》(《宋元方志丛刊》,北京:中华书局,1990),卷五,页1387。

了越、楚对抗的形势,越国大夫范蠡(前536—前448)为了和楚国相抗,便在秦淮河南岸一里半处筑城,周回二里八十步,后世称为"越城",俗称"越台"①,这是建康一地首度出现于历史的记载。

周显王三十五年(前334),楚灭越,尽并旧有吴、越二国之地,就在后世的石头城处置金陵邑。②秦统一天下后,分全国为三十六郡,改楚之金陵邑为秣陵县,属鄣郡。③汉初,鄣郡为荆王刘贾封地。汉高祖十一年(前196),淮南王英布反叛,杀刘贾,乱平后,以荆国之地封刘贾兄之子刘濞为吴王;吴王濞后来也因谋反被诛,国除。吴国地又曾封予景帝子非为江都国。④武帝元封二年(前109),改鄣郡为丹阳郡。元封五年,置十三州刺史,丹阳郡属扬州。自此以迄汉末,皆无所更改。

汉献帝建安二十五年(220)在中国历史上是一个很重要的年代,从这一年起,魏之曹丕、蜀之刘备、吴之孙权先后称帝称王,三国鼎峙之局表面化。曹丕首先代汉即帝位,次年(221)刘备便在蜀称帝建国,据有江东的孙权闻刘备称帝,就由驻所公安(今湖北公安)迁于鄂,改名为武昌,筑城拒蜀,并称藩于魏,以为声援,魏文帝于是策命孙权为吴王。然而魏、吴的联盟并没有维持很久,魏文帝黄初三年(222)秋,魏遣兵侵吴,孙权发兵拒守,改元黄武,脱离对魏的藩附关系,这是孙吴建国之始,而一直要到黄龙元年(229),孙权才正式即帝位,同年九月,更将都城由武昌迁于建业。

三国以前,江南地区最大的都市是春秋时代曾为吴国首都的姑苏,所以交通路线的开发也以此为中心,有水路北通京口,南通会稽,而建业则位于此一水运线之外。孙权迁都建业之后,即致力于开发建业城内外的交通,以及立定建业的都城规模。在都城营建方面,孙吴奠定了

---

① 〔唐〕许嵩撰,张忱石点校:《建康实录》(北京:中华书局,1986),卷一,页1。
② 《建康实录》,卷一,页2。
③ 《后汉书》,志二十二,《郡国志四》,页3486。
④ 〔汉〕班固撰:《汉书》(北京:中华书局,1964),卷十四,《诸侯王表二·江都易王非》,页411。

建业都城的规模,东晋以降,历代虽有改作,但大体上都是在孙吴所立的旧基础上规划改筑。

(一) 都城

吴大帝孙权最初以武昌为都,所以在武昌筑城、建宫室。黄龙元年,迁都建业时,其地并没有宫室可居,就以先前所造的将军府为宫,改称太初宫,并且环绕太初宫创建都城,这是建康筑城之始:

> 冬十月,至自武昌,城建业太初宫居之,宫即长沙桓王故府也,因以不改。今在县东北三里。……初吴以建康宫地为苑,其建业都城周二十里一十九步。①

中国都城通常分为宫城、皇城(又叫子城)和外郭(又称罗城)三部分,而孙吴的都城没有外郭,二十里一十九步的都城相当于后世所谓的皇城或子城而已。其城墙系以竹篱筑造,只在南面开一个城门,称为"白门",东晋以后,才改称宣阳门。《舆地志》云:"都城周二十里一十九步,本吴旧址,晋江左所筑但有宣阳门……宣阳门,本吴所开,对苑城门,世谓之白门,晋为宣阳门。"②

(二) 宫苑

孙吴建业城内的宫苑尚未形成如后世般独立的单位,而是宫室、园苑分别散置城内,吴大帝时已建有太初宫、南宫、苑城、西苑,孙皓时又筑昭明宫。

---

① 《建康实录》,卷二,页38。
② 《建康实录》,卷七,咸和五年九月注,页179。《资治通鉴》卷一四四《齐纪十》,和帝中兴元年,页4499,胡注云:"白门,建康城西门也;西方色白,故以为称。"其说不确。

1. 太初宫

吴大帝迁都建业，就以其地原有的将军府第为宫室，称为太初宫。《建康实录》称孙权："（黄龙元年）冬十月，至自武昌，城建业太初宫居之，宫即长沙桓王故府也，因以不改。"长沙桓王即孙策，《建康实录》认为此将军府是孙策所建的。然而《江表传》载孙权诏称"建业宫乃朕从京来所作将军府寺耳"①，却明指这是他自京口迁至建业后所建的将军府。孙权自起兵开始，治所屡迁，到建安十六年（211）才徙治建业。然而开创孙吴基业的孙策早在建安五年（200）遇刺身亡，因此后来称为太初宫的府舍，不可能是孙策建造的，《建康实录》考订不详，其说不确；朱偰《金陵古迹图考》不察，亦沿其误。② 孙策死后，孙权便继承他的事业，而曹操表孙权为讨虏将军，领会稽太守，驻守于吴。建安十四年（209），刘备又表请汉室任命孙权为行车骑将军，领徐州牧。十六年（211），孙权由京口徙治建业，创建将军府舍，即后来的太初宫，太初宫因系将军府，故此其规模应不至于太大。

吴大帝首以建业为都城，却未新建宫室，实由于当时三国并立，凡事皆以军国为重，故不暇建设，即以昔日之将军府为宫室。然至赤乌十年（247），因太初宫材柱腐朽，乃不得不兴土木之功，予以改建。然而，吴大帝仍以军事未息，人民赋役已重，不愿再向各地征求需索，因此下令拆除武昌宫的材瓦，千里迢迢地运至建业，以之改建太初宫：

（赤乌十年）二月，权适南宫。三月，改作太初宫，诸将及州郡皆义作。③ 权诏曰："建业宫乃朕从京来所作将军府寺耳，材柱率细，皆以腐朽，常恐损坏。今未复西，可徙武昌宫材瓦，更缮治之。"有司奏言："武昌宫已二十八岁，恐不堪用，宜下所在，通更伐致。"

---

① 《三国志·吴书》，卷二，《吴主传》，注引《江表传》，页1146。
② 朱偰：《金陵古迹图考》（上海：商务印书馆，1936），页51、59。
③ 《三国志·吴书》，卷二，《吴主传》，页1146。

权曰:"大禹以卑宫为美,今军事未已,所在多赋,若更通伐,妨损农桑。徙武昌材瓦,自可用也。"①

改建后的太初宫,规模仍然很小,《建康实录》称其周五百丈,但成书较早的《太康三年地记》却称"吴有太初宫,方三百丈,权所起也。昭明宫方五百丈,皓所作也"②。当以《地记》之说为确。太初宫方三百丈,虽规制不大,但已略具宫室的规模,宫之东、西、北面各开一门,南面则开五门。至于宫殿堂宇部分,则除了神龙殿为正殿之外,还有临海殿等附属建筑:

> (赤乌十一年)三月,太初宫成,周回五百丈,正殿曰神龙,南面开五门:正中曰公车门,东曰升贤门、左掖门,西曰明阳门、右掖门,正东曰苍龙门,正西曰白虎门,正北曰玄武门。起临海等殿。③

2. 南宫、西苑

在太初宫之南有太子宫,称为"南宫"。赤乌十年二月迄十一年三月,改建太初宫期间,吴大帝即暂居于此处。《建康实录》云:"十年春,适南宫,改建太初宫。"又引《舆地志》云:"南宫,太子宫也。宋置欣乐宫,其地今在县城二里半,吴时太子宫在南,故号南宫。"④

在太初宫之西南,南宫之西,又有"西苑",系孙权长子孙登(209—241)所筑的园苑:"今运渎东曲折内池,即太初宫西门外池,吴宣明太子所创为西苑。"⑤孙登早薨,赠谥"宣太子"⑥。

---

① 《三国志·吴书》,卷二,《吴主传》,注引《江表传》,页1146。
② 《三国志·吴书》,卷三,《嗣主传》,注引《太康三年地记》,页1167。
③ 《建康实录》,卷二,页55。
④ 《建康实录》,卷二,页54。
⑤ 《建康实录》,卷二,页38。
⑥ 《三国志·吴书》,卷十四,《吴主五子传》,页1366。

3. 苑城

太初宫、南宫、西苑皆偏处都城西南，而在都城中央偏北处另有苑城，苑城中有仓，称为"苑仓"，是孙吴时城内仓储的处所。至东晋成帝时修建宫室，就以苑城之地修建新宫，而仍保留苑仓，改名"太仓"：

> 案，建康宫城，即吴苑城，城内有仓，名曰苑仓，故开此渎，通转运于仓所，时人亦呼为仓城。晋咸和中，修苑城为宫，唯仓不毁，故名太仓，在西华门内道北。①

4. 昭明宫

孙吴在三方鼎立中立国，诸帝皆以军国为重，至末帝孙皓则一改前此诸帝的作风，不但不恤政事，反而大兴土木，起造宫苑。宝鼎二年（267），他发动二千石以下的官吏亲自入山，监督砍伐材木，在太初宫之东，另建昭明宫。昭明宫规模较太初宫为大，方五百丈，构筑精巧，装饰华丽，并且建有格局宏阔的园囿，布列假山与楼观，花费以亿万计：

> （宝鼎）二年夏六月，起新宫于太初之东，制度尤广，二千石已下，皆自入山督摄伐木。又攘诸营地，大开苑囿，起土山，作楼观，加饰珠玉，制以奇石，左弯碕，右临硎。又开城北渠，引后湖水激流入宫内，巡绕堂殿，穷极伎巧，功费万倍。……十二月，新宫成，周五百丈，署曰昭明宫，开临硎、弯碕之门，正殿曰赤乌殿，后主移居之。②

在昭明宫完成后十三年，孙吴即亡于晋。晋武帝平吴，并未毁废孙吴的都城与宫室，建业城完好如初，晋人在胜利的荣夸心理下，做了许多歌咏此一南方都城兴盛繁华的辞赋。其中以庾阐、曹毗的《扬都赋》最负

---

① 《建康实录》，卷二，页 45—46。
② 《建康实录》，卷四，页 98—99。昭明宫之规模依前引《太康三年地记》之说。

盛名,①可惜今已失传;幸而左思(250—305)的《三都赋》仍存,文中所称述事物皆有所凭据,非一般辞赋家文辞浮夸之作,卫权极为赞赏左思之作:"余观三都之赋,言不苟华,必经典要,品物殊类,禀之图籍;辞义瑰玮,良可贵也。……其山川土域,草木鸟兽,奇怪珍异,金皆研精所由,纷散其义矣。"②因此《三都赋》的叙述颇为可信,透过左思辞采富丽的描绘,建业城的面貌跃然纸上:

> 抗神龙之华殿,施荣楯而捷猎,崇临海之崔巍,饰赤乌之髣髴。东西胶葛,南北峥嵘,房栊对扩,连阁相经。阊阖谲诡,异出奇名,左称弯碕,右号临硎。雕栾镂楶,青琐丹楹,图以云气,画以仙灵。虽兹宅之夸丽,曾未足以少宁,思比屋于倾宫,毕结瑶而构琼。高闱有闶,洞门方轨,朱阙双立,驰道如砥。树以青槐,亘以绿水,玄荫耽耽,清流亹亹。列寺七里,侠栋阳路,屯营栉比,廨署棋布。横塘查下,邑屋隆夸,长干延属,飞甍舛互。③

由上所述,可知建业城宫室华丽,"神龙""临海""赤乌"都是太初宫、昭明宫中殿所的名称,丹青彩绘,雕饰精绮。又从宫城以南,有驰道抵秦淮河上之朱雀桥,御道两侧罗列军营,以及司徒、太监等官署,路旁青槐垂荫,御沟夹流,相当齐整美观。《文选》注云:"吴自宫门南出苑路,府寺相属,侠道七里也。廨犹署也,吴有司徒大监,诸署,非一也。"④而秦淮河南岸的横塘、查下、长干,为平民聚居的处所:"横塘在淮水南,近家渚,缘江筑长堤,谓之横塘,北接栅塘。查下、查浦在横塘西,隔内江自山头南上十余里,至查浦。建业南五里有山岗,其间平地,吏民杂居,东

---

① 《晋书》,卷九十二,《文苑传》,页2386。
② 《晋书》,卷九十二,《文苑传》,页2376。
③ 〔梁〕萧统编,〔唐〕李善注:《文选》(上海:上海古籍出版社,1986),卷五,页216—217。
④ 《文选》,卷五,页217。

长干中有大长干、小长干,皆相连;大长干在越城东,小长干在越城西,地有长短,故号大小长干。"①

总而言之,孙吴时建业大致的轮廓是:秦淮河北岸为宫城府署区,南岸为吏民杂居的住宅区。

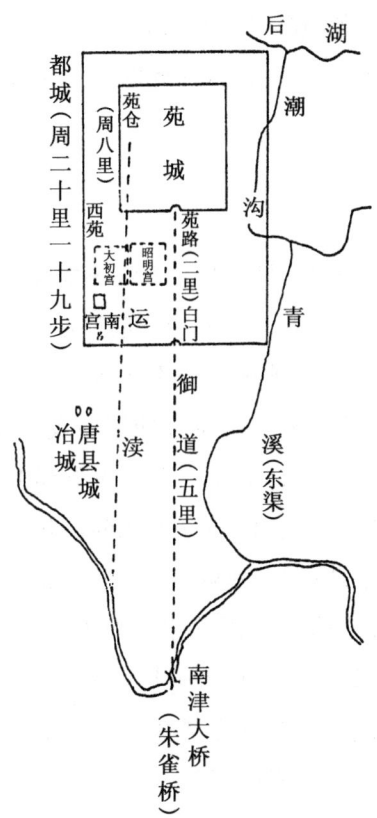

说明:① 本文附建康图,乃据朱偰《金陵古迹图考》一书之附图,加以补正。
② 《建康实录》卷二云吴苑城(即晋之台城)内有仓,名苑仓,其地在后来的西华门内道北,又称吴开运渎,自仓城抵秦淮河。又卷九云晋太子宫在台城西南,西逼运渎,故知运渎当偏于苑城及台城之西半部,朱偰图运渎起源潮沟,经苑城东半部,根本没经过苑仓,不确。然运渎确实的路线亦不能得知,今仅以虚线标出其约略之路线。
③ 朱偰图中苑仓及太初宫之位置不确,本图加以修正,并绘昭明宫及南宫约略位置。

图一 孙吴建业图

① 《文选》,卷五,页217。

二、建设期：东晋、宋、齐

西晋统一三十年，就因五胡之乱而被迫南迁，定都于建康，其后宋、齐、梁、陈皆以建康为都，故建康得以继续发展，至梁朝臻于极盛。东晋、宋、齐三代为建康城的建设期，而此时期中又以东晋成帝咸和中的规划营建最为重要。

(一) 东晋

西晋平吴，建业城虽然得以保全，但终不能免于西晋末年的兵灾之祸。惠帝时，巴氐李氏率众为乱蜀中，朝廷屡征不克，惠帝太安三年(304)，晋室以"壬午诏书"发荆州兵入蜀平乱，人民畏惮远征，多不愿应诏而逃亡。义阳蛮张昌便聚集避役者抄掠劫寇，遍及荆、江、徐、扬、豫五州，并且派遣其将石冰攻打扬州。石冰攻下建邺，焚烧宫室，其后复修建孙吴时的宫室居住。当时广陵(今江苏扬州)度支陈敏(？—307)率大军击破石冰，弭平此乱，但建邺宫室也因经此兵火而荡然无存。

陈敏以平石冰乱之功，升迁广陵相。他鉴于时局纷乱，遂有割据江东的野心，惠帝永兴二年(305)在历阳起兵叛变，进而掠地江东，攻取建邺。陈敏入据建邺时，孙吴的宫室早在他先前平石冰的战役中化作丘墟，他遂在太初宫的基址上建造府舍：

> 太安二年夏五月，义阳蛮张昌举兵，号汉，称神凤元年，使将军石冰寇扬州，诸郡尽没，冰因修建邺宫居之。①
> 按：太初宫，本吴之宫，晋平吴，后石冰作乱，焚烧荡尽。陈敏平石冰，据扬州，因太初故基创造府舍，中宗初渡江，因居此

---

① 《建康实录》，卷五，页121。

地也。①

此时南方接连有张昌、石冰、陈敏的乱事,而北方亦不宁靖,先是八王交兵互争,继而匈奴等胡族相继入侵。永嘉元年,琅琊王司马睿被任为都督扬州、江南诸军事,镇广陵,他听从司马王导(276—339)的建议,渡江镇建邺,讨平陈敏余党,并且以陈敏在太初宫基址上筑造的宅第为府舍,又修建孙吴之都城:

> (永嘉元年)七月,以琅琊王睿为安东将军、都督扬州江南诸军事,用王导计渡江,镇建邺。讨陈敏余党,廓清江表。因吴旧都城修而居之,太初宫为府舍。②

建兴四年(316),长安失陷,愍帝遇害,次年(317)琅琊王司马睿正式即位于建康,是为东晋元帝。中原虽然倾覆,而晋室政权仍能绵延于江南。

1. 元帝的沿袭旧规

东晋初于江左立国,军戎未息,经济困窘,公私俱感拮据,从以下所述之事,即可见其时窘迫情状之一斑:

> 初,元帝始镇建业,公私窘罄,每得一豚,以为珍膳,项上一脔尤美,辄以荐帝,群下未尝敢食,于时呼为"禁脔"。③

当时国力如此贫弱,自然也无力兴建都城宫室,元帝乃因陋就简,仍沿永嘉元年初渡江时之规制,以陈敏依太初宫址修造之府舍为宫,因孙吴

---

① 《建康实录》,卷五,页122。
② 《建康实录》,卷五,页122。
③ 《晋书》,卷七九,《谢安传附谢混传》,页2079。

旧城以为都城，仅增置宗庙社稷而已。

孙吴虽以建业为都城达五十年之久，却未立宗庙社稷，东晋于此遂无所因袭，不得不别有新创。元帝新立宗庙社稷，其地点为郭璞（276—324）卜筮所定。《建康实录》于太庙、太社的位置有两种不同的记载：其一引《图经》之说"晋初置宗庙，在古都城宣阳门外，郭璞卜迁之。左宗庙，右社稷，去今县东二里"①，此处所谓的县系指唐时县城，其地在冶城之东；又称"案，塔寺记：……宋大明中，路太后于宣阳门外太社西药园造庄严寺"②，可知太社在宣阳门外。其二称太庙在临近秦淮河处："案，地志：太庙，中宗置，郭璞卜迁，定在今处，事具元帝卷内。及（孝武）帝即位，常嫌庙东迫淮水，西逼路，至此年因修筑，欲依洛阳改入宣阳门内"③，未知二说孰是。而《舆地志》称秦淮河有太庙湾：

> 梁天监十二年，以朱雀门东北淮水纡曲，数有水患，又舟行旋冲太庙湾，乃凿通中央，为舟子洲，诸郡秀士上计，憩止于此。④

可见太庙、太社，皆近于秦淮河，而非邻近宣阳门处。《景定建康志》《至正金陵新志》《六朝故城图考》诸书之图，皆标太庙位置在都城门外处，其实不确。

除了宗庙社稷外，元帝又于太兴二年（319）作南郊，其地也是郭璞卜筮所定的："是岁，作南郊，在宫城南十五里，郭璞卜立之。"⑤元帝于建康城无所增置，只建宗庙南郊，二者皆由郭璞主持其事。史称郭璞"洞五行、天文、卜筮之术，攘灾转祸，通致无方，虽京房、管辂，不能过

---

① 《建康实录》，卷五，页127。
② 《建康实录》，卷八，页225。
③ 《建康实录》，卷九，页288。
④ 《景定建康志》，卷十九，《山川志三·洲浦》，页1616-1。
⑤ 《建康实录》，卷五，页133。

也"①。以这样一个通晓阴阳五行、易学方术的人制定宗庙郊社地点,自然不会从传统儒家的规划着眼,因此太庙、太社设于都城之外,并不符合传统都城规划"前朝后市,左祖右社",庙、社在都城之内的原则。

2. 成帝的重新规划

江左经过元、明二帝的惨淡经营,至成帝咸和二年(327)苏峻乱起之前,已略有积储,"时官有布二十万匹,金银五千斤,钱亿万,他物称是"②,比起元帝初渡江的困窘,已可谓之小康。但是此年苏峻起兵于历阳,攻入建康,焚烧宫室,自东晋初以来二十年的蓄积,又尽化为乌有。据王彪之的描述:"苏峻之乱,成帝止兰台都坐,殆不蔽寒暑。"③咸和四年(329),苏峻乱平,而建康城疮痍满目,宫室丘墟,晋室更陷于经济窘迫的困境:

> (王)导善于因事,虽无日用之益,而岁计有余。时帑藏空竭,库中惟有练数千端,鬻之不售,而国用不给。导患之,乃与朝贤俱制练布单衣,于是士人翕然竞服之,练遂踊贵,乃令主者出卖,端至一金。其为时所重如此。④

时国用不足,而建康宫室又为兵火所焚,成帝只得暂居于吴苑城之地的建平园,⑤《建康实录》云:"案,舆地志:都城周二十里一十九步,本吴旧址……苑城即吴之后苑地也,一名建平园。"⑥自晋室南渡以来,困于军戎与财政,无力兴造,一直以陈敏依太初宫基址修筑的府舍为宫,至此却又焚烧荡尽,虽然财政困难,亦不得不修建宫室。

---

① 《晋书》,卷七十二,《郭璞传》,页1899。
② 《晋书》,卷一〇〇,《苏峻传》,页2630。
③ 《晋书》,卷七十六,《王廙传附王彪之传》,页2011。
④ 《晋书》,卷六十五,《王导传》,页1751。
⑤ 《晋书》,卷七,《成帝纪》,页174。
⑥ 《建康实录》,卷七,页179—180。

史称晋室"国弊家丰",朝廷原不富足,苏峻乱后更加困窘,为了筑造宫城,乃不得不另辟财源。茆苫建议官员被任命为官二十日之内,须缴钱二千,充当修城的费用,叫作"修城钱":"修宫苑记:……时百度多阙,但用茆苫议,以除官身,各出钱二千,充修宫城用,自晋至陈,遂废。"①此后遂为定制,虽朝代更易,亦不废此制。东晋南朝仅有齐高帝曾经一度诏免因战乱而积欠的修城钱:"(建元四年三月)癸酉,诏免逋城钱,自今以后,申明旧制。"②其余各代皆沿而不改。

咸和五年(330)九月,成帝开始重建遭苏峻之乱毁废的建康城,修造的内容分为宫城和都城两部分。此次的营建并不完全依孙吴旧有的规模,而别有新创,工程之浩大,为建康建都以来之所未有,费时两年,至咸和七年(332)才告完工。成帝之世也是建康城营建史上最重要的一个时期,咸和规划实为后来南朝四代的都城制定规模。

(1) 规划设计者

《晋书》上并没有记载成帝时营建宫室都城出自何人的规划设计,而详于建康城阙建置的《建康实录》也未提及此事,唯有《世说新语》中一则记载,指出建康城为王导规划兴建:

> 宣武移镇南州,制街衢平直。人谓王东亭曰:"丞相初营建康,无所因承,而制置纡曲,方此为劣。"东亭曰:"此丞相乃所以为巧,江左地促,不如中国,若使阡陌条畅,则一览而尽,故纡余委曲,若不可测。"③

时人批评王导所营建的建康城街巷迂曲,比不上桓温(312—373)所造姑孰城(今安徽当涂)的道路平直。王导之孙王珣(字东亭,349—400)

---

① 《建康实录》,卷七,页182。
② 《南史》,卷四,《齐本纪上》,页117。
③ 〔宋〕刘义庆撰,〔梁〕刘孝标注,余嘉锡笺疏、周祖谟等整理:《世说新语笺疏》(上海:上海古籍出版社,1993),上卷上,《言语第二》,页156。

为其祖父辩驳,称建康面积局促狭小,若把街道设计为平直大道,则一览无余;反之,若衢巷纡回曲折,则可造成神秘难测的错觉;建康道路弯曲,其实出于王导巧思的设计。王导是东晋初年的元老重臣,于东晋初期的政治甚有贡献。永嘉之乱,中原倾覆,晋室政权能够重建于江南,应归功于王导的良谋善政,他一方面抚绥自北方南渡的人士,另一方面又优礼南方的世家豪族,以安定政局。[①] 元帝去世后,明帝之世及成帝前期,王导皆为受遗诏辅政的大臣,其间晋室虽经王敦、苏峻之乱,而终能渡过难关。苏峻乱平后,建康城破败荒毁,朝臣都主张迁都豫章或会稽,另建新都,只有王导极力主张仍都建康,成帝乃不迁都,而重建宫室都城。如果没有王导的坚持,则此后江左南朝的历史将是另一番面貌;同时他也是此次营建建康城的规划者,为南朝各代制定了都城的规模。就此而言,王导不仅是晋室的股肱大臣,对于南朝四代也有很大的贡献。

咸和中的营建,由王导主持其规模大计,其堂弟王彬负责营建,《舆地志》云:"晋故台城,即成帝时苏峻作乱,焚烧宫室都尽,温峤以下咸议迁都,唯王导固争,不许。咸和六年,使卞彬营治。"[②]卞彬当作王彬,《晋书·王廙附弟彬传》云:"苏峻平后,改筑新宫,彬为大匠。以营创勋劳,赐爵关内侯,迁尚书右仆射。"

(2) 建康城

东晋初年修筑孙吴周回二十里十九步的旧城,只在南面开宣阳门一门,习称"都城"。至成帝修建都城时,增开五门,与宣阳门合计为六门,"六门"遂成为建康城之代称:六朝人常称六门之内,即指周回二十里的建康都城。六门的配置宣阳门为南面正门,其西增建陵阳门,其东增建开阳门;都城东面有二门,正东为建春门,其南为清明门;西南面则

---

① 陈寅恪:《述东晋王导之功业》,收入《金明馆丛稿初编》(北京:三联书店,2001),页59—65。
② 〔宋〕乐史撰,王文楚等校:《太平寰宇记》(北京:中华书局,2007),卷九〇,《江南东道二·升州》引《舆地志》,页1773。

有西明门：

> 六门，案，《舆地志》：都城周二十里一十九步，本吴旧址，晋江左所筑，但有宣阳门。至成帝作新宫，始修城，开陵阳等五门，与宣阳为六，今谓六门也。南面三门，最西曰陵阳门，后改名为广阳门，门内有右尚方，世谓之尚方门。次正中宣阳门，本吴所开，对苑城门，世谓之白门，晋为宣阳门，门三道……次最东开阳门。东面，最南清明门，门三道，对今湘宫巷门，东出清溪港桥。正东面建春门，后改为建阳门，门三道，尚书下舍在此门内，直东今兴业寺后，东度清溪菰首桥。……正西，南西明门，门三道，东对建春门，即宫城大司马门前横街也。正北面用宫城，无别门。①

六门之中的宣阳门、清明门、西明门各有三个门道，是主要的出入口；又六门皆堂皇壮丽，尤其以宣阳门最为华丽，门上建重楼，雕楣绣柱，并且门楣上刻龙虎的形象。由宣阳门延伸至朱雀桥之间五里的御道，也修治得平正美观，"晋为宣阳门，门三道，上起重楼，悬楣上刻木为龙虎相对，皆绣栭藻井；南对朱雀门，相去五里余，名为御道，开御沟，植槐柳"②。城门藻丽庄严，御道平整，御沟流水汤汤，沟畔槐柳荫绿，此时营建的建康城除了都城的意义之外，还要造成皇都巍峨的意象。

六门的开设实有助于建康城郊区的发展，尤其东面建春门、清明门的设置，对城东以迄钟山地区的开发有很大的影响，而晋室也致力于东郊的建设。如钟山本来崖窟峻异，草木稀疏，自东晋开始，令诸州郡长罢职返回京师时，必须在钟山种植松树，《金陵地记》云："蒋山本少林

---

① 《建康实录》，卷七，页179—180。《资治通鉴》，卷一二七，《宋纪九》，文帝元嘉三十年，页4003，胡注云："(六门)台城六门，大司马门、东华门、西华门、万春门、太阳门、永明门也。"其说不确。

② 《建康实录》，卷七，页180。

木,东晋令刺史罢还都,种松百株,郡守五十株。"①长久以往,积木成林,到梁代文人的笔下,钟山已是林木翁郁,一片翠绿青葱的景象,且遍布梵宇佛寺,成为建康的佛教中心。又自此时起,贵族达官便在城北的潮沟之北,以及城东沿青溪一带这两个区域修造园宅,陶季直《京都记》云:"典午时,京师鼎族多在清溪左及潮沟北。"②前此建康城仅在正南开设宣阳门,因此城外东区和城内的往来殊为不便,而正对宣阳门的秦淮河南岸和城内的联络反较便捷,渡过朱雀桥,可由御道直抵宣阳门进入都城,所以孙吴时达官贵人的宅第多分布在秦淮河南岸;东晋初年,王、谢两大家族渡江时,也卜居南岸的乌衣巷,而非日后甲族衣冠筑室造园的城东郊区。贵族在城东、城北建立园宅,当是咸和中六门设立以后的发展,因此六门的修筑,不仅使建康成为更加完备的都城,对其后建康城的发展也有决定性的影响。

(3) 建康宫(显阳宫)

成帝时利用孙吴苑城之地,创建宫城,称为"建康宫",又名"显阳宫",通称"台城"。《建康实录》云:"案,建康宫城,即吴苑城,城内有仓,名苑仓。"至咸和八年正月改苑仓之名为"太仓",注云:"案,吴时苑内有仓,名苑仓,亦名仓城。至此,治苑为宫,惟仓不改,在西掖门内。"③建康宫周回八里,筑有两重城墙,开五门,南面正中为大司马门(俗称"章门"或"阙门"),南对都城宣阳门,北对宫城之端门;大司马门之东有阊阖门;东面有东掖门,北面有平昌门(俗称"冠爵门"):

> 案,《图经》:即今所谓台城也,今在县城东北五里,周八里,有两重墙。案,《修官苑记》:建康宫五门,南面正中大司马门,世所谓章门,拜章者伏于此门待报;南对宣阳门,相去二里,夹道开御沟,

---

① 〔宋〕李昉等撰:《太平御览》(台北:台湾商务印书馆,1975,《四部丛刊》本),卷四十一,《地部六》蒋山条引《金陵地记》,页 326-2。
② 《建康实录》,卷二,页 50。
③ 《建康实录》,卷二,页 45;卷七,页 182。

植槐柳,世或名为阙门。南面近东闾阖门,后改为南掖门,门三道,世谓之天门;南直兰宫西大路,出都城开阳门。正东面东掖门,正南(当作北)平昌门,门上有爵络,世谓之冠爵门,南对南掖门。①

建康宫周回八里,规模远胜孙吴的太初宫与昭明宫,然其构筑的精巧华丽却逊于孙吴的宫室。建康宫完工后八年,咸康五年(339)成帝又增筑宫城,创筑楼观,同时也改建宫城城墙,以砖筑墙,"是时,始用砖垒宫城,而创构楼观"②,可见咸和中的宫城不是砖造的。

(4)朱雀浮航

自宫城正南的大司马门沿御道,经宣阳门,可直达秦淮河上的朱雀桥,渡过此桥,就是民舍殷繁的南岸地区。朱雀桥是秦淮河南、北岸的交通要道,成帝之世于此亦有贡献新创。孙吴时,此处已立桥往来,称为"南津大桥",又叫"朱雀桥",历西晋以迄江左初年皆不改。元帝末年,王导堂兄王敦(266—324)在上游叛变,明帝太宁二年(324),更派遣其将王含、钱凤攻取建康,时丹阳尹温峤(288—329)为阻挡王含的军队,烧毁朱雀桥,③倚秦淮河以为守御。乱平后,秦淮河上遂无桥可渡,便暂时以船舶往来两岸。侍中孔坦之曾建议征收过桥税,以其税收购买材木,另筑新桥,但后来所建的朱雀桥却非木桥,而是连舟为桥的浮航。

咸康二年(336),作朱雀浮航,自此迄陈末,皆因而不改,浮航遂成为秦淮河上的特色。关于此时不建固定的桥梁,而造浮航一事,《建康实录》有两种解说:

> 案,《舆地志》:六代自石头东至运署,总二十四所度,皆浮船,

---

① 《建康实录》,卷七,页181。
② 《建康实录》,卷七,页194。
③ 《晋书》,卷六十七,《温峤传》,页1788。

往来以税行直。淮对编门,大航用杜预河桥之法,其本吴时南淮大桥也。一名朱雀桥,当朱雀门下,渡淮水。王敦作逆,温峤烧绝之,是后权以舶舫为浮桥。成帝咸康二年,侍中孔坦之议复税桥,行者收直,以具其材,但苑宫初理不暇,遂浮航相仍。至陈,每有不虞,则烧之。①

案,《地志》:本吴南津大吴桥也。王敦作乱,温峤烧绝之,遂权以浮航往来。至是,始议用杜预河桥法作之,长九十步,广六丈,冬夏随水高下也。②

前者言成帝时修建宫城,不暇建桥,所以因循沿用乱后临时代用的浮航,此说甚可怀疑。一则如成帝系因修建宫室,无造桥之余力之说属实,成帝以后迄陈末二百五十余年,不可能历朝皆财政困难,无力兴造;而且此后浮航数次毁坏,重新修建时,仍不造固定桥梁,必定是成帝时造的浮航别具长处。二则成帝世于建康宫室都城的规划超迈前代,没有理由忽略沟通南、北岸交通要道的建设。三则王敦乱后以船舶为浮桥,并不等于后来的浮航。故后者所称成帝时特地采用杜预(222—285)河桥法,作朱雀浮航之说较为可信。

中国浮航之筑造有久远的历史,早在秦始皇时代已建造浮桥,以铁缆连接一艘艘并排的船舶,船舶底下以铁锚固定大缆,使船只不至于流失,即所谓的"连舟为桥"的浮航。③ 西晋初年,杜预曾在洛阳的富平津处建浮航:

(杜)预又以孟津渡险,有覆没之患,请建河桥于富平津。议者以为殷周所都,历圣贤而不作者,必不可立故也。预曰:"'造舟为

---

① 《建康实录》,卷九,页256。
② 《建康实录》,卷七,页189。
③ 李约瑟著,张一鏖、沈百先合译:《中国之科学与文明》(台北:台湾商务印书馆,1977),第十册,页302—314。

梁',则河桥之谓也。"及桥成,帝从百僚临会,举觞属预曰:"非君,此桥不立也。"对曰:"非陛下之明,臣亦不得施其微巧。"①

杜预建造浮航系鉴于孟津水流湍急,舟船渡河,容易倾覆,故于其邻近的富平津处造浮航。建康于秦淮河上筑浮航,和杜预之筑洛水浮桥有类似的背景。秦淮河虽然没有险滩急流,但有涛变,东晋以后,屡有涛水由石头溢入秦淮河的记载,如:穆帝永和七年(351)七月,"涛水入石头,死者数百人";海西公太和六年(371)六月,"京师大水,平地数尺,浸及太庙。朱雀大航缆断,三艘流入大江";孝武帝太元十三年(388)十二月,"涛水入石头,毁大航,杀人";太元十七年(392)六月,"涛水入石头,毁大航,漂船舫,有死者";安帝元兴三年(404),"涛水入石头,商旅方舟万计,漂败流断,骸胔相望";义熙元年(405)、四年(408)十二月,"涛水入石头"②等。由此可知,秦淮河每隔几年就有一次严重的涛变,为维护桥梁不致轻易毁损,所以成帝时便在原来的朱雀桥处建造浮航。

浮航连舟为桥,跨河而立,自然阻碍秦淮河上过往船舶的通行,因此每天有固定的时间,移开其中数艘船,在浮航中间造成一处空隙,让船舶通过,叫作"开航";开航的时候,两岸的人车自然不能通行,必须等闭航后再行过桥。开航时间一过,再将那几艘移开的船舶归位,复成为一座桥,叫作"闭航"。朱雀浮航在建康城的日常生活中扮演一个很重要的角色,六朝史书中常出现"开航""闭航"两个名词,如《南齐书》记载:"(袁)粲大明中与萧惠开、周朗同车行,逢大桁开,驻车共语。"③"桁"同"航",朱雀航俗称"大航"。而在防卫上,浮航也能发挥作用,如敌方已至秦淮河南岸,开航可以暂时阻挠其攻势,在六朝建康的攻守战中,常一再使用这个策略。

---

① 《晋书》,卷三十四,《杜预传》,页 1028。
② 《晋书》,卷二十七,《五行志上》,页 817—818。
③ 《南齐书》,卷三〇,《戴僧静传》,页 556。

(5) 其他

成帝之世对于建康城的规划甚为详尽,连自宫城迄外郭的篱门外所种植的树木也都有严格的规定,篱门外植桐柏,①自宫城而外分别是石榴、槐树、垂杨、橘树:

> 案,《苑城记》:城外堑内并种橘树,其宫墙内则种石榴,其殿庭及三台三省悉列种槐树,其宫南夹路出朱雀门,悉垂杨与槐也。②

东晋以后,各代皆遵行这项规划,以迄于陈末。都城之外绕植橘树,一到秋冬,累实橙黄,可以想见其景致之美。历代皇帝常以城傍橘树的果实颁赐臣下,昭明太子萧统(501—531)有《谢敕赉边城橘启》③,刘孝仪有《谢东宫赐城傍橘启》④。陈末,因后主梦黄衣人围城,为禳其征,故将城傍橘树尽数砍伐:"后主又梦黄衣人入城,乃尽去绕城橘树。"⑤经过成帝咸和中规划以后,建康城已成为一个齐整美观的城市,绕城橘树即为其特色之一,却为陈后主断尽,一无余留。不久之后,建康城也随着陈室政权的消灭,夷为平地。

此外,成帝并在覆舟山之南作北郊⑥,又于秦淮河南岸立太学⑦。从建康宫的兴起,到都城六门的设置,以及朱雀浮航的筑造,成帝确为建康城奠定都城的规模,此后历代虽有踵事增华,然皆不能逾越成帝时的规划,在建康建都史上,晋成帝之世实为最重要的时期。

---

① 《南史》,卷五十八,《裴邃之传》,页1440:"大同中,都下旱蝗,四篱门外桐柏凋尽。"
② 《建康实录》,卷九,页266。
③ 《全梁文》,见严可均辑:《全上古三代秦汉三国六朝文》(北京:中华书局,1991),卷十九,页3061-2。
④ 《全梁文》,卷六十一,页3317-1。
⑤ 《南史》,卷十,《陈本纪下》,页307。
⑥ 《建康实录》,卷七,页183。
⑦ 《建康实录》,卷七,页190。

3. 孝武帝的修建宫城

成帝新建的宫城,至孝武帝之世已渐损坏,故谢安(320—385)于太元三年(378)上奏,请重修宫室,于是展开东晋历史上第二度修建宫室的工程。不过,这回修建宫室不仅是修补毁损的部分,而且是含有矜夸心理的大事改筑。谢安很早就提出兴造新宫的建议,但为尚书令王彪之(305—377)以外寇未靖、不宜大兴土木一番堂堂正正的言辞驳难反对。然谢安却认为宫室如果不够壮观华丽,后世人将讥笑此一代执政者才能拙劣;然而,此一理由终是不够堂皇,所以在王彪之有生之年,谢安修造宫室之议未能实行:

> 安欲更营宫室,彪之曰:"中兴初,即位东府,殊为俭陋,元、明二帝亦不改制。苏峻之乱,成帝止兰台都坐,殆不蔽寒暑,是以更营修筑。方之汉魏,诚为俭狭,复不至陋,殆合丰约之中,今自可随宜增益修补而已。强寇未殄,正是休兵养士之时,何可大兴功力,劳扰百姓邪!"安曰:"宫室不壮,后世谓人无能。"彪之曰:"任天下事,当保国宁家,朝政惟允,岂以修屋宇为能邪!"安无以夺之。故终彪之之世,不改营焉。①

太元二年(377),王彪之卒,次年,东晋便大修宫室。成帝时的营建着重于都城的规划,奠定都城的规模,所以他所建的建康宫素朴无华,据王彪之的形容"方之汉魏,诚为俭狭,复不至陋,殆合丰约之中"。然而孝武帝之世的改建,则是谢安抱着"宫室不壮,后世谓人无能"的矜夸心理,在建康宫的基础上增建三千五百间华丽的堂宇宫殿,建康宫的主殿"太极殿"即此时所建的。徐广《晋纪》云:"太元三年二月,内外军六千人,始营筑,至七月而成。太极殿高八丈,长二十七丈,广十丈。尚书

---

① 《晋书》,卷七十六,《王廙传附王彪之传》,页 2011—2012。

谢万监视,赐爵关内侯;大匠毛安之,关中侯。"①此次宫室殿堂的建造,都出自谢安和将作大匠毛安之"仰模玄象,体合辰极"的设计。由于此一改建工程浩大,耗费大量的人力、物力,每日役使六千人,费时五个月,方告完工:

> （太元）三年春正月,尚书仆射谢安石以宫室朽坏,启作新宫,帝权出居会稽王第。二月始工,内外日役六千人,安与将作大匠毛安之决意修定,皆仰模玄象,体合辰极,并新制置省阁堂宇,名署时政。……秋七月,新宫成,内外殿宇大小三千五百间。②

同时孝武帝也改建朱雀大航的桥门——朱雀门,有三个门道,门上建重楼,精雕巧饰:"又起朱雀门重楼,皆绣栭藻井,门开三道,上重名朱雀观。观下门上有两铜雀,悬楣上刻木为龙虎,左右对。"③其后孝武帝又屡兴土木之功,太元十六年(391)扩建太庙;十七年(392)拓筑东宫;二十一年(396)重建永安宫,并建清暑殿;④清暑殿位于华林园中,是六朝最负盛名的宫殿。

4. 东晋末年

安帝元兴元年(402),桓玄在长江上游的荆州起兵反叛,顺流而下直趋建康,次年篡位,改国号为楚。桓玄窃位期间,虽然在建康造成纷乱,但对建康城也有一些贡献,他曾开设宫城东掖、平昌、广莫三门,拓建宫殿各门为三个门道。⑤ 此外,安帝于义熙十年(414)筑东府城;东

---

① 《世说新语笺疏》,中卷上,《方正第五》,页338。
② 《建康实录》,卷九,页265—266。
③ 《建康实录》,卷九,页266。
④ 《建康实录》,卷九,页292。
⑤ 《晋书》,卷九十九,《桓玄传》,页2597。

府城之地原为会稽王司马道子(364—403)宅第,室宇华丽,园池佳美。① 其时御道之左有西州城,为永嘉以后扬州刺史治所,司马道子为扬州刺史,而宅第居其东方,所以时人皆称其府第为"东府",至晋末方筑城开堑,周回三里九十步。② 刘宋以后,扬州刺史、宰相居于东府,而西州遂成为宗室诸王居处之所。③

东晋初年,国力疲弊,不暇建设,建康虽为一国之都城,但甚为简陋。元帝以陈敏所筑的府舍为宫,方三百丈,规制狭小,而都城亦沿孙吴之旧,只开一个城门,唯在都城外围增设篱门五十六所,以为建康的外郭。篱门自然是以竹篱围筑而成,即使都城城墙也是竹篱筑造的,由此即可想见建康城之粗陋简略。苏峻之乱,建康遭受严重的破坏,成帝乃不得不以王导主持规划大计:重建荒残破败的建康城,并予以重新规划,开设都城六门,建造朱雀浮航,而新建的建康宫(显阳宫)城,更成为南朝四代之宫城。此后历代只能在其制定的规模上增筑改建,不能逾越其规制,因此成帝咸和之世实在是建康营建史上最重要的时期。迄孝武帝时,基于夸耀的心理,而改建宫城,扩筑东宫、苑囿,使原已具都城规模的建康,添增壮丽的外观与充实的内容。其后桓温亦增辟都城及宫城城门,安帝时又修造东府城。

东晋数朝营建宫室都城,都出自一代名臣俊彦之规划设计,江左初年郭璞卜立宗庙社稷,成帝时王导规划都城,孝武帝世谢安改建宫室,所以其规划能够因地制宜,配合地理环境,而为建康奠定宏廓的规模。

---

① 《晋书》,卷十,《安帝纪》,页 264。《建康实录》,卷一,页 3:"案,《晋书》:孝武太元末,会稽王道子为扬州刺史,治东第,时人呼为东府。"《景定建康志》,卷二十,《城阙志·东府城》,页 1624—1。

② 《宋书》,卷五十三,《谢方明传》,页 1525:"彭城王义康治东府,于城堑中掘得古冢,为之改葬。"可见东府城有城堑。

③ 王鸣盛著,黄曙辉点校:《十七史商榷》(上海:上海书店出版社,2005),卷六四,《东府》,页 530—531。

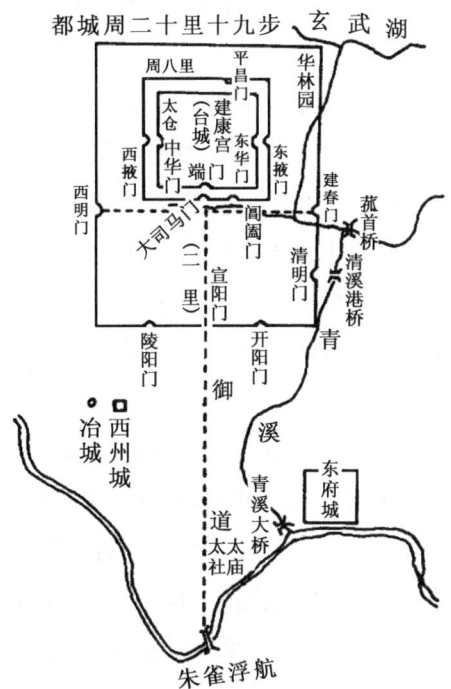

说明：① 朱偰《南朝都建康总图》所标东府城离秦淮河尚有一段距离，且其面积几与台城相等，实则东府临秦淮河，而面积约等于台城的三分之一，台城周八里，东府仅三里余。
② 东晋及以下各图台城诸门皆以《建康实录》为准，《景定志》所引《南朝宫苑记》成书较《实录》为晚，恐多臆测之语，故不取。

图二　东晋建康图

(二) 刘宋

刘宋之世持续建设建康城，因武帝在位时期短，营阳王继位旋即被废，故宋世对建康的建设是从文帝时才开始的。

1. 宋文帝的兴营范围

宋文帝统治的三十年间，仁俭勤政，天下晏安，为江左以来所未有的治世，史称其时"凡百户之乡，有市之邑，歌谣舞蹈，触处成群，盖宋世之极盛也"①。文帝在国力丰沛的情况下,便着手修筑宫苑。东晋曾模仿曹魏及西晋的洛阳,于宫城之北修建华林园,然而东晋经济困窘,宫室尚且简朴,自然没有大开苑囿的能力。关于华林园的修建,仅见于两处记载:其一是《晋书》称孝武帝于其中造清暑殿,开北上阁以出华林园;②其二是《世说新语》提及简文帝游华林园,对左右的人说:"会心处,不必在远。翳然林水,便自有濠、濮间想也。觉鸟兽禽鱼,自来亲人。"③东晋华林园的规模可能不大。至宋文帝时,才开始大事经营苑囿,除增饰华林园之外,又在覆舟山之南辟筑乐游苑。

(1) 乐游苑

建康城东北方有玄武湖,湖南有覆舟山,而覆舟山之南有东晋时所立的北郊。元嘉二十年(443),文帝将北郊迁移他处,而在此地辟建园苑,筑堤湖侧,起造楼观,称为"北苑",后来改称"乐游苑"。后世仅宋孝武帝在苑中增造一殿,其余各代皆不予以增建,可见文帝之世的营造已经相当完备了,可惜其楼台宇榭在梁末的侯景之乱中,毁坏无遗:

> 案,《舆地志》:县东北八里,晋时为药圃,卢循之筑药园垒即此处也。其地旧是晋北郊。宋元嘉中移郊坛出外,以其地为北苑,遂更兴造楼观于覆舟山,乃筑堤壅水,号曰后湖,其山北临湖水,后改曰乐游苑。山上大设亭观,山北有冰井,孝武藏冰之所。至大明中,又盛造正阳殿。梁侯景之乱,悉焚毁。至陈天嘉二年,更加修葺,于山上立甘露亭,陈亡并废。④

(2) 华林园

元嘉二十三年(446),文帝又增饰东晋所筑的华林园,命将作大匠

---

① 《宋书》,卷九十二,《良吏传》,页2261。
② 《晋书》,卷八十三,《王雅传》,页2179。
③ 《世说新语笺疏》,上卷上,《言语第二》,页120。
④ 《建康实录》,卷十二,页438。

张永规划，于园中穿池筑山，广建殿堂楼宇，而以洛阳华林园的殿宇名称命名，如景阳山、灵曜殿、华光殿、凤光殿、醴泉堂等。华林园是六朝建康最主要的苑囿，为君臣常时游宴之所，虽然孙吴之世此地已为苑地，但真正开始兴筑是东晋之时，经宋文帝的拓建，其后梁武帝、陈武帝、陈文帝亦各有所增置；就整体而言，华林园的规模大部分是宋文帝时所制定的：

> 案，《舆地志》：吴时旧宫苑也，晋孝武更筑立宫室，宋元嘉二十二年重修广之，又筑景阳、武壮诸山，凿池名曰天渊，造景阳楼以通天观。至孝武大明中，紫云出景阳楼，因改为景云楼，又造琴堂，东有双树连理，又改为连玉堂。又造灵曜前后殿，又芳香堂、日观台。元嘉中，筑蔬圃，又筑景阳东岭，又造光华殿，设射棚，又立凤光殿、醴泉堂、花萼池，又造一柱台、层城观、兴光殿。梁武帝又造重阁，上名重云殿，下名兴光殿，及朝日、明月之楼，登之而阶道绕楼九转。自吴、晋、宋、齐、梁、陈六代，互有构造，尽古今之妙。陈永初中，更造听讼殿。天嘉三年，又作临政殿，其山川制置，多是宋时将作大匠张永所作，其宫殿数多，旧来不用，乃取华林园以为号。陈亡悉废矣。①

此外，宋文帝也在宫城东、西两面加开万春门及千秋门："二十年春正月，于台城东、西开万春、千秋二门。"②朱偰所绘《东晋都建康图》中，已有此二门，作云龙门、神虎门，③其实不确。东晋时宫城北面筑有平昌门，宋武帝永初中，改称广莫门。④元嘉二十五年(448)文帝改宫城广莫门为承明门，又在都城的西、北面增开阊阖门、广莫门："夏四月乙

---

① 《建康实录》，卷十二，页444。
② 《宋书》，卷五，《文帝纪》，页90。
③ 朱偰：《金陵古迹图考》，第四章附《东晋都建康图》。
④ 《建康实录》，卷七，页187。

巳,新作阊阖、广莫二门,改先广莫门曰承明,开阳曰津阳。"①

2. 孝武帝的踵继前盛

元嘉二十七年(450),因和北魏交战,以致民疲国弊,宋之盛世自此走下坡。孝武帝即位时,宋的国势已渐衰颓,然而他仍然追踵文帝修建宫苑的作风,兴建精绮奢华的宫室:"及世祖承统……更造正光、玉烛、紫极诸殿,雕栾绮节,珠窗网户"②;大明三年(459),更在玄武湖之北建"上林苑"③。虽然孝武帝兴筑宫室苑囿系出自奢侈享乐之故,但他于建康的建设也未尝不加措意,在都城修驰道,联络南北:"(大明五年九月)丙申,初立驰道,自阊阖门至于朱雀门,又自承明门至于玄武湖。"④北驰道由宫城北面的承明门经广莫门,抵玄武湖;南驰道由宫城南面的阊阖门(即后来的南掖门)经津阳门,达秦淮河的朱雀航,对京师的交通有很大的帮助。同年,孝武帝并且在国学北方之地,建立明堂;据《舆地志》,国学位于御道东,近秦淮河之地。⑤

(三) 南齐

继刘宋之后,南齐高帝、武帝、东昏侯于建康的城郭宫室皆有所改筑增华。

1. 高帝改筑城墙

及齐高帝即位,鉴于宋孝武帝以降风俗日益奢靡,故大力矫正,乃简自律,躬为天下表率,后宫中铜制的器物、栏槛,皆改用铁造,并以铁回钉取代华盖上的金花爪。因此,他不曾建造宫室,拓筑花囿,不过他却完成了改建都城城墙的大工程。齐初建康已颇具都城规模,宫城以

---

① 《宋书》,卷五,《文帝纪》,页 96。
② 《宋书》,卷九十二,《良吏传》,页 2262。
③ 《宋书》,卷六,《孝武帝纪》,页 124。
④ 《宋书》,卷六,《孝武帝纪》,页 128。
⑤ 《建康实录》,卷九,《烈宗孝武帝》,页 277:"案,《舆地志》:在江宁县东南二里一百步右御街东,东逼淮水,当时人呼为国子学。"

砖筑造,甚为坚固,宫殿也华丽壮观,但都城仍然是竹篱围筑而成的。建元二年(480),有人献说言云:"白门三重关,竹篱穿不完。"白门即宣阳门,此言乃讽寓都城宣阳门虽有三个门道,隆重庄严,可是城墙始终以竹篱筑造,柔脆易破。齐高帝有感于此言,于是改建都城城墙:

> 自晋以来,建康宫之外城唯设竹篱,而有六门。会有发白虎樽者,言"白门三重关,竹篱穿不完。"上感其言,命改立都墙。①

《高帝纪》但称"立六门都墙"②,而未说明系以土筑或用砖垒城墙,但由当时王俭(452—489)谏高帝勿改筑城墙时,高帝答以:"吾欲令后世无以加也。"③可知此番筑造城墙应是立万世之基的制作,绝不会以竹篱围筑,应是夯土城墙,今在南京市六朝博物馆地下一层即有一段长25米、宽10米的六朝夯土墙遗址。

2. 武帝续修宫室

继齐高帝之后的武帝为一位英明之主,永明之世十一年间"市朝晏逸,中外宁和",号称齐代的治世,媲美宋世元嘉之时,因此有余力兴建宫室。齐武帝建凤华殿、寿昌殿、耀灵殿。④ 元嘉、永明时期都是国力富盛的治世,宋文帝的大兴苑囿和齐武帝的修筑宫殿实有相同的背景。

3. 东昏侯大兴土木

东昏侯嗣位,荒纵乱政,广筑宫室。他的兴建宫殿起因于永元二年(500)、三年(501)三次的宫城大火,火灾的灾情关系宫室修建工程的大小,然而关于三度宫城失火情形,诸家史书所述不一:

---

① 《资治通鉴》,卷一三五,《齐纪一》,高帝建元二年,页4238,又胡注引《晋志》:"正旦元会,设白虎樽于殿庭,樽盖上施白兽,若有能献直言者,则发此樽饮酒。"
② 《南齐书》,卷二,《高帝纪下》,页36。
③ 《南齐书》,卷二十三,《王俭传》,页435。
④ 《南齐书》,卷三,《武帝纪》,页62。

（永元二年八月）甲申夜,宫内火。……（永元三年）二月丙寅,乾和殿西厢火。①

　　（永元二年八月）甲辰,夜,后宫火。时帝出未还,宫内人不得出,外人不敢辄开;比及开,死者相枕,烧三十余间。②

　　秋七月甲辰夜,宫内火,唯东阁内明帝旧殿数区及太极以南得存,余皆荡尽。……三年,殿内火,合夕便发,其时帝犹未还,宫内诸房阁已闭,内人不得出,外人又不敢辄开,比及开,死者相枕。……其后出游,火又烧璇仪、曜灵等十余殿及柏寝,北至华林,西至秘阁,三千余间皆尽。③

《南史》记载三次火灾,尤以永元三年二度失火时"火烧三千余间",灾情最为惨重;《南齐书》则轻描淡写,不详;《通鉴》则说永元二年火灾毁损三十余间。比较南朝四史及《南史》的记载,《南史》常有此四代史所不录存,或记叙不明的资料;而且从东昏侯的广兴宫殿判断,如果仅烧毁三十余间,当不至于如此大兴土木,故《南史》之说似较为可信。齐末宫城大火焚毁了数量庞大的殿宇宫室,东昏侯不但皆予以重建修复,而且新造的宫室比灾前的构筑更为奢侈宏丽:

　　左右赵鬼能读《西京赋》,云"柏梁既灾,建章是营"。于是大起诸殿,芳乐、芳德、仙华、大兴、含德、清曜、安寿等殿,又别为潘妃起神仙、永寿、玉寿三殿,皆匝饰以金璧。其玉寿作飞仙帐,四面绣绮,窗间尽画神仙。又作七贤,皆以美女侍侧。凿金银为书字,灵兽、神禽、风云、华炬,为之玩饰。椽桷之端,悉垂铃佩。江左旧物,有古玉律数枚,悉裁以钿笛。……麝香涂壁,锦幔珠帘,穷极绮丽。

---

① 《南齐书》,卷七,《东昏侯纪》,页101。
② 《资治通鉴》,卷一四三,《齐纪九》,东昏侯永元二年,页4770。按:"甲辰夜"当作"甲申夜"。
③ 《南史》,卷五,《齐本纪下》,页149、153。

絷役工匠,自夜达晓,犹不副速,乃剝取诸寺佛刹殿藻井、仙人、骑兽以充足之。①

东昏侯所建巧丽精饰的宫殿,为南朝奢侈之极致;同时他又在阅武堂建"芳乐苑",广建楼阁,史称其"以金为泥",炫目灿烂;更筑假山,造水池;于池上建紫阁等楼,又在假山上涂五彩颜色,以为装饰,穷奇极丽。② 由于修建这些宫室需花费庞大的财力、物力,故向百姓征调需索,影响人民生计,亦造成社会的动荡不安,齐室政权就在东昏的荒政中宣告终结。

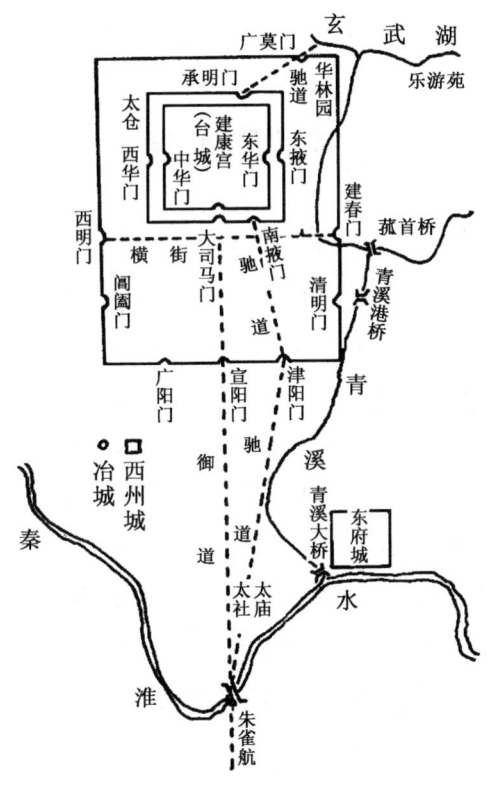

图三　宋齐建康图

① 《南史》,卷五,《齐本纪下》,页153—154。
② 《南齐书》,卷七,《东昏侯纪》,页104。

江左初基,国步艰难,成帝咸和中的营建规划着重于奠定都城的规模,而于宫室的筑造则甚为简陋。至晋孝武帝则补足了宫室粗略的缺憾,及宋文帝开辟乐游苑,增饰华林园,则又填充了苑囿之不足。其后宋孝武帝修造宫室虽属奢侈之故,但驰道的建立对建康城的交通有所裨益。经过东晋一代的建设,到了宋代,建康城已经是一个齐整美观的都城,当时到建康的诸国使臣表奏中都盛赞建康城的壮丽,如诃罗陀国使者上表称:"城郭庄严,清净无秽,四衢交通,广博平坦。台殿罗列,壮若众山,庄严微妙,犹如天宫。"①至齐高帝改建都城城墙,使建康成为一个既美观又坚牢的都城;东昏侯所建巧丽精饰的宫殿,是南朝奢侈的极致,又给原已壮丽的建康城予锦上添花的效果。

三、极盛期:梁

梁武帝是南朝四代最有治绩的君王,他在位期间正值北魏政治衰落之时,无力南侵,所以边境无事;加以武帝又勤政节俭,使得他统治的前三四十年,成为汉末以来最为安定富盛的时代:"征赋所及之乡,文轨傍通之地,南超万里,西拓五千,其中瑰财重宝,千夫百族,莫不充牣王府,蹶角阙庭,三、四十年,斯为盛矣。自魏晋以降,未或有焉。"②府库充积,国力丰沛,更超迈元嘉、永明之世。梁武帝统治的盛世,也正是建康城最繁华兴荣的时期。

梁武帝于建康城亦有所增筑贡献,他主要的建设有四项:

其一为增加都城壮观与气势的建筑。天监七年(508),在宫城南面的端门、大司马门外立神龙、仁虎阙;又在越城之南作"国门",亦即"都城之门"之意。③

---

① 《宋书》,卷九十七,《夷蛮传》,页 2380。
② 《梁书》,卷三,《武帝纪下》,页 97。
③ 《梁书》,卷二,《武帝纪中》,页 46、47。

其二为在秦淮河两岸筑塘,以防水患。秦淮河迂回流经建康都城南方,西向注入长江,但常有涛变,涛水由石头城溢入秦淮河,漂走停泊的船只,甚至冲毁朱雀浮航,淹没南岸,危及河岸居民生命财产的安全。天监九年(510),梁武帝在秦淮河两岸筑塘,"北岸起石头迄东冶,南岸起后渚篱门迄三桥"。① 南岸多为平民住宅,此一措施乃为沿岸居民解决水患问题,史称武帝勤政仁慈,并非虚誉。

其三为增造一重宫墙,以加强宫墙的防卫能力。自东晋迄齐,台城(建康宫城)都只有两重城墙,《梁书》《南史》皆称梁武帝于天监十年在宫城门上建三重楼,且建两个门道,"初作宫城门三重楼及开二道"②,并没有增筑一重宫墙之意,然《建康实录》则明指此时多造一重城墙:"是岁,初作宫城门三重及开二道"③,又《建康宫殿簿》亦云台城有三重城墙,可见梁时确实增筑一重宫墙:

> 案,《宫殿簿》:云龙是二宫墙东面门,晋本名东华门,东出东掖门,梁改之,西对第三重墙万春门。神虎门是第二重墙西面门,晋本名中华门,西出西华门,晋本西掖门,宋改名西华门,东入对第三重宫墙千秋门。④

梁世台城有三重城墙,城门皆有两个门道,壮观强固,易守难攻。梁末,侯景叛变,以大军十万围攻台城,费时半年,才攻陷台城,即是明证。

其四为兴建宫苑。天监十二年(513),梁武帝改建太极殿,将宫室增加至十三间;又因太庙临近秦淮河,其地卑湿低下,故将太庙基地增高九尺⑤。此外,武帝辟筑二苑:一为天监十三年(514)在秣陵县建兴

---

① 《梁书》,卷二,《武帝纪中》,页49。
② 《梁书》,卷二,《武帝纪中》,页51;《南史》,卷六,《梁本纪上》,页193。
③ 《建康实录》,卷十七,页676。
④ 《建康实录》,卷二十,页788。
⑤ 《建康实录》,卷十七,页677。

里造的建兴苑;一为大同九年(543)在唐县城西南二十里处,辟筑江潭苑,又称王游苑。此苑规模可能颇为宏大,因它动工兴建了五年,至太清二年(548)侯景乱起时,犹未完工,"案,《地志》:武帝自新亭凿渠,通新林浦,又为池,开大道,立殿宇,亦名王游苑,未成而侯景乱"①,此后梁室丧乱,因而废罢不作。

梁代的建康城是一个壮丽坚固的城市,人口殷盛,商业繁荣。虽然普通二年(521)宫城大火,延烧三千余间,②以梁之富盛,灾后想必迅速修复。

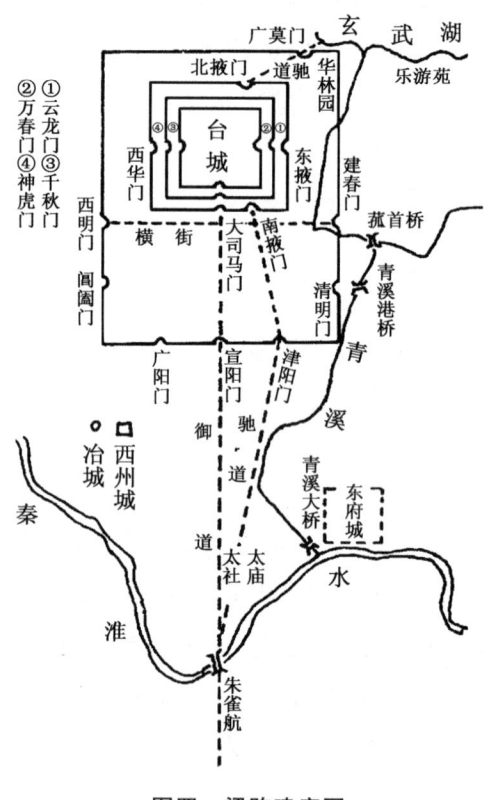

图四　梁陈建康图

---

① 《建康实录》,卷十七,页688,"又为池,开大道,立殿宇,亦名王游苑"一段,孟昭庚、孙述圻、伍贻业点校:《建康实录》(上海:上海古籍出版社,1987)作"又为池井大道,立殿宇,亦名王游苑",页482。

② 《梁书》,卷三,《武帝纪下》,页65。

四、破坏毁灭期：梁末、陈

梁武帝末年，侯景叛乱，打破江左盛世长久的和平与安宁，并且促成梁室的倾颓与灭亡。侯景之乱于建康破坏甚巨，梁世建康的繁华殷富自此烟消云散，陈初虽修复部分经罹兵火劫难的建康，以为都城，但建康城终是如日西沉，在陈世的余光返照之后，随着陈室政权的灭亡而告毁废。

（一）侯景之乱的摧残

太清二年（548）八月，侯景自寿阳（今安徽寿县）起兵，渡过长江，直取建康，在梁室毫无防备的情况下，迅速地进入建康城。然而台城坚牢巩固，难以轻易破坏，于是侯景便展开长期的围城之战，迄太清三年（549）三月才攻陷台城。其间侯景驻兵建康，前后达半年之久，而在围城战中，侯景的叛军和梁室的官军两方对宫城、都城都造成巨大的破坏。

侯景为攻城之计，纵火烧台城各门，"景于是百道攻城，持火炬烧大司马，东、西华诸门。城中仓卒，未有其备，乃凿门楼，下水沃火，久之方灭"①，更遣人烧毁秦淮南岸的民居营署，"又烧南岸民居营寺，莫不咸尽"②。因此当梁将王僧辩由江陵下讨侯景，至建康所见到的情景是"大航南岸，极目无烟"的萧索惨状③，可知侯景破坏之彻底。

然而处围城之中的梁室官军，为了自存，也做了不少破坏建康宫城的措施。东宫紧临台城，因此叛军可以登上东宫城墙，以箭射防守台城的将士。当时太子萧纲（后即位为简文帝）便派人潜出台城，烧毁东宫，

---

① 《梁书》，卷五十六，《侯景传》，页842。
② 《梁书》，卷五十六，《侯景传》，页844。
③ 《南史》，卷八十，《贼臣传·侯景》，页2014。

于是中大通三年(531)才重建的东宫,①至此悉化作灰烬。② 侯景乱起之初,百官只知屯粮聚财,而没有预储炊食必备的薪柴,围城时日一久,城内无以为薪,只好拆撤台城内房屋的材木,用作柴火;又未储存饲马的草料,便拆席荐以为马食:

> 初,宫门之闭,公卿以食为念,男女贵贱并出负米,得四十万斛,收诸府藏钱帛五十亿万,并聚德阳堂。渔盐樵采,所取盖寡。至是,乃坏尚书省为薪,撤荐剉以饲马,尽,又食饭焉。③

在这种困乏的情况下,城内的树木都被砍伐殆尽。及侯景攻陷台城时,城中只有文宣太后庙树犹在,而其他树木无一幸存:"时都下王侯庶姓五等庙树,咸见残毁,唯文宣太后庙四周柏树独郁茂。"④建康城内外原本林木茂盛,宫城之内种石榴,殿庭及三台三省种槐树,郁郁葱葱,此时不但城阙夷为丘墟,连树木亦化作劫灰。太清三年,百济不知梁室的变故,依旧遣使朝贡;百济使臣到了建康,目睹城阙残破的景象,念及昔日梁都的巍峨繁华,都禁不住恸哭失声:"太清三年,(百济)不知京师寇贼,犹遣使贡献。既至,见城阙荒毁,并号恸涕泣。侯景怒,囚执之,及景平,方得还国。"⑤由此可知梁末建康的荒凉破败,已经到了行路伤感的地步了。

(二) 王僧辩定乱的破坏

侯景围攻台城,建康城饱受兵火摧残,及侯景攻陷台城,曾略加整

---

① 《梁书》,卷四,《简文帝纪》,页104。
② 《建康实录》,卷十七,页790;"案,《舆地志》:其地本晋东海王第,后筑为永安宫,穆帝何皇后居之。宋文帝元嘉十五年,始筑为东宫,齐末为火灾焚尽。梁天监五年,更修筑于故齐地,盛加结构。侯景乱,又烧尽。"
③ 《南史》,卷八十,《贼臣传·侯景》,页2004。
④ 《南史》,卷八十,《贼臣传·侯景》,页2013。
⑤ 《梁书》,卷五十四,《诸夷传·百济》,页805。

理残破已极的建康城,修南郊路及修复台城、都城的宣阳门、秦淮河朱雀桥的桥门,更于朱雀航处跨水筑城,称为"捍国城"①,承圣元年(552),镇于江陵的湘东王萧绎(508—555)派遣王僧辩(?—555)、陈霸先(503—559)等沿江而下,讨伐侯景。王僧辩虽然成功地讨平侯景叛军,但其军纪甚差,纵兵掳掠,兵士不慎失火,烧毁大部分的宫城府署,包括台城主殿太极殿及东、西堂,秘书省等。宫殿部分只有武德、五明、重云殿幸免于难,官署部分也仅仅门下、中书、尚书得以存留:

> 王克开台城门引裴之横入宫,纵兵蹂掠。是夜遗烬烧太极殿及东西堂、延阁、秘署皆尽,羽仪辇络,莫有孑遗。王僧辩命武州刺史杜崱救火,仅而得灭。故武德、五明、重云殿及门下、中书、尚书省得免。②

侯景乱平,但建康城比侯景为乱时更加残破,其毁坏的程度更超过先前令百济使臣涕泣荒废的情景。故元帝(湘东王绎)即位于江陵,不肯还都建康,导致西魏南侵,攻陷江陵,梁室是以倾覆。梁室实亡于侯景之乱,而东晋南朝以来建康的繁盛壮丽亦倏忽俱逝。

(三) 陈代的修复

侯景乱平后,元帝即位于江陵,遣王通(503—574)归建康,修复宫室,③然不久西魏攻陷江陵,元帝没于西魏,陈霸先亦旋即代梁而立。陈承梁末丧乱建国,陈初各地仍有割据势力,军戎不息,财政困难,因此于乱后残毁的建康亦无力作大规模的修复,唯武帝于永定二年(558),

---

① 《南史》,卷八十,《贼臣传·侯景》,页2014:"(大宝)二年正月……于大航跨水筑城,名曰捍国。"《梁书》,卷五十六,《侯景传》,页861:"(王)僧辩进军次张公洲,景以卢晖略守石头,纥奚斤守捍国城,悉逼百姓及军士家累入台城内。"
② 《南史》,卷八十,《贼臣传·侯景》,页2014。
③ 《陈书》,卷十七,《王通传》,页237。

以中书令沈众兼起部尚书,少府卿蔡俦为将作大匠,重建台城之主殿太极殿。① 继武帝之后的文帝,亦未见兴工修复都城。迄陈宣帝时,经过二十余年的将养生息,国势略见振作,乃有复建宫室的余裕。太建七年(575),宣帝改作宫城第二重城墙的云龙门及神虎门,又在乐游苑中建甘露亭。② 至于太子所居的东宫自太清二年焚毁之后,始终未能兴复重建,太子只得暂居永福省。③ 直到太建九年(577)九月,宣帝才重修东宫。④

宣帝为陈代最为奋发振作的君主,而继其位者却是以风流自赏,轻忽政事的后主,他曾在宫中新造临春、结绮、望仙三座楼阁,其制作的精巧华丽,几可上追齐东昏侯之奢侈:

> 至德二年,乃于光照殿前起临春、结绮、望仙三阁。阁高数丈,并数十间,其窗牖、壁带、悬楣、栏槛之类,并以沉香檀木为之,又饰以金玉、间以珠翠,外施珠帘,内有宝床、宝帐,其服玩之属,瑰奇珍丽,近古所未有。每微风暂至,香闻数里,朝日初照,光映后庭。其下积石为山,引水为池,植以奇树,杂以花药。⑤

然而以后主的狂放自恣,也仅造此三座楼阁,虽则精绮奢丽,也系俭中求奢之作。而后主的荒政终于招致大祸,在位七年即为隋所灭。

经过侯景之乱,江左元气大伤,终陈之世,未能恢复。梁末建康残破,而陈继梁建国,三十二年间修复甚少;即使到陈末,建康城的景况并不比梁末之时好多少。后主祯明三年(589),隋将贺若弼(544—607)、韩擒虎(538—592)攻入建康,南朝最后一代就此亡国。而历为江左东

---

① 《陈书》,卷二,《高祖纪下》,页37。
② 《陈书》,卷五,《宣帝纪》,页89。
③ 《陈书》,卷四,《废帝纪》,页65。
④ 《建康实录》,卷十七,页790。
⑤ 《陈书》,卷七,《沈皇后传》,页131—132。

晋、宋、齐、梁、陈偏安都城的建康，也随着南方王朝的销沉，遭到"平荡耕垦"彻底毁灭的命运。[1] 从孙吴建都，历经东晋南朝各代经营的都城自此在历史的舞台上永远地消逝，五代时割据江南的杨吴虽仍于此地筑城建都，然已不照六朝的规模，而另做规划。

原刊于《大陆杂志》第六十七卷第四期（1983）

---

[1] 《隋书》，卷三十一，《地理志下》，页876。

六朝建康的经济基础

首都系全国的政治中心，为天下贡赋汇集之所，理当是全国的经济中心；又因京师坐食者众，生活物资皆仰赖外地的供应，故商业必然兴盛。然而造成六朝都城建康繁荣的原因尚不止于此，其时官员普遍殖产兴利，或出为外郡，挟带大批外地搜刮而来的资财返京；还有交、广的财富都是造成建康繁荣的因素。因此，六朝建康的富饶实是集合全国各地财富砌积而成的。本文分五节讨论建康财富的来源。

一、吴会财赋

六朝立国江南，主要依靠吴会贡赋，这是因为在此一时期中太湖流域和浙东地区是整个江南最为富庶的地区。

汉末会稽一地即以富足著称，许子将云："会稽富实，(孙)策之所贪。"①孙吴原以江东六郡为根本②，后来一再征伐拓展，而拥有扬、荆、交州三州，然孙吴仍以经济富裕的扬州区域为其立国的经济基础，军国所需，主要仰赖扬州的贡赋。孙权自武昌迁都建业，主要是为了迁就经济中心；孙吴末年，孙皓虽曾一度迁都武昌，但因远离扬州，难以久居，一年之后，便又还都建业。

中原板荡，晋室南渡，东晋疆域仍有西晋之半，犹称辽阔，而诸州之

---

① 《三国志·吴书》，卷四，《刘繇传》，注引袁宏《汉纪》，页1184。
② 孙策于汉献帝建安五年(200)遇刺身亡，时孙氏拥有会稽、吴郡、丹阳、庐江、豫章、庐陵六郡，孙权即以此六郡为基础，拓展王业。

中较富饶的也只有荆、扬二州,《宋书》云:"荆城跨南楚之富,扬部有全吴之沃,鱼盐杞梓之利,充仞八方,丝绵布帛之饶,覆衣天下。"①然荆州虽民户殷实,物产富饶,但基于下列两个因素,使荆州在经济上不能大力支持朝廷:一则扬、荆山区本多未开化的山民,扬州有越民,荆州有蛮民。孙吴一代致力于山越的讨剿与开发,山越渐次平服汉化,自孙吴以后,史书中就不见山越之名称。② 荆州则历经六朝皆困于蛮民的寇扰,故须"外抗强寇,内怀百蛮",其开发的速度自然大受影响。二则孙吴以降"以扬州为根本,委荆州以阃外",荆州为军事区,所以赋税收入大部分用于支持当地军府,荆州虽号称富实,也无法供输朝廷。至于其他各州原自贫窭,租税仅足供本地之用,有的甚至仰仗朝廷供给。因此朝廷仅能够倚赖淮海扬州的贡赋,宋世虞玩之(?—493)上表即指出这一点:

> 江、荆诸州,税调本少,自顷以来,军募多乏。其谷帛收入,折供文武。豫、兖、司、徐,开口待哺,西北戎将,裸身求衣,委输京都,盖为寡薄。天府所资,唯有淮海。③

齐竟陵王子良(460—494)也说:"石头以外,裁足自供府州,方山以东,深关朝廷根本,夫股肱要重,不可不恤。"④因此扬州的重要性就不仅止于它是帝畿京城所在地,同时也是朝廷的经济支柱。

至于扬州所包括的范围,因六朝时代疆域不断地分划,境域变迁,故难究其详。以孙吴时代而言,扬州涵盖今日的江苏、浙江、江西三省,安徽南部及福建北部。刘宋以后,分割荆、扬,以置新州,扬州的土宇稍

---

① 《宋书》,卷五十四,《孔季恭等传》,页1540。
② 见高亚伟:《孙吴开辟蛮越考(上)、(下)》,《大陆杂志》,第七卷第七期,页14—18;第八期,页12—13。
③ 《宋书》,卷九,《后废帝纪》,页185。
④ 《南齐书》,卷二十六,《王敬则传》,页483。

蹙。扬州境内，以浙江（今钱塘江）两岸最为富庶，浙西即三吴平野沃区，浙东则以会稽郡最为丰实，两者合称"吴会"。孙吴立国，军国所需，主要仰赖吴会贡赋；东晋及南朝四代，也都以吴会为其经济命脉。东晋王羲之（303—361）反对北伐，即认为"以区区吴越经纬天下十分之九"系不智之举。① 六朝人更常把吴、会喻为两汉关中、河东区域，因西汉都长安，而关中最为富庶，"天下财赋，关中居半"；东汉都洛阳，亦仰三河的丰沃，吴会对六朝的重要性，正如关中、河东之于两汉的重要性一般。宋世范泰（355—428）云："今之吴、会，宁过二汉关、河。"② 齐竟陵王萧子良也说："三吴奥区，地惟河、辅，百度所资，罕不自出。"③ 陈世"军国之用，咸资东境"。从都城建康到三吴、会稽，须循秦淮河东行，经破冈渎，衔接三吴水运系统以达吴会，所以称吴会为"东境"；而由建康往吴会称"入东"，自吴会到建康则称"出西"。扬州为根本所系，因此扬州刺史位望隆重，号称"神牧"④。又扬州的奥区吴会之地，其郡守地位也不同于一般郡守，虽然会稽、吴兴、吴郡太守、丹阳尹与万户以上郡太守秩俸同为二千石，但万户以上郡太守只是六品官，而上列三郡太守及丹阳尹却为五品官。⑤

吴会为"一岁或稔，则数郡忘饥"的主要粮米产区，建康众多的官吏家口、商人、军人皆仰赖此区的粮食供应，三吴的漕运便成为建康的生命线。此粮运线如被切断，则建康难免乏食饥困，东晋孙恩（？—402）之乱扰及东土时，漕运不继，京师缺粮，甚至以麸、橡给食士卒。⑥

朝廷既倚重吴、会贡赋，因此这个地区赋役特别繁重，而且只要国

---

① 《晋书》，卷八十，《王羲之传》，页2096。
② 《宋书》，卷六十，《范泰传》，页1619。
③ 《南齐书》，卷四十，《竟陵王子良传》，页696。
④ 六朝扬州为都城所在地，京辇神皋，故称扬州为"神州""神甸"，而以扬州刺史为"神牧"，见《南齐书》，卷二十二，《豫章文献王嶷传》，页407。
⑤ 《隋书》，卷二十六，《百官志上》，页743。
⑥ 《资治通鉴》，卷一一二，《晋纪三十四》，安帝元兴元年，页3535。

用增加，便加赋于此区。自齐以后，又多一项"塘役钱"，塘役乃因会稽地区边湖带海，须修塘防潮，或壅陂湖，修补桥路，故人民自订塘役之功，本来是一种地方公益的义务劳动。然而，至齐世却将多余的功力评敛为钱，送交朝廷，成为另一项赋税：

> 会土边带湖海，民丁无士庶，皆保塘役，(王)敬则以功力有余，悉评敛为钱，送台库以为便宜，上许之。竟陵王子良启曰："……臣昔忝会稽，粗闲物俗，塘丁所上，本不入官。良由陂湖宜壅，桥路须通，均夫订直，民自为用。若甲分毁坏，则年一修改；若乙限坚完，则终岁无役。今郡通课此直，悉以还台，租赋之外，更生一调。……"上不纳。①

晋世吴会百姓即苦于赋役繁重，王羲之每上疏谏诤。② 自宋孝武帝开始，征求迅速，更派遣台使至郡催逼，台使相望于道，百姓甚至自残躯体以避征役，鬻妻卖儿以充赋税。③ 由于役繁赋重，而一般豪族富室又多是士籍，不负赋役之责，所以负担全落在贫苦的百姓身上：

> 山阴一县，课户二岁，其民赀不满三千者，殆将居半，刻又刻之，犹且三分余一。凡有赀者，多是士人复除。其极贫者，悉皆露户役民。三五属官，盖惟分定，百端输调，又则常然。④

平民百姓原已穷困，难以自存，赋役的加重，更使他们无以为生，因而农民就纷纷却籍逃亡，以避赋役。他们或亡命山湖，聚以为贼；或逃匿都市中，经营商业；或投靠世家豪族，以为佃客；甚至逃至扬州以外的地

---

① 《南齐书》，卷二十六，《王敬则传》，页482—484。
② 《晋书》，卷八十，《王羲之传》。
③ 《南齐书》，卷四十，《竟陵王子良传》，页692—696。
④ 《南齐书》，卷四十六，《陆慧晓传附顾宪之传》，页808。

区,如广州就常是避役者逃匿之所。① 东晋南朝的民乱几乎都和吴会地区赋繁役重有关,如孙恩作乱,其党徒皆三吴之人;②晋安帝时吴中王廞之乱③,刘宋三吴地区多盗,郑鲜之(364—427)上书云:"三吴心腹之内,诸县屡败,皆由劳役所致。"④齐世富春唐寓之亦聚避役百姓三万人为乱。⑤

六朝吴会地区为朝廷的经济命脉,而建康又仰赖此区粮食的供应,因此三吴、会稽实为朝廷根本;如不能控制吴会地区,或切断建康和此区的交通,则无异斫断建康的生命线。因此六朝的内叛外寇常以摇动三吴作为手段,而朝廷的防守亦以保有吴会,以及维持建康和吴会交通的畅通为基本策略。东晋苏峻作乱,占有建康时,郗鉴(269—339)即建议断绝东土和建康的道路,中止建康的补给,以困苏峻:

> (郗鉴)乃遣将军夏侯长等间行,谓平南将军温峤曰:"今贼欲挟天子东入会稽,宜先立营垒,屯据要害,既防其越逸,又断贼粮运,然后静镇京口,清壁以待贼。贼攻城不拔,野无所掠,东道既断,粮运自绝,不过百日,必自溃矣。"峤深以然。⑥

又宋世孔璪游说会稽长史孔觊据会稽而叛:"若拥五郡之锐,招动三吴,事无不克。"⑦又梁末徐嗣徽、任约引北齐军入寇,占据石头城,武帝问韦载对策,韦载云:

---

① 《晋书》,卷七十三,《庾亮传附庾翼传》,页 1932:"时东土多赋役,百姓乃从海道入广州。"
② 《资治通鉴》,卷一一五,《晋纪三十七》,安帝义熙六年,页 3629。
③ 《宋书》,卷八十一,《顾琛传》,页 2078。
④ 《宋书》,卷六十四,《郑鲜之传》,页 1697。
⑤ 《资治通鉴》,卷一三六,《齐纪二》,武帝永明三年,页 4269。
⑥ 《晋书》,卷六十七,《郗鉴传》,页 1799。
⑦ 《宋书》,卷八十四,《孔觊传》,页 2156。

> 齐军若分兵先据三吴之路,略地东境,则时事去矣。今可急于淮南即侯景故垒筑城,以通东道转输,别命轻兵绝其粮运,使进无所广,退无所资,则齐将之首,旬日可致。①

吴会地区和六朝政权有如此密切的关联,吴会的摧残破坏,即影响朝廷贡赋的收入及都城的繁荣。梁末侯景为乱,占据建康,并遣兵攻掠三吴,肆行暴虐,三吴为之荒残;建康在侯景乱后骤然衰落,及陈室国力衰微不振,实和梁末三吴的残破,未能复元有关。

二、外郡还资

东晋南朝州郡县守宰的薪资在公俸之外,还有当地物产的"杂供",《南齐书》云:"宋氏以来,州郡秩俸及(杂)供给,多随土所出,无有定准。"②实则东晋时已是如此。此外,他们在上任瓜代之际,又有一笔额外收入:"郡县官之任代下,有迎新送故之法,饷馈皆百姓出,并以定令。"③六朝政风不良,刻剥纳贿,蔚为风气,外郡守宰更恣意聚敛,因此仅资公俸的京官贫薄,而外郡牧宰则多丰润。

朝廷深明外郡资禄丰厚,常以之酬庸大臣。如宋武帝为奖赏傅亮(374—426)的勤劳,拟赐他为东阳太守,傅亮上表恳辞,云:"伏闻恩旨,赐拟东阳,家贫忝禄,私计为幸。"④可见出为外郡最大的好处在于禄厚。又京官禄薄,朝廷欲家贫的京官厚殖产业,常使他们到外郡做短期的官。如齐武帝因王晏家境清寒,所以欲任他为江州刺史⑤。梁武帝

---

① 《陈书》,卷十八,《韦载传》,页249—250。
② 《南齐书》,卷二十二,《豫章文献王嶷传》,页409。
③ 《隋书》,卷二十六,《百官志上》,页742。
④ 《宋书》,卷四十三,《傅亮传》,页1336。
⑤ 《南齐书》,卷四十二,《王晏传》,页742。

也因萧介清贫,嘱咐何敬容云:"萧介甚贫,可处以一郡。"①齐世更下诏言明这个原则:

> (永明十一年)九月癸丑,诏:"东西二省府国,长老所积,财单禄寡,良以矜怀。选部可甄才品能,推校年月,邦守邑丞,随宜量处,以贫为先。"②

齐世王琨也主张"外方小郡,当乞寒贱"③。

大多数出为外郡的官员任满返京时,都带着他们在外郡搜刮来的财富,返回京师,称为"还资"。还资中除了钱财之外,也包括当地的土产器物,运回京城贩卖求利:

> (谢)安少有威名,时多爱慕。乡人有罢中宿县者,还诣安,安问其归资,答曰:"有蒲葵扇五万。"安乃取其中者捉之,京师士庶竞市,价增数倍。④

> (崔慰祖)父梁州之资,家财千万,散与宗族,漆器题为日字,日字之器,流乎远近。⑤

> (王筠)寻出为临海太守,在郡侵刻,还资有芒屩两舫,他物称是。⑥

外郡牧守除了公俸之外,又有杂供、还资,收入丰厚,如齐世王秀之为晋平太守一年,禄俸充沛,请调回京,时人因其不贪求,故说"王晋平

---

① 《梁书》,卷四十一,《萧介传》,页 587。
② 《南齐书》,卷四,《郁林王纪》,页 70。
③ 《南齐书》,卷三十二,《王琨传》,页 579。
④ 《晋书》,卷七十九,《谢安传》,页 2076。
⑤ 《南齐书》,卷五十二,《文学传·崔慰祖》,页 901。
⑥ 《南史》,卷二十二,《王昙首传附王筠传》,页 610。

恐富求归"①。在任久者，还资更为可观。宋雍州刺史张兴世罢任还京，还资三千万。② 齐豫章王萧嶷(444—492)任荆州刺史，拥还资三千余万。③ 梁新安太守张率，遣家童载米三千石还乡。④

外郡不只刺史郡守营聚搜刮，其宾客僚属又多为京城贫寒之士，他们出为外郡，也都抱着发财的心理，故好利而贪贿：

> 广州包带山海，珍异所出，一箧之宝，可资数世，然多瘴疫，人情惮焉。惟贫窭不能自立者，求补长史，故前后刺史皆多黩货。⑤
>
> 梁、益二州土境丰富，前后刺史，莫不营聚蓄，多者致万金。所携宾僚，并京邑贫士，出为郡县，皆以苟得自资。⑥

宾客僚佐的贪残有更逾越在上的郡守刺史。百姓若有所求，皆须透过僚佐以达牧守，而非输钱不可通。如梁朝萧子恪(478—529)为雍州刺史，其宾客中江仲举、蔡远、王台卿、庾仲容四人皆纳贿蓄积，时人歌云："江千万，蔡五百，王新车，庾大宅。"⑦

出京发财的郡守刺史及其宾客僚佐以各种方式来积聚还资。因俸禄以外的杂供，各处不一，故齐豫章王嶷曾请立定规制，颁下四方，⑧但其实效如何，不得而知。又郡县的送迎钱也因各地富窭而有很大的差距，如晋世吴郡送迎钱就有数百万之巨⑨，至梁世才规定送迎钱的数

---

① 《南齐书》，卷四十六，《王秀之传》，页799。
② 《南齐书》，卷五十一，《张欣泰传》，页881。
③ 《南齐书》，卷二十二，《豫章文献王嶷传》，页418。
④ 《梁书》，卷三十三，《张率传》，页479。
⑤ 《晋书》，卷九十，《良吏传·吴隐之》，页2341。
⑥ 《宋书》，卷八十一，《刘秀之传》，页2074。
⑦ 《南史》，卷五十二，《梁宗室下·南平元襄王伟传附萧子恪传》，页1292。
⑧ 《南齐书》，卷二十二，《豫章文献王嶷传》，页409—410。
⑨ 《晋书》，卷九十，《良吏传》："(邓攸为吴郡太守)郡常有送迎钱数百万，攸去郡，不受一钱。"页2340。

目,由百姓出资凑齐:"郡县官之任代下,有迎新送故之法,饷馈皆百姓出,并以定令。"①此外,他们还因地制宜,以不同的方式聚财。如梁、益之地丰富,守宰便向人民需索,甚至守宰丞尉"岁时乞丐,躬历村里,百姓苦之"②,青州守宰则"资鱼盐之货,或强借百姓麦地,以种红花,多与部下交易,以祈利益"③;新安、临海等郡的太守则封固其地特产蜜岩,以收其利;④广州刺史多经营海外贸易,而致巨富,故有"广州刺史但经城门一过,便得三千万"之语。⑤ 荆、益多蛮夷,而凡蛮夷犯罪,不受鞭罚,输财赎罪叫作"赕";荆、益二州刺史多责赕以致富,宋世桓闳有"被赕刺史"之讥。⑥ 六朝为佛教隆盛之世,寺院财产丰积,郡守甚至劫夺寺院财产,如宋世王僧达(423—458)为吴郡太守,劫西台寺,得钱数百万。⑦

六朝京官出为外郡发财是朝廷公然许可的事,然而也有少数人自奉清约,如范缜(450—510)为晋安太守,唯资公禄而已;⑧褚珍为山阴令,只守禄俸,别无他调,卸任之时,无资还京,留县境种蔬菜以自给。⑨ 不过,在六朝贪贿聚敛的政风下,像这样清俭自守的人寥若晨星,所以齐世裴昭明罢始安内史还,无资买宅,齐武帝赞叹:"裴昭明罢郡还,遂无宅,我不谙书,不知古人中谁比?"⑩

还资不但为朝廷所默许,连君主也觊觎这项非分的收入。外郡守宰罢任返京,都把一部分的还资献给皇帝,而有的守宰甚至把全部的还

---

① 《隋书》,卷二十六,《百官志上》,页 742。
② 《南史》,卷五十二,《梁宗室下·始兴忠武王憺》,页 1302。
③ 《南史》,卷七十,《循吏传·王洪范》,页 1711—1712。
④ 《梁书》,卷二十六,《傅昭传》,页 394:"傅昭为临海太守,郡有蜜岩,前后太守皆自封固,专收其利。昭以周文之囿,与百姓共之,大可喻小,乃教勿封。"
⑤ 《南史》,卷二十三,《王琨传》,页 627。
⑥ 《南史》,卷二十五,《桓护之传附桓闳传》,页 688。
⑦ 《宋书》,卷七十五,《王僧达传》,页 1954。
⑧ 《梁书》,卷四十八,《儒林·范缜传》,页 665。
⑨ 《陈书》,卷三十四,《文学·褚珍传》,页 460。
⑩ 《南齐书》,卷五十三,《良政·裴昭明传》,页 919。

资献上,以博皇帝欢心。南齐刘悛"罢广、司二州,倾资贡献,家无留储"①;崔慧景(438—500)"每罢州,辄倾资献奉,动数百万,世祖以此嘉之"②;萧惠休(？—500)从广州罢任还京,倾资献奉,齐武帝感其厚意,欲与他平分:

> 永明四年,为广州刺史。罢任,献奉倾资,上敕中书舍人茹法亮曰:"可问萧惠休,吾先使卿宣敕其勿以私禄足充献奉。今段殊觉其下情厚于前后人。问之,故不当侵私邪？吾欲分受之也。"③

而南朝有些皇帝贪利,若外郡守宰还资献奉少,则不悦。如宋孝武帝时,孔琇之(？—494)为临海太守,在职清廉,回京时仅献干姜二十斤,帝嫌其少。④ 而宋孝武帝、宋明帝、齐郁林王、东昏侯甚至以各种不同的手段,逼令守宰倾资献奉:

> (宋)孝武末年贪欲,刺史二千石罢任还都,必限使献奉,又以摴戏取之,要令罄尽乃止。⑤
>
> (桓闿)出为益州刺史,蜀还之货,亦数千金,先送献物,倾西资之半,明帝犹嫌其少,及闿至都,诣廷尉自簿,先诏狱官留闿,于是悉送资财,然后被遣。⑥
>
> (曹虎)晚节好货贿,吝啬,在雍州得见钱五千万……帝疑虎旧将,兼利其财,新除未及拜,见杀。⑦

---

① 《南齐书》,卷三十,《刘悛传》,页 653。
② 《南齐书》,卷五十一,《崔慧景传》,页 873。
③ 《南齐书》,卷四十六,《萧惠基传附萧惠休传》,页 811。
④ 《南齐书》,卷五十三,《良政传·孔琇之》,页 922。
⑤ 《南史》,卷二十五,《桓护之附桓闿传》,页 688。
⑥ 《南史》,卷二十五,《桓护之附桓闿传》,页 688。
⑦ 《南齐书》,卷三十,《曹虎传》,页 564。

外郡守宰在各处的聚敛搜刮，还京后，一部分财富成为皇帝一笔额外的收入，其余的还资就成为官员在京师享受奢华都市生活的费用。多数官员都以还资在建康修造园宅，"南朝金粉，秦淮风月"的建康生活面貌，其实是集四方的财富堆砌而成的绮丽与繁荣。

三、庄园收入

汉朝以降，中国的农业便朝向大土地制的经营发展，汉代的官僚豪族就已经拥有广大的田园。汉末崩乱，三国分立，江南的孙吴因实行领兵制度，皇族、文臣、武将都得到广大的土地和众多的佃客[①]："僮仆成军，闭门为市。牛羊掩原隰，田池布千里。"[②]孙吴灭亡以后，吴大族的势力并未受到影响，仍在三吴地区占有广大的田园，领有大批的僮仆佃客。晋室南渡，南来的北方世族因三吴、建康人口繁庶，而且吴人势力已固，欲求田问舍，广开田业，只好渡过浙江，到吴人势力较弱的会稽郡和临海郡之间的浙东区域殖产兴利。[③] 北来的世族与吴地大族虽然在建康做政治活动，而其产业则散布在以三吴、会稽为中心的浙东、浙西区域。他们在这些地方封山占泽，广开田业，如刘宋谢混（？—412）为宰辅，有"田业十余处，僮仆千人"，其侄谢弘微（392—433）亦"园宅十余所，又会稽、吴兴、琅邪诸处，太傅、司空琰时事业，奴僮犹有数百人"。[④] 谢灵运（385—433）之父祖在会稽已有广大田墅，至谢灵运又欲加拓筑：

[①] 唐长孺：《孙吴建国及汉末江南的宗部与山越》，收入《魏晋南北朝史论丛》（北京：三联书店，1955），页19—26。

[②] 〔东晋〕葛洪撰，杨明照校译：《抱朴子外篇校笺》(《新编诸子集成·第一辑》，北京：中华书局，1996年1版2印)，卷三十四，页145。

[③] 陈寅恪：《述东晋王导之功业》，收入《陈寅恪先生论文集》（台北：九思出版社，1977），页14—16。

[④] 《宋书》，卷五十八，《谢弘微传》，页1591、1593。

会稽东郭有回踵湖,灵运求决以为田,太祖令州郡履行。此湖去郭近,水物所出,百姓惜之,(孟)𫖮坚执不与。灵运既不得回踵,又求始宁岯崲湖为田。①

六朝的贵戚、大臣、豪族透过各种方式拓殖产业,因此三吴、会稽百姓的私地少,而豪族的庄园多。《宋书》云:"山阴县土境褊狭,民多田少。"又说:"山阴豪族富室,顷亩不少。"②山阴县为会稽郡的郡治,而其他各县也莫不如此。如孔灵符(?—465)在会稽郡永兴(今浙江萧山)的田墅"周回三十三里,水陆地二百六十五顷,含带二山,又有果园九处"③。刘宋时蔡兴宗(415—472)为会稽太守,特别留意朝廷的王公贵人、官员近臣在此地非法拓展田业,并且有所整治:

会稽多诸豪户,不遵王宪。又幸臣近习,参半官省,封略山湖,妨民害治。兴宗皆以法绳之。会土全实,民物殷阜,王公妃主,邸舍相望,桡乱在所,大为民患,子息滋长,督责无穷。兴宗悉启罢省。④

在临近建康、扬州以外的地区,如南徐州、南豫州等地也莫不有建康王公贵人的庄园,晋世刁氏为京口之蠹,"有田万顷,奴婢数千人"⑤;陈世韦载在江乘(南徐州)有田十余顷;⑥宋谢混在琅琊置田立墅,齐竟陵王子良在宣城、临成、定陵(南豫州)三县立屯,封固山泽。⑦ 宋世戴

---

① 《宋书》,卷六十七,《谢灵运传》,页1776。
② 《宋书》,卷五十四,《孔季恭传附孔灵符传》,页1533。
③ 《宋书》,卷五十四,《孔季恭传附孔灵符传》,页1533。
④ 《宋书》,卷五十七,《蔡廓传附蔡兴宗传》,页1583。
⑤ 《晋书》,卷六十九,《刁协传附刁逵传》,页1845。
⑥ 《陈书》,卷十八,《韦载传》,页250。
⑦ 《梁书》,卷五十二,《止足传·顾宪之》,页759。

明宝、齐世桓崇祖都有田业在江西；①梁世裴之横于芍陂大营田墅，有僮仆数百人从事耕种。② 即使在都城附近，也有达官贵臣的田园。宋沈庆之(386—465)在娄湖广开田园之业，据称他常骑马履行田园，可知其田产之广袤。③ 东晋以降，琅琊王氏在钟山有良田八十顷。④

东晋南朝王公世族在官吏普遍经营产业的风气之下，挟其势力以陵侮百姓，兼并田地，他们虽居于都城以从事政治活动，但其经济势力却遍及扬州、南徐州、南豫州等邻近建康的郡县，尤其以三吴、会稽之地富室豪族园墅相望，为其经济主要来源。建康的达贵显要以散布上述各处庄园之收入，汇集都城，支付车服鲜丽、园宅竞美、从容优适的生活。

四、商业利润

三国迄南北朝间，由于不同政权的对立，造成南、北互市的阻碍。然南、北各自成为一隔绝自立的商业区域，其中南方因货币尚能维持相当程度的流通，"梁初，唯京师及三吴、荆、郢、江、湘、梁、益用钱。其余州郡，则杂以谷帛交易。交、广之域，全以金银为货"⑤。又因长江水运的便利及三吴水运系统的畅通，商业远较北方发达，南方政权的国用也大都仰赖商税的收入。晋室南渡，南来的北人谓之侨民，不著户籍，故在赋役的征课之外；同时又有大批的人民托庇在豪族势家之下以避课

---

① 《南史》，卷四十，《黄回传》，页1032："于宣阳门与人相打，诈称江夏王义恭马客，被鞭二百，付右尚方。……(戴明宝)启免回以领随身队统，知宅及江西墅事。"《南史》，卷四十七，《荀伯玉传》："上闻之，以其与桓崇祖善，崇祖田业在江西，虑相扇为乱，加意抚之，伯玉乃安。"页1169—1170。

② 《梁书》，卷二十八，《裴邃传附裴之横传》，页417。

③ 《宋书》，卷七十七，《沈庆之传》，页2003。

④ 《梁书》，卷七，《太宗王皇后传》，页159："(王)骞旧墅在寺侧，有良田八十顷，即晋丞相王导赐田也。"

⑤ 《隋书》，卷二十四，《食货志》，页689。

役，南方政府的赋税收入自然大为削减，而不得不仰赖商税的收入，所以北魏的甄琛说："今伪弊相承，仍崇关鄽之税；大魏恢博，唯受谷帛之输。"①

以经营商业的人而言，因官员可以享受免税的优待，故官吏经商蔚为风气；此外，农民一方面受南朝货币不稳定的影响，生计艰困，一方面又因赋役繁重，而纷纷逃亡入商，"昏作役苦，故稼人去而从商；商子事逸，末业流而浸广"是南方很普遍的现象，②因而促进商业的发达。以商业发达的地区而言，荆、益、江、广州皆有繁盛的贸易，如梁武陵王纪为益州刺史，"在蜀十七年，南开宁州、越巂，西通资陵、吐谷浑，内修耕桑、盐铁之功，外通商贾远方之利，故能殖其财用"③，而致巨富；刘胤在江州"大殖财货，商贩百万"④；而荆州则为雍、岷、交、梁诸州商旅交会之地；⑤又广州为海外贸易的前哨，海外诸国的珍奇异宝，远涉而至。其中，尤以扬州的商业最为繁荣，南方境内的都市大都集中在长江和浙江之间的区域，如京口、建康、吴郡、会稽，故此区人口最密，贸易亦最兴盛。

以建康一地而言，它恰居于长江水运与三吴水运系统的连接点上，而成为南方最大的商业中心；建康又为六朝之都城，而其时经营商业的人多为居住在京师的官僚，富商巨贾也莫不以此为栖居之所，因此建康城御道左右遍布富人的住宅。而建康人口繁盛，梁世全盛之时，有二十八万户（约一百四十万人），要供给这些人生活上的需求，故有兴盛的商业行为。《隋书》云建康一地"人物本盛，小人率多商贩，君子资于官禄，

---

① 《魏书》，卷六十八，《甄琛传》，页1510。
② 《宋书》，卷五十六，《孔琳之传》，页1565。
③ 《南史》，卷五十三，《武陵王纪传》，页1332。
④ 《晋书》，卷八十一，《刘胤传》，页2114。
⑤ 《南齐书》，卷二十五，《张敬儿传》，载齐高帝萧道成责沈攸之书："况荆州物产，雍、岷、交、梁之会，自足下为牧，荐献何品？良马劲卒，彼中不无，良皮美罽，商略所聚，前后贡奉，多少何如？"页471。

市廛列肆,埒于二京"①。建康一地和吴、会地区及长江上游的益、荆、江、湘诸州借水运往来,交通便利,商业兴盛。从建康经秦淮河、破冈渎迄三吴水运网上,商船不绝于路,晋世褚裒(303—350)从章安令迁太尉记事参军,要往建康上任时,即乘估客船;②宋世顾琛(390—475)自京城返吴郡,"日晚至方山,于时商旅数十船,悉泊岸侧"③,方山埭系破冈渎上重要的津口。晋江州刺史刘胤营商贩,长江道上商旅继路,甚至妨害江州至建康之漕运。④宋世桂阳王休范(448—474)自寻阳反,有"众二万,骑五百匹。发盆口,悉乘商旅船舫"⑤,可见长江上商船数量不少。自长江顺流而下至建康的商船,常在牛渚暂泊,六朝民歌中常提到此处,如"驶风何曜曜,帆上牛渚矶。帆作伞子张,船如侣马驰"。又"暂薄牛渚矶,欢不下延板。水深沾侬衣,白黑何在浣"。⑥

建康城南的秦淮河上舟影相望,"贡使商旅,方舟万计"⑦,东晋温峤(288—329)年少时就常与秦淮中的估客樗蒱为戏。⑧ 方山津(在建康城东南方)及石头津(在建康城西南方)是秦淮河上重要的津口,凡商旅经此,须缴十分之一的货物税。各地的海陆珍宝、谷帛器物荟集建康,建康一地便设有许多市场,凡买卖交易也都要缴税:

> 晋自过江,凡货卖奴婢、马牛、田宅,有文券,率钱一万,输估四

---

① 《隋书》,卷三十一,《地理志下》,页887。
② 《世说新语笺疏》,中卷上,《雅量第六》:"褚公于章安令迁太尉记室参军,名字已显而位微,人未多识。公东出,乘估客船,送故吏数人,投钱唐亭住。"页359。
③ 《南史》,卷五十五,《顾琛传》,页919。
④ 《晋书》,卷八十一,《刘胤传》,页2114。
⑤ 《南齐书》,卷一,《高帝纪上》,页7。
⑥ 逯钦立辑校:《先秦汉魏晋南北朝诗·晋诗》(北京:中华书局,1983),卷十九,页1057、1051。
⑦ 《宋书》,卷三十三,《五行志四》,页956。
⑧ 《世说新语笺疏》,卷下之上,《任诞第二十三》:"温太真位未高时,屡与扬州淮中估客樗蒱,与辄不竞。"页744。

百入官,卖者三百,买者一百。无文券者,随物所堪,亦百分收四,名为散估。历宋、齐、梁、陈,如此以为常。以此人竞商贩,不为田业,故使均输,欲为惩励。虽以此为辞,其实利在侵削。又都西有石头津,东有方山津,各置津主一人,贼曹一人,直水五人,以检察禁物及亡叛者。其荻炭鱼薪之类过津者,并十分税一以入官。其东路无禁货,故方山津检察甚简。淮水北有大市百余,小市十余所,大市备置官司,税敛既重,时甚苦之。①

商税的收入成为东晋南朝税收的大宗,而四方商旅云集,各地货物汇聚,又为造成建康繁华兴盛的重要因素。

五、交广富源

六朝时代的交、广二州,约略涵盖岭南之地(包括今日的广东、广西及越南的中、北部)和海南岛。

岭南之地早在秦世即收入中国版图,始皇三十三年"发诸尝逋亡人、赘婿、贾人略取陆梁地,为桂林、象郡、南海,以适遣戍",当时此地皆为俚、越等土著所居,开拓这片疆土,备极艰辛,②却为后世开启了一个财富的宝库。汉世,武帝于秦时南海三郡之地,分置南海、苍梧、郁林、日南、合浦、九真、交趾七郡;又另于海南岛之地置儋耳、珠崖二郡。昭帝时,罢儋耳,并于珠崖。元帝时,珠崖土著叛乱,以贾捐之等人之议,不出兵讨伐,而罢珠崖郡,是为著名的"汉弃珠崖"事件。孙吴黄武五年(226),吴大帝孙权分交州的南海、苍梧、郁林三郡,另立广州。赤乌五年(242),复置珠崖。西晋平吴,省珠崖,并入合浦,自此迄陈朝无大变化。

---

① 《隋书》,卷二十四,《食货志》,页689。
② 〔汉〕司马迁撰:《史记》(北京:中华书局,1963),卷六,《秦始皇本纪》,页253。

岭南虽早自秦代已设郡，而其地多土著，晚至唐代方渐次开化。然而，其地物产富饶，以及它在中原王朝与南海诸国的交通与贸易中的特殊地位，却是自汉以来即已显现。自孙吴以降，交、广财富对立国于南方的六朝更形重要。交、广之地自古即以僻处荒远，其地物产皆为中土所无，而成为吸引秦、汉帝国向南方扩展的动机。秦始皇拓土南越，主要的原因是"利越之犀角、象齿、翡翠、珠玑"[1]，汉元帝时贾捐之议弃珠崖，也以"又非独珠崖有珠犀玳瑁也，弃之不足惜，不击不损威"为理由。[2]《史记·货殖列传》记其地的物产云：

  江南出楠、梓、姜、桂、金、锡、连、丹沙、犀、玳瑁、珠玑、齿革。……九疑、苍梧以南至儋耳者，与江南大同俗，而扬、越多焉。番禺亦其一都会也，珠玑、犀、玳瑁、果、布之凑。

《汉书·地理志》云：

  粤地，牵牛、婺女之分野也。今之苍梧、郁林、合浦、交趾、九真、南海、日南，皆粤分也。……处近海，多犀、象、毒冒、珠玑、银、铜、果、布之凑，中国往商贾者多取富焉。番禺，其一都会也。

上述两则资料所列交、广物产并非全是当地土产，大部分系来自海外贸易。交、广本身只出产珠玑、大贝、丹漆、果、布。早期的文献中即有关于此地居民探珠的记载，万震《南州异物志》云：

  合浦有民善游采珠，儿年十余，便教入水求珠，官禁民采珠，巧

---

[1] 《淮南子》(《新编诸子集成·第一辑》，北京：中华书局，1989)，卷十八，《人间训》，页617。

[2] 《汉书》，卷六十四下，《贾捐之传》，页2834。

盗者蹲水底剖蚌,得好珠吞之而出。①

徐衷《南方草物状》云:

> 凡采珠常三月用五牲祈祷,若祠祭有失,则风搅海水,或有大鱼在蚌左右。②

又出产玳瑁与大贝。《南方异物志》云:"玳瑁如龟,生南海。"③刘欣期《交州记》云:"大贝出日南,如酒杯;小贝,贝齿也;善治毒,俱有紫色。"《南州异物志》云:"交趾北南海中有大文贝,质白而文紫色,天姿自然,不假雕琢,莹而光,色焕烂。"又《广州志》云:"贝凡有八,紫贝最为美者出交州。"④除海中珍产之外,还有丹漆之饶。⑤

虽然交、广出产珠、贝,但也有一部分珠贝是来自海外诸国,如《广州志》云:"玳瑁形似龟,出南海巨延州",又"大贝出巨延州,与行贾贸易"⑥。至于犀、象、珊瑚、琉璃、香料等物则完全来自海外贸易。中原王朝经由南海与海外诸国贸易,自汉代已启其端倪,汉遣译长与应募者前往南海诸国购买明珠、琉璃、奇石异物:

> 有译长,属黄门,与应募者俱入海市明珠、璧流离、奇石异物,赍黄金杂缯而往,所至国皆禀食为耦,蛮夷贾船,转送致之,亦利交易,剽杀人。又苦逢风波溺死,不者,数年来还。大珠至围二寸以

---

① 《太平御览》(台北:台湾商务印书馆,1975,《四部丛刊》本)卷八〇三,《珍宝部二》,页3699-2。
② 《太平御览》,卷八〇三,《珍宝部二》,页3699-2。
③ 《太平御览》,卷八〇七,《珍宝部六》,页3718-2。
④ 《太平御览》,卷八〇三,《珍宝部二》,页3719-2。
⑤ 《晋书》,卷八十五,《刘毅传》,页2209。
⑥ 《太平御览》,卷八〇七,《珍宝部六》,页3718-2、3719-2。

下。平帝元始中,王莽辅政,欲耀威德,厚遣黄支王,令遣使献生犀牛。……黄支之南,有已程不国,汉之译使,自此而还。①

迄六朝时,交、广海外贸易益加繁盛,史称外国海舶每年数至,或十余至:

> 天监初……(王僧孺)寻出为南海太守。郡常有高凉生口及海舶每岁数至,外国贾人以通货易,旧时州郡以半价就市,又买而即卖,其利数倍。②

> 广州边海,旧饶,外国舶至,多为刺史所侵,每年舶至不过三数。及(萧)励至,纤毫不犯,岁十余至。③

另从慧皎《高僧传》记载来华的外国僧人多附商人海舶东来或西行,可知当时广州海外贸易应该相当兴盛。如西晋天竺僧耆域自天竺到扶南,达交、广;④东晋法显(337—422)西行求法,至狮子国,后附商人舶由海道归国;⑤昙无竭(法勇)西行求法,后从南天竺随舶泛海达广州;⑥宋世罽宾国沙门求那跋摩(367—431)乘商人竺难提的船舶,因风飘至广州;⑦天竺僧人僧伽跋摩由陆道至建康,后随西域贾人舶由海道返国;⑧梁世扶南僧人僧伽婆罗(460—524)乘船舶至建康;⑨扶南王亦

---

① 《汉书》,卷二十八下,《地理志下》,页1671。
② 《梁书》,卷三十三,《王僧孺传》,页470。
③ 《南史》,卷五十一,《吴平侯景传附子励传》,页1262。
④ 〔梁〕慧皎撰,汤用彤校注:《高僧传》(北京:中华书局,1992),卷九,《晋洛阳耆域传》,页365。
⑤ 《高僧传》,卷三,《昙无谶传》,页93—94。
⑥ 《高僧传》,卷三,《释法显传》,页89—90。
⑦ 《高僧传》,卷三,《求那跋摩传》,页107。
⑧ 《高僧传》,卷三,《僧伽跋摩传》,页119。
⑨ 〔唐〕道宣撰,郭绍林点校:《续高僧传》(北京:中华书局,2014),卷一,《僧伽婆罗传》,页5。

曾遣使至广州贸易,曰:

> 臣前遣使赍杂物行广州货易,天竺道人释那伽仙于广州因附臣舶,欲来扶南,海中风漂到林邑,国王夺臣货易,并那伽仙私财。①

交、广牧宰多因海外贸易之利而致富,故云"广州刺史但经城门一过,便得三千万"。然因此地为边远之区,人每不乐至此任官,唯有心求财货者方到此聚敛财货。② 而远在京师的官员也有遣使至交、广贸易,求取暴利,如晋义阳成王司马奇派遣三部使到交、广商货。③

六朝交、广海外贸易,输入中土的货品有犀、象、大贝、琉璃、明珠、香料、奴隶等。郁林郡甚至因海外贸易兴盛,而有"珊瑚市"之称,《述异记》云:"郁林郡有珊瑚市,海客市珊瑚处也。"④

除了进口大宗的明珠珍宝之外,奴隶、香料也是当时重要的输入品。六朝非汉族的奴隶主要来自交、广,一是当地的土著,其来源是买卖,或者是讨伐其地叛乱所俘获的人口,如《梁书·王僧孺传》云南海郡"常有高凉生口及海舶,每岁数至",高凉郡属广州;又《南史》云:"俚人不宾,多为海暴,(萧)劢征讨所获生口宝物,军赏之外,悉送还台"⑤;陈朝广州刺史欧阳颁(498—563)"多致铜鼓生口,献奉珍异,前后委积,颇有助军国"⑥。二是来自南海诸国鬈发黑身的异国人,称为"昆仑"⑦,六朝时昆仑奴贩至中土者必不在少数,故中土人形容肤色黑的人为昆

---

① 《南齐书》,卷五十八,《南夷传》,页 1015。
② 《晋书》,卷九十,《良吏传·吴隐之》,页 2341。
③ 《晋书》,卷三十七,《宗室传》,页 1087。
④ 《太平御览》,卷八〇七,《珍宝部六》,页 3717 - 2。
⑤ 《南史》,卷五十一,《吴平侯景传附子劢传》,页 1262。
⑥ 《南史》,卷六十六,《欧阳颁传》,页 1615。
⑦ 〔后晋〕刘昫等撰:《旧唐书》,卷一九七,《南蛮传》,页 5270:"自林邑以南,皆卷发黑身,通号为昆仑。"

仑,如晋孝武帝之母文李太后身份尚低微时,因其形长色黑,宫人称之为"昆仑"①。宋孝武帝宠一名为"白主"的昆仑奴,②齐世王琨小名昆仑,乃因"父怪,不慧,侍婢生琨,名为昆仑"③,此婢可能是昆仑奴。

汉末以降,由于佛教的盛行,为供佛之故,对香料的需求甚大,南海诸国特产的香料因此成为重要的输入品。《梁书·诸夷传》记载林邑、扶南出产沉木香,中天竺产苏合,罽宾产郁金香,狼牙修出筏沉婆律香,而诸国贡献也以香料为主要贡品,如梁武帝天监初年中天竺献杂香,普通三年(522)婆利国贡杂香,中大通元年(529)盘盘国遣使献沉檀等香数十种,六年(534)又献詹糖等香;大同元年(535)丹丹国贡献香药。④由于有关资料缺乏,无法得知六朝南海香料贸易之情况,仅知中国辗转自中天竺购买大秦所产的苏合香及罽宾出产的郁金香:

> 中天竺国……其西与大秦、安息交市海中,多大秦珍物,珊瑚、琥珀、金碧珠玑、琅玕、郁金、苏合。苏合是合诸香汁煎之,非自然物也。又云大秦人采苏合,先笮其汁以为香膏,乃卖其滓与诸国贾人,是以展转来达中国,不大香也。郁金独出罽宾国,华色正黄而细,与芙蓉华里被莲者相似。国人先取以上佛寺,积日香槁,乃粪去之,贾人从寺中征雇,以转卖与他国也。⑤

六朝建康一地生活奢华,以金银饰物,蔚为风尚,而尤以黄金为重。金的延展性很大,可以搥成薄于纸的方片,谓之"金箔",用以贴饰器物,叫作"贴金",或称"装金""包金"。金箔普遍地运用在建筑物及器用的装饰上,贵族富商的居室,器物莫不是金铺玉舄,"六朝金粉"遂成为这个

---

① 《晋书》,卷三十二,《孝武文李太后传》,页981。
② 《宋书》,卷七十六,《王玄谟传》,页1975。
③ 《南齐书》,卷三十二,《王琨传》,页577。
④ 《梁书》,卷五十四,《诸夷传》,页794。
⑤ 《梁书》,卷五十四,《诸夷传》,页797—798。

时代繁华绮丽的表征。然而构成六朝黄金闪亮的实质基础仍在交、广。六朝各地以钱或谷帛为货币,唯广州全以金、银为交易的媒介,①可见此地有大量的金银。而交、广之金银大半来自南海诸国,《梁书·夷蛮传》云林邑产金:"其国有金山,石皆赤色,其中生金。金夜则出飞,状如萤火",扶南、中天竺出金、银,丹丹国、干陀利国皆曾遣使献金、银宝物,足以说明南海诸国金、银产量之富。金银透过贸易及其他方式流入中土,其中最为可观的一次输入是宋文帝讨伐林邑所得的战利品,计黄金数十万斤。②

由上可知,构成六朝都城建康物质生活上的奢华富丽之物品,珍宝金银,以及供佛熏衣的香料,甚至使役的奴隶,很多是来自交、广及其地的海外贸易,故史称"交广富实,牣积王府":

> 至于南夷杂种,分屿建国,四方珍怪,莫此为先。藏山隐海,瑰宝溢目,商舶远届,委输南州,故交、广富实,牣积王府。③

至于中土大致上是以丝织品的输出,以换取这些物品,齐武帝时张景真"度丝锦与昆仑舶营货"④。

总而言之,六朝立国主要仰赖扬州三吴、会稽的贡赋,而居住在建康城中的王公贵人也在这个地区拥有广大的庄园,以殖产兴利,庄园的收入成为他们在建康过奢侈靡费生活的资本之一。因此,吴、会地区不但是朝廷的经济支柱,也是建康财富的来源。又六朝京官出任外郡守宰,常挟带大批还资回京;同时建康也是南朝最大的商业中心,全国货

---

① 《隋书》,卷二十四,《食货志》,页689。
② 《梁书》,卷五十四,《诸夷传》,页786。又一说数万斤,见《南齐书》,卷五十八,《南夷传》,页1013。
③ 《南齐书》,卷五十八,《南夷传》,页1018。南州即姑孰,为建康西南之门户。此处所谓的南州系指建康城西南方的津渡南州津而言。
④ 《南齐书》,卷三十一,《荀伯玉传》,页573。

物皆汇集此地;而点缀建康繁华绮靡生活的珍宝金银,大都来自交、广地区的海外贸易。各地的财富、物质透过不同的途径荟萃京师,使建康成为一个物质充裕富有的城市,六朝就在此基础上发展出奢华靡丽的文化。

原刊于《食货月刊》复刊第十二卷第十、十一期(1983)

六朝建康的佛寺与城市空间[①]

一、前　言

六朝是一个佛教信仰极为兴盛的时期,当时南、北两大都城洛阳、建康城内外,都分布了许多佛寺,北魏洛阳因为有杨衒之《洛阳伽蓝记》一书,使后人对于洛阳佛寺的数量、分布和建筑,能有大致的了解;至于建康就没有这类著作的遗留,因此迄今有关建康佛寺的讨论,成果也十分有限。在佛寺的考古方面,也少有进展。[②]

清代有两本搜罗六朝建康佛寺的著作,成为近人研究此一课题最重要的资料[③]:清人孙澄之(文川)首撰《金陵六朝古寺考》,继而陈作霖(1837—1920)将之排纂,并附加少许小注,改名《南朝佛寺志》,但此书

[①] 本文首度发表在"古代的都市与王权"国际学术研讨会(韩国忠南大学百济研究所,2004年10月26—27日),该会的论文全部以韩文出版:《古代都市・王权》(Ancient Capitals and Royal Authority,《百济研究丛书》第13辑,大田:忠南大学校百济研究所,2005),中文稿则收入《郑钦仁教授七秩寿庆论文集》(台北:稻乡出版社,2006),页57—84。

[②] 迄今所见,仅有江苏省文物工作队、镇江市博物馆:《江苏镇江甘露寺铁塔塔基发掘记》,《考古》,1961年第6期。蒋赞初:《南京六处六朝佛寺遗址考》《关于金陵长干寺与禅众寺之舍利》,皆收入蒋赞初:《长江中下游历史考古论文集》(北京:科学出版社,2000)。

[③] 有关建康佛寺的资料,最早是唐许嵩的《建康实录》中有关于较大寺院的记载,宋张敦颐《六朝事迹编类》有《寺院门》一卷,宋代撰修的《建康志》今仅存宋理宗景定二年(1261)周应合修订的《景定建康志》。至元惠宗至正元年张铉修《至正金陵新志》,明万历葛寅亮《金陵梵刹志》则以明代寺院为主。

在考证上有些错误。因此，刘世珩(1875—1927)乃以此书为底本，加上按语，但仍保留了孙、陈二氏之说，另外收录和建康佛教有关的记载，成为有关六朝建康佛寺资料最完整的一本书。此书于清光绪三十三年(1907)付梓，卷首并附有沈曾植(1850—1922)的《南朝寺考序》。近人的研究基本上是依据以上二书所提供的数据，将其中所记建康两百二十余所寺院作成图表，据以作简单的解释。① 然而，这样的研究其实并没有超出清人的成果，又，将六朝三百余年佛寺的发展压缩成一个表格，实不能清楚显示建康佛寺在此一段长的时间中发展的过程及其在城市空间上的分布和意义。

　　本文意图从三个方面重新解读六朝建康佛寺，首先指出建康佛寺的兴建量上的成长，和建康城的建设有相当的关连。二则探讨佛寺在建康这个城市空间上的分布。在空间方面，必须注意建康是一个有久远历史的城市，在孙吴建都之时，它的城市规划就受到相当程度的限制，而无法做全新的规划。佛寺的建造也遭遇到同样的情况，在一民居遍布的旧城中创建寺院，除了舍宅为寺之外，就只有往外发展，在都城附近另辟新地以建造佛寺，或在偏远的地方立寺。三则就建康佛寺的建筑及其内涵讨论，法令对于建筑的制约影响及寺院的建筑，东晋南朝不准城内建楼临瞰宫城，使得建康佛寺除了皇家寺院之外，少有高层的佛塔，而多以树刹表寺，反倒是寺院内部的壁画成为建康佛寺的特色。

　　在讨论建康佛寺之前，必须先界定本文所讨论的范围包括建康外郭篱门之内的寺院，以及建康郊外的摄山、牛首山等地的佛寺；在数据上系以《南朝寺考》上所记载寺院位置约略可考者为限。在建康宫城之外，环绕着周二十里一十九步的都城，在都城之外，东晋时筑有外郭篱

---

① 朱偰《金陵古迹图考》一书中，有专章《南朝四百八十寺》，依《南朝佛寺志》所记二百二十六寺制成一表，页 154—167；刘淑芬：《六朝时代的建康》(台北：台湾大学历史研究所博士论文，1981)依《南朝寺考》作成一表，页 147—172；卢海鸣：《六朝都城》(南京：南京出版社，2002)，依《南朝佛寺志》作成一表，页 250—264。

门五十六所，①今仅能知东、西、南、北四篱门的位置，可约略勾勒出篱门涵括的范围，北至玄武湖，南越秦淮河至石子冈梁代"国门"的处所。卢海鸣依《资治通鉴》所引《金陵记》的记载："梁都之时，户二十八万。西石头城，东至倪塘，南至石子冈，北过蒋山，南北各四十里。侯景之乱至于陈时，中外人物不逮宋、齐之半。"②认为建康的外郭城从东晋到南朝，范围扩大了。③ 然而，《金陵记》和《南朝宫苑记》同为宋人的著作，④比较二书的记载，《金陵记》所叙述是一个约略的范围，不如《南朝宫苑记》确实；又，如以建康南面界限而言，东晋南篱门系在国门之西，此国门当指梁武帝天监七年（508）二月，在越城南新作的"国门"⑤，而依《景定建康志》所载，此国门"在今高座寺东，南涧桥北，越城东偏"⑥，而高座寺之后即是石子冈，⑦也符合《金陵记》所称"南至石子冈"。建康是一个古老而有趣的城市，寺院之旁有坟墓；在王府之前有先代的坟

---

① 《太平御览》（台北：台湾商务印书馆，1975），卷一百九十七，《居处部二十五·藩篱》，页1079下。

② 《资治通鉴》，卷一百六十二，《梁纪十八·高祖武皇帝十八》，太清三年，页5018。

③ 卢海鸣，《六朝都城》，页89—90。

④ 〔明〕顾起元撰，谭棣华、陈稼禾点校：《客座赘语》（北京：中华书局，1987），卷二，"金陵古志"："齐山谦之丹阳记，陶季直京都记，元广之金陵地记，唐许嵩建康实录、六朝宫苑记，宋沈立金陵记"，页50；《宋史》，卷二百四，《艺文志三·史类·地理类》，页5161，有《南朝宫苑记》一卷。

⑤ 《梁书》（台北：鼎文书局，1975），卷二，《武帝纪中》，页47："（天监七年）二月乙卯……新作国门于越城南。"

⑥ 《景定建康志》，卷二十，《城阙志一·古国门》，页1634上。

⑦ 《景定建康志》，卷四十六，《祠祀志三》，《寺院·高座寺》："(曾极诗)石子冈前高座寺，犊车曾向此徘徊。"页2084上。《资治通鉴》，卷七十六，《魏纪八·邵陵厉公下》，"嘉平五年"，胡注："按今高座寺后即石子冈。"页2409。

墓,因此如以常理来推断都城的边界,有时候会有所差误。①

　　文献上载有建康五百余寺、七百余寺二说,其实,这两个数字都是对的,因为它所指的范围不一样;梁朝建康外郭篱门内有寺院五百余所,如连都城郊外的数十里的牛头山、摄山、幕府山、石头城等郊区的佛寺,合计有七百余所。如《南史·郭祖琛传》称"都下佛寺五百余所,穷极宏丽",指的是建康外郭篱门之内,至于《续高僧传》等书所记"都邑名寺七百余所"②,应系包括建康近郊和远郊的牛头山、东北摄山、西北幕府山等地的寺院,如《建康实录》中就记载了一些远在城外四五十里的寺院。至于后人最熟悉的杜牧诗句"南朝四百八十寺,多少楼台烟雨中"所提到的数目,一方面近于五百余之数,另一方面则是借用了佛教经典中多用四百八十之数来比喻王城。③

二、城市建设与佛寺的兴造

　　从东晋以后,建康的佛寺数量就不断增加,除了帝王、皇子后妃、王

---

①　卢海鸣认为,由于在南京大学的北园发现了东晋的陵墓,故朱偰等四位学者提出"建康城的西界在南京大学的西侧"之说有误。(《六朝都城》,页84)如《南史》卷五十八,《裴邃附子之礼传》:"之礼字子义……邃庙在光宅寺西,堂宇弘敞,松柏郁茂。"页1440。又,《南齐书》,卷二十二,《豫章文献王嶷传》称王"北宅旧有园田之美……数幸嶷第,宋长宁陵隧道出第前路,上曰:'我便是入他冢墓内寻人。'乃徙其表阙骐驎于东岗上,骐驎及阙,形势甚巧,宋孝武于襄阳致之,后诸帝王陵皆模范而莫及也"。页414。因此如以地表上的墓表阙兽判断帝陵所在,恐亦未必正确。

②　《续高僧传》(大集部.2060,收入《大正新修大藏经》第五十册),卷十五,《义解篇十一》,页548中:"当斯时也,天下无事,家国会昌,风化所罩,被于荒服,钟山帝里,宝刹相临。都邑名寺七百余所,咨质文理,往往而繁。"

③　《佛般泥洹经》(大.5,收入《大正新修大藏经》第一册)卷二,页168上,佛说诸天"从鸠夷那竭国境界,四百八十里中,头头相附,间不容针,闻佛当灭度,悲哭且来"。又如《长阿含经》(大.1,收入《大正新修大藏经》第一册)卷三,页21中佛说拘舍婆提城"长四百八十里。广二百八十里"。

公贵族、平民百姓、僧人等崇佛造寺的因素之外,①和建康这个城市的建设亦有关联,而都城建设的步调又和东晋南朝以后政局渐趋安定、经济复苏有关。

(一) 城市建设与佛寺成长

六朝建康都城建设的发展历程,充分反映在建康佛寺数量的成长上。建康的佛寺的增加,实和建康这个城市的建设步调颇为一致;而建康城市的建设,也和东晋以后逐渐形成南北政权并立之局,社会经济方面的复苏、南方王朝的逐步建设有关。

由于孙吴和东晋初年时局动荡的因素,从晋成帝咸和中期以后,才逐渐展开都城的建设,至梁武帝之世,达到其高峰,此时也是建康佛寺数量最多的时期。孙吴最初建都武昌,至黄龙元年(229)迁都建业,当时仅以先前孙权所建的将军府,作为宫城,改称太初宫,并且环绕着宫城,以竹篱建造皇城的城墙,周二十里一十九步;继而增建南宫、苑城和西苑、昭明宫。孙吴亡国之后,晋武帝并未破坏建业,至东晋元帝因五胡之乱而南迁,立国于江左,便以此为都。东晋南渡之初,惊魂甫定,经济十分困窘,无力修造都城,一切都沿袭着孙吴都城的旧规。至成帝咸和二年(327)苏峻作乱,对建康宫城和都城都造成很大的破坏,咸和四年(329)苏峻乱平之后,虽然当时财政困难,也不得不修造宫室都城,为了筹措经费,便对新任命的官员征收"修城钱",充当修城的费用。晋成帝以王导(276—339)主持,重新规划建康城,在都城开设六个城门,在都城南面秦淮河上架设朱雀浮航,并新建宫城建康宫,就此奠定了建康城的规模;此后南朝各代只能在此规模上增筑改建,不能逾越其规制。除了宋、齐两代主要是增筑宫室苑囿之外,最值得一提的是齐高帝和梁

---

① 朱偰:《金陵古迹图考》,第六章《南朝四百八十寺》,页151—154;诹访义纯:《中國南朝仏教史の研究》(京都:法藏館,1997),第八章《梁代建康の仏寺と武帝の建立》、第九章《梁代建康の仏寺と武帝以外の建立》。

武帝时的建设,齐高帝时将先前以竹篱筑造的都城城墙,改为夯土城墙。梁武帝时增筑一重宫城城墙,并且在秦淮河两岸筑塘,以防治都城水患。梁武帝时期是建康城建设最完善的时期,至梁末侯景之乱以后,建康受到很大的破坏,即使陈代初年做了部分修缮的工程,终是难以恢复其盛况。①

梁武帝之世不仅是六朝建康最繁荣的时期,也是建康寺院盛况空前之世。根据唐代僧人法琳的记载,东晋南朝寺院的数量如下:②

东晋:1788　宋:1913　齐:2015　梁:2846　陈:1232

从以上的数字,可以显示梁朝时,寺院的数目有跳跃式的增长,除了梁武帝笃敬佛教的因素之外,和梁朝政治社会繁荣的背景应有密切的关系。从东晋仓皇在南方立国,到梁朝,整个南方无论是国家或者是整个民间社会的经济,都得到充分的发展。梁武帝统治之世,恰逢北魏政治衰落之时,无力南侵,所以边境无事,而武帝又勤政节俭,因此他在位的前三四十年,是汉末以来最为安定富盛的时代,史书上形容梁朝盛世:"征赋所及之乡,文轨傍通之地,南超万里,西拓五千,其中瑰财重宝,千夫百族,莫不充牣王府,蹶角阙庭,三四十年,斯为盛矣。自魏晋以降,未或有焉。"③故此时寺院的数量是六朝之冠,也可以从这个角度来理解。

建康的城市建设和寺院的增加也有密切的关系,可以钟山为例。钟山成为建康重要的佛教圣地,和东晋时期都城建设的两项措施有关,一是东晋咸和中在建康城东面开设了建春门和清明门,二是钟山的造林政策。钟山本来草木稀疏,崖窟峻异,从东晋开始,令诸州、郡官员罢

---

① 详见本书相关各篇。
② 〔唐〕法琳:《辩正论》(大.2110,收入《大正新修大藏经》第五十二册),卷三,《十代奉佛上篇》,页503上、中。
③ 《梁书》,卷三,《武帝纪下》,页97。

职返回京师时,必须在钟山种植松树,一直到刘宋时期都还执行此一政策,《金陵地记》云:

> 蒋山本少林木,东晋刺史罢还都,种松百株,郡守五十株。①

由于长期在钟山造林,随着年月加深,林木繁茂,刘宋以后,钟山成为隐士幽栖的佳处,也是僧人禅居修行的灵秀之地。如刘宋时外国僧人僧伽罗多抵达建康,就看中了钟山作为修行的处所,并且在这里建造寺院:"元嘉十年,卜居钟阜之阳,剪棘开榛,造立精舍,即宋熙寺是也。"②

晋成帝咸和五年(330)重修建康城时,改变先前仅在南面开设一个宣阳门的设计,而增筑了五个城门,在东面开设建春门和清明门,方便了都城东面和城内的联络,对于建康城东以迄于钟山地区的开发,有很大的影响。东晋以后在此二城门之外,建造了不少佛寺,同时此二门也方便了都城之内皇室成员、王公贵人到钟山的交通,这也是钟山佛寺日益增加的动力之一。(见第三节)

(二) 建康的舍宅为寺

文献上建康一地的历史可溯自春秋时代的越国在此筑城,因此,六朝建都建康实际上是从一个古老的城市逐步增筑发展起来的,在很大程度上,它的规划受到原有建筑物的限制。在此城市中建造寺院,势必要原有的住宅让出空间来,因此和北魏洛阳舍宅为寺的情况相较,建康城实有过之而无不及。宋文帝元嘉十二年(435),丹阳尹萧摹之所上的

---

① 《太平御览》,卷四十一,《地部六·蒋山》,页326下。《景定建康志》卷十七,《山川志·钟山》,页1557下—1558上,引《金陵地记》,在"东晋令刺史"之后,又有"宋时诸州刺史罢职还者栽松三千株,下至郡守各有差"之句,三千株的数字可能有误。

② 《高僧传》(大.2059,收入《大正新修大藏经》第五十册),卷三,《译经下·畺良耶舍传》,页344上。

奏书,就指出当时舍宅为寺的情况非常严重,已经到"甲第显宅,于兹殆尽"的地步,因此建议此后必须先向本州申报核准,才可以动工建造寺院:"兴造塔寺精舍,皆先诣在所二千石通辞,郡依事列言本州;须许报,然后就功。"①到齐武帝时,情况愈演愈烈,从前述寺院增加的数字即可见其一斑,因此齐武帝在他的遗诏中,特别下令不准"以宅为精舍":

> 自今公私皆不得出家为道,及起立塔寺,以宅为精舍,并严断之。唯年六十,必有道心,听朝贤选序,已有别诏。②

不过,建康佛寺的数量仍然持续增加,到梁朝郭祖琛提出"都下佛寺五百余所"这个数据,认为如果不抑制佛寺和僧尼数目的增长,则"恐方来处处成寺,家家剃落"③。

建康都城内的佛寺,大多是在原有的住宅园林的基址上建造的,有的是信徒施舍自家的园宅所兴造的,其中有一部分是以先代的家庙、祠堂,或是购买墓地,用以建立为佛寺。如宋文帝元嘉二年(425),黄门侍郎王景深之母范氏以其先祖王坦之(330—375)故祠堂地,施给比丘尼业首,建造青园寺。④ 又,梁朝一位名叫邵文立的屠夫,购买秦淮南岸

---

① 《宋书》(台北:鼎文书局,1975),卷九十七,《夷蛮·天竺传》,页2386。
② 《南齐书》(台北:鼎文书局,1975),卷三,《武帝纪》,页62。
③ 《南史》(台北:鼎文书局,1975),卷七十,《郭祖琛传》,页1721。
④ 《比丘尼传》(大.2063,收入《大正新修大藏经》第五十册),卷二,《东青园寺业首尼传》:"业首,本姓张,彭城人也。风仪峻整,戒行清白,深解大乘,善构妙理。弥好禅诵,造次无怠。宋高祖武皇帝雅相敬异,文帝少时从受三归,住永安寺供施相续,元嘉二年王景深母范氏,以王坦之故祠堂地施首,起立寺舍,名曰青园,斋肃徒众,甚有风规。"页940中。

定阴里晋零陵王庙地,为道度禅师起造小庄严寺。① 晋零陵王就是晋恭帝司马德文,公元420年,晋恭帝禅位给宋武帝刘裕,刘裕封他为零陵王,世代袭封。② 不过,齐武帝永明八年(490)二月,他的后世零陵王司马药师去世,③其后就未见相关的记载,有可能是经过数度朝代更迭,司马氏没落,到梁武帝时就将家庙卖予人为寺了。又,宋文帝时,僧人道儒到了建康,卢丞相、伯仲孙等人一起出资买张敬儿(?—483)先人的墓地,为他建了一所佛寺,即齐福寺。④ 刘宋时张敬儿历为南阳太守、雍州刺史,至齐武帝时才被诛杀,故此处说买张敬儿故庙,当是张敬儿在逐渐显贵之时,或改葬先人,所以出售旧墓地。

最多的情况是以自己的园宅造寺,如晋尚书仆射谢尚(308—357)舍宅造庄严寺⑤,晋武帝咸宁元年(275),居士司徒察舍宅为义和寺,后来梁昭明太子萧统为此寺所写的寺额"义和之寺",至元代尚存。⑥ 晋咸康三年(337),尚书令李邈舍宅造灵曜尼寺,后改称金华寺。⑦ 宋车

---

① 《梁京寺记》(大.2094,收入《大正新修大藏经》第五十一册),卷一,《小庄严寺》:"梁小庄严寺,在建业定阴里,本是晋零陵王庙地,天监六年度禅师起造,时有邵文立者,世以烹屠为业,尝欲杀一鹿,鹿跪而流泪,以为不祥,鹿怀一麑,寻当产育,就庖哀切,同被剖割,因斯患疾,眉须皆落,身疮并坏,后乃深起悔责求道,度禅师发大誓愿,罄舍家资,回买此地,为立伽蓝。"页1024上。
② 《晋书》(台北:鼎文书局,1980),卷十,《恭帝纪》:"二年夏六月壬戌,刘裕至于京师,傅亮承裕密旨,讽帝禅位……甲子,遂逊于琅邪第,刘裕以帝为零陵王,居于秣陵,行晋正朔,车旗服色一如其旧,有其文而不备其礼。"页269。
③ 《南齐书》,卷三,《武帝纪》,页57。
④ 《高僧传》,卷十三,《唱导十·释道儒传》:"释道儒姓石,渤海人,寓居广陵,少怀清信,慕乐出家……元嘉末出都,止建初寺,长沙王请为戒师,卢丞相、伯仲孙等,共买张敬儿故庙,为儒立寺,今齐福寺是也。"页416下。
⑤ 《景定建康志》,卷四十二,《风土志一·第宅·谢尚宅》:"(谢尚宅)在城东南一里二百步,永和四年舍宅造寺,名'庄严'。"页2014上。
⑥ 〔元〕张铉:《至正金陵新志》(收入《宋元方志丛刊》,北京:中华书局,1990),卷十一下,《祠祀志二·寺院》:"崇明寺,《乾道志》:在句容县,东晋咸宁元年,居士司徒察舍宅为义和寺,唐会昌中废。天祐二年重建,太平兴国五年改今额。县志:寺额义和之寺四字,梁昭明太子书,尚存。"页5714上。
⑦ 《至正金陵新志》,卷十一下,《祠祀志二·寺院·金华寺》,页5714上。

骑将军范泰(355—428)在其住宅之西建祇洹精舍,施舍果竹园六十亩地以为寺域,并请僧人释慧义为之规划。① 又,刘宋少帝景平元年(423),平陆令许桑舍宅造寺,名为平陆寺。② 齐世明僧绍(？—483)将他在摄山的居宅施舍为寺,即栖霞寺。梁武帝即位以后,舍其原有居宅为光宅寺。③ 梁征西咨议郯僧绍舍宅,建仁孝寺。④ 陈天嘉元年(560),章皇后舍宅为国胜寺。⑤ 江蒨(475—527)舍同夏县界牛屯里宅为慧眼寺。⑥ 此外还有一些舍宅为寺的事例,就不逐一列出。

另外,有的舍宅为寺是仅将住居宅第的一部分,捐作寺院,如梁世吏部尚书徐勉(465—535)将他在清明门外的住宅西半部,割给宣武寺。⑦ 何敬容(？—549)舍宅东为伽蓝,建众造寺。⑧ 如果仅是施舍住宅的一部分,基于"宅不西益"的忌讳,⑨通常是割住宅的东面以为寺

---

① 《宋书》,卷六十,《范泰传》,页1623;《高僧传》,卷七,《义解四·释慧义传》,页368下。

② 《高僧传》,卷三,《译经下·僧伽跋摩传》:"初景平元年,平陆令许桑舍宅建刹,因名平陆寺。"页342中。

③ 《梁书》,卷四十九,《列传第四十三·文学上·周兴嗣传》:"是时,高祖以三桥旧宅为光宅寺,敕兴嗣与陆倕各制寺碑,及成俱奏,高祖用兴嗣所制者。"页697。

④ 《续高僧传》,卷十,《义解篇六·隋丹阳仁孝道场释智琳传六》:"所居仁孝寺者,梁故征西咨议郯僧绍舍宅所造。"页504上。

⑤ 《至正金陵新志》,卷十一下,《祠祀志二·寺院·国胜寺》:"国胜寺,在南门外落马涧,去城二里余。《乾道志》:旧在横山北,陈天嘉元年,章后舍宅为寺。"页5711上。

⑥ 《梁书》,卷四十七,《孝行·江蒨传》,页656。

⑦ 《梁书》,卷二十五,《徐勉传》,页384。

⑧ 《梁书》,卷三十七,《何敬容传》,页534。

⑨ 黄晖撰:《论衡校释》(收入《新编诸子集成》第一辑,北京:中华书局,1990),《四讳第六十八》:"一曰讳西益宅.西益宅谓之不祥,不祥必有死亡。相惧以此,故世莫敢西益宅。"页968。〔汉〕应劭撰,王利器校注:《风俗通义校注》(北京:中华书局,1981),《佚文·释忌》:"宅不西益。俗说:西者为上,上益宅者,妨家长也。"页562。

院。梁代吏部尚书到溉(477—548)也将他居宅中的山斋,舍为寺院。①尚书令谢举(479—548)也以他园宅中的山斋,舍作寺院。② 后二者寺院的规模必不大,而且性质可能近于家寺。

由于以宅为寺,它的基址一般并不是太宽敞,多数建康的寺院规模并不是很大,有时候要连同附近好几家,甚至邻近一大块住宅区改建为寺院。如安乐寺原来是僧人慧受向王坦之(330—375)要一小屋立寺,后来王坦之就将园宅全部捐出来,用以造寺。王坦之园宅坐落在官员集中居住的地区,后来他的四邻"东有丹阳尹王雅宅,西有东燕太守刘斗宅,南有豫章太守范宁宅",都一起施给寺院。③

梁武帝个人就建造了光宅寺、同泰寺、大爱敬寺等,并且运用皇权扩张了大爱敬寺和长干寺的范围。普通元年(520),梁武帝在钟山建造大爱敬寺,此寺旁边就是东晋丞相王导的赐田,世代相传;梁武帝想向当时拥有此土地的王导后代王骞(474—522)购买,用以施给寺院,但王骞凭着自己是江左第一等大族的后代,执意不肯卖出,并说:"此田不卖,若是敕取,所不敢言。"向皇帝示威,因此激怒了武帝,便以市价给值,强取了这块土地:

> 时高祖于钟山造大爱敬寺,骞旧墅在寺侧,有良田八十余顷,即晋丞相王导赐田也。高祖遣主书宣旨就骞求市,欲以施寺。骞答旨云:"此田不卖,若是敕取,所不敢言。"酬对又脱略,高祖怒,遂付市评田价,以直逼还之。由是忤旨,出为吴兴太守。④

由于王骞没有配合,因此一度被调离了都城。另外,孙吴时在秦淮河南

---

① 《梁书》,卷四十,《到溉传》,页569。
② 《南史》,卷二十,《谢弘微传附谢举》:"举宅内山斋舍以为寺,泉石之美,殆若自然。临川、始兴诸王常所游践。"页564。
③ 《高僧传》,卷十三,《兴福第八·释慧受传》,页410中。
④ 《梁书》,卷七,《太宗王皇后传附父骞传》,页159。

岸所建的长干寺(阿育王寺),位于民居殷繁之地,①寺域可能不是太宽广,因此梁武帝下令收购此寺附近数百家住宅,以扩建寺院。由于此寺位于秦淮河南岸的平民住宅区,平民对于皇帝的命令,孰敢不从,因此很顺利地取得了土地,增建殿堂,《梁书》云:"及大同中,出旧塔舍利,敕市寺侧数百家宅地,以广寺域,造诸堂殿并瑞像周回阁等,穷于轮奂焉。"②

三、建康佛寺的空间分布

建康的佛寺大致上可分为两大类,一是在都城外郭篱门范围之内的寺院,一是离都城较远的郊外——如摄山、牛头山等地的寺院。以下根据《南朝寺考》,将在建康的寺院大致位置可考者,分为五大区:秦淮河北岸、秦淮河南岸、都城东面、钟山地区、宫城北面,依此各列一表,作为讨论各区佛寺的分布及其特色之依据。

《南朝寺考》一书虽先后经陈作霖、刘世珩两度编辑注释,仍有若干错误。其最主要的错误是未辨明《建康实录》叙事的手法,第一,《建康实录》叙述寺院的位置时,有时系以寺院的方位对照唐代县城的距离而言,因此,首先要清楚此寺和唐县城的方位里程,如《建康实录》:"普通元年,置大爱敬寺,西南去县十八里。"唐代建康属于江宁县(后改上元县),其县城在秦淮河以北的冶城之东,约略在今南京朝天宫一带。③大爱敬寺在钟山,而钟山在建康的东北方,故应如是解:"大爱敬寺在唐县城东北十八里。"《南朝寺考》引《建康实录》之文,有时将其解作建康县,有时作秣陵县,甚至解为丹阳县,有时候则是误解了其所叙述的寺

---

① 〔梁〕萧统编,〔唐〕李善注:《文选》(台北:文津出版社,1987),卷五,《京都下》,左太冲《吴都赋》,刘渊林注:"建业南五里有山冈,其间平地,吏民杂居,东长干中有大长干、小长干,皆相连。大长干在越城东,小长干在越城西,地有长短,故号大、小长干。"页215。
② 《梁书》,卷五十四,《诸夷·海南诸国·扶南国》,页793。
③ 蒋赞初:《南京六处佛寺遗址考》,页166。

院和唐县城方位上的关系。关于这些错误，笔者先前已做了一些更正，①但当时自己也有一些错误，今一并更正。

（一）秦淮河北岸

由于此一区域是贵族王公居室，在此地建寺者也都是皇室成员或官员。建康王公贵室的住宅和园林大部分布在秦淮河北岸，沿着御道左右，都是富人的住宅，也就是《梁书》上说的"御道左右，莫非富室"②。因此，宋孝武帝曾在微服出行时，看到御道旁有草屋，就认定这家人很贫穷，赐钱给其改建瓦屋，③此事后来也成为明帝陈贵妃入宫的因缘。东晋秦淮河北岸有十二寺，其中知道建寺者姓名者有七寺，全部为皇室成员和高官：康帝（343—344）褚皇后建延兴寺，穆帝何皇后建皇后寺，彭城敬王司马纯之建彭城寺，侍中王坦之造了临秦、安乐二寺。宋文帝立报恩寺，驸马王景深造青园尼寺；宋孝武帝大明年间（457—464），路太后在宣阳门外太社西药圃建大庄严寺。另外，在台城南有长乐寺，不知建造者为何人，但从其地点看来，当属皇家寺院无疑。（见表一）

---

① 刘淑芬：《六朝时代的建康》，页172—179。
② 《梁书》，卷九，《曹景宗传》，页179。并见拙文《六朝建康的园宅》，收入本书。
③ 《宋书》，卷四十一，《后妃传·明帝陈贵妃》："明帝陈贵妃讳妙登，丹阳建康人，屠家女也。世祖常使尉司采访民间子女有姿色者。太妃家在建康县界，家贫，有草屋两三间，上出行，问尉曰：'御道边那得此草屋，当由家贫。'赐钱三万，令起瓦屋。尉自送钱与之，家人并不在，唯太妃在家，时年十二三，尉见其容质甚美，即以白世祖，于是迎入宫。"页1296。

表一　秦淮河北岸

说明:下列诸表关于寺院建造的时间,以最早有精舍或塔的建置为准。出处系以《南朝寺考》六卷(清光绪三十三年刊本)为主,汉字的数字表卷数,阿拉伯数字表页数。

寺名	初建年代	兴建者	大约位置	出处
孙吴				
建初寺	吴大帝赤乌十年(247)	吴大帝	古宫城南七里	一.1
东晋				
延兴寺	康帝建元一二年(343—344)	褚皇后	运渎西岸	二.9
庄严寺	穆帝永和四年(348)	镇西将军谢尚	运渎东岸,在唐县城东南一里二百步	二.11
何皇后寺	晋穆帝时	何皇后	唐县城东一里	二.12
建兴寺			在何皇后寺南	二.13
彭城寺	晋穆帝升平五年(361)	彭城王纯之	唐县城东南三里,西大门,临古御街	二.13
临秦寺	晋废帝	侍中王坦之	秦淮水北	二.25
安乐寺	晋废帝	侍中王坦之	唐县城南二里半,南门临淮水	二.25
治城寺	晋孝武帝太元十五年(390)	会稽王司马道子	治城	二.31
开福寺			治城东南	二.36
禅众寺			唐县城南三里	二.43
护身寺			唐县城东五里,直御街东	二.44
宋				
青园尼寺	文帝元嘉二年(425)	驸马王景深	唐县西南二里	三.7
报恩寺	元嘉二年	宋文帝	在秦淮北数百步	三.6—7
大庄严寺	孝武帝大明中	路太后	宣阳门外太社西药圃	三.21

(续表)

寺名	初建年代	兴建者	大约位置	出处
长乐寺			在台城南	三.22
延祚寺	明帝泰始中	百姓	冶城后冈	三.38
隐静寺			明外郭东面沧波门外	三.42
齐				
建元寺			青溪募士桥西北	四.1
正观寺			秦淮水侧	四.1
禅灵寺	武帝永明七年（489）	齐武帝	运渎和秦淮河交会	四.7
栖霞寺	永明七年	明僧绍	摄山	四.9
梁				
智度寺	武帝天监元年（502）	梁武帝	青溪边	五.1
小庄严寺	天监六年（507）	屠者邵文立	定阴里	五.5
永庆寺	天监中	永庆公主	冶城北	五.13
劝善寺	武帝天监十三年（514）	梁武帝	唐县西北十八里	五.17
惠日寺	天监十八年（519）	阮翻舍宅	定阴里，唐县东二里	五.19—20
善觉寺	武帝普通五年（524）	丁贵嫔	太清里，唐县东七里	五.25
到公寺		到溉	近秦淮河	五.14
观音寺	武帝天监中		宋府城东六十里	五.39—40
众造寺	普通五年	后阁舍人吴庆之	唐县东北五十里	五.24
方乐寺			宋府城东北六十里神泉乡	五.31—32
陈				
宝田寺			在钟山白土冈	六.2—3
证圣寺			运渎东南	六.3
宝城寺			宋城东北四十五里	六.5

(二) 都城东面

都城东面系指建春门和清明门以东的地区,城东的青溪两岸都是王公贵人住宅分布的地区,南齐陶季直《京都记》记载:"京师鼎族在青溪埭。"① 在此一区域,宋明帝在清明门外造湘宫寺,齐竟陵王萧子良修建齐隆寺,此寺后称为宣武寺,② 梁朝徐勉的住宅就在它的旁边,他在晚年时分割其住宅的西边,捐施给宣武寺。③（见表二）

表二　都城东区

寺名	初建年代	兴建者	大约位置	出处
东晋				
青园寺		恭思皇后褚氏	本种青处,因以为名。在覆舟山下(近乐游苑),东置青园寺,西置龙光殿	二.41
天宝寺			在古潮沟前	二.46
长寿寺			在古潮沟后,与天宝寺隔水相望	二.47
宋				
枳园寺		始兴公王恢	建康东郊	高僧传卷三
法轮寺		司徒何尚之	覆舟山下	三.19—20

---

① 《景定建康志》,卷十八,《山川志二·溪涧·青溪·事迹》,页 1594 上,引《京都记》:"京师鼎族在青溪埭。尚书孙玚、尚书令江总宅,当时并列溪北。"又,同书,卷十九,《山川志三·沟渎·潮沟·事迹》,页 1599 上:"京都记,京师鼎族在潮沟北。"

② 《续高僧传》,卷五,《梁杨都宣武寺沙门释法宠传》:"天监七年,齐隆寺法镜殂殁,僧正惠超启宠镇之。……寺本狭小,帝为宣武王修福。下敕王人缮改张饰,以待宠焉,因改名为宣武寺也。"页 461 中。

③ 《梁书》,卷二十五,《徐勉传》:"尝为书诫其子崧曰:……吾清明门宅,无相容处。所以尔者,亦复有以;前割西边施宣武寺,既失西厢,不复方幅,意亦谓此逆旅舍耳,何事须华?"页 383—384。

(续表)

寺名	初建年代	兴建者	大约位置	出处
禅林寺	孝武帝大明七年(463)	黄修仪、南昌公主	唐县东三里	三.31
湘宫寺	宋明帝	宋明帝	青溪中桥北,寺门北对清明门西南	三.31—32
兴业寺			建阳门东,近青溪菰首桥,与湘宫寺相望	三.34
兴皇寺	明帝泰始初	宋明帝	建阳门外	三.35—36
齐				
齐隆寺(宣武寺)	明帝建武初	竟陵王子良	都城清明门外	四.14—15
齐古寺			在城东北六十里	四.15
栖霞寺	武帝永明七年(489)	明僧绍	摄山	四.9
梁				
资福院(净名寺)			东山(燕雀湖南)	五.11—12
永建寺	武帝天监二年(503)	李师利	宋府城东四十里	五.2
果愿尼寺	武帝普通元年(520)	东阳太守王均	建康县东北五十里	五.22
须陀寺	普通元年		建康县东北十七里	五.22
普光寺	武帝大同二年(536)	安丰令张延	唐建康县西北八十里	五.34
慈恩寺	大同二年	邵陵王纶	唐县西北二十五里	五.34

(三) 宫城北面

鸡笼山、覆舟山在宫城之北,是诸王宅邸集中的地区之一,在此也建了不少寺院,因其所处的区域特殊,非一般人随便可以进入,属于皇家寺院区。

鸡笼山一带的寺院或是由皇帝建造,或由皇子舍第所建,东晋在鸡笼山建有归善寺和耆阇寺,刘宋时建平王弘将他在鸡笼山东北的宅第舍建寺院,即栖元寺。齐世竟陵王萧子良(460—494)的宅邸也在鸡笼山,①他在邸内建了一所法云寺,南朝建康规模最大,也最华丽壮观的同泰寺就坐落在宫城东北面的北掖门之外,在同泰寺前还有一所北寺,二寺都是梁武帝所建。梁末建康宫城遭到侯景的破坏,宫室几乎化为丘墟,前述寺院大概也都难免浩劫。陈朝建立之后,在宫城之旁,建怀安寺,这个寺院的名称,多少可以反映战乱之后的情境。

覆舟山也是皇族大族的居室住宅,在覆舟山下,东晋恭帝褚皇后立青园寺,宋司徒何尚之(382—460)建法轮寺。另外,齐世在覆舟山建了一所皇宅寺,从此寺的名称,可知它不是普通的寺院,而是属于皇家寺院。覆舟山之东有潮沟,其邻近地区多为高门显族的住所,南齐陶季直《京都记》称"京师鼎族在潮沟北"。②(见表三)

---

① 《南齐书》,卷四十,《武十七王·竟陵文宣王子良传》:"五年,正位司徒,给班剑二十人,侍中如故。移居鸡笼山邸,集学士抄五经、百家,依《皇览》例为《四部要略》千卷。招致名僧,讲语佛法,造经呗新声,道俗之盛,江左未有也。"页698。
② 《景定建康志》,卷十八,《山川志二·溪涧·青溪·事迹》,页1594上,引《京都记》:"京师鼎族在青溪埭,尚书孙玚、尚书令江总宅,当时并列溪北。"又,同书,卷十九,《山川志三·沟渎·潮沟·事迹》,页1599上:"京都记,京师鼎族在潮沟北。"

表三　宫城北面

寺名	初建年代	兴建者	大约位置	出处
东晋				
归善寺			在鸡笼山，前有北市，近夏门	二.36
耆阇寺			鸡笼山西，前有纱市，近宫城	二.44
宋				
栖元寺		宋建平王弘舍第	在鸡笼山东北	三.28
齐				
法云寺		竟陵王子良	鸡笼山竟陵王西邸内	四.8
梁				
涅盘寺	武帝天监七年（508）	沙门僧宠	唐县北二十里	五.10
翠微寺			唐县北二十里涅盘寺峰顶	五.10
皇宅寺	武帝天监八年（509）		蒋陵（覆舟山）	五.10
幕府寺			幕府山	五.12
同行寺	武帝天监中	梁武帝	幕府山	五.12—13
同泰寺	武帝普通八年（527）	梁武帝	北掖门外路西	五.26
北寺	武帝大通元年（527）	梁武帝	同泰寺之前院	五.29
清玄寺	大通元年		元城北二十五里	五.30
陈				
怀安寺			台城之侧	六.1

(四) 钟山地区

前面已经提及,东晋时钟山甚少林木,经过东晋在钟山的造林政策,数代之后,林木蓊郁,更显得山崖幽僻,成为隐士避世栖居之所,也是僧人修禅的佳处。在文献所见者,晋安帝义熙中,僧人法意在此建立延贤寺。① 宋时此地建有八所寺院,其中就有三所是僧人所创建的:昙摩蜜多建上定林寺,天竺僧伽罗多立宋熙寺,释僧瑾造灵根寺。

东晋南渡,建康城内已无闲隙之地,而晋室有赐田之制,故以建康城外的钟山一带赐给大臣,因此,此一地区分布着官员的赐田和别墅,如前述王导的赐田即在钟山。刘宋以后,钟山寺院数目增加很快,成为名僧修禅讲经的场所,也逐渐形成一个佛教中心。刘宋一代,则建有八寺:道林寺、宋熙寺、下定林寺、上定林寺、灵曜寺、灵根寺、灵味寺、竹林寺。齐世有五寺:山茨寺、集善寺、石室寺、草堂寺、胜善寺。齐、梁朝以后在钟山建寺者,主要是帝王和官员,到了梁朝钟山有七十寺,这是它最兴盛的时期,《太平寰宇记》云:"自梁以前立佛寺七十所,今存者六。"②《续高僧传》形容为"钟山帝里,宝刹相望"③。今仅知梁朝建了以下五寺:明庆寺、开善寺、大爱敬寺、头陀寺、飞流寺。(见表四)

---

① 《高僧传》,卷十三,《兴福第八·释法意传》,页 411 上:"释法意,江左人,好营福业,起五十三寺,晋义熙中,钟山祭酒朱应子,先是孙恩建义之党窜居此山,分其外地少许,与意为寺,号曰延贤寺。"又,《梁书》,卷四十,《到溉传》:"蒋山有延贤寺者,溉家世创立,故生平公俸,咸以供焉。"殆到溉历代为此寺之赞助者。

② 《景定建康志》,卷十七,《山川志一·山阜·钟山之右·钟山·事迹》,页 1558 上,引《太平寰宇记》。

③ 《续高僧传》,卷十五,《义解篇十一·论曰》,页 548 中。

表四 钟山地区

寺名	初建年代	兴建者	大约位置	出处
东晋				
延贤寺	晋安帝义熙中	僧人法意	钟山	二.40
宋				
道林寺			钟山南	三.3
下定林寺	文帝元嘉元年(424)	僧览	钟山蒋陵里	三.4—5
善居寺	元嘉中			三.11
宋熙寺	元嘉十年(433)	天竺僧伽罗多		三.10
竹林寺	元嘉十一年(434)	临川公主	蒋陵里唐县东南一里	三.11
上定林寺	元嘉十二年(435)	昙摩蜜多	钟山	三.5
灵曜寺	孝武帝大明六年以前		钟山	三.25
灵根寺	宋明帝时	释僧瑾	钟山	三.37
灵味寺			钟山	三.40
齐				
山茨寺		周彦伦	钟山	四.4
集善寺	齐武帝时		钟山	四.8
石室寺		释僧侯	钟山后冈	四.9
草堂寺		周颙	钟山西	四.13
胜善寺（上云居寺）	武帝建武二年(495)	南海王萧子罕	钟山之右	四.16
梁				
明庆寺	武帝天监六年(507)	后阁舍人王昙朗	钟山	五.9
本业寺	天监九年(510)	比丘净洁舍宅	钟山	五.11

(续表)

寺名	初建年代	兴建者	大约位置	出处
开善寺	天监十三年（514）	梁武帝永定公主		五.14—15
大爱敬寺	武帝普通元年（520）	梁武帝	钟山竹涧	五.20
福静寺	普通三年（522）	尼修义	钟山之后	五.23
蒋山头陀寺	武帝大同元年（535）	舍人石兴	钟山头陀岩前	五.32
飞流寺			钟山	五.37

（五）秦淮河南岸

秦淮河南岸的佛寺集中在三个地区，一是少数大族聚居的地区如乌衣巷、同夏里，二是平民聚居的长干里、佛陀里、斗场里，三是石子冈。

南岸除了一小部分地区如乌衣巷，是大族王、谢所住的地方之外，其余大都是平民的居处，即史书上所谓"市鄽居民，并在南路"①，最先建造寺院的地区是平民聚居的佛陀里、长干里和斗场里。从孙吴以来，长干里就是"民庶杂居"，②孙吴时在此建有长干寺，刘宋时在长干里之南建造了宋兴寺，齐武帝在长干里建齐安寺，和宋兴寺相望。孙权所建立的第一所佛寺建初寺，就是建在居民繁庶的大市之旁，《宫苑记》云："吴大帝立大市，在建初寺前，其寺亦名大市寺。"③其所在的里名又名

---

① 《陈书》（台北：鼎文书局，1980），卷十二，《徐度传》，页189。
② 《景定建康志》，卷十六，《疆域志二·坊里巷陌附·长干里·考证》："越范蠡筑城长干……实录云：长干是里巷名，江东谓山陇之间曰干，建康南五里有山岗，其间平地民庶杂居，有大长干、小长干、东长干，并是地里名，小长干在瓦官南巷西头出江。"页1535。
③ 《景定建康志》，卷十六，《疆域志二·镇市·古市》："案《宫苑记》：吴大帝立（大市）在建初寺，前其寺亦名大市寺。"页1529下。

为佛陀里。① 另外,在斗场里也建斗场寺、安明寺,②东晋安帝隆安年间以后,此地有一斗场市,③可知此里也是平民聚居之地。

至于乌衣巷,东晋以来就是大族王、谢家族聚居的处所,如王导、谢安(320—385)、谢混(？—412)、谢灵运(385—433)等人世代都住在此区,刘宋时在此建立了一所乌衣寺,梁时吏部尚书谢举以他在乌衣巷园宅里的山斋为寺,称为山斋寺。在乌衣巷的寺院是王公贵族时来游观、谈论佛理、讲说文学的地方,《南史》里描述山斋寺:"(谢)举宅内山斋,舍以为寺,泉石之美,殆若自然。临川、始兴诸王常所游践。"④至于乌衣寺也多是贵族讲说游赏的地方,为当世人所称以文义赏会的"乌衣之游",一般人是不敢轻易加入的。⑤

秦淮河南岸的同夏里,从梁代以后,增建了许多寺院。齐、梁之间的名士江蒨的园宅、梁武帝未登大位前的住宅都坐落在此里。刘宋时

---

① 《高僧传》,卷一,《译经上·康僧会传》:"康僧会,其先康居人,世居天竺,其父因商贾,移于交趾……以吴赤乌十年.初达建邺,营立茅茨,设像行道……权大叹服,即为建塔。以始有佛寺,故号建初寺。因名其地为佛陀里。由是江左大法遂兴。"页325上、中。

② 《南齐书》,卷十八,《祥瑞志》,页360:"九年,秣陵县斗场里安明寺有古树。"

③ 《太平御览》,卷八百二十七,《资产部七·市》:"山谦之《丹阳记》曰:京师四市:建康大市,孙权所立;建康东市,同时立。建康北市,永安中立。秣陵斗场市,隆安中发乐营人交易,因成市也。"页3819上。

④ 《南史》,卷二十,《谢弘微传附谢举传》,页564。

⑤ 《宋书》,卷五十八,《谢弘微传》:"(谢)混风格高峻,少所交纳,唯与族子灵运、瞻、曜、弘微,并以文义赏会。尝共宴处,居在乌衣巷,故谓之乌衣之游,混五言诗所云'昔为乌衣游,戚戚皆亲侄'者也。其外虽复高流时誉,莫敢造门。"页1590—1591。

此地建有一所闲心寺。① 南齐时江蒨因眼疾,而舍同夏里宅为寺,名为慧眼寺。② 从梁武帝即位以后,他先后施舍在同夏里的旧宅,建立两所寺院,一是光宅寺,一是天光寺;另外,在光宅寺之旁,又建立一所萧帝寺。

石子冈是秦淮河南岸的一块山地,从三国以来,就是建康的墓地,也是刑人的场所。③ 孙吴时孙峻杀了诸葛恪(203—253),将他的尸首丢在石子冈。④ 东晋宰相谢安墓也坐落于此。⑤ 东晋初年,西域僧人帛尸梨密多罗来到建康,常在石子冈修头陀行,所谓的头陀行是要在林冢墓地经行坐禅,他圆寂以后,就葬在此地。后来有一位来自关右的沙门就在他的墓旁建立了一所寺院,因当时人称帛尸梨密多罗为"高座",因此就称此寺为高座寺。⑥ 宋孝武帝孝建二年(455),萧惠开(423—471)在秦淮河南冈下建一所禅冈寺,⑦此禅冈寺当在石子冈。另外,据

---

① 《南朝寺考》称闲心寺在娄湖苑。按《景定建康志》,卷十八,《山川志二·江湖淮附·娄湖》:"在城东南一十五里,周回一十里,灌田二十顷,水流入舰澳。《舆地志》云:娄湖苑,吴时张昭所创,有湖以溉田,宋时筑为苑,张昭封娄侯,故谓之娄湖。"页1591下。又,同书,卷二十二,《园苑·古娄湖苑》:"齐武帝永明元年,望气者言娄湖有天子气,帝乃筑青溪旧宫,作娄湖苑,以厌之,陈朝更加宏壮。后其地为光宅寺。"光宅寺在同夏里,可知闲心寺当近于同夏里。

② 《梁书》,卷四十七,《孝行·江纴传》,页656。

③ 《晋书》,卷七十二,《郭璞传》:"(王)敦怒,收璞,诣南冈斩之。璞临出,谓行刑者欲何之,曰:'南冈头'。"页1909。

④ 《三国志·吴书》,卷十九,《诸葛恪传》:"先是,童谣曰:'诸葛恪,芦苇单衣篾钩落,于何相求成子阁。'成子阁者,反语石子冈也,建业南有长陵,名曰石子冈,葬者依焉。钩落者,校饰革带,世谓之钩络带。恪果以苇席裹其身,而篾束其腰,投之于此冈。"页1441。

⑤ 〔宋〕王象之撰:《舆地纪胜》(台北:文海出版社,1963),卷十七:"谢安墓在上元县东十里石子冈北。"

⑥ 《高僧传》,卷一,《帛尸梨密多罗传》:"帛尸梨密多罗,此云吉友,西域人,时人呼为'高座'。……密常在石子冈东行头陀,既卒,因葬于此。成帝怀其风,为树刹冢所。后有关右沙门来游京师,乃冢处起寺,陈郡谢琨赞成其业,追旌往事,仍曰'高座寺'也。"页327下—328上。

⑦ 《宋书》,卷八十七,《萧惠开传》,页2200。

《南朝寺考》，在梅岭冈立有天王寺，按梅岭冈即石子冈。①（见表五）

表五　秦淮河南岸

寺名	初建年代	兴建者	大约位置	出处
孙吴				
建初寺	吴大帝赤乌十年（247）	吴大帝	佛陀里	一.1
长干寺			长干里	二.1
东晋				
高座寺	成帝咸康中	关右沙门	（石子冈）	一.1
瓦官寺	哀帝隆和元年（362）	施沙门慧力造寺	越城之北、小长干之东	二.19
新亭寺	孝武帝太元五年（380）	僧人昙爽	新亭冈	二.71
中寺	太元五年（380）	会稽王司马道子	秦淮河南岸近河边处	二.20
越城寺			越城	二.36
斗场寺			秣陵斗场里	二.37
崇明寺	安帝义熙中		破坞村	二.39
宋				
高台寺	宋少帝景平元年（423）		秣陵城南八十里	三.2
严林寺	文帝元嘉二年（425）	招、贤二法师	唐县东南四十五里	三.6
宋兴寺			长干里之南，宋府城南门外	三.6
永丰寺	元嘉四年（427）	谢方明	宋县城七十里外	三.9

---

① 《景定建康志》，卷四十四，《祠祀志一·志序·诸庙·晋梅将军庙》："在城南门外雨华台东，地名东石子冈，晋梅颐尝屯营于此，又名梅岭冈，或名梅颐营，后人即此立庙。"页2057上。

(续表)

寺名	初建年代	兴建者	大约位置	出处
崇福寺	元嘉十年(433)		元城南门外	三.9
铁索尼(罗)寺	元嘉十一年(434)	尚书仲杲女	元城南门外	三.11—12
延寿寺	元嘉二十二年(445)	义阳王母谢太妃	唐县城东南八十里	三.16—17
乌衣寺			乌衣巷	三.17
禅冈寺	孝武帝孝建二年(455)	萧惠开	南冈下	三.18
幽栖寺	孝武帝大明三年(459)		牛头山	三.23—24
闲心寺		张永	娄湖苑	三.39
正觉寺	宋顺帝昇明二年(478)	萧道成	新亭	三.39
龙渊寺	昇明中	释僧远	小丹阳牛落山	三.40
天王寺			梅岭冈	三.41
旷野寺			新亭	三.41
齐				
孔子寺			丹阳郡之东南长乐桥	四.3
大仁寺			丹阳郡东南长乐桥东孔子巷中	四.3
洞玄寺	武帝永明元年(483)		明城东南三十里	四.4
齐安寺		齐武帝	秦淮之南,后接高陇(长干里)	四.5
慧眼寺		江蒨	同夏里	四.17
梁				
法王寺	武帝天监二年(503)	梁武帝	新林	五.1

(续表)

寺名	初建年代	兴建者	大约位置	出处
无垢寺	天监二年	释明庆禅房司空徐度起寺	明凤台门外	五.2
佛窟寺	天监二年		牛头山	五.2—3
仙窟寺		梁武帝	天阙山西峰牛头山	五.3—4
虎窟寺			牛头山	五.4
常乐寺			牛头山	五.4
净居寺	天监五年(506)	颍州刺史刘威	唐县南六十二里	五.5
光宅寺	天监六年(507)	梁武帝舍宅	同夏里三桥篱门	五.6
萧帝寺		梁武帝	在同夏里光宅寺之旁	五.8
解脱寺	天监十年(511)	梁武帝	太清里,唐县西南六里	五.11
庆云寺	天监中		摄山	五.16
资圣寺		梁武帝	元城西南六十里	五.17—18
佛坛寺			宋城西南六十里	五.18
永泰寺			宋城南五十里	五.18
天光寺		梁武帝舍宅	同夏里	五.18
永明寺	武帝普通元年(520)	南平襄王	唐县东南五十里	五.22
猛信尼寺	普通三年(522)	后阁主书高僧猛	唐县东南五十里	五.23
静福寺	普通三年		宋城东南六十里	五.23—24
园居尼寺	武帝大通元年(527)	舍人袁颙	唐县南四十五里	五.30—31
禅严寺	大通元年	严祛之	唐县南三十五里	五.30—31
法苑寺	中大通五年(533)	张文	唐县南五十里	五.30—31
万福尼寺	武帝大同元年(535)	吴僧畅	唐县南十八里	五.33

(续表)

寺名	初建年代	兴建者	大约位置	出处
化成寺	大同二年(536)	江宁县令陶道宗	唐县西南七十里	五.34
善业尼寺	大同二年	兰恪	唐县西南五十里	五.34
寒林寺	大同二年	常侍陈景	唐县东南三十五里	五.34
金口寺	大同二年		宋城东南八十五里	五.34—35
福兴寺	大同二年	袁平	唐县西南百里	五.35
一乘寺	大同三年(537)	邵陵王纶		五.36
凹凸寺				
履道寺	大同十一年(545)	后阁舍人章法护	唐县东南二十五里	五.39
渴寒寺	大同十一年		唐县东南二十五里	五.39
山斋寺		谢举	乌衣巷	五.39
景公寺			秣陵	五.40
幽岩寺	武帝太清元年(547)	大毗昙师	秣陵青山,唐县东南四十里	五.40
仪香尼寺	太清元年	宫获	唐县东南五十里	五.41
灵隐寺	太清二年(548)	炅待公	唐县东南五十里	五.41
陈				
国胜寺	文帝天嘉元年(560)		元南门外	六.1

(六) 建康郊外

　　由于建康长久以来就有住民,因此在城内建寺,有一定的限制,它的另外一个出路是向外发展,在离建康较远的地方建造寺院。因此,在上述诸表中,可以看出有一些寺院离城数十里之遥,其中,尤以牛头山和摄山的寺院最为著称。值得注意的是,似乎这些山也是要购买的。如东晋孝武帝太元五年(380),僧人竺法义圆寂,孝武帝用十万钱买新亭岗作为他的墓地，并在此建了一座三层塔，法义的弟子就在此建造寺院，称为新亭精舍，至刘宋时称为中兴寺，梁朝时称天安寺。①

牛头山在建康城南三十里，南朝时期在牛头山建立好几所寺院，这和宋孝武帝一度移南郊于此，以及梁武帝在此建立双阙有关。据传东晋时候，曾经想在都城立阙，王导认为建康南郊的牛头山就是天然的阙，因而未立阙。② 宋孝武帝时，曾一度将南郊移到牛头山西，前废帝即位后，又将南郊迁回旧地。③ 梁武帝时，何胤（446—531）因领军司马王果上言，请在都城树立双阙。④ 梁武帝接受他的建议，以丘仲孚为将作大匠，在牛头山建立双阙。⑤ 由表五可知，牛头山上南朝寺院建造的时间，都恰是在宋孝武帝时和梁武帝时，幽栖寺创建于宋孝武帝大明三年（459），梁武帝天监二年（503）司空徐度在此山造佛窟寺，梁武帝本人在此造仙窟寺，梁代另外在此山建造了虎窟寺和常乐寺。

以上各区的佛寺，因其所处地区的居民的属性，而各有其特色，如钟山、秦淮河北岸、都城东面的寺院，多是讲论高深玄妙佛理之处，也是贵游前往听讲、游憩的寺院。至于秦淮南岸平民区的寺院，就是讲究实践禅修的场所，刘宋时南岸的斗场寺多禅僧，当时建康居民有句谚语："斗场禅师窟，东安谈义林。"⑥充分描述了秦淮河南、北岸寺院的特性。

---

① 《高僧传》，卷四，《义解·竺法义传》："太元五年卒于都，春秋七十有四矣。帝以钱十万买新亭岗为墓，起塔三级，义弟子昙爽，于墓所立寺，因名新亭精舍。后宋孝武南下伐凶，銮斾至止，式宫此寺，及登禅，复幸禅堂，因为开拓，改曰中兴。故元嘉末童谣云：钱唐出天子。乃禅堂之谓，故中兴禅房犹有龙飞殿焉，今之天安是也。"页350下—351上。

② 《梁书》，卷五十一，《处士·何点附弟何胤传》："胤因谓（领军司马王）果曰：吾昔于齐朝欲陈两三条事，一者欲正郊丘，二者欲更铸九鼎，三者欲树双阙。世传晋室欲立阙，王丞相指牛头山云：此天阙也，是则未明立阙之意。"页736—737。

③ 《宋书》，卷十四，《礼志一》，页346。

④ 《梁书》，卷五十一，《处士·何点附弟何胤传》，页736—737。

⑤ 《梁书》，卷五十三，《良吏·丘仲孚传》，页771。

⑥ 《宋书》，卷九十七，《夷蛮·天竺》，页2391。

除了斗场寺之外,瓦官寺也是一个以习禅著名的场所,刘宋时有禅师于瓦官寺教习禅道,有数百门徒在此修习,①陈朝名僧智顗(538—597)也在此寺创弘禅法。② 东安寺位置不明,但和齐始安王萧遥光家庙比邻,当是在北岸。如在都城南面宣阳门外太社西的庄严寺,就是一个讲经的场所,宋明帝、齐高帝都曾经前去听讲。③

四、佛寺与建康的城市景观

建康和洛阳是同一个时期南、北政权的都城,也是佛教中心;两个城市内外都有很多的佛寺,为构成其都城风貌的特色之一。不过,由于两者在佛寺建筑方面强调的重点不同,也形成都城风貌的差异。北魏洛阳城内外有一千三百六十七所寺,在郭内至少有五百余寺,④从《洛阳伽蓝记》的记叙,可知洛阳寺院建筑中最具特色的是佛塔和寺院的园林,⑤有很多的寺院都有高层的佛塔,这些佛塔及其上精致的装饰,使得洛阳城具有富于变化而美丽的天际线。⑥ 建康佛寺则限于法令,很少有高层佛塔,而多树立直线形的刹,以代替实体佛塔的建造;至于寺

---

① 《高僧传》,卷六,《义解三·释僧肇传》,页 365 中,僧肇致刘遗民书。
② 《续高僧传》,卷十七,《隋国师智者天台山国清寺释智顗传》,页 564 下。
③ 《佛祖统纪》(大.2035,收入《大正新修大藏经》第四十九册),卷三十六,《法运通塞志第十七之三》,页 346 中、下:"(宋明帝泰始)三年,帝幸庄严寺观三教谈论。""(齐高帝)建元元年,帝幸庄严寺听僧达法师讲维摩经。"
④ 〔魏〕杨衒之撰,范祥雍校注:《洛阳伽蓝记校注》(上海:上海古籍出版社,1978 新一版),页 349:"京师东西二十里……寺有一千三百六十七所。"《魏书》,卷一百一十四,《释老志》,神龟元年冬,司空公、尚书令、任城王澄奏曰:"都城之中及郭邑之内检括寺舍,数乘五百,空地表刹,未立塔宇,不在其数。"页 3045。
⑤ 服部克彦:《北魏洛陽の寺院と佛塔》,《印度学佛教学研究》,第三十五卷第二期,页 116—120;服部克彦:《北魏洛陽における佛教寺院と果樹園》,《印度学佛教学研究》,第十六卷第一期,页 382—386。
⑥ Wei-Cheng Lin, "Defining Luoyang of Northern Wei, 495-534," M. A. Thesis, Art History Dept., University of Chicago, 1999.

院内部的壁画，则是它的特色。

（一）建康佛寺的表刹建寺

建康除了少数皇家寺院之外，少有佛塔的建造，而是建造高大的木刹以标明寺院的属性。表刹建寺是建康佛寺的特色之一，因此建康寺院的碑铭也多以"刹下铭"作为标题。

东晋南朝建康佛寺以建刹代替兴筑佛塔，可能和禁止建造高楼的命令有关。迄今可见的文献，齐世"诸王邸不得起楼，临瞰宫掖"①，佛塔也是高层建筑物，当亦在禁止之列。因为即使北魏洛阳有很多高层佛塔，仍禁止人们登临；永宁寺九层佛塔落成之后，孝明帝和胡太后一起登上佛塔，发现"视宫中如掌内"，便禁止人们登上高层佛塔。② 虽然如此，洛阳城内仍然建有许多高层的佛塔，据《洛阳伽蓝记》所载，如永宁寺有七层塔，长秋寺有三层塔，瑶光寺有五层塔，明悬寺三层塔，秦太公寺东、西二寺，各有五层塔，平等寺有五层塔，景明寺有七层浮图，冲觉寺有五层塔，王典御寺有三层浮图，宝光寺有三层塔，融觉寺有五层浮图。③ 建康则除了数所皇家寺院之外，少有佛塔的建造。

见于记载的建康寺院佛塔寥寥可数。梁武帝在钟山建造的大爱敬寺有七层佛塔、开善寺有五级浮图。④ 甚至在秦淮南岸的长干寺、传说中阿育王时造塔之地，藏有佛舍利，又称为"阿育王寺"，此一具有代表性的寺院中，也仅建有三层塔。此寺在东晋简文帝时造有小塔，至孝武帝太元九年（384），才在塔上安金相轮和承露的金盘。后来西河离石县

---

① 《南齐书》，卷二十二，《豫章文献王嶷传》，页417。
② 《续高僧传》，卷一，《魏南台永宁寺北天竺沙门菩提流支传》，页428下。
③ 《洛阳伽蓝记校注》，页1、43、46、73、94、108、132、140、185、195、199、230；《北魏洛陽の寺院と仏塔》，页116—120。
④ 《全梁文》，卷十三，简文帝《大爱敬寺刹下铭》，页3026上；《佛祖统记》（大.2035，收入《大正新修大藏经》第四十九册），卷三十七，《法运通塞志第十七之四》，页349中。

有胡人刘萨诃来到此地，发掘传说中阿育王塔的舍利，于是在简文帝所造塔的西面，造了一层塔，将舍利埋藏其中。太元十六年(391)，使沙门僧伽增为三层。梁武帝天监三年(504)，改造此塔，起出舍利供养，天监四年(505)，当梁武帝重新将舍利埋藏在塔中时："至寺设无碍大会，竖二刹，各以金罌、次玉器，重盛舍利及爪发，内七宝塔中。"① 至于宋孝武帝时路太后建造庄严寺有七层刹，宋明帝以其故宅建造的湘宫寺，分立两个五层塔。②

原来树刹的目的是要建塔，在佛典里指示安葬舍利是要"舍利金罌，正著中央，兴塔树刹，高悬缯幡"③。然而，东晋南北朝时期树立木刹，成为建立寺院的一种表征，东晋元帝时，南迁到广陵的北人，以其所带来的舍利"建立小寺立刹"④。北魏任城王元澄的奏书中，提到洛阳城里有很多寺院也仅树刹，而未建有塔："都城之中及郭邑之内，检括寺舍，数乘五百，空地表刹，未立塔宇，不在其数。"⑤ 梁武帝以旧宅建立的光宅寺，也仅建有木刹而已："树刹玄壤，表峻苍云。"⑥ 如梁武帝时人公上琎舍宅为其亡母造"孝敬寺"，宗士标《孝敬寺刹下铭》就说："即以三从之居，建为伽蓝之地，旧井无迁，乔木犹在。前瞻绮陌，却背青门，宝殿霞临，长廊雾绕。……大同六年太岁庚申五月十五日壬戌建刹，四众围绕，歌呗成群。"⑦ 或许由于建寺树刹、未建佛塔的风尚，使得南朝寺院碑铭大都称题为"刹下铭"，如梁简文帝《大爱敬寺刹下铭》，元帝《梁

---

① 《梁书》，卷五十四，《诸夷·海南诸国·扶南国》，页790—792。
② 《南齐书》，卷五十三，《良政·虞愿传》："以故宅起湘宫寺，费极奢侈。以孝武庄严刹七层，帝欲起十层，不可立，分为两刹，各五层。"页916。
③ 《佛般泥洹经》(大.5，收入《大正新修大藏经》第一册)卷二，页174。
④ 《集神州三宝感通录》(大.2106，收入《大正新修大藏经》第五十二册)，卷一，《振旦神州佛舍利感通序》："晋大兴中，北人流播广陵，日有千数，有将舍利者，建立小寺立刹，舍利放光至于刹杪，遂感动远近信心云。"页410下。
⑤ 《魏书》，卷一百一十四，《释老志》，页3045。
⑥ 《广弘明集》(大.2103，收入《大正新修大藏经》第五十二册)，卷十六，《光宅寺刹下铭并序》，页212下。
⑦ 《全梁文》，卷六十七，宗士标《孝敬寺刹下铭》，页3354上。

安寺刹下铭》,刘潜《平等寺刹下铭》,任孝恭《建陵寺刹下铭》,徐陵《四无畏寺刹下铭》《报德寺刹下铭》,江总《怀安寺刹下铭》。① 又,即使不以"刹下铭"为题的寺碑之中,有的也未见其建有佛塔,仅是树刹而已,如《头陀寺碑》云:"安西将军郢州刺史江安伯、济阳蔡使君讳兴宗,复为崇基表刹,立禅诵之堂焉。"②

由于建康内外寺院的佛寺多树刹以代替建高层佛塔,因此建康城的天际线不如洛阳富有变化;不过,建康佛寺内生动的彩绘佛画和经变图,则是动人心魄的艺术品。

(二) 寺院的壁画

建康佛寺中佛殿墙壁上的佛画和人物画,和同一时期贵族宅第中的壁画,是东晋南朝建筑的特色。

东晋南朝盛行以壁画作为建筑物的装饰,当时绘画的主题是人物画,在王公贵族的宅第中常将其崇仰的古人今贤形象绘在墙壁上,③在佛寺绘的则是佛像和经变图。六朝南方佛寺多以壁画作为装饰,一则用以宣扬教义,二则美化佛寺,如宗士标《孝敬寺刹下铭》云:"雕饰彪炳,丹青葱倩,写彼金园,图兹绀殿。"④江总《栖霞寺碑铭》云:"缋以丹青,镂之铣𨫒。"⑤ 建康寺院壁画见于记载者有以下诸寺:

高座寺:张僧繇壁画。⑥

---

① 《全梁文》卷十三,页 3026 上;卷十八,页 3054 下;卷六十一,页 3317 下;卷六十七,页 3351 下。《全陈文》(收入《全上古三代秦汉三国六朝文》),卷十,页 3458 上、下;《全隋文》,卷十一,页 4073 下。
② 《全梁文》,卷五十四,王巾《头陀寺碑》,页 3271 上。
③ 拙文《六朝建康的园宅》,收入本书。
④ 《全梁文》,卷六十七,宗士标《孝敬寺刹下铭序》,页 3354 上。
⑤ 《全隋文》(收入《全上古三代秦汉三国六朝文》),卷十一,江总《摄山栖霞寺碑》,页 4077 上。
⑥ 〔清〕刘世珩,《南朝寺考》,收入《中国佛寺史志汇刊》(台北:明文书局,1980),第二辑第二册,页 14—15。

何皇后寺：陆整壁画。①

瓦官寺：张僧繇画维摩像。②

安乐寺：张僧繇壁画。③

上定林寺：梁解壁画。④

普弘寺：释宝亮画像。⑤

栖霞寺：朗、诠二法师，明僧绍、萧琛图。⑥

草堂寺：焦宝愿画。⑦

开善寺：张僧繇画释宝志像。⑧

景公寺：江僧宝画。⑨

天皇寺：张僧繇画卢舍那佛及仲尼十哲像。⑩

栖灵寺：张善果壁画。⑪

梁武帝扩建阿育王寺时，也请名家绘图寺壁："造诸堂殿，并瑞像周回阁等，穷于轮奂焉。其图诸经变，并吴人张繇运手，繇丹青之工，一时冠绝。"⑫

从南齐谢赫《古画品》及陈朝姚最《续画品》的记叙中，可知有些画家特别擅长于寺院壁画，如张僧繇"善图塔庙"、解蒨"寺壁最长"⑬。寺院壁画所绘的内容有佛像、高僧、建寺者的画像和经变图。除了寺壁之

---

① 《南朝寺考》，页18。
② 《建康实录》，卷八，页23，引《京寺记》。
③ 《景定建康志》，卷五十，《景定建康志》，卷五十，《拾遗》，页2177下。
④ 《南朝寺考》，页51。
⑤ 《高僧传》，卷八，《义解五·释宝亮传》，页382上。
⑥ 《南朝寺考》，页74。
⑦ 《南朝寺考》，页79。
⑧ 《南朝寺考》，页92。
⑨ 《南朝寺考》，页110。
⑩ 《景定建康志》，卷五十，《景定建康志》，卷五十，《拾遗》，页2177中。
⑪ 《南朝寺考》，页108。
⑫ 《梁书》，卷五十四，《诸夷·海南诸国·扶南国》，页793。
⑬ 《全陈文》，卷十二，姚最，《续画品》，页3470下、3471上。

外,寺院其他部分也常以彩绘丹青作为装饰,如一乘寺的寺门就是张僧繇用天竺晕染技法绘制的:寺门遍画凹凸花,代称张僧繇手迹。其花乃天竺遗法,朱及青绿所成,远望眼晕如凹凸,就视即平,世咸异之,乃名"凹凸寺"①。

五、结　语

六朝是一个阶层分明的社会,贵族在政治、社会上居于支配的地位,他们和平民百姓之间有相当的差距,因此在建康城内外同一阶层的人有聚居在某些地区的趋势,这种情形也反映在佛寺的分布上。六朝三百余年间,一则由于舍宅为寺的缘故,在建康城内外形成了宫城北方的皇家寺院区,秦淮北岸、都城东面的贵族寺院区和秦淮河南岸的庶民寺院区。二则由于建康城内地狭人稠,另一种趋势就是在近郊建造寺院,因此造就钟山地区寺院林立,成为建康的佛教中心。此外,在离都城较远的地方,如摄山、牛头山也兴造了一些寺院,各自形成佛教中心。

中古时期寺院是人们重要的赏游地点,北魏洛阳寺院大都有宽敞幽深的园林,人们多慕寺院园林之美而前往游观。建康都城之内寺院则寺域较为狭小,但寺内有精彩的佛画和经变图,游观者往往从这些耸动人心的艺术品中,得到宗教上的启发。② 另一方面,建康城内的寺院少有清心敞丽的园林,因此,位于都城郊外的钟山和摄山等地的寺院,因饶富山林之趣,景致幽深,遂成为建康城民游闲散心之地。当代贵族名流写有不少游赏寺院的诗作,他们最常去的是钟山的寺院,如大爱敬

---

① 《建康实录》,卷十七,大同三年。
② 《南史》卷七十八,《夷貊上·西南夷·师子国》,称瓦官寺有狮子国所献玉像、戴安道手制铜佛像五躯、顾恺之画维摩画图,并称"三绝"。

寺、开善寺、明庆寺，以及摄山的栖霞寺。①

上述的寺院也各依其所处地区的特质，呈现不同的寺院风格，除了秦淮河南岸的寺院之外，大多数的佛寺皆偏重义理，《续高僧传》里有如是形容："金陵都会，朝宗所依，刹寺如林，义筵如市"，"钟山帝里，宝刹相临，都邑名寺，七百余所，咨质文理，往往而繁"。② 而秦淮南岸主要是平民住宅区，除了瓦官寺之外，主要着重习禅修行。钟山佛教寺院区是东晋以后发展起来的皇室、贵族佛教寺院区，史书记载帝王皇子、达官贵人经常前往钟山听闻内典，由于此一特性，使它在南朝灭亡之后趋向衰落；反倒是离建康较远的摄山、牛头山主要是僧人潜修讲论的路线，由于和三论宗与禅宗有关联，始终在中国佛教史上占有一席之地。

---

① 如〔陈〕姚察《游明庆寺怅然怀古》《同庾中庶肩吾周处士弘让游明庆寺》，徐伯阳《游钟山开善寺诗》，江总《游摄山栖霞寺诗序》等，见逯钦立辑校：《先秦汉魏晋南北朝诗》，页 2584。

② 《续高僧传》，卷七，《陈杨都大彭城寺释宝琼传》，页 478 下；卷十五，《义解篇·论曰》，页 548 中。

六朝建康的园宅

中国自古就有园林的兴建，园林依其所有者可分为两种：一是帝王的苑囿，其起源可上溯至先秦时代；一是贵族私人的园林，出现的时代较晚，一直到汉朝才出现。《西京杂记》对汉时茂陵富民袁广汉在长安城北的园林有如下的描述："于北邙山下筑园，东西五里，南北五里，激流水注其内。构石为山，高十余丈，连延数里。养白鹦鹉、紫鸳鸯，牦牛青兕，奇兽怪禽，委积其间。积沙为洲屿，激水为波潮，其中致江鸥海鹤，孕雏产鷇，延漫林池，奇树异草，靡不具植。屋皆徘徊连属，重阁修廊，行之移晷不能遍也。"[①]这种积石为山、激水为流的人工园林建造，至东晋以后更见发达，东晋南朝三吴地区遍布贵人王公的居宅，他们的宅第不仅有堂构辉煌的华屋，还包括精心设计的园林。此种园林特别集中在百官贵族聚集的都城建康，为构成建康城的特色之一。同时，园林也是当时贵族燕会雅集的场所。六朝文化正是由这些在政治、社会、经济上皆占尽优势的贵族生活凝聚而成的，因此建康城中为数众多的园宅也自是六朝文化重要的因子。

本文共分三节，首先探讨建康园宅产生的背景，次及六朝园林的内涵与特色，以及其在建康城中的分布。

---

① 〔汉〕刘歆撰，〔晋〕葛洪集，向新阳、刘克任校注：《西京杂记校注》（上海：上海古籍出版社，1991），页130—131。长安城北有"北芒岩"，又称"北邙坂"。

一、六朝园林构筑的背景

六朝是一个由贵族支配的时代,他们具有崇高的社会地位,在政治上垄断所有的清望要职,并且经济力富厚,多拥有广大的庄园。这些生活优裕的贵族一方面继承了西晋以来奢侈的风气,竞赛衣服之光鲜,比较车牛的快捷,讲究饮食的精烹细制,还有居宅的筑构华丽,另一方面又受到魏晋以来社会上希企隐逸风气的影响,促使他们在红尘四合的城市中建造富于人工美的园林。

隐逸之所以成为风尚,是汉末以降政治、社会的动荡不安,和魏晋老、庄思想抬头之下的产物。① 从东汉以降,逐渐地有一些知识分子鉴于当时政治的黑暗,为求避世全身而隐遁不出;汉末的兵祸战乱,又使更多的人遁迹山林。这些人之避世实由于"时方颠沛,则显不如隐;万物思治,则默不如语"②。其后西晋政治益形险恶,名士少有全身者,如张华(232—300)、陆机(261—303)等皆罹祸害,更使得智足以保身者为避免嫌猜和迫害,而隐遁不出。此一客观形势正和当时思想界昌炽的玄学相合,玄学以老、庄思想为主,崇尚自然与返璞归真,给予隐逸行为理论上的支持,因此玄学大炽之时,也正是隐逸之风盛行之世。

永嘉之祸以后,晋室南渡,玄风也随着北方世家大族而播迁江南。江南水土柔媚,不同于北方的山川肃穆,尤其以会稽一带风光明秀,顾恺之形容:"千岩竞秀,万壑争流,草木蒙笼,若云兴霞蔚。"③因此隐者多择此栖依。东晋中期以后,在文学上出现了大量的山水诗,而山水画亦开始萌芽;也就在这个时候,在建康兴起构筑人工化园林的风气。由于隐者的志向高尚绝俗,他们栖息的山壁石崖、溪涧清泉也成为人们向

---

① 王瑶:《论希企隐逸之风》,收入《中古文学史论》(北京:北京大学出版社,1998),页141—152。
② 《晋书》,卷九十二,《袁宏传》,页2393。
③ 《世说新语笺疏》,上卷上,《言语第二》,页143。

往的境界。然而,隐居生活必须忍耐物质上的简朴和精神上索居的寂寞,躬自渔樵耕作,居住在建康都城里养尊处优的达官贵人,难以抛弃社会上赋予他们的崇高地位与权益,也无法过俭朴劳动的生活。因此他们在"虽身不能至,然心向往之"的情况下,便在都城的住宅里建造人工的园林,使自己可以不必离开繁华的都城,就可享受到仿佛林泽的景致,又可使企慕隐逸的情感得到些许的慰藉。

村上嘉实把六朝园林分作处士逸民在山林之际建造的自然美园林和贵族兴造的人工园林两种①,实则后者乃是模拟前者之作。处士逸民在景致清丽的山涯水畔创筑居室,追寻自然之美;居住在城市中的贵族高官便也仿照他们的建构,在拥挤的都城里狭小住宅中建造人工化的园林。《宋书·隐逸传》明白地指出城市中的园林乃是模仿山林隐逸的居处:

> 史臣曰:……且岩壑闲远,水石清华,虽复崇门八袭,高城万雉,莫不蓄壤开泉,仿佛林泽。故知松山桂渚,非止素玩,碧涧清潭,翻成丽瞩。②

在希企隐逸之风影响下建造的园林,因当时奢竞的风气助长其势,所以贵族富人馆宇崇丽,园池竞美。这种园宅的价格极为昂贵,非一般人所能负担。当时一所园宅约百万左右,如齐世王琨(399—482)买宅百三十万,③朱侃卖宅,得钱百万,④宋季雅购吕僧珍(454—511)的邻

---

① 村上嘉实:《六朝の庭園》,《六朝思想史研究》(京都:平乐寺书店,1974),页385。
② 《宋书》,卷九十三,《隐逸传》,页2297。
③ 《南齐书》,卷三十二,《王琨传》,页578。
④ 《南史》,卷二十三,《王诞传附王莹传》,页622。

宅,亦费百万。① 梁朝徐勉(465—535)卖东田小园,得百金。② 京官俸禄微薄,没有能力购置园宅,然京官为求财富,每乐于到京城以外的地方做短期的官,称作"出为外郡"。及其任满返京时,多挟带他们在外郡搜刮而来的财富,称为"还资"。他们常以还资在建康买宅、造宅,增饰园林。宋豫章太守蔡廓(379—425)罢职还京,即在建康造了两所住宅,③雍州刺史袁顗(420—466)在任时积蓄财货,预备带回京师修造园宅:

> (刘)胡以南运未至,军士匮乏,就(袁)顗换襄阳之资。顗答曰:"都下两宅未成,方应经理,不可损彻。"④

六朝时期以三吴、会稽、荆州、广州最富,到这些地方做官的人"还资"比较丰富。梁世张缵(499—549)没有能力购置园宅,梁昭明太子萧统(501—531)送给他一所园宅,张缵在谢太子的书启中,就把这种情况说得很清楚:

> 而王畿陆海,亩号一金,泾渭土膏,豪杰所竞。徙居好畤,必待使越之装;别馆河阳,亦资牧荆之富。⑤

因此,六朝建康城的诸多园宅事实上是积聚全国各地的财富堆砌而成的,建康的繁华也是六朝政治积弊的副产品。

---

① 《南史》,卷五十六,《吕僧珍传》,页 1397。
② 《梁书》,卷二十五,《徐勉传》,页 387。
③ 《宋书》,卷五十七,《蔡廓传附蔡兴宗传》,页 1573。
④ 《南史》,卷二十六,《袁湛传附袁顗传》,页 701。
⑤ 《全梁文》,卷六十四,张缵《谢东宫赉园启》,页 3334 - 1。

二、建康的园宅

东晋中期以后,贵人达官在建康城营建的宅第包括两部分,一是房宇,一是园林,当时人们将它们合称为"园池宅第",或简称"园宅",甚至只称"园"就可以代表房宇和园林的总和。其中,以园林较为时人所重视,如梁朝庾诜居宅"十亩之宅,山池居半"①,文人词章中也多着笔形容园林部分。

(一) 园林部分

建康人稠地狭,土地有限,因此一般园宅的规模并不大,而是在有限的空间中寻求变化。由于要仿佛林泽,以人工再创造自然,因此园林中必须具备假山、池湖、树木、花卉。尤其以假山、水池为主,有时修造园林称为"治山池"②,或以"宅宇山池"为园宅之代称。③

假山:建康园宅中普遍有假山,如晋时会稽王司马道子(364—403)东第"穿池筑山,列树竹木,功用巨万"④,梁朝裴之平宅"筑山穿池,植以卉木"⑤,徐伯阳"改构亭宇,修山池卉木"⑥。假山有土筑的,也有聚石造成的,宋世刘勔(418—474)宅在钟山南,"聚石蓄水,仿佛丘中"⑦。齐文惠太子萧长懋(458—493)的玄圃园中"多聚奇石,妙极山水"⑧,其园中的假山就是聚石为山。中国对山石的鉴赏也自此时开始,梁世到溉园宅中有奇石,梁武帝与他博戏,以此为赌注,结果武帝赢了,迎此奇

---

① 《梁书》,卷五十一,《处士传·庾诜》,页 751。
② 《南齐书》,卷三十七,《刘悛传》,页 651。
③ 《南齐书》,卷三十七,《到撝传》,页 647。
④ 《晋书》,卷六十四,《简文三子传·会稽文孝王道子》,页 1734。
⑤ 《陈书》,卷二十五,《裴忌传》,页 317。
⑥ 《陈书》,卷二十四,《文学传·徐伯阳》,页 472。
⑦ 《宋书》,卷六十八,《刘勔传》,页 2195。
⑧ 《南齐书》,卷二十一,《文惠太子传》,页 401。

石置于华林园中;此石由到溉宅运送到华林园时,轰动了建康城,人人争看"到公石":

> (到)溉第居近淮水,斋前山池有奇礓石,长一丈六尺,帝戏与赌之,并《礼记》一部,溉并输焉。未进,帝谓朱异曰:"卿谓到溉所输可以送未?"敛板对曰:"臣既事君,安敢失礼?"帝大笑,其见亲爱如此。石即迎置华林园宴殿前,移石之日,都下倾城纵观,所谓"到公石"也。①

至于用土筑成的假山也不少,如齐豫章王萧嶷(444—492)在其宅邸起土山,列植桐竹,号为"桐山"②。文惠太子玄圃园中假山也有用土筑的。③ 其时筑造假山的技术已经相当进步,虽是人工所为,而几可乱真,晋孝武帝临幸会稽王司马道子(364—403)宅,游览园林,竟误以为园中的假山是天然的山丘:

> 嬖人赵牙出自优倡……牙为道子开东第,筑山穿池,列树竹木,功用巨万。……帝尝幸其宅,谓道子曰:"府内有山,因得游瞩,甚善也。然修饰太过,非示天下以俭。"道子无以对,唯唯而已,左右侍臣莫敢有言。帝还宫,道子谓牙曰:"上若知山是板筑所作,尔必死矣。"牙曰:"公在,牙何敢死!"营造弥甚。④

池湖:城市中的园林既要追摹自然,有了石山土丘,也还要有水池流泉,所以除了假山之外,他们还凿湖、开池、引泉。池、泉的规模较小,而大的园林中则凿湖,可以泛舟其上。如昭明太子在玄圃的园林,湖中

---

① 《南史》,卷二十五,《到彦之传·附到溉传》,页679。
② 《南史》,卷四十三,《齐高帝诸子下·武陵昭王晔》,页1082。
③ 《南史》,卷四十四,《齐武帝诸子传·文惠太子》,页1100。
④ 《晋书》,卷六十四,《简文三子传·会稽文孝王道子》,页1734。

种芙蓉,太子与宾客文人"乘雕文舸摘芙蓉"①。宋世阮佃夫(427—477)的园林中更开凿与宅外相通的人工运河:"于宅内开渎,东出十许里,塘岸整洁,泛轻舟,奏女乐。"②规模较小的园林也有人工的湖或渎,如沈约(441—513)在《郊居赋》中描述其在建康东郊的园宅:"紫莲夜发,红荷晓舒,轻风微动,芬芳袭余。风骚屑于园树,月笼连于池竹。"③可见是有池或湖,徐勉东田小园有渎、有湖,"渎中并饶菰蒋,湖里殊富芰莲"④。

花果树木:六朝园林的山石池畔并遍植嘉木珍果,这是承袭汉末以来园林的传统,而略有改变。三国时代李衡种橘千株,西晋石崇(249—300)金谷园有杂果万株,已经近乎专业化的种植,村上嘉实称其具有经济的目的。⑤ 而到了西晋时潘岳(247—300)在洛阳郊外建造的园林,则开始由有经济目的单一果树的种植,转变为以游赏为目的多样性花木的栽培,他的《闲居赋》罗列其园中盛植花木,百种并陈:

> 爱定我居,筑室穿池,长杨映沼,芳枳树檐。游鳞澹濧,菡萏敷披,竹木蓊蔼,灵果参差。张公大谷之梨,梁侯乌椑之柿,周文弱枝之枣,房陵朱仲之李,靡不毕植。三桃表樱胡之别,二柰耀丹白之色,石榴蒲桃之珍,磊落蔓延乎其侧。梅杏郁棣之属,繁荣藻丽之饰,华实照烂,言所不能极也。菜则葱韭蒜芋,青笋紫姜,堇荠甘旨,蓼荾芬芳,襄荷依阴,时藿向阳,绿葵含露,白薤负霜。⑥

东晋以后的园林植树,仍然沿袭西晋时出现的以游赏为目的、杂花众果

---

① 《南史》,卷五十三,《梁武帝诸子·昭明太子统》,页1335。
② 《宋书》,卷九十四,《恩幸传·阮佃夫》,页2314。
③ 《全梁文》,卷二十五,沈约《郊居赋》,页3099-2。
④ 《梁书》,卷二十五,《徐勉传》,页384。
⑤ 村上嘉实:《六朝の庭園》,页360。
⑥ 《晋书》,卷五十五,《潘岳传》,页1505—1506。

并种的方式经营。沈约在《郊居赋》中对于园林中种植的花果树木的作用有明确的说明,他首先指出像李衡、石崇的园林种植单一果树之不当:"并豪情之所侈,非俭志之所娱";虽然石崇、李衡的园林经营方式是有经济效益,未可以豪情奢侈视之,但从沈约的文辞中,可知东晋以后的园林乃为游赏悦性,种植卉木嘉果以点缀园景,并衬托出房宇的曲折幽深:

> 欲令纷披菴郁,吐绿攒朱,罗窗映户,接溜承隅。开丹房以四照,舒翠叶而九衢,抽红英于紫蒂,衔素蕊于青跗。①

除了目的不同,促使他们改变从前种植单一树木果卉的方式之外,杂种花树也是六朝造园之人匠心巧运的成果。因为建康为都城,土地昂贵,"王畿陆海,亩号一金"②,所以只有王亲幸臣可借其势力,拥有较大的园宅,如宋世阮佃夫、梁时朱异。其余的贵族大臣的园宅面积都不大,在有限的空间里要显出变化的趣味,则种植形形色色的水草陆卉、瓜果藤蔓不失为一个好办法。因此徐勉园中"聚石移果,杂以花卉……桃李茂密,桐竹成阴"③,沈约的东田小园则水草陆卉,兼而有之:

> 其水草则蘋萍芡芰,菁藻兼菰;石衣海发,黄荇绿蒲。动红荷于轻浪,覆碧叶于澄湖。飧嘉实而却老,振羽服于清都,其陆卉则紫鳖绿葹,天著山韭;雁齿麋舌,牛唇彘首。布濩南池之阳,烂漫北楼之后,或幕渚而苆地,或萦窗而窥牖。④

多样性的花木果树不但使园中饶富变化,也令四季都有花木可观,嘉果可采,有佳景足以赏玩,因而或多或少可领会到隐逸生活自给自足的情

---

① 《全梁文》,卷二十五,沈约《郊居赋》,页3098-2。
② 《全梁文》,卷六十四,张缵《谢东宫赉园启》,页3334-1。
③ 《梁书》,卷二十五,《徐勉传》,页384。
④ 《全梁文》,卷二十五,沈约《郊居赋》,页3098-2。

致。正如谢灵运(385—433)在《山居赋》中所称:"候时觇节,递艺递熟。供粒食与浆饮,谢工商与衡牧,生何待于多资,理取足于满腹。"①

(二) 屋宇部分

建康园宅中的园林部分力求清新自然,而屋宇部分则务求华丽,实因时代风气使然。东晋王国宝(350—397)起斋俙清暑殿,②华侈拟于宫掖。刘宋沈庆之(386—465)清明门外宅"室宇甚丽"③,宋竟陵王刘诞(433—459)"造立邸舍,穷极工巧;园池之美,冠于一时"④。齐文惠太子玄圃园"楼观塔宇,雕饰精绮"⑤,东田小苑"弥亘华远,壮丽极目"⑥。梁南平王萧伟(476—533)的宅第原为齐之芳林苑,"又加穿筑,果木珍奇,穷极雕靡,有俙造化。立游客省,寒暑得宜,冬有笼炉,夏设饮扇,每与宾客游其中"⑦。其子萧恪(? —552)的宅第也是"重斋步阁,模写宫殿"⑧。至于其他小型的园宅也莫不是高门大屋,华楼回榭,如徐勉虽然自称其东田小园之简单朴实,"随便架立,不在广大,惟功德处,小以为好。所以内中逼促,无复房宇",但也是"华楼回榭,颇有临眺之美"⑨。

建造这些园宅的贵族都有优雅的趣味,他们虽然不能免于时代奢靡的风尚,却能以其高度的文化素养使华丽的居宅不致流于肤浅庸俗。江左盛行以壁画作为建筑物的装饰,在佛寺中有佛画和经变图,而贵族

---

① 《全宋文》(收入《全上古三代秦汉三国六朝文》,北京:中华书局,1991),卷三十一,谢灵运《山居赋》,页 2605 - 2。
② 《晋书》,卷七十五,《王湛传附王国宝传》,页 1971。
③ 《宋书》,卷七十七,《沈庆之传》,页 2003。
④ 《宋书》,卷七十九,《竟陵王诞传》,页 2026。
⑤ 《南齐书》,卷二十一,《文惠太子传》,页 401。
⑥ 《南齐书》,卷二十一,《文惠太子传》,页 401。
⑦ 《南史》,卷五十二,《梁宗室传下》,页 1291。
⑧ 《南史》,卷五十二,《梁宗室传下》,页 1293。
⑨ 《梁书》,卷二十五,《徐勉传》,页 384。

的宅第也常以壁画为饰,把他们所崇仰的古人今贤的形象图之于壁。如齐竟陵王萧子良(460—494)的西邸,有当世文人才俊的画像,梁昭明太子"乐贤堂"中,有当代文人画像;梁宣城郡王萧大器(524—551)在东府建斋,请长于丹青的顾野王(518—581)在壁上图绘古代贤者的图像:

> 齐竟陵王子良开西邸,延才俊,以为士林馆,使工图其像,(王)亮亦预焉。①

> 时昭明太子好士爱文,(刘)孝绰与陈郡殷芸、吴郡陆倕、琅邪王筠、彭城到洽等,同见宾礼。太子起乐贤堂,乃使画工先图孝绰焉。②

> (顾)野王又好丹青,善图画,(宣城王)于东府起斋,乃令野王画古贤,命王褒书赞,时人谓之"三绝"。③

六朝盛行人物画,寺院和宅第的建筑壁画同样采取这个主题。寺院因其人物题材偏于宗教人物、故事,因此具有宗教色彩;然而贵族的宅第壁画亦有其特色,由于其绘画的人物为文人雅士,所以富有浓厚的文化气息。同时也把当时盛行的书法搬到壁上作为装饰,有的壁面只有人像;有的既有人像,又有像赞,如前引宣城王宅。书壁最典型的例子是沈约的东田小园,有王筠(481—549)的《草木十咏》,何思澄游庐山诗、刘杳(487—536)的赞、刘显《上朝诗》。齐文惠太子玄圃园第斋壁上有周颙(？—485)题字:

> (沈)约于郊居宅造阁斋,(王)筠为《草木十咏》,书之于壁,皆直写文词,不加篇题,约谓人曰:"此诗指物呈形,无假题署。"④

---

① 《南史》,卷二十三,《王诞传附王亮传》,页623。
② 《梁书》,卷三十三,《刘孝绰传》,页480。
③ 《陈书》,卷三十,《顾野王传》,页399。
④ 《梁书》,卷三十三,《王筠传》,页485。

> （何思澄）随府江州，为游庐山诗，沈约见之，大相称赏，自以为弗逮，约郊居宅新构阁斋，因命工书人题此诗于壁。①
>
> （沈）约郊居宅时新构阁斋，（刘）杳为赞二首，并以所撰文章呈约，约即命工书人题其赞于壁。②
>
> （刘显）尝为"上朝诗"，沈约见而美之，时约郊居宅新成，因命工书人题之于壁。③
>
> （周颙）少从外氏车骑将军臧质家得卫恒散隶书法，学之甚工。文惠太子使颙书玄圃茅斋壁。④

请工于书法的人把佳辞丽句写在壁上，不只因为书法本身具备艺术的形式，可以作为装饰，同时这也是这些贵臣王公雅人深致的表现。沈约将刘杳的赞写在居宅壁上，在他给刘杳的信函中，言明其用意在于时时咀嚼其文章，并且相信其辞采意境可以使宅邸增辉："君爱素情多，惠以二赞，辞采妍富，事义毕举，句韵之间，光影相照，便觉此地，自然十倍。故知丽辞之益，其事弘多，辄当置之阁上，坐卧嗟览。"⑤

为了表明自己的心思高超玄远，建康园宅多有名称。如宋世刘勔（？—474），园宅名曰"东山"，以示宅心事外。⑥ 宋何尚之（382—460）居宅在南涧寺之侧，因而取毛诗"于以采蘋，南涧之濒"诗意，题书为"南濒"⑦。齐世何胤（446—531）居宅名"小山"⑧。齐豫章王萧嶷邸名"桐山"，临川王萧映（459—490）第称"栖静"，武陵王萧晔（467—494）宅为"首阳"⑨。

---

① 《梁书》，卷五十，《文学传下·何思澄》，页714。
② 《梁书》，卷五十，《文学传下·刘杳》，页715。
③ 《梁书》，卷四十，《刘显传》，页570。
④ 《南齐书》，卷四十一，《周颙传》，页732。
⑤ 《梁书》，卷五十，《文学传下·刘杳》，页715。
⑥ 《南齐书》，卷一，《高帝纪上》，页9。
⑦ 《宋书》，卷六十六，《何尚之传》，页1736。
⑧ 《南齐书》，卷五十四，《高逸传·何求》，页938。
⑨ 《南史》，卷四三，《齐高帝诸子传下》，页1082。

建康园宅的壁画、书壁，显示出其兴建者高尚的趣味，也足以反映六朝文化的风格。秦淮河北岸的贵族园宅把建康点缀成一个具有优雅文化气息的都市，而它自身也正是六朝文化的注脚。

此外，谈六朝建康城的园宅，也不能忽略建康郊区的墅舍。王公贵臣除了在建康城中心区域建立富饶山林之趣的园宅华邸，另外也在郊区建立别馆，称之为"墅"。因为建康城土地褊小，即使贵为大臣皇戚，亦难占宽广的土地，广植卉木，凿山开池，以怡情悦性。他们为弥补此一缺憾，便在城郊土地开阔之处，依傍山水，修建楼台亭阁，以为游宴之所。如东晋谢安（320—385）在土山营墅，土山在建康东二十里处，①宋世何迈（？—465）在距离京师三十里的江乘县界有墅，齐世周山图在建康西南郊外立墅舍，每日往还，梁朝王骞（474—522）的园墅在距建康城十余里的钟山大爱敬寺之侧②：

（谢安）又于土山营墅，楼馆林竹甚盛，每携中外子侄往来游集，肴馔亦屡费百金，世颇以此讥焉，而安殊不以屑意。③

（何瑀）子迈，尚太祖第十女新蔡公主讳英媚。迈少以贵戚居显宦，好犬马驰逐，多聚才力之士，有墅在江乘县界，去京师三十里。迈每游履，辄结驷连骑，武士成群。④

（周）山图于新林立墅舍，晨夜往还。上谓之曰："卿罢万人督，而轻行郊外，自今往墅，可以仗身自随，以备不虞。"⑤

时（梁）高祖于钟山造大爱敬寺，（王）骞旧墅在寺侧，有良田八十余顷，即晋丞相王导赐田也。⑥

---

① 《景定建康志》，卷十七，页1565-1。
② 《建康实录》，卷十七，页679。大爱敬寺在唐县东北十七里。
③ 《晋书》，卷七十九，《谢安传》，页2075—2076。
④ 《宋书》，卷四十一，《后妃传》，页1293。
⑤ 《南齐书》，卷二十九，《周山图传》，页543。
⑥ 《梁书》，卷七，《后妃传·太宗王皇后》，页159。

三、园宅的分布

六朝诸史书中,有不少关于建康园宅的记载。贵族富人在京师通常不只一间园宅,如前所称袁颉即有二宅,尤其齐末贵人富室多有数个园宅,①今列表于下:

六朝园宅表

时代	所有者	地点	秦淮河	注
孙吴	张昭	大长干寺西	南岸	《建康实录》卷二
	孙琳	朱雀桥南	南岸	《资治通鉴》卷七十七
	是仪		北岸	《景定建康志》卷四十二
	骆统		南岸	同前
	诸葛恪		北岸	同前
	陆机		南岸	同前
东晋	王导	乌衣巷	南岸	同前
	王导	冶城西园	北岸	《建康实录》卷十
	谢安	乌衣巷	南岸	《景定建康志》卷四十二
	谢尚	唐县东南一里二百步	北岸	同前
	谢万	长乐桥东	南岸	同前
	纪瞻	乌衣巷	南岸	《晋书》卷六十八
	王坦之	唐县城二里	北岸	《高僧传》卷十三"释慧受"
	郗鉴	青溪	北岸	《景定建康志》卷四十二
	吴隐之	秦淮南	南岸	同前

---

① 齐东昏侯举措荒淫,常出宫游走,而不欲使人见之,所到之处,驱斥百姓走避,在巷陌悬挂帐幔,派人防守,当时人称其所围处为"长围"。长围妨害了居民行动,因此富人贵室为躲避长围的驱迫,多在京师设立数个宅第,以为避围之舍,见《南史》,卷五,《齐本纪下·东昏侯》,页 153。建康园宅之分布,另请参见拙著《六朝时代的建康》(台北:台湾大学历史研究所博士论文,1982)附图。

(续表)

时代	所有者	地点	秦淮河	注
	杜姥宅	南掖门外	北岸	《建康实录》卷七
宋	檀道济	青溪	北岸	《景定建康志》卷四十二
	何尚之	南涧寺侧	南岸	《宋书》卷六十二
	沈庆之	清明门外四宅/娄湖	北岸	《宋书》卷七十七
	建平王宏	鸡笼山	北岸	《宋书》卷七十二
	谢瞻	领军府东门	北岸	《宋书》卷五十六
	殷景仁	西掖门外	北岸	《宋书》卷六十三
	王僧绰	太社西	北岸	《宋书》卷七十一
	袁粲	南郭外	北岸	《宋书》卷八十九
	雷次宗	鸡笼山西岩下	北岸	《宋书》卷九十三
齐	武帝旧宅	青溪	北岸	《南齐书》卷三
	竟陵王子良	鸡笼山西	北岸	《南齐书》卷四十
	南康王子琳	青阳巷	不明	《南齐书》卷三十五
	王琨	去台城数里	北岸	《南齐书》卷三十二
	刘颙	青溪檀桥/后移杨烈桥	北岸	《南齐书》卷三十九
	周颙	钟山西	北岸	《南齐书》卷四十一
	萧坦之	东府城东	北岸	《南齐书》卷四十二
	徐孝嗣	宫城南	北岸	《南齐书》卷四十四
	张欣泰	南冈下	南岸	《南齐书》卷五十一
	何点	东篱门外	北岸	《南齐书》卷五十四
梁	梁武帝	同夏里	南岸	《梁书》卷一
	沈约	钟山下东田	北岸	《梁书》卷十三
	朱异	潮沟迄青溪	北岸	《南史》卷六十二
	范云	同夏里	南岸	《景定建康志》卷四十二
	吕僧珍	建阳门东	北岸	《梁书》卷十一
	宋季雅	建阳门东	北岸	《南史》卷五十六

(续表)

时代	所有者	地点	秦淮河	注
	徐勉	东田	北岸	《梁书》卷二十五
	伏曼容	瓦官寺东	南岸	《梁书》卷四十八
	颜植之	潮沟	北岸	《梁书》卷四十八
	谢几卿	白杨石井	南岸	《梁书》卷五十
	伏挺	潮沟/东郊	北岸	《梁书》卷五十
	何逊	东篱门	北岸	《梁书》卷五十一
	东阳公主	西披门外	北岸	《南史》卷十四
	邵陵王纶	娄湖	南岸	《南史》卷二十
	到溉	近秦淮河	北岸	《南史》卷二十五
	武陵王萧纪	城南御道之左	北岸	《全梁文》卷六十一《为武陵王谢赐第启》
陈	江总	青溪中桥旁	北岸	《建康实录》卷二十
	孙玚	青溪中桥旁，江总宅东	北岸	《建康实录》卷二十

上表显示，建康的园宅大都分布在秦淮河以北，五十九所园宅中，除二所不能确定其位置在北岸或南岸外，其余五十七所中，只有十三所是在南岸。以时代区分，孙吴时六宅，有四宅在南岸。东晋十宅，有五宅在南岸。东晋初年，北方南渡的世家大族如琅琊王氏、谢氏皆卜居南岸的乌衣巷，而陶季直的《京都记》云："典午时，京师鼎族多在青溪及潮沟北。"①宋世十三宅中，一宅不明位置外，十二宅皆在北岸。齐世十一宅，一宅不明所在，九宅在北岸，仅有一宅在南岸。梁世十七宅，只有四宅在南岸，陈世则二宅皆在北岸。从孙吴以迄陈，时代愈晚，则贵族的园宅愈往北岸移。孙吴时以南岸居多，晋则各居其半，宋世以下则多在北岸。这情况不只和东晋咸和以后建康城的规划有关，也是六朝社会的反映。随着六朝贵族制的发展，社会上贵贱等级判然分明，贵族和平

---

① 《建康实录》，卷二，页50。

民的住宅分布亦有显著的划分,史称"市鄽民居,并在南路"①,又称"御道左右,莫非富室"②,则南岸为平民居室。北岸御道左右是富人居室,而由建康城北潮沟延伸到城东青溪,由青溪一线以东延伸到东府城东,及钟山西侧是贵族达官园宅所在,宫城北的鸡笼山逼近宫苑,为诸王宗室邸宅,台城周围也布有宗室、公主的第宅。

贵族富室的园宅之所以多在秦淮河北岸,是因建康地势湿燥不一,玄武湖侧③及建康城外的太庙附近④,皆是低湿之地,而最好的园宅都建在干爽高燥处,有关园宅的记载都特别指出其地爽垲。如刘孝仪(484—550)《为王仪同谢帝赐宅启》云:"昔晏婴湫隘,齐景营其爽垲,孙历无家,晋武为之筑馆……臣才愧昔人,恩同往哲。"⑤任孝恭(?—548)《谢赉钱治宅启》云:"人悦爽垲,里惊轮奂。"⑥武陵郡王萧纪(508—553)宅"南望朱鸟,北距苍龙,右带御沟,左回青路,毕晏婴之湫隘,同潘岳之闲居"⑦,张缵钟山傍园"前逼逸陌,朝夕爽垲,后望钟阜,表里烟霞"⑧。因此可以推断贵族选择北岸潮沟以北至青溪为园宅之地,是因其地干爽。史称梁敬帝太平元年(556)齐师入寇,连日大雨,齐师顿师的玄武湖侧积水不退,军士终日浸在水中,不得休息;而梁师方

---

① 《陈书》,卷十二,《徐度传》,页 189。
② 《梁书》,卷九,《曹景宗传》,页 179。
③ 《陈书》,卷一,《高祖纪》,页 11。梁敬帝太平元年五月,北齐军从芜湖下攻建康,六月"壬子,齐军至玄武湖西北莫府山南,将据北郊坛。众军自覆舟东移,顿郊坛北,与齐人相对。其夜大雨震电,暴风拔木,平地水丈余,齐军昼夜坐立泥中,悬鬲以爨,而台中及潮沟北水退路燥,官军每得番易"。
④ 太庙一带低湿,《晋书》卷二十七,《五行志上》,记载:海西太和六年六月,京师大水,平地数尺,浸及太庙;又熙十一年七月丙戌,大水,淹渍太庙。(页 816、818)因此之故,梁武帝天监十二年六月,新作太庙,将它基址垫高,增基九尺。(《梁书》卷二,《武帝纪》,页 53)
⑤ 《全梁文》,卷六十一,刘潜《为王仪同谢宅启》,页 3316-2。
⑥ 《全梁文》,卷六十七,任恭孝《谢赉钱治宅启》,页 3351-1。
⑦ 《全梁文》,卷六十一,刘孝仪《为武陵王谢赐第启》,页 3316-2。
⑧ 《全梁文》,卷六十四,张缵《谢东宫赉园启》,页 3334-1。

面则潮沟以北水退干燥,兵卒可以更番,①可见潮沟北及台城之地势较高,同理可知青溪沿岸亦非低湿之处所。

此外,从防卫的观点而言,朱雀航以西的秦淮河南岸为兵冲之地,屡受战火摧残,甚至烧毁民屋邑户,辟其地以为战场。而北岸御道之西,如遇敌军由石头城附近登岸,亦不免受波及,由石头城登岸,攻取京城,须取道西州路。相形之下,则建康城东,北由潮沟北以迄青溪,较为隐僻而安全。在贵族占尽一切优势的六朝社会,他们自然选择了最好的地段建立园宅。

建康城内外美轮美奂的园宅不但丰富了贵族的生活,也美化了建康城。由钟山西眺建康城,但见飞甍如绮,绿树成帷,《钟山飞流寺碑》云:"同符上陇,望长安之城阙;有类偃师,瞻洛阳之台殿。瞰连甍而如绮,杂卉木而成帷。"②可以想见建康城之美。而从建康城中贵族园宅的分布,反映出六朝社会贵贱阶级的判然分明。此一社会中优游自适的贵族为了游赏怡情所发展出来的园林艺术③,经过隋唐、宋元的沉潜伏隐,至明代又显现于江南的城市里。虽然明代以后因社会、经济结构的改变,建造园林的人不再是贵族,而是商人;他们也没有六朝贵族企羡山林隐逸的情怀和高度的文化素养。然而明代以后盛于江南城市中,在狭小空间中追求变化与情致的园林,不能不上溯自六朝的传统。就这一点而言,六朝建康城特殊的政治、社会、经济情况下发展出的城市中人工的园林,在中国造园史中实居一先导的地位。

原刊于《大陆杂志》第六十六卷第三期(1983)

---

① 《陈书》,卷一,《高祖纪》,页 11。
② 《全梁文》,卷十八,梁元帝,《钟山飞流寺碑》,页 3056-2。
③ 《中国之科学与文明》册十,页 133—134,认为中国庭园是源自汉朝宫殿和皇府的正式布置,至六朝时期在南朝发展为一种新的格式,到唐代到达最高峰,随之而来的是正式的复活,在池塘楼阁中掺入美丽的花木和假山。实则园林建筑的艺术到六朝由兴盛而发展至高峰,如本文所述假山、花木在六朝园林中皆已大量而精巧地使用。

六朝时代的建康——市廛、民居与治安

六朝建康的范围不仅指周回二十里一十九步的建康城,也包括其周围地区,以及秦淮河南岸。以行政区划而言,孙吴建邺县兼跨秦淮河南北,西晋以后则只限于秦淮水以北,秦淮南岸另设秣陵县。① 事实上,秦淮河南、北都属京邑范围,六朝时称建康、秣陵为"京邑二县",或"京邑二岸"②,更以"北岸"为建康县、"南岸"为秣陵县之代称。③ 东晋初年,曾在建康城外围建造外郭篱门五十六所,其处今多不可知,仅知南篱门、三桥篱门都在秦淮河南岸,西篱门则抵石头城。④ 因此,六朝建康的范围即《金陵记》所称:"梁都之时,城中二十八万余户,西至石头,东至倪塘,南至石子冈,北过蒋山。东西、南北各四十里。"⑤涵盖了秦淮河北岸的建康城、东府城、西州城和其邻近区域,以及秦淮河南岸。

---

① 《晋书》,卷十五,《地理志下》,页460。
② 《宋书》,卷五,《文帝纪》:"(元嘉)二十五年春正月戊辰,诏曰:'比者冰雪经旬,薪粒贵踊,贫弊之室,多有窘罄。可检行京邑二县及营署,赐以柴米。'"页95。
③ 《宋书》,卷七四,《沈攸之传》:"晋世京邑二岸,扬州旧置部从事,分掌二县非违,永初以后罢省,孝建三年,复置其职。(沈)攸之掌北岸,会稽孔璪掌南岸,后又罢。"页1927。
④ 《太平御览》,卷一九七七,《居处部二十五·篱门》,引《南朝宫苑记》云:"建康篱门,旧南北岸篱门五十六所,盖京邑之郊门也,如长安、东都门,亦周之郊门。江左初立,并用篱围之,故曰篱门。南篱门在国门西,三桥篱门在今光宅寺东侧;东篱门本名肇建篱门,在古肇建寺之东;北篱门在今覆舟东头,玄武湖东南角,今见有亭,名篱门亭;西篱门在石头城东,护军府在西篱门外路北;白杨篱门外有石井篱门。"页1079-2—1080-1。
⑤ 《太平寰宇记》,卷九十,《江南东道二·昇州》,引《金陵记》,页1774。

一、人口结构

建康为南朝境内最大之都会,五方荟萃,人口众多,据《金陵记》所称:"梁都之时,城中二十八万余户。"如按一户五口计算,则居民有一百四十余万。建康为六朝之都城,城中土地的利用和其他乡村社会的地区不同,如建康城内没有耕地就是一大特色。山阴民多田少,丹阳尹孔灵符(?—465)建议将无田的县民迁徙至余姚、鄞、鄮三县界开垦湖田,江夏王刘义恭(413—465)反对这个提案,即以"京师无田,不闻徙居他县"作为例子。① 《隋书·地理志》指出建康城居民分为两大类,一种是王公贵臣,一种是平民,而平民又多为商人小贩:"丹阳旧京所在,人物本盛,小人率多商贩,君子资于官禄,市廛列肆,埒于二京。"②

建康为都城所在,百官公卿皆在此处经理公务,所以建康城中高冠冕服、紫蟒玉带的高官及其家眷,和下层小吏构成此城居民的大部分。官员即使出为外郡,也都把家口留在京师,如齐刘怀慰为齐郡太守,妻小在都,特赐米三百斛。③ 陈将萧摩诃(532—604)于隋军攻建康时云:"从来行阵,为国为身,今日之事,兼为妻子。"④六朝将外郡官员、藩镇将士家属留在京都系属质任的性质,如宋文帝之子刘劭弑文帝,雍、荆、江州并起兵攻之,刘劭原欲杀此三镇士庶家口,而为江夏王义恭及何尚之(382—460)阻止;⑤又,梁远镇诸王世子皆在建康留守。⑥ 即使在外州郡任官的文、武官员,在京师皆有住宅。因此之故,百官以及他们的家属是建康的主要居民之一,如陈将吴明彻(512—578)自所镇的寿阳

---

① 《宋书》,卷五四,《孔季恭传附弟灵符传》,页1533。
② 《隋书》,卷三一,《地理志下》,页887。
③ 《南齐书》,卷五三,《良政传》,页918。
④ 《陈书》,卷三一,《萧摩诃传》,页412。
⑤ 《宋书》,卷九九,《二凶传》,页2431。
⑥ 《南史》,卷五三,《武陵王纪传》,页1331。

入朝，陈宣帝就曾亲临其第宅。①

建康有繁荣的商业，城内、外分布许多大大小小的市场，《隋书·食货志》、杜佑《通典》皆云："淮水北有大市百余，小市十余所。"②宋郑樵《通志》则作："淮水北有大市，自余小市十余所。"③由市场的数目之多，可知其时商业的兴盛，故往来秦淮河的商船甚多，"贡使商旅，方舟万计"④。除了从事大宗贸易的商人之外，也还有形形色色的小贩，有卖卜、卖历日、卖布或卖点心等行业。如齐世有贩食人担火误烧豫章王萧嶷所乘牛之鼻⑤，齐世荀伯玉（437—483）在建康卖卜为业⑥，傅昭（454—528）随外祖父于朱雀航卖历日⑦，王僧孺（465—522）少时贫穷，其母在市场卖纱布为业。⑧

建康还有大量既非贵族官吏也非商人小贩的居民，那就是贵族的部曲宾客。六朝贵人王公多拥有大批的荫附人口托庇其下，以逃避课役，《隋书》云江左自东晋以来，"都下人多为诸王公贵人左右、佃客、典计、衣食客之类，皆无课役"⑨。这些以清高文雅自许的贵臣王公往往利用其特权，由其宾客部曲为其经营产业。另外，在京师的将帅也各自募有部曲，屯聚京师。齐世李安民上疏，主张遣散秦淮河以南的部曲，仅秦淮河以北留置防戍京师的军队：

宋泰始以来，内部频有贼寇，将帅已下，各募部曲，屯聚京师，

---

① 《陈书》，卷九，《吴明彻传》，页163。
② 《隋书》，卷二十四，《食货志》，页689。〔唐〕杜佑著，王文锦等点校：《通典》（北京：中华书局，1988），卷十一，《食货·杂税》，页250。〔宋〕郑樵：《通志》（台北：台湾商务印书馆，1987），页751-1。
③ 《陈书》，卷九，《吴明彻传》，页163。
④ 《宋书》，卷三三，《五行志四》，页956。
⑤ 《南齐书》，卷六，《明帝纪》，页83。
⑥ 《南齐书》，卷三一，《荀伯玉传》，页572。
⑦ 《梁书》，卷二六，《傅昭传》，页392—393。
⑧ 《南史》，卷五九，《王僧孺传》，页1461。
⑨ 《隋书》，卷二四，《食货志》，页674。

安民上表陈之,以为:"自非淮北常备,其外余军,悉皆输遣,若亲近宜立随身者,听限人数。"上纳之,故诏断众募。①

京师之内并且分布许多军营,其军士皆世代为兵,隶属兵籍,称之为营户。如东晋司马元显(382—402)曾免扬州奴为客者,移置京师,以充兵役。② 东晋南朝击讨荆、江二州的蛮夷,每有掳获,常将其迁至京师以为营户。宋世沈庆之(386—465)讨诸蛮,"前后所获蛮,并移京邑,以为营户"。③ 文帝元嘉二十二年(445),雍州刺史武陵王刘骏讨缘沔蛮,移一万四千余口于京师。④

如同北魏的洛阳,六朝的建康是一个佛教色彩极为浓厚的都城,寺院林立,因此为数众多的僧侣,亦是建康居民重要的成分之一。东晋以后,江左佛教急遽推广,寺院、僧尼数目代有增加,而建康为南方的佛教中心,梁朝全国寺院共有二千八百四十六所,其中京师就占了七百余所⑤,约占江左佛寺的四分之一,仅钟山一地就有七十余所寺院。梁武帝时,郭祖深上书称"都下佛寺五百余所,穷极宏丽。僧尼十余万,资产丰沃"。⑥ 前述建康人口约一百四十万,则僧尼占了约十分之一,其中还不包括僧尼所蓄养的白徒、养女。此外,还有未著籍的外国僧人和来自西域的僧人,如祇洹寺为西域僧人居止之所;⑦以及来自国内各地和北魏至建康游学的僧人,因此,建康僧尼的数目当更超过此数。

---

① 《南齐书》,卷二七,《李安民传》,页507。
② 《晋书》,卷六四,《会稽文孝王道子传》,页1737。
③ 《宋书》,卷七七,《沈庆之传》,页1998。
④ 《宋书》,卷五,《文帝纪》,页93。
⑤ 法琳:《辩正论》(收入《大正新修大藏经》第五十二册),卷三,《十代奉佛篇上》,页503b。
⑥ 《南史》,卷七十,《循吏传·郭祖深》,页1721。
⑦ 《高僧传》(北京:中华书局,1992),卷七,《宋京师祇洹寺释慧义传》,页266。

二、民居、营署与寺院

建康除了堂构辉煌的宫城府署、王侯宅第之外,还有部分土地系属官地;如宋明帝赐周山图宅①,宋孝武帝赐祖冲之宅②,梁朝裴子野借官地数亩造宅③,任昉(460—508)请以官地为刘瓛建宅④。官地及王侯宅第不可买卖,如梁贺琛买公主第为宅,坐免官⑤;私地可以自由买卖,而且有相当程度的交易量:

> (庾)杲之尝兼主客郎对魏使,使问杲之曰:"百姓那得家家题门帖卖宅?"答曰:"朝廷既欲扫荡京洛,克复神州,所以家家卖宅耳。"魏使缩鼻不答。⑥

《金陵记》称"梁都之时,城中二十八万户",可知建康民居市廛甚盛。六朝是一个以贵役贱、阶级分明的社会,建康城住宅的分布恰是此一社会的反映,虽然不是泾渭判然的分别,而同一阶层的人有集聚在某一地区的趋势。贵族在政治、社会上都居于支配的地位,因此在史书中不乏王公贵臣宅第的记载,而于一般庶民的住宅则付之阙如。然从少数的数据中,仍然可以看出建康民居的分布亦集中于某一特定区域。

大致上说来,秦淮河以北多为王公贵臣的园宅和富人的居室。御道两侧华屋飞甍,是富人住宅⑦,故侯景顿兵秦淮河北的士林馆,纵兵

---

① 《南齐书》,卷二九,《周山图传》,页540。
② 《南齐书》,卷五二,《文学传·祖冲之》,页903。
③ 《梁书》,卷三十,《裴子野传》,页444。
④ 《全梁文》,卷四三,任昉《求为刘瓛立馆启》,页3200-2。
⑤ 《梁书》,卷三八,《贺琛传》,页543。
⑥ 《南史》,卷四九,《庾杲之传》,页1210。
⑦ 《梁书》,卷九,《曹景宗传》,页179。

劫掠,"破掠邸第及居人富室"①。而宫城之北的潮沟到城东青溪一带,遍布王公贵臣的园宅。② 如宋世沈庆之(386—465)的宅第在城东清明门外,③梁时朱异(483—549),及其子自潮沟列宅至青溪,④这些贵人王公的住宅,多附有饶山林之趣的园林。宫城之西,为诸王邸第所在。⑤ 秦淮河南岸则罗布大量平民的居室,"永元二年冬,京师民间相惊,云当行火灾,南岸人家往往于篱间得布缠者,云公家以此禳之"⑥。可知民居大部分在秦淮南岸,《陈书》亦称"市鄽居民,并在南路"⑦。而作为庶民生活中一部分的酒肆,也多在秦淮两岸。齐东昏侯荒佚,好四出游走,驱斥行人走避,丹阳尹王志曾被驱逼,"狼狈步走,惟将二门生自随,藏朱雀航酒垆中,夜方得羽仪而归"⑧。又梁末徐嗣徽、任约反,引北齐为援,入寇建康,齐师败绩,陈霸先俘虏齐兵甚多,以之赏赐臣下,当时人以俘虏易酒,俘虏一人才换得一醉,童谣云:"虏万夫,入五湖,城南酒家使虏奴。"⑨由此可知秦淮南岸多酒店,至唐时杜牧(803—852)诗也说"烟笼寒水月笼沙,夜泊秦淮近酒家"。孙吴以后,凡建康受到围攻时,总是以"割弃南岸,栅断石头"⑩的策略防守,故南岸地区,

---

① 《梁书》,卷二八,《夏侯亶传》,页 422。
② 《建康实录》,卷二,陶季直《京都记》云:"典午时,京师鼎族多在清溪及潮沟北。"页 50。典,司也,午属马,典午系指司马氏,典午时即晋世。
③ 《宋书》,卷七七,《沈庆之传》,页 2003。
④ 《梁书》,卷三八,《朱异传》,页 540。
⑤ 《宋书》,卷九九,《二凶传》云:"东阳主第在西掖门外。"页 2425。
⑥ 《南齐书》,卷十九,《五行志》,页 375。
⑦ 《陈书》,卷十二,《徐度传》,页 189。
⑧ 《南史》,卷五,《齐本纪下》,页 153。
⑨ 《南史》,卷九,《陈本纪》:"先是童谣云:'虏万夫,入五湖,城南酒家使虏奴。'自晋、宋以后,经纬在魏晋境江、淮以北,南人皆谓为虏,于时以赏俘易酒者,一人裁得一醉。"页 264。
⑩ 《宋书》,卷六一,《江夏文献王义恭传》,页 1645。

尤其是航南大路以西的地区常沦为战场,①而此地为平民聚居之地,因此在辟此地为战场之前,多将南岸的居民迁于北岸。② 此外,南岸也有少数贵族居宅,如王、谢所居的乌衣巷,又如东晋盛族桓氏也住在南岸。③

六朝时贵臣富人竞营园宅,形成一种风气,宋颜延之(384—456)自身俭约,然而当其子颜峻造宅时,却告诉他:"善为之,无令后人笑汝拙也。"④在此情形下,巧思精丽成为建康园宅的特色,至于一般民居则为瓦屋;宋明帝出巡,见御道边有草屋二三间,甚为诧异,说"御道边那得此草屋,当由家贫"。赐钱令其改建瓦屋。⑤

此外,建康有宿卫的兵士,称为"乐属"或"营户"⑥。营户所居之处为营署,其营各有名称,如崇艺营、昭武营、永化营⑦。魏晋南北朝时,军人为世袭,身份固定,其家属世代属兵户,如陈后主贵妃张丽华出身为兵家女。⑧ 营兵及其家属构成的营户居住的地方为一特殊的住宅区,南齐后废帝素行不检,常至诸营署中淫宴,⑨宋后废帝常出游,

---

① 东晋以后此情形甚多,如齐末萧衍起兵,围建康,东昏侯烧南岸邑屋以为战场,于是从大航以西,新亭以北,荡然矣。(《梁书》,卷一,《武帝纪上》,页 12。)
② 《宋书》,卷九九,《二凶传》,页 2432。
③ 《世说新语笺疏》,下卷上,《任诞第二十三》:"王、刘共在杭南,酣宴于桓子野家。"页 748。桓伊,小字子野。
④ 《宋书》,卷七三,《颜延之传》,页 1904。
⑤ 《宋书》,卷四十一,《后妃传·明帝陈贵妃传》,页 1296。
⑥ 《晋》,卷六四,《会稽文孝王道子传》:"(司马元显)又发东土诸郡免奴为客者,号曰'乐属',移置京师,以充兵役。"页 1737。《宋书》,卷七十七,《沈庆之传》:"庆之前后所获蛮,并移京邑,以为营户。"页 1998。
⑦ 《宋书》,卷六一,《江夏文献王义恭传》:"(大明)三年,省兵佐,加领中书监,以崇艺、昭武、永化三营,合四百三十七户给府,更增吏僮千七百人,合为二千九百人。"页 1650。
⑧ 《陈书》,卷七,《后主沈皇后附张丽华传》,页 131。
⑨ 《南史》,卷五,《齐本纪下》,页 135。

"营署巷陌,无不贯穿"①,又与右卫翼辇营女子私通②。在宋世以后,营署的女子多入椒庭为内职。③ 营署的分布遍及建康城内外,如刘宋于孙吴南宫(太子宫)之地置欣乐营。④ 又,建康的军营和民居相杂,如桓玄曾欲以谢安乌衣巷宅地为营署:"桓玄欲以谢太傅宅为营,谢混曰:'召伯之仁,犹惠及甘棠;文靖之德,更不保五亩之宅!'玄惭而止。"⑤

六朝是一个宗教信仰风靡的时代,佛教对于社会、文化有广泛而深刻的影响,建康是六朝的政治、文化中心,是以此地的佛教色彩也最为浓厚。梁朝是六朝佛教发展的高峰,当时建康城内外有佛寺七百余所,是建康都市景观中重要的建筑物,梁世来朝的外国使臣对此尤有深刻的印象。⑥ 寺院的建造,使建康城内外梵宇接连、宝刹相望,不但在外观上装点了建康的面貌,同时也影响了建康的土地利用。因为信仰虔敬,所以舍宅为寺是六朝时期南、北方共同的风尚,王公贵人不仅出资兴建塔寺,更舍所居宅第为寺。⑦ 因此有许多住宅变成寺院,而这些寺域的扩大,又往往兼并其邻近的住宅地,成为寺院的一部分。如梁武帝买瓦官寺侧数百家之地,以扩建寺院⑧;又买王骞(474—522)位于钟山的田墅八十亩,施予大爱敬寺⑨。又一般舍宅为寺,所舍的宅第通常不

---

① 《资治通鉴》,卷一三四,《宋纪十六》,顺帝升明元年,页4193。
② 《宋书》,卷九,《后废帝纪》,页189。
③ 《宋书》,卷四一,《后妃传》,页1298。
④ 《建康实录》,卷二,页54,"案,《舆地志》:'南宫,太子宫也,宋置欣乐营,其地在今县城二里半。'"
⑤ 《世说新语笺疏》,中卷下,《规箴第十》,页577。
⑥ 《梁书》,卷五十四,《诸夷传·海南诸国》,婆利国:"天监十六年,遣使奉表曰:'伏承圣王信重三宝,兴立塔寺,校饰庄严,周遍国土,四衢平坦,清净无秽,台殿罗列,状若天宫,壮丽微妙,世无与等。……'"页796。
⑦ 见拙文《六朝建康的佛寺与城市空间》,郑钦仁教授七秩寿庆论文集编委会编:《郑钦仁教授七秩寿庆论文集》(台北:稻乡出版社,2006),页62—65。
⑧ 《南史》,卷七八,《夷貊传上·扶南国》,页1957。
⑨ 《梁书》,卷七,《太宗王皇后传》,页159。

足以建立寺院僧房,故其邻近的宅第常连带地也变成寺院,如王坦之(330—375)舍宅为安乐寺,其东、西、南邻三所住宅的主人也同时舍宅,施以为寺。① 史书上说北魏洛阳城一千余所寺院,"占夺民居,三分且一"②,建康佛寺不及洛阳多,而始终维持相当数量,梁朝有七百余所,经过梁末侯景之乱,迄陈时郭内有三百余所,③则寺院土地所占的比例亦甚为可观。

建康佛寺主要分布在下列三个区域:一是钟山与建康城以东以迄钟山的地带。二是宣阳门迄秦淮河,尤其是御道以东及宣阳门、津阳门之南,青溪以西的区域,和运渎沿岸,尤其是偏北的区域。三是秦淮河南岸,尤其是航南大路以西民居殷盛的区域。④

三、市 场

市的研究不仅是了解一个城市实质环境必要的条件,也能提供探究其时社会经济情况的线索。中国自古以来,就有市的存在,《周礼》曾提出"前朝后市"的城市设计,可见市在都城中扮演一个重要角色。从秦汉到唐代,市是指城市中一个特定的商业区域,六朝文献于此没有详细的记载,今仅能从零星记录中,描绘建康"市"大致的轮廓。

(一) 市的种类

建康有很多种市场:大市、草市、小市、纱市、牛马市、谷市、蚬市、盐

---

① 《高僧传》,卷十三,《晋京师安乐寺释慧受传》:"释慧受,安乐人。晋兴宁中来游京师,蔬食苦行,常修福业。尝行过王坦之园,夜辄梦于园中立寺,如此数过。……坦之即舍园为寺,以受本乡为名号,曰'安乐寺'。东有丹阳尹王雅宅,西有东燕太守刘斗宅,南有豫章太守范宁宅,并施以成寺。"页481—482。
② 《魏书》,卷一一四,《释老志》,页3045。
③ 法琳:《辩正论》,卷三,《十代奉佛篇上》,页503。
④ 见拙文《六朝建康的佛寺与城市空间》,页66—78。

市、苑市。

1. 大市

《通典》称六朝时秦淮河北有大市,目前所能考者仅有下列四市。山谦之《丹阳记》云:"京师四市,建康大市,孙权所立;建康东市,同时立。建康北市,永安中立。秣陵斗场市,隆安中发乐营人交易,因成市也。"①

孙权所设的二市中,东市未详所在,建康大市的位置在佛陀里建初寺之前,距宫城七里,《宫苑记》云:"吴大帝立大市,在建初寺前,其寺亦名大市寺。"②又清人孙澄之云:"今聚宝门外西街有大市桥,其地正与城内建初寺址相对,孙吴时本无城也。"③则大市显然在秦淮河南岸。孙吴的宫城在秦淮河北岸,何以把市场置于南岸,是一个值得思虑的问题。依《周礼》前朝后市之制,则市场应在宫城之北,但孙吴营建建业并不依此原则。孙权创建都城本受建业地形之限制,都城之北逼山阻湖,钟山、覆舟山、鸡笼山、卢龙山、马鞍山绵亘于北,其间又有后湖(即玄武湖),空地有限。又,民居多在都城之南及秦淮河南岸,如果把市场置于宫城之北,显然不切实际,孙吴迁就地形及已发展的街市,故首先在民户殷繁的秦淮河南岸设置市场。

东晋安帝隆安中所建的斗场市,在秣陵县的斗场里,《景定建康志》云:"宋又立南市,在三桥篱门外斗场村内,亦名东市。"④中古时期以长江以东的地区为江东,依此而辨识方位,如刘宋东阳公主的宅第在西掖

---

① 《太平御览》,卷八二七,《资产七·市》,页3819上。
② 《景定建康志》,卷十六,《疆域志二·镇市》,页1529-2。
③ 刘世珩:《南朝寺考》(《中国佛寺史志汇刊》,第二辑第一册,台北:明文书局),页5。
④ 《景定建康志》,卷十六,《疆域志二·镇市·古市》,页1529-2。

门外,有"南第"之称;①斗场里在秦淮南岸,故称"南市",但以中古方位而言,又名"东市"。

刘宋时所立的北市,据前引《丹阳记》云"建康北市,永安中立",孙吴孙休有永安年号,而《景定建康志》中引《宫苑记》则称北市系在刘宋时所立:"宋武帝永初中立北市,在大夏门外,归善寺前。"②此外,在建康外郭肇建篱门有肇建市。③ 而其他的大市因数据缺乏,无从考订。

2. 小市

《通典》称"淮水北有大市,自余小市十余所",但在史书上不乏有关小市的记载,晋时张闿住在小市,④又宋时张敬儿破贼于宣阳门庄严寺小市。⑤ 市廛民居所在的秦淮南岸,其地小市恐亦不在少数。

另外,在津阳门附近也有一个市场,不知是大市或小市。⑥

3. 草市

根据日本学者的研究,草市首见于东晋以后的文献,它最初的意义是草料市场,通常开设在州县治的城外。草市后来次第发展,不单是草料的市场,也兼及他种物品,并有酒肆、旅店、民舍,而形成城外的一个小都会,后来称城外的市井也叫草市。草市另外一个意义,是唐代把州

---

① 《宋书》,卷九九,《二凶传》云:"东阳主第在西掖门外,故云'南第'。"页2425。
② 《景定建康志》,卷十六,《疆域志二·镇市·古市》,页1529-2。
③ 《太平御览》,卷一九七,《居处部二十五·藩篱》,引《南朝宫苑记》云:"建康篱门,旧南北岸篱门五十六所,东篱门本名肇建篱门,在古肇建市之东。"页1079下。
④ 《晋书》,卷六十八,《贺循传》,页1827。
⑤ 《宋书》,卷九,《后废帝纪》,页182。
⑥ 《全梁文》,卷四三,任昉《奏弹刘整》,提及刘整兄子刘逡前往津阳门籴米,恰巧碰见刘整婢采音在此卖所盗之车栏龙牵。

县治城内特定的商业区域叫作市,城外的小商业地区则称之为草市。①
六朝建康也有草市:

> 众弃(齐鄱阳王)宝夤走逃,宝夤逃亡三日,戎服诣草市尉,尉驰以启帝,帝迎宝夤入宫问之。②
>
> 建武四年,王晏出至草市,马惊走。③

胡三省云:"台城六门之外,各有草市,置草市尉司察之。"④实则当时建康的草市只有一个,而且没有设官掌管。加藤繁以为胡氏恐怕是根据宋末草市的情形比附古时,以致有此错误。⑤建康只有一个草市,而且其性质为草料的市场。如胡三省所称六门外各有草市,是唐宋商业、都市发展以后,才可能产生的情况,而且也必须城外有相当宽阔的空地,方可形成聚落,而建康并没有这样的地理条件。

至于建康唯一的草市位置所在,据《宫苑记》云:"南尉在草市北,湘宫寺前。"⑥又《建康实录》云都城"清明门三道,对今湘宫寺,巷东出青溪桥"⑦。可知草市在清明门外的湘宫寺之南,而湘宫寺前设有南尉。东晋时建康设有七尉,其位置是"江尉在三生渚;西尉在延觉寺后巷北;东尉在吴大帝陵口,今蒋山西门;南尉在草市北,湘宫寺前;北尉在朝沟村;左尉在青溪菰首桥;右尉在纱市"⑧。诸尉只有南尉在草市旁,所以

---

① 关于草市,日本学者的研究有加藤繁:《唐宋时代的草市及其发展》,收入《中国经济史考证》(北京:商务印书馆,1959),页310—319;那波利贞:《支那の市》,《经济学辞典》,第三卷(大阪:大阪商科大学经济研究所,昭和六年);曾我部静雄:《唐宋以前的草市》,《东亚经济研究》,第十六卷第四号(昭和七年)。
② 《南齐书》,卷五十,《鄱阳王宝夤传》,页865。
③ 《南齐书》,卷十九,《五行志》,页386。
④ 《资治通鉴》,卷一四四,《齐纪十》,和帝中兴元年,页4492。
⑤ 加藤繁:《唐宋时代的草市及其发展》,页352。
⑥ 《景定建康志》,卷十六,《疆域志二·镇市·古市》,页1530。
⑦ 《建康实录》,卷七,页11—12。
⑧ 《太平寰宇记》,卷九十,《昇州·上元县》。

称之为"草市尉"。胡三省不察,以为草市设尉以司纠察。

4. 专业化的市

除了大市、小市、草市之外,建康也出现了专业化的市,《景定建康志》云:"又有小市、牛马市、谷市、蚬市、纱市等一十所,皆边淮列肆裨贩焉。"①

牛马市、谷市、蚬市大都在秦淮河边,而纱市则在都城西北方的耆阇市前,《景定建康志》云:"纱市在城西北耆阇市前"②,又云:"祇阇山,在鸡笼山西,有祇阇寺,今废。"又纱市中有蚕室,是六朝皇后躬桑之所:"蚕室在县北七里耆阇寺前纱市中。"③另外,在秦淮河北有盐市"在朱雀门西";又有苑市,在广莫门内路东。④

由上可知,建康城的市场并不像一般所见从秦汉到唐代的市场是城中特定的商业地区,而是并无严格限制地散置各处,显然是自然发展的结果。由市的分布,对建康的发展亦可有进一步的了解,山谦之《丹阳记》中所称"京师四市"乃指当时建康主要的大市而言,至于小市不在其数。迄陈末已经是"淮水北有大市,自余小市十余所"。由此可知自齐迄陈,建康人口迅速地增加,商业也急遽地发展,造成蓬勃的商业活动,所以市场不断增加,如果再加上秦淮河南岸的市场一并计算,则其数目将更为可观。虽然秦淮河南岸的市场未见诸记载,但山谦之所记的四市中,建康大市及斗场市都在民居密布的南岸。

建康市场的特性是市场往往在寺院之前,建初寺前有"大市",斗场

---

① 《景定建康志》,卷十六,《疆域志二·镇市·古市》,页1529-2。
② 《景定建康志》,卷十六,《疆域志二·镇市·古市》,页1529-2。
③ 《景定建康志》,卷二一,《城阙志二·堂馆》,页1653-2。
④ 《景定建康志》,卷十六,《疆域志二·镇市·古市》,页1529-2。

寺之前有"南市",又称"斗场市"①,耆阇寺前有"纱市",庄严寺前亦有三市,梁朝江总《大庄严寺碑》云:"前望则红尘四合,见三市之盈虚,后睨则紫阁九重,连三阙之耸峭。"②其中一个是庄严寺小市。由此可见寺院之前也成为一商业中心,建康的佛寺在宗教、文化功能之外,又提供一个商货交易场所。

(二) 市的行政

在公设的市场中,设有官吏管理,孙吴时设司市中郎将:

> (孙)皓爱妾或使人至市劫夺百姓财物,司市中郎将陈声,素皓幸臣也,恃皓宠遇,绳之以法。妾以愬皓,皓大怒,假他事烧锯断声头,投其身于四望之下。③

东晋以后有市令,然依市之大小,市令的地位也不相同。其中太市令地位最高,可登上九品十八班之末班,为一班,南、北市令则隶属太府卿之下,地位低于太市令。④ 然而市令的职位在众多赫赫的京官中仍属卑微,都以寒门当任。如陈朝时太市令阳慧朗本是小吏出身,⑤又如章华,家世务农,而多才能,朝臣以他非高门阀阅而排挤他,任他为太市

---

① 《景定建康志》,卷十六,《疆域志二·镇市·古市》,页 1529-2:"宋又立'南市',在三桥篱门外斗场村内,亦名'东市'。"《宋书》,卷九十七,《天竺传》:"又有慧严、慧议道人,并住东安寺,学行精整,为道俗所推。时斗场寺多禅僧,京师为之语曰:'斗场禅师窟,东安谈义林。'"页 2391。

② 《全隋文》,卷十一,江总《大庄严寺碑》,页 4077 下。

③ 《三国志·吴书》,卷三,《嗣主传》,页 1170。

④ 《隋书》,卷二六,《百官志上》,页 725;卷二七,《百官志中》,页 761—762;卷二八,《百官志下》,页 783—784。

⑤ 《资治通鉴》,卷一七六,《陈纪十》,长城公至德二年,页 5479—5480。

令。① 市令之下,有市吏。②

市令的职权为征税及维持市的秩序。市令所征的税即市税,《隋书·食货志》云:"淮水北有大市百余,小市十余所。大市备置官司,税敛既重,时甚苦之。"货物税为市税之一,分文券估与散估两种:

> 晋自过江,凡货卖奴婢马牛田宅,有文券,率钱一万,输估四百入官,卖者三百,买者一百。无文券者,随物所堪,亦百分收四,名为"散估"。历宋、齐、梁、陈,如此以为常。③

市令即管理这些交易,并予以征税;同时在交易中有所争执,市令也须裁定是非,予以惩戒。从齐东昏侯在苑中模仿大市立市,可见其梗概:

> 又于苑中立店肆,模大市,日游市中,杂所货物,与官人阉竖共为裨贩。以潘妃为市令,自为市吏录事,将斗者就潘妃罚之。④

四、住宅区划

关于建康城的都市规划,宋代三本方志《乾道建康志》《庆元建康志》及《景定建康志》之中,只有《庆元志》有乡里的记载,可惜的是《景定志》一出,《乾道志》《庆元志》皆废。元代编纂《金陵志》时,已苦无从得

---

① 《陈书》,卷三十,《傅縡传·附章华传》,页406。
② 《南齐书》,卷七,《东昏侯纪》,页104。又《南史》,卷五,《齐本纪下》:"又于苑中立店肆……以潘妃为市令,自为市吏录事,将斗者就潘妃罚之。"页155。
③ 《隋书》,卷二四,《食货志》,页689。
④ 《南齐书》,卷七,《东昏侯纪》,页104。《南史》,卷五,《齐本纪下》,页155。

知。① 今仅能从诸史书中搜检残篇,略知一二。建康县(秦淮河北岸):

南塘里②、都亭里③、桐下里④、禁中里⑤、蒋陵里⑥、定阴里⑦、太清里⑧、蒋山里⑨、子游里、土山里、建康里⑩。

秣陵县(秦淮河南岸):

---

① 《至正金陵新志》,卷四,页35—36,总页1742。
② 《南齐书》,卷十九,《五行志》:"宋升明二年,飙风起建康县南塘里。"页383。
③ 都亭里之位置在冶城之西,《宋书》,卷一〇〇,自序:"王父从官京师,义熙十一年,高祖赐馆于都亭里之运巷。"页2444。《景定建康志》,卷十六,《街巷·运巷条》引《世说叙录》:"冶城在今运巷东旧里亭,今俗呼为黄泥巷。"页1533-2。
④ 《梁书》,卷一,《武帝纪上》:"又建康县令羊瞻解称凤皇见县之桐下里。"页22。
⑤ 《梁书》,卷二一,《王志传》:"志家世居建康禁中里马蕃巷。"页320。
⑥ 《建康实录》,卷十二,页409,元嘉元年,置竹林寺注:"案,《寺记》:……又置下定林寺,东去县城一十五里,僧监造,在蒋陵里。"
⑦ 《建康实录》,卷十七,天监十八年,惠日寺注:"原案西南去县二里,阮翻舍宅造之,在建西尉定阴里。"可知定阴里距县东北二里附近。
⑧ 《建康实录》,卷十七,页676—677:"(天监十年)置解脱寺,在县西南六里,武帝为德皇后造,在太清里。"梁简文帝《善觉寺碑》:"穆贵嫔宿植达因,已于恒沙佛所,经受记莂,有缘婆娑,降迹斯土;光前绝后,建兹福地,乃于建康之太清里建善觉寺焉。"
⑨ 《建康实录》,卷十七,页676:"天监九年,置本业寺,西去县五十里,比邱净洁造。在蒋山里。"
⑩ 《至正金陵新志》,卷四下,《坊里》,页5518-2。〔清〕黄本骥辑:《古志石华》(《石刻史料新编》第二辑第2册,台北:新文丰出版公司,1979),卷一,页4,谢涛《宋故散骑常侍扬州丹杨郡秣陵县谢公墓志》:"元嘉十八年岁次屠维月依林钟十七日卒。其年九月卅日,窀穸扬州丹杨郡建康县土山里。"〔宋〕赵彦卫撰,傅根清点校:《云麓漫钞》(北京:中华书局,1996),卷六:"大通中,帝谦恭待士,忽有四人来,貌可七十,鹑衣蹑履,入丹阳郡建康里,行乞经年,无人知。"页108。

　　　　斗场里①、同夏里②、佛陀里③、建兴里④、长干里⑤、中兴里⑥、凤凰里⑦、石泉里、小郊里、娄侯里、延贤里⑧。

未知在建康县或秣陵县者：

---

① 《南齐书》，卷十八，《祥瑞志》："九年，秣陵县斗场里安明寺有古树，众僧改架屋宇。"页360。

② 《梁书》卷一，《武帝纪上》："高祖以宋孝武大明八年甲辰岁生于秣陵县同夏里三桥宅。"页1。《至正金陵新志》怀疑桐下里即同夏里（见《至正金陵新志》，卷四，页5518-2），实则非是。桐下里在秦淮河北，而同夏里在秦淮河之南。

③ 《高僧传》，卷一，《吴建业建初寺康僧会传》："康僧会，其先康居人，世居天竺。……以赤乌十年初达建业，营立茅茨，设像行道。……权大叹服，即为建塔，以始有佛寺，故号建初寺，因名其地为佛陀里。由是江左大法遂兴。"页14—16。《建康实录》，卷五，页134，怀德县注："案，中宗初，琅琊国人置怀德县，在宫城南七里，今建初寺前路东，后移于宫城西北三里耆园寺西。"

④ 《梁书》，卷二，《武帝纪中》："（天监四年），二月，立建兴苑于秣陵建兴里。"页42。

⑤ 《梁书》，卷五四，《诸夷传》："（西河离石县胡人刘萨何）因此出家，名慧达，游行礼塔，次至丹阳，未知塔处，乃登越城四望，见长干里有异气色，因就礼拜，果是阿育王塔所。"页791。《吴都赋》注："建业南五里有山岗，其间平地，吏民杂居，东长干中有大长干、小长干，皆相连，大长干在越城东，小长干在越城西，地有长短，故号大小长干。"可知长干里在秦淮南。

⑥ 《建康实录》，卷十二，页418，宋元嘉四年寻阳翟法赐置永丰寺，注："案，《塔寺记》宋元嘉四年置南林寺，在中兴里。"《高僧传》，卷三，《宋京师祇洹寺求那跋摩传》："以元嘉八年正月达于建邺。文帝引见，劳问殷勤……乃敕住祇洹寺，供给隆厚。公王英彦，莫不宗奉。俄而于寺开讲《法华》及《十地》。……奄然已终。春秋六十有五。……即于南林戒坛前，依外国法阇毗之……仍于其处起立白塔。"页107—109。《南朝寺考》以为南林寺与祇洹寺相近（《南朝寺考》，页42），而祇洹寺在秣陵县，故南林寺所在的中兴里也当在秦淮河南岸。

⑦ 《宋书》，卷二八，《符瑞志中》："文帝元嘉十四年三月丙申，大鸟二集秣陵民王颙园中李树上，大如孔雀，头足小高，毛羽鲜明，文采五色，声音谐从，众鸟如山鸡者随之，如行三十步顷，东南飞去。扬州刺史彭城王义康以闻，改鸟所集永昌里曰凤凰里。"页795。

⑧ 《至正金陵新志》，卷四，页5518-1，5518-2。

归仁里①、化义里、齐平里、朔阴里、崇孝里、翔鸾里、滨江里、舜泽里、嘉瑞里②。

关于唐代以前住宅区的规划,今所知不多,唐时的城坊(又称为"里")是在坊的四周筑有围墙,仅开两个或四个门,坊内除了联络东西、南北的道路外,还有叫作"曲"的路。只有三品以上的官员及面对死巷的人家,才准许凿墙,向着坊外的大街开设私门。③ 北魏的平城、洛阳,东魏、北齐的邺城,都已经有这样封闭式城坊的规划。然而,从文献资料上,却无法得知建康是否有此等的规划。

五、行 政

建业属扬州丹阳郡的境域,汉时扬州刺史治历阳,魏晋时治寿春,孙吴的扬州牧先治曲阿,后移建业。④ 晋平吴,仍治建业,江左沿而不改。丹阳郡治,汉世治宛陵。建安十六年(211),孙权时徙治建业。黄

---

① 《梁书》,卷二七,《明山宾传》,称明山宾市地造宅而不就,昭明太子赠金助之,并赠诗云:"平仲古称奇,夷吾昔擅美。令则挺伊贤,东秦固多士。筑室非道傍,置宅归仁里。庚桑方有系,原生今易拟,必来三径人,将招五经士。"页406。

② 《至正金陵新志》,卷四,页36—37,《庆元志》载六朝及唐里名十六,除去可考者并入前文叙述,此则不可考在秦淮南岸抑北岸者。唐里名殆沿六朝之旧。

③ 加藤繁著,吴杰译:《宋代都市的发展》,收入《中国经济史考证》,页249—250。

④ 《宋书》,卷三五,《州郡一》:"扬州刺史,前汉刺史未有所治,后汉治历阳,魏晋治寿春,晋平吴治建业。"页1029。《资治通鉴》,卷一百二十三,《宋纪五》,文帝元嘉十七年,胡注,《丹杨图》云:"自句容以西属鄣郡,以东属会稽郡,武帝元封二年,改鄣郡为丹杨郡,置扬州刺史,理秣陵,西州桥、冶城之间是其理处。刘繇为扬州刺史,始移理曲阿。孙策号此为西州。"页3889。

武元年(222)又徙治芜湖，①晋武帝太康二年(281)，分丹阳的一部分为宣城郡，治宛陵，而丹阳移治建业。元帝南渡，都建业，故改丹阳太守为丹阳尹。

由上可知，孙吴时扬州刺史治所在建业，丹阳郡则不一定。晋以后，扬州刺史及丹阳太守（东晋后为尹）都在建康，而建康县又有县令，扬州刺史、丹阳尹、建康令同驻于建康，所以宋世刘式之说："扬州刺史、丹阳尹、建康令并是京辇土地之主，或检校非违、或赴救水火。"②

扬州为王畿所在，故称为"京辇神皋"，扬州刺史又称为"神牧"③，位望最是隆重，为三品官，江左多以宗室亲王或高门望胄担任，庶姓少为扬州刺史。④ 其治所多半在东府城，陈世则镇冶城。⑤ 六朝扬州刺史多兼为宰辅，总管朝政，虽居京师，而不管建康行政。

丹阳尹为温峤所称"辇毂喉舌"⑥的高官，为中二千石的五品官，⑦多以才兼文武者为之，江左以来，几为宰辅之任，在六朝政治上扮演一个重要的角色，梁元帝曾缀拾历代事迹，作《丹阳尹传》十卷。⑧ 其管辖的范围很广，齐竟陵王萧子良称："京尹虽居都邑，而境壤兼跨，广袤周轮，几将千里。"⑨而建康、秣陵只不过是其辖区之一部分而已，丹阳尹

---

① 《宋书》，卷三五，《州郡志一》："丹阳尹，秦鄣郡……武帝元封二年，为丹阳郡，治今宣城之宛陵县。晋武帝太康二年，分丹阳为宣城郡，治宛陵，而丹阳移治建业。元帝太兴元年，改为尹。"页1029。《建康实录》，卷一："黄武元年……以东征将军高瑞领丹阳太守，复自建业徙治芜湖。"

② 《宋书》，卷十五，《礼志二》，刘式之议，页411。

③ 《南齐书》，卷十四，《州郡上》："扬州京辇神皋。"页245。又卷二十二，《豫章文献王传》，王为扬州刺史，上诏曰："神牧总司王畿。"页407。

④ 《宋书》，卷八五，《王景文传》，页2180。

⑤ 《陈书》，卷十，《程灵洗传》，页173。

⑥ 《晋书》，卷六七，《温峤传》，页1787。

⑦ 《隋书》，卷二六，《百官志上》，页743。

⑧ 《梁书》，卷五，《元帝纪》，页136。《丹阳尹传》一书今不存，《艺文类聚》卷五十有元帝《丹阳尹传序》。

⑨ 《南齐书》，卷四十，《竟陵文宣王子良传》，页694。

职任繁重,故于京师行政,甚少措意。

扬州刺史与丹阳尹虽居于建康,但实际上不管建康行政。真正管理京师行政的官员是建康令、都官从事、建康三官,以及负责都城防卫的卫尉。

(一) 建康令

真正管理京师的官员是秩千石、官七品的建康令,其品秩比其他的县令为高,如五千户以上县令,秩千石、八品,五千户以下县则秩六百石、九品。① 建康令的职任为掌理民事,纠察非违,所以刘孝仪在《除建康令谢启》中云:"所恐长安少年,易为操弹;渭城游徼,矜其独勇。清路道奴,固知难折;轻绥飞驾,且见为荣。"②京师的治安往往系于建康令之能否:

> (江秉之)……征建康令,为治严察,京邑肃然。③
>
> (刘秀之)元嘉十六年,迁建康令,除尚书中兵郎,重除建康。性纤善,纠擿微隐,政甚有声。④

(二) 都官从事

因建康令职任繁重,晋、宋时期,曾一度在建康、秣陵二县各设都官从事一人,纠察非违,司水、火、劫、盗:

> 晋世京邑二岸,扬州旧置都部从事,分掌二县非违,永初以后

---

① 《隋书》,卷二六,《百官志上》,页745。
② 《全梁文》,卷六一,刘孝仪《除建康令谢启》,页3316-1。
③ 《宋书》,卷九二,《良吏传》,页2269—2270。
④ 《宋书》,卷八一,《刘秀之传》,页2073。

罢省。孝建三年,复置其职。①

(大明元年)九月,建康、秣陵二县各置都官从事一人,司水、火、劫、盗。②

(三) 建康三官

梁天监元年,朱异上书,建议建康应比照廷尉,置狱司,梁武帝将此议付尚书详议,而置建康三官。③ 所谓的建康三官即建康正、建康监、建康平,与廷尉正、监、平品秩相同,秩六百石、七品,④掌建康狱事;因与廷尉同驻建康,所以称廷尉为"北狱",建康三官为"南狱":

> (天监五年)夏四月甲寅,初立诏狱。语建康县置三官,与廷尉三官分掌狱事,号建康为南狱,廷尉为北狱。⑤

建康三官秩禄虽不及建康令,而其官品却同为七品。

(四) 卫尉

卫尉掌宫城防卫,秦汉时已有此官,东晋渡江,不重城禁,所以不置。直迄宋孝武帝孝建元年(454)又置,江左沿而不替,《宋书》云:"晋氏过江,不置城门校尉及卫尉官,世祖欲重城禁,故置卫尉卿。卫尉之

---

① 《宋书》,卷七四,《沈攸之传》,页 1927。
② 《南史》,卷二,《宋本纪中》,页 60。
③ 《梁书》,卷三八,《朱异传》:"其年,上书言建康宜置狱司,比廷尉。敕付尚书群议,从之。"页 537。又,卷二《武帝纪中》:"(天监六年)八月戊戌,置建康三官。"页 38。
④ 《隋书》,卷二六,《百官志上》,页 745。
⑤ 《南史》,卷六,《梁本纪中》,页 189,此卷中亦称天监元年置建康三官,此处又于天监五年条下书署建康三官,殆指南、北狱之称。

置,自(刘)恢始也。"①其品秩为中二千石、三品②,卫尉下设丞二人。

建康为中央机构所在的京邑,所以中央与地方官同理民事,如建康三官虽与廷尉分司,但可兼任二者,如陈朝陆琼"兹判廷尉、建康二狱事"。③ 京邑地区的赈恤,也常是中书舍人会同建康、秣陵二县长官办理,《南齐书》:"(永明八年)八月丙寅,诏'京邑霖雨既过,居民泛滥,遣中书舍人、二县长官赈恤'。"④"(永元三年)六月,京邑雨水,遣中书舍人、二县长官赈赐有差。"⑤但六门都城之内则不归建康令等州县官管辖,而由左、右卫及领军将军管理。⑥

总之,建康都城之内不属州县范围,由左、右卫及领军管理,而京邑二县建康、秣陵县主要由建康令、秣陵令掌理,另外有建康三官、都官从事为之辅。

六、治 安

都邑人物复杂,治安本比他处为混乱,《隋书》云建康人杂五方,风俗与长安、洛阳二京相似。⑦ 长安的风俗是"京兆王都所在,俗具五方,人物混淆,华戎杂错。去农从商,争朝夕之利,游手为事,竞锥刀之末。贵者崇侈靡,贱者薄仁义,豪强者纵横,贫窭者窘蹙,桴鼓屡惊,盗贼不禁,此乃古今之所同也"⑧。洛阳则是"其俗尚商贾,机巧成俗"⑨。建

---

① 《宋书》,卷六八,《南郡王义宣传》,页1808。
② 《隋书》,卷二六,《百官志上》,页742。
③ 《陈书》,卷三十,《陆琼传》,页397。
④ 《南齐书》,卷三,《武帝纪》,页58。
⑤ 《南齐书》,卷七,《东昏侯纪》,页101。
⑥ 《宋书》,卷十五,《礼志二》,刘式之议:"又寻六门则为行马之内,且禁卫非违,并由二卫及领军。"页411。
⑦ 《隋书》,卷三一,《地理志下》,页887。
⑧ 《隋书》,卷二九,《地理志上》,页817。
⑨ 《隋书》,卷三十,《地理志中》,页843。

康具有浓厚的商业性,富贵者豪竞奢侈,又恃势为乱,且京师人多,是不法之徒最好藏匿的地点。这些因素,共同交织成建康复杂的社会,因此秩序颇难维持。自东晋开始,即号为难治。东晋孝武帝时,谢安豁达而明治体,以为这是都城的正常现象,并不愿深究:

> 谢公时兵厮逋亡,多近窜南塘,下诸舫中。或欲求一时搜索,谢公不许,云:"若不容置此辈,何以为京都?"①

除了一些亡命非法之徒混迹其间外,闾里小民或争财利而相斗,征逐声色,也是造成秩序混乱的一个原因:

> 时天下殷实,四方辐辏,京邑二县,号为难治。……其闾里少年,博徒酒客,或财利争斗,妄相诬引。②

宋世即有"京邑二县,号为难治"之叹。加上都城王公贵族富室甚多,易启盗心,所以建康自东晋时起即多盗寇劫掠。宋明帝即位之初,治安甚坏,二旬之中有十七件劫掠的案件。③ 齐高帝时即鉴于京师多寇盗,打算立符伍,家家相互检括,然王俭(452—489)反对,认为各处人物荟萃于京师,如人人持符,颇为烦扰,他也和谢安一样,认为这是京师的自然现象,此事因而作罢:

> 建元元年,改封南昌县公,时都下舛杂,且多奸盗,上欲立符伍,家家以相检括,(王)俭谏曰:"京师翼翼,四方是凑,必也持符,于事既烦,理成不旷,谢安所谓'不尔,何以为京师?'"乃止。④

---

① 《世说新语笺疏》,上卷下,《政事第三》,页185。
② 《宋书》,卷一百,《沈约自序》,页2462。
③ 《宋书》,卷七八,《萧思话传》,页2016。
④ 《南史》,卷二二,《王昙首传附王俭传》,页593。

终六朝之世,建康每多盗贼,①不能禁遏。

当然,也有一些贵戚豪强恃势为非作歹,破坏京师治安。如梁世京师有所谓的"四凶"——即萧正德、萧正则、董暹、夏侯洪,为宗室及贵臣之子,劫盗杀人,有司不敢治其罪,后四凶被绳之以法后,百姓乃得稍安:

> 时东府有正德及乐山侯正则,潮沟有董当门子暹,世谓之董世子者也,南岸有夏侯夔世子洪,此四凶者,为百姓巨蠹,多聚亡命,黄昏多杀人于道,谓之"打稽"。时勋豪子弟多纵恣,以淫盗屠杀为乐,父祖不能制,尉逻莫能御。②

可知破坏秩序的不只是轻浮的闾里少年、争逐小利的贩夫走卒,居于高位的贵臣王公不肖子弟更是妨碍建康安宁之人。建康城一方面显示出其拥有高度质量的文化,另一方面因商业旺盛,奢绮繁荣,同时也是一个人物杂沓、治安混乱的都市。

原刊于《大陆杂志》第六十八卷第四期(1984)

---

① 《陈书》,卷二一,《萧允传附萧引传》,页290。
② 《南史》,卷五一,《梁宗室上》,页1280。

东晋南朝"钟山文化区"的形成

六朝时期政治上晦暗混乱，但在文化方面却璀璨辉耀，大放异彩。此一时期南、北政治分立，文化上也有异途的发展，江左尤有突出的成就，发展出令人追慕神往的"六朝文化"。此一文化主要是由城市中的贵族缔造出来的。东晋初年，由于建康的精华区已住着南方人士，即使最有名望和具有影响力的北方王、谢家族抵达建康，也只能落脚在远离宫城的秦淮河南岸乌衣巷。此外，他们欲拓殖产业也只能绕过三吴，到遥远的浙东地区。① 因此，在南方遂形成以都城为中心的建康文化区和以山阴（今浙江绍兴）为中心的浙东文化区。② 然而，由于政治中心在建康，它自然也成为六朝文化的重心。

六朝文化的重要元素包括儒学、玄学、佛教、文学，以场所来说指学馆、寺院、王侯宅邸和贵胄大臣的园宅，在此活动的主要是皇室、贵族、名士、隐士和僧人。东晋时期，建康城的文化中心在秦淮河南岸的乌衣巷，以及其邻近地区的佛寺和贵族宅第。刘宋以后，则渐次从秦淮河南岸移到北岸的"钟山文化区"。此一文化区包括建康的三个区域：（1）介于钟山往西，经覆舟山、鸡笼山这一线以南，和都城北界"潮沟"以北之间的地区。都城北面有玄武湖，它的东南方有覆舟山（今小九华山），乐游苑即在此山之南；此湖的西南方有鸡笼山（今北极阁），这两座山是都城东北钟山余脉的延伸。孙吴建都建业，在此开凿三条渠道：吴大帝

---

① 陈寅恪：《述东晋王导之功业》，《金明馆丛稿初编》（《陈寅恪先生文集二》，上海：上海古籍出版社，1980年，页60—61。
② "浙东文化区"系从会稽郡山阴县向南经始宁、剡县、始丰诸县，到临海郡一带，系名士高族栖居隐逸之地，也是道士名僧修习之所。

赤乌四年(241),利用天然水道,自钟山下开凿一条渠道"青溪",向南流经都城东面,直抵秦淮河;①青溪从北至南有七座桥,最北的一座就在乐游苑东门处,第二座称为尹桥,从此处又凿一条渠道,向西延伸,称为"潮沟",成为都城的北堑。②另一条渠道是从宫城通往都城外运输的运渎。③(2)东晋以后,都城东面有两个城门——建春门、清明门,此二城门向东、东北延伸至钟山脚下的地区。(3)钟山地区。(参见图一)④上述三个地区分布着学馆、王邸、贵族大臣的园宅、寺院,广义

① 卢海鸣:《六朝都城》,页150—151。
② 《建康实录》卷二《太祖下》载:赤乌四年"冬十一月,诏凿东渠,名青溪,通城北堑、潮沟。潮沟亦帝所开,以引江潮,其旧迹在天宝寺后,长寿寺前。东发青溪,西行经都古承明、广莫、大夏等三门外,西极都城墙,对今归善寺西南角。……其沟是吴郡俭所开,在苑陵后,晋修苑城为建康宫,即城北堑也。……其青溪上亦有七桥。最北乐游苑东门桥。次南有尹桥,今潮沟大巷东出度此桥"。多数学者认为潮沟为建康城北堑,但也有学者有不同的意见。除《建康实录》的资料外,下文将佐以史书的叙述考察此一问题。
③ 关于运渎的桥梁、津渡和今址的考辨,见陈刚:《六朝建康历史地理及信息化研究》(南京:南京大学出版社,2012),页154—162。
④ 由于隋平陈之后,将建康城平荡耕垦,有关此城的文献和目前的考古所获,尚难以重建此城的样貌。此图主要显示钟山文化区大致的方位,依据以下三图绘制而成:卢海鸣《萧梁建康示意图》(《六朝都城》,页59)、陈刚《梁陈建康示意图》(《六朝建康历史地理及信息化研究》,页192)、佐川英治《南朝梁代建康城市布局示意图》(《中國古代都城の設計思想:丹丘祭祀の歷史的展開》,东京:勉诚出版社,2016,页209)。在此附带说明,前此关于建康城门,主要是依据唐代许嵩《建康实录》《建康宫苑记》二书的记载,不过,此二书的记载颇有出入,如前者称建康都城有六门,后者称有十二门,《景定建康志》以为"乃知六门为正门,后又立六门,皆便门"。(《景定建康志》卷二十《城阙志一·古都城门》,页1630上至页1631)值得注意的是,依《南齐书》记载,建康有"宫六门"和"外六门","外六门"系指都城之门。如《南齐书》卷二十二《豫章文献王嶷传》:建元三年(481),豫章王萧嶷大病初愈后,齐高帝特地到其坐镇的东府设乐庆祝,并且准许他"乘舆至宫六门"。《南齐书》卷二十三《王俭传》:"宋世外六门设竹篱,是年初,有发白虎樽者,言'白门三重门,竹篱穿不完'。上感其言,改立都墙。"又,一直到南朝末年,"六门"向来指的是都城之门,"六门之内"即指都城。《南齐书》卷七《东昏侯纪》,叙述东昏侯萧宝卷在宫内,登上景阳楼观战,因恐宫外有伏兵,"烧城傍诸府署,六门之内皆荡尽。"此外,从梁武帝下令郊庙祭祀的斋日"六门之内,士庶甚多,四时蒸尝,俱断其哭"。(《隋书》卷七《礼仪志二》)

上可统称为"钟山文化区"。

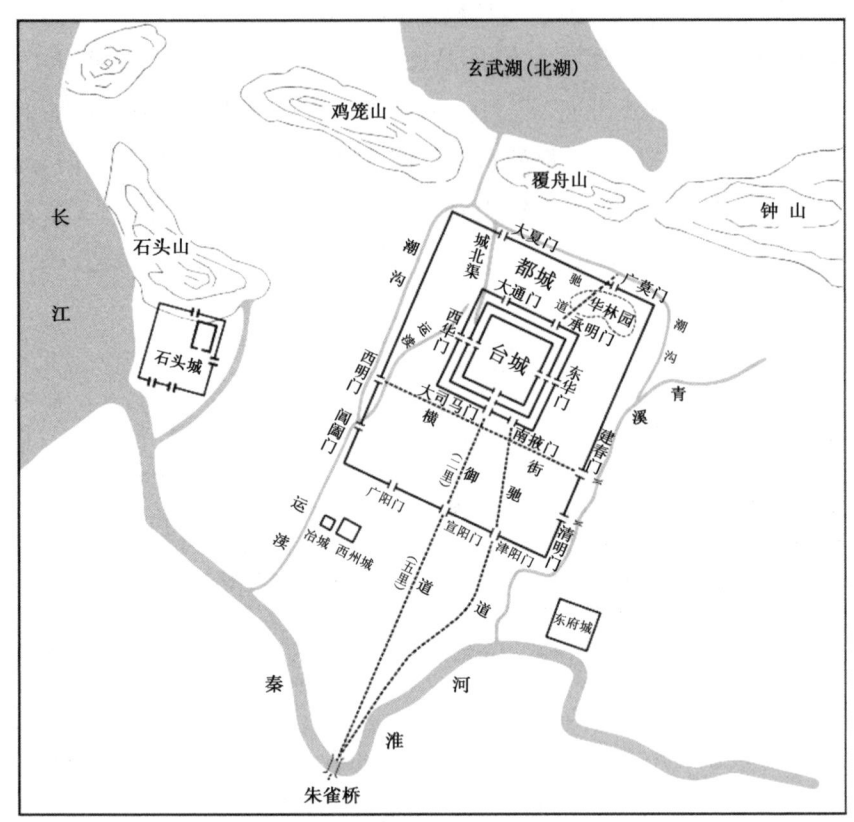

图一 梁朝建康"钟山文化区"示意图

(据卢海鸣"萧梁建康示意图"、陈刚"梁陈建康示意图"、佐川英治"南朝梁代建康城市布局示意图"绘制)

本文主要探讨东晋以迄梁朝期间,建康的文化中心如何从秦淮河南岸移转到北岸的历程,以及"钟山文化区"的形成、内涵及其活动。"钟山文化区"所以能够取代秦淮南岸的乌衣巷与邻近地区,和以下两个因素有关:

一是东晋、刘宋时期建康城的规划,以及在钟山造林的政策,提供此文化区发展的可能性。晋成帝咸和二年(327)苏峻从历阳起兵攻入建康,迄咸和四年(329)苏峻乱平,建康城遭受严重的破坏,宫室丘墟,满目疮痍,故于咸和五年(330)修造建康城,由丞相王导(276—339)负责规划。原来建康仅在南面开"宣阳门",此次则增设五个城门,共计六门;其中,东面开设建春门、清明门,对于建康城以东延伸至钟山之地的开发,有很大的影响。在此之后,建康城东建造了不少宅第和佛寺。再则,东晋在钟山的造林政策,令诸州、郡官员罢职返回京师时,必须在钟山种植松树,一直到刘宋时期都还执行此一政策。① 由于长期在钟山造林,随着年月加深,林木繁茂,刘宋初年,钟山已是隐士幽栖的佳处,也是僧人禅居修行的灵秀之地。又,宋文帝元嘉二十五年(448),在都城北面增设广莫门②,使都城以北的鸡笼山一带发展成王邸聚集的地区。

二是宋、齐在都城以北的地区和钟山建立学馆,直接推动各项文化的发展。刘宋在都城北的鸡笼山、钟山,建立玄、儒、文、史四学馆,以及在鸡笼山建造皇子邸第,自此都城北面从鸡笼山,经覆舟山至钟山的地区,分布着公私人学馆、皇子和贵族大臣的宅邸和诸多寺院。至齐永明之世,竟陵王萧子良以其在鸡笼山的"西邸"推展各项文化活动,虽然齐

---

① 《太平御览》,卷四十一,《地部六》"蒋山",页326下。《景定建康志》卷十七《山川志》"钟山"引《金陵地记》,在"东晋令刺史……"之后,又有"宋时诸州刺史罢职还者栽松三千株,下至郡守各有差"之句。三千株的数字可能有误。(页1557下至页1558上)

② 如前注所述,建康都城有六门,即"外六门":南面宣阳门,西面的西明门,东面的津阳门(开阳门)、清明门,北面的广莫门和大夏门。北面二门广莫门、大夏门和汉魏洛阳城北面门一致。(《晋书》卷十四《地理志上》"司州")东晋元帝咸康元年(335),后赵石虎率兵攻打历阳,元帝分派诸将抵御,并且在慈湖、牛渚、芜湖戍兵,"帝观兵广莫门"亲自校阅军队。(《晋书》卷七《成帝纪》)《资治通鉴》胡三省注:"广莫门,建康城北门也。"宋文帝元嘉二十五年(448),将广莫门改称承明门。《宋书》卷五《文帝纪》:"新作阊阖、广莫二门,改先广莫门曰承明,开阳曰津阳。"新作的阊阖、广莫二门应系宫城之门。又,宋孝武帝大明五年(461),在建康城辟二驰道:"自阊阖门至于朱雀门,又自承明门至于玄武湖。"(《宋书》卷六《孝武帝纪》)北驰道系从都城承明门(原名广莫门)至玄武湖。

世短祚,但承继其后的梁武帝萧衍曾游于竟陵王门下,他在位五十年,基本上沿续西邸文化的活动,并且更为发扬光大,经筵法会,时常开讲。至于钟山上则寺院宝刹相望,成为建康的佛教中心,帝王皇子、名流贵胄、学者隐士在此从事宗教、文化活动;又因此山清幽秀丽,也成为建康城居民休憩游览的风景区。

一、秦淮南岸的乌衣巷和瓦官寺

史书和《世说新语》《高僧传》等记载显示,东晋时期秦淮河南岸的乌衣巷附近贵族园宅,以及瓦官寺、长干寺是建康文化的中心。

东晋宰相王导和谢安(320—385)都住在秦淮河南岸乌衣巷,附近有瓦官寺、长干寺。① 在此之前,孙吴大臣张昭(156—236)的住宅就在瓦官寺对面,虽然此区另有庶民杂居,但这些贵臣的住宅是格外讲究的,如协助元帝在江左立国的南方士人纪瞻(259—324)在乌衣巷的宅第"馆宇崇丽,园池竹木,有足赏玩焉"②。这些聚居在乌衣巷及其邻近地区的南、北上层阶级,时或在其居宅集会,如陈郡阳夏谢氏子弟在其宅第聚会宴饮:"(谢)混风格高峻,少所交纳,唯与族子灵运、瞻、曜、弘微并以文义赏会。尝共宴处,居在乌衣巷,故谓之'乌衣之游'。"③据学者考证,此系东晋安帝义熙(405—419)初年之事,④"文义赏会"或称

---

① 《建康实录》,卷二《太祖下》:"案《丹阳记》,大长干寺道西有张子布宅,在淮水南,对瓦官寺门,张侯桥所也。桥近宅,因以为名。其长干是里巷名,江东谓山陇之间曰干。建康南五里有山冈,其间平地,民庶杂居,有大长干、小长干、东长干,并是地里名。小长干在瓦官南,巷西头出江也。"
② 《晋书》,卷六十八,《纪瞻传》。
③ 《宋书》,卷五十八,《谢弘微传》。
④ 李雁:《"乌衣之游"考述》,《山东教育学院学报》,2000 年第 5 期。

"文章赏会""文酒赏会",①系指世族文士、皇室聚集餐叙,在宴席间赋诗为文、清谈玄言、品藻人物。② 其后,"文义赏会"常和"乌衣之游"相提并论,如梁朝萧介"性高简,少交游,惟与族兄琛、从兄视素及洽、从弟淑等文酒赏会,时人以比谢氏乌衣之游"。③ 这种文义赏会成为贯穿东晋南朝时期最典型、耀目的文化活动,如宋孝武帝时吏部尚书何偃和侍中颜峻"以文义赏会,相得甚欢"。④

魏晋以降,儒学衰落,玄学代之而兴,玄学清言系包含儒家、道家和佛典三种内容。其时儒家仍是基本的教养,道家学者以道家思想解释儒家经典,并且融入佛教的义理。如张融(444—497)遗命入敛时执儒、释、道的典籍,"左手执《孝经》《老子》,右手执《小品》《法华经》"⑤,反映其时多数名士的观念。⑥ 东晋社会上享有名望者多长于玄学清谈,在《世说新语》中所见的贵族、名士和高僧即是其中具体的显现,即使帝王也倾心于此。宋文帝年少即爱好玄言清谈,元嘉二十三年(446),他在给臣下的诏书中称:"吾少览篇籍,颇爱文义,游玄玩采,未能息卷。"⑦从东晋以来,名士清谈手不离麈尾,僧人讲经亦手持麈尾,显示了其时讲论佛义和清谈的关系。如东晋成帝时,西域人康法畅"常执麈尾行,每值名宾,辄清谈尽日"。庾亮(289—340,字符规)问康法畅曰:"此麈

---

① 《梁书》,卷四十一,《萧介传》。《南史》,卷十九,《谢灵运传》:"灵运既东,与族弟惠连、东海何长瑜、颍川荀雍、泰山羊璇之以文章赏会,共为山泽之游,时人谓之四友。"
② 李军:《"文义赏会"释义》,载浙江大学汉语史研究中心、浙江大学古籍研究所编:《姜亮夫蒋礼鸿郭在贻先生纪念文集》,上海:上海教育出版社,2003,页248—250。
③ 《梁书》,卷四十一,《萧介传》。
④ 《宋书》,卷五十九,《何偃传》。
⑤ 《南齐书》,卷四十一,《张融传》。《小品》系指《放光般若经》。
⑥ 冢本善隆:《魏晋佛教的展开》,载其《中国中世佛教史论考》,《冢本善隆著作集》第3卷,东京:大东出版社,1975,页37—42。
⑦ 《宋书》,卷九十五,《索虏传》。

尾何以常在？"畅答曰："廉者不取，贪者不与，故得常在也。"①持麈尾也成为讲说佛义的代名词，萧齐灵基寺释智林致书周颙称："贫道捉麈尾以来四十余年，东西讲说，谬重一时，其余义统，颇见宗录，唯有此途，白黑无一人得者。"②麈尾也成为僧人付法的表征，名僧法宠临终之前，以麈尾付嘱法恭。③它甚至成为僧人的象征之一，僧人昙谛未生时，"母黄氏昼寝，梦见一僧呼黄为母，寄一麈尾并铁镂书镇二枚。眠觉，见两物具存，因而怀孕生谛"④。刘宋冶城寺释慧通长于讲经，"每麈尾一振，辄轩盖盈衢"。

虽然"乌衣之游"风雅流誉，但系在私宅中的活动，东晋真正的文化中心其实是在秦淮南岸的瓦官寺、长干寺。在王、谢等大族宅第中进行的文义赏会，参加者仅限于其家族成员；谢安之孙谢混（？—412）诗中就说得很明白："昔为乌衣游，戚戚皆亲侄。"其他高流时誉的名士也不敢登门造访。⑤由于寺院是公共空间，为不同身份背景者提供交流的场所而成为文化中心。瓦官寺是建康最著名的寺院和讲经的场所，名僧抵达建康多居住在此寺，并在此讲说佛典。东晋初年擅长《放光般若经》和《道行般若经》（T.224，或称《道行般若波罗蜜经》）⑥的僧人竺僧敷避乱南来，"止京师瓦官寺盛开讲席，建邺旧僧莫不推服"⑦。另有一位不知名的北方僧人也在此寺讲《道行般若经》，当时最负盛名的名僧支遁（314—366）、竺法深及诗文俱佳的孙绰（314—371，字兴公）都来听

---

① 《高僧传》，卷四，《康僧渊传》。
② 《高僧传》，卷八，《释智林传》。
③ 《续高僧传》，卷十四，《唐苏州武丘山释法恭传》（T.2060，《大正新修大藏经》第五十册）。
④ 《高僧传》，卷七，《宋吴虎丘山释昙谛传》。
⑤ 《宋书》，卷五十八，《谢弘微传》。
⑥ 《放光般若经》（T.221，或称《放光般若波罗蜜经》）和《道行般若经》（T.224，或称《道行般若波罗蜜经》），是东晋南北朝流行的般若经典，《放光般若经》有二十卷，称之为"大品"，《放光般若经》仅十卷，故称为"小品"。
⑦ 《高僧传》，卷五，《竺僧敷传》。

讲。① 支遁字道林，多以字称"支道林"，或称"支公"，也称"林公"，他从会稽来到建康，住在东安寺；②竺法深出身第一高门琅琊王氏，系大将军王敦(266—324)之弟，深受元帝、宰相王导、大臣庾亮等敬重。③ 从这些讲会中，可知瓦官寺聚集了来自建康其他寺院的名僧，也有不少贵族大臣与会。咸安年间(371—373)，竺法汰(320—387)从北方来到建康，住在瓦官寺，王导之子王洽(323—358)及其子东亭侯王珣(349—400)、太傅谢安都对他"钦敬无极"。此外，简文帝请他讲经，并且亲临讲会，王公大臣全都前往听讲，不仅建康士民参与此会，也吸引了数千三吴地区的人士前来：

> （法）汰下都止瓦官寺，晋太宗简文皇帝深相敬重，请讲《放光经》。开题大会，帝亲临幸，王侯公卿，莫不毕集。汰形解过人，流名四远，开讲之日，黑白观听，士女成群。及咨禀门徒，以次骈席，三吴负帙至者千数。④

另如，三吴僧人释道祖(348—419)也曾在瓦官寺讲说，桓玄任扬州刺史时(369—404)每往观听。⑤

寺院不仅是讲说佛经教理的场所，也是贵胄名士谈论文义之地。东晋南朝的学术之中，佛教是重要的元素，佛教义理成为上自帝王、贵族、大臣、隐士学养中的一部分，也是清谈的内容之一。因此，贵族名士不仅读佛经，如名士殷浩（？—356)读《维摩诘经》《道行般若经》(称"小品")。⑥ 他们亦常前往寺院听讲，并且礼敬名僧，支持佛典汉译的活

---

① 《世说新语笺疏》，上卷下，《文学第四》。
② 《世说新语笺疏》，上卷下，《文学第四》："支道林初从东出，住东安寺中。"
③ 《高僧传》，卷四，《竺法潜传》。
④ 《高僧传》，卷五，《竺法汰传》。
⑤ 《高僧传》，卷六，《释道祖传》。
⑥ 《世说新语笺疏》，上卷下，《文学第四》。

动。海西公太和元年(366),吴地僧人竺道壹来到建康,住在瓦官寺,深受住在邻近的王珣及其弟王珉(351—388)礼重敬事。① 王氏兄弟有时也延请僧人至其宅第讲经,安帝隆安元年(397),罽宾僧人僧伽提婆抵达京师,"晋朝王公及风流名士莫不造席致敬",王珣更延请他到其宅第讲《阿毗昙经》。② 此外,王珣还召集建康僧人慧持等四十余人,请僧伽提婆重译《中阿含经》等经。③

住在乌衣巷一带的南、北大族,不仅在自家宅第中讨论文义,也参与邻近的瓦官寺的讲经说法,有时亦和僧人、名士在寺院进行佛经义理之外的讨论,使得寺院不仅是一个宗教场域,也成为文化中心。如东晋丹阳尹刘真长、名士王蒙(309—347)、桓伊(?—391)曾在瓦官寺会集,一同品评西晋和东晋人物。④ 释僧意在瓦官寺和负有才华盛名的王修(王蒙之子,字苟子)讨论文义⑤,僧意是灵味寺的僧人⑥,可见瓦官寺的讲经活动也吸引建康其他寺院僧人、贵胄名士齐集此地,使得寺院成为清谈论义的据点。除瓦官寺之外,秦淮河南岸的长干寺也是重要的文化中心。东晋成帝咸和中,长干寺中有传为印度阿育王所造的佛像,简文帝在此寺造三层塔;其后又出土传为阿育王所造的佛塔,又在其旁树塔安置舍利,孝武帝太元十三年(388)更加为三层。⑦

刘宋前期,建康主要的文化活动仍然集中于南岸的寺院。元嘉十年(433)抵达建康的天竺僧人僧伽跋摩,住在平陆寺(后来改为"奉诚

---

① 《高僧传》,卷五,《释道壹传》。
② 《晋书》,卷六十五,《王导附王珣传》。《高僧传》,卷一,《伽提婆传》。
③ 《高僧传》,卷一,《晋庐山僧伽提婆传》。
④ 《世说新语笺疏》,中卷下,《品藻第九》:"刘丹阳、王长史在瓦官寺集,桓护军亦在坐,共商略西朝及江左人物。"
⑤ 《世说新语笺疏》,上卷下,《文学第四》:"僧意在瓦官寺中,王苟子来,与共语,便使其唱理。"
⑥ 《高僧传》,卷十三,《宋灵味寺释昙宗传》:"时灵味寺复有释僧意者,亦善唱说,制《睒经》新声,哀亮有序。"
⑦ 《高僧传》,卷十三,《释慧达传》。

寺",不详所在),彭城王刘义康(409—451)崇敬他精于戒律,遂在秦淮河南岸的长干寺招集学士,请他将已译出但未经缮写的《杂阿毗昙心论》(T.1552)记录下来,为谨慎之故,由宝云译语,慧观笔受。① 又,长干寺释昙颖擅长唱导,受到会稽太守张畅、江夏王刘义恭的赞赏钦重。② 宋孝武帝征请释僧导到京师来,住在中兴寺,皇帝亲往寺院致意,敕令他在瓦官寺开讲《维摩诘经》(T.474),讲会中"帝亲临幸,公卿毕集"③。

二、刘宋的学馆与王邸
——钟山文化区的初肇

从钟山往西,经覆舟山、鸡笼山这一线以南,和潮沟以北之间的地区,是钟山文化区最先形成的一部分。(以下简称"都城北面")刘宋时在此建立学馆、王邸,使得它成为"钟山文化区"最早形成的一部分。又,潮沟以北、青溪以西之地,也是甲族贵臣的园宅汇聚之地,使得都城北面成为名流贵胄、皇帝后妃、学者隐士从事宗教、文化活动的主要地区,渐次取代了秦淮河南岸的文化地位。五代广陵徐铉(916—991)《龙山泉铭》一文,记建康城北鸡笼山东麓之泉,有以下的叙述:"建康城北有鸡笼山焉,傍带潮沟,却临后湖。宋元嘉中改为龙山,湖曰玄武,纪瑞也。雷次宗之儒学,萧子良之西邸,遗踪可识,爽气长留。东麓有泉,至清而甘,水旱不增减。"④简要地描述宋、齐都城北区的地形和文化风貌。

---

① 《高僧传》,卷三,《伽跋摩传》。按:《杂心》系指《杂阿毗昙心论》(T.1552),简称《杂心论》或《杂心》。
② 《高僧传》,卷十三,《释昙颖传》。
③ 《高僧传》,卷七,《释僧导传》。
④ 〔清〕董诰等编:《全唐文》(北京:中华书局,1987),卷八八三,《龙山泉铭》,页9228下。

(一) 私学和学馆所在地

宋文帝在都城北面的鸡笼山设玄、儒、文、史四学馆,又在鸡笼山建造王邸,其后此区即分布不少王府皇邸、甲族贵臣的园宅。

虽然东晋、宋、齐数度开置国学,但无讲授之实,形同具文,皆不及十年就废除了。① 因此,此一时期教育的重心在私学,而非官学。② 从东汉末年以降,政治动荡混乱,崇儒之士不愿仕于新朝,倾心道家者则否定政治,更重视个人的安心立命,因此选择避世栖隐。③ 晋朝建立不久,北方又陷于分裂和战乱,在王朝更迭中,上述的隐者常受到社会上高度的敬重。刘宋建国者武帝因非出身高门,故以"举逸民而天下归心"为出发点,迎请隐士周续之(377—423)至建康,为他"开馆东郭外",招集生徒讲授。④ 周续之在东郭外学馆确切的地址不详,有可能在建春门、清明门以东的地区;其后周续之因患风痹之疾,更移至钟山养病。至文帝时,设玄、儒、文、史四学馆,可能也受到上述武帝为隐者设私人学馆的启发。⑤ 元嘉十五年(438),遂有四学馆的设立:

> 元嘉十五年,征(雷次宗)至都,开馆于鸡笼山,聚徒教授,置生百余人,会稽朱膺之、颍川庾蔚之并以儒学总监诸生。时国子学未立,上留心艺文,使丹阳尹何尚之立玄学,太子率更令何承天立史

---

① 《梁书》,卷四十八,《儒林传》:"江左草创,日不暇给,以迄于宋、齐,国学时或开置,而劝课未博,建之不及十年,盖取文具,废之多历世纪,其弃也忽诸。"
② 王建军:《论南朝学馆》,《教育评论》,1987 年第 3 期。
③ 神乐冈昌俊:《隐逸的思想》,第一章《何谓隐逸》,东京:鹈鹕社,2000,页28。
④ 《宋书》,卷九十三,《周续之传》。
⑤ 李俊:《论刘宋元嘉"四学"制度及其与南朝学术史之关系》,《中国文化研究》,2010 年夏之卷。李文另称宋武帝、文帝礼遇隐士周续之、雷次宗完全是一种政治策略,其实并无弘扬儒学的意图,关于这一点,本文有所保留。

学,司徒参军谢元立文学,凡四学并建。①

根据许嵩《六朝宫苑记》的记载,儒学馆在钟山下,玄学、史学、文学馆都在建康城北的鸡笼山一带:"儒学在钟山之麓,时人呼为'北学',今草堂是也。玄学在鸡笼山东,今栖元寺侧。史学、文学并在耆阇寺侧。"②依《景定建康志》,耆阇寺在鸡笼山之西、纱市旁,③从陈朝张正见《陪衡阳王游耆阇寺诗》有"甘棠听讼罢,福宇试登临。兔苑移飞盖,王城列玳簪"之句,④显示耆阇寺离宫城很近。由此可知,玄、文、史三学分居鸡笼山东、西。文学和史学二馆在耆阇寺侧,可能和文帝建国时得到佛教谶言和僧人之助有关。根据冢本善隆的研究,东晋末年刘裕北伐时,僧人慧义(370—442)、慧严(363—443)、僧导有襄助之功;又,刘裕在建国过程中亦涉及佛教的符谶,颇有利于刘宋建国后佛教的发展与隆兴。⑤ 其后,宋文帝北伐时,甚至请释慧严同行,慧严原系北方僧人,出身豫州范氏,出家后至长安从鸠摩罗什习法,其后南下建康,居于东安寺——建康重要的译经场所和义学讲经之寺,他对刘宋初年的佛教界有很大的影响力,京师流传着"斗场禅窟寺,东安谈义林"的谚语,就是因为慧严、慧议这两名僧人住在东安寺之故。⑥

被称为"北学"的"儒学馆"最初位于鸡笼山麓,后来迁移至钟山。元嘉十五年,宋文帝征召庐山隐士雷次宗(386—448)至建康,为他在鸡

---

① 《宋书》,卷九十三,《雷次宗传》。
② 《景定建康志》,卷二十八,《儒学志》"前代学校兴废"。
③ 《景定建康志》,卷十六,《疆域志二》"镇市,古市":"(纱市)在城西北耆阇寺前。"页1529下。《至正金陵新志》,卷五上,《山川志一》"山阜":"祇阇山,庆元《志》在鸡笼山西有祇阇寺,今废。"
④ 逯钦立辑校:《先秦汉魏晋南北朝诗·陈诗》,卷三,"张正见",北京:中华书局,1983。
⑤ 冢本善隆:《南朝"元嘉治世"与佛教兴隆》,载其《中国中世佛教史论考》,页77—89。
⑥ 《高僧传》,卷七,《释慧严传》;《宋书》,卷九十七,《夷蛮传》。

笼山建立学馆教授,他的学识和德行备受尊崇,及雷次宗辞返庐山时,"公卿以下,并设祖道"。其后,文帝又再度征雷次宗至京师,可能为了让他可以享有近于庐山的清幽环境,遂在钟山西岩下为他建造居宅,称为"招隐",命他为皇太子讲"丧服经",①也意味着都城北面文化区向钟山的延伸。至于钟山儒学馆所以有"北学"之称,系对应着先前何尚之所建立的私人学馆而言,元嘉十三年(436)丹阳尹何尚之(382—460)在南郭外住宅所开设学馆:"立宅南郭外,置玄学,聚生徒。东海徐秀、庐江何昙、黄回、颍川荀子华、太原孙宗昌、王延秀、鲁郡孔惠宣,并慕道来游,谓之'南学'。"②其后,宋文帝立四学馆,即由何尚之负责玄学馆。③

元嘉十五年所设的四学馆何时停废,不得而知;以儒学馆而言,它系因雷次宗而设置的,元嘉二十五年(448)雷次宗辞世,未知此馆是否就停废了。据《续高僧传》的记载,齐世周颙在钟山儒学馆旧址为慧约法师(459—542)建造"草堂寺":"齐中书郎汝南周颙为剡令,钦服道素,侧席加礼,于钟山雷次宗旧馆造'草堂寺',亦号'山茨'。"④按:周颙系在宋苍梧王元徽(473—477)初年出为剡令,⑤可知在此之前儒学馆就停废了。不过,钟山的儒学并未因此断绝,齐明帝的侄子始安王萧遥光(468—499)、右卫将军江祏二人,在钟山为长于儒学的隐士吴苞建立学馆。⑥

泰始六年(470),宋明帝延续了宋文帝置四学馆的前例,置"总明观",分玄、儒、文、史四科,每科置学士十人、正令史一人、书令史二人、

---

① 《宋书》,卷九十三,《雷次宗传》。
② 《宋书》,卷六十六,《何尚之传》。
③ 王建军《论南朝学馆》一文认为宋文帝以何尚之在南郭的学馆为基础,命立玄学馆。《教育评论》,1987年第3期。
④ 《续高僧传》,卷六,《释慧约传》。
⑤ 《南齐书》,卷四十一,《周颙传》。杜晓勤:《周颙行年略考》,《中国典籍与文化》,2013年第2期。
⑥ 《南齐书》,卷五十四,《吴苞传》。

干一人、门吏一人、典观吏二人。① 此观可视为将宋文帝的四学统整为一②，此外，它也延续了东汉"东观"的精神；事实上，它又名"东观"，主其事者就称为"东观祭酒"："宋明帝泰始六年，置总明观以集学士，或谓之东观，置东观祭酒一人，总明访举郎二人；儒、玄、文、史四科，科置学士十人，其余令史以下各有差。"③"东观"是东汉国家的藏书机构，从职能性质、学术活动来看，它已经具有初步的馆阁形态，④因此总明观也收藏大量的书籍。齐武帝永明三年（485），因建立国学，省总明观，下令在国子祭酒王俭（452—489）的私宅中开学士馆，将总明观所藏的"四部书"送至其家。⑤ 此四部书应系晋朝秘书监将图书分类调整为甲、乙、丙、丁四部（即后来经、史、子、集的前身），⑥胡三省认为其内容应分属儒、道、文、史。⑦

（二）都城北面的王邸

宋文帝所设的玄、文、史三学馆，分居鸡笼山东、西，使得鸡笼山一带成为人文会聚之地。元嘉二十一年（444），文帝更为他最钟爱的第七子建平王刘宏（434—458）"立第于鸡笼山，尽山水之美"⑧。刘宋皇室出身寒门，在学养上和高门清谈玄学之士有很大的差距，因此武帝刘裕特别注重皇室教育，父子皆仰慕当时名士风流，第三子文帝刘义隆即"颇爱文义，游玄玩采"⑨。文帝在鸡笼山为刘宏建造王邸，不惟因此地

---

① 《南齐书》，卷十六，《百官志》。
② 《资治通鉴》，卷一三二，"宋太宗泰始六年立总明观"条下胡三省注称："文帝元嘉十五年，立儒、玄、文、史四学，今置总明观祭酒以总之。"
③ 《南史》，卷二十二，《王昙首附孙俭传》。《宋书》，卷八，《明帝纪》：九月"戊寅，立总明观，征学士以充之，置东观祭酒"。
④ 李德辉：《东汉时期之东观及其相关问题研究》，《东华汉学》，第18期。
⑤ 《南齐书》，卷二十三，《王俭传》；《南史》，卷二十二，《王昙首传附孙俭》。
⑥ 李德辉：《东汉时期之东观及其相关问题研究》，《东华汉学》，第18期。
⑦ 《资治通鉴》，卷一三六，《齐武帝纪》，永明三年。
⑧ 《南史》，卷十四，《建平宣简王宏传》。
⑨ 《宋书》，卷九十五，《索虏传》。

有山水之美,也意欲皇子更易亲近玄、文、史三个学馆。在都城北面鸡笼山、覆舟山一带,其后成为南朝诸王宅邸集中的地区之一;又在此也建了一些寺院,或是由皇帝建造,或由皇子舍第所建,如东晋恭帝褚皇后立"青园寺",宋司徒何尚之建"法轮寺"。① 由于其所处的位置在宫城之北,非一般人随便可以进入,故类似皇家寺院区。

三、萧齐的"西邸"与"东田"

齐武帝永明初年,长子文惠太子萧长懋(458—493)在都城东面的"东田"建园苑,他素来"礼接文士",其后贵族大臣也多在东田建园宅,促成都城东面以东与向东北延伸至钟山脚下这块地区的发展。永明五年(487),武帝次子竟陵王萧子良(460—494)在鸡笼山建王邸,称"西邸",招集文学才俊、高僧名尼,讲学说法,清言玄谈,从事各项文化活动,进一步深化刘宋以来都城北面文化的发展,至此,"钟山文化区"俨然成形。

关于"东田""西邸"之称,必须从建康城的走向来理解。张学锋认为建康城的坐向与长江的流向有关,长江从九江以下开始东北流,芜湖到南京段更是几近北流,过了南京西北的八卦洲,转而向东流。秦汉时期将长江的东南方称为"江东",或称为"江左",将江东的对岸称为"江西",或称为"江右"。又因建康城东的青溪是从钟山向西南流入秦淮河,成为建康城东的天然屏障,故建康城的方位是倾斜的。② 此说很具启发性,亦可以文献证之,梁元帝《丹阳尹传序》叙述建康形势云:

> 东以赤山为成皋,南以长淮为伊洛,北以钟山为芒阜,西以大

---

① 〔南朝梁〕释宝唱:《比丘尼传》,卷二,《东青园寺业首尼传》(T. 2063,《大正新修大藏经》第五十册)。

② 张学锋:《六朝建康城的发掘与复原的新思路》,《南京晓庄学院学报》,2006年第2期。

江为黄河,既变淮海为神州,亦即丹阳为京尹。①

由此亦可理解在鸡笼山下的竟陵王邸称为"西邸"之故,而建康城东面以迄于钟山脚下的有一块区域,称为"东田"之故,即文惠太子园邸所在地。

竟陵王子良移居鸡笼山有两个原因,一是从刘宋开始,此地成为皇子的园邸区,二则萧子良雅好文学、玄言、佛理,他追慕宋文帝在此设玄、文、史学馆的前踪,意欲延续其光辉。萧子良在鸡笼山"西邸"所举办的活动包括编纂类书、讲经法集、诗文创作、制作佛教仪式音乐,使得此地成为南方文化的重镇。《南齐书》对他以西邸为中心所推展的文化和宗教活动有精简的叙述,并且推崇他将南方推向文化的高峰:"移居鸡笼山邸,集学士抄五经、百家,依《皇览》例,为《四部要略》千卷;招致名僧,讲语佛法,造经呗新声,道俗之盛,江左未有也。"②从魏晋以降,王国置师、友、文学各一人。③ 永明元年,竟陵王表请置友、文学官,以何昌寓为竟陵王文学。④ 永明五年迁至西邸的"招文学",非王国文学之官,而系招揽文学之士,以相游处论学。《梁书》称:"竟陵王子良开西邸,招文学,高祖与沈约(441—513)、谢朓(464—499)、王融(466—493)、萧琛(478—529)、范云(451—503)、任昉(460—508)、陆倕(470—526)等并游焉,号曰'八友'。"⑤"八友"之名颇有汉魏以降标榜名士之意,如"八龙""七贤"之类。"西邸文学"中另有谢璟、王僧孺、徐羡之等人。⑥ 游于西邸的文士贵族亦多能清谈,"京邑人士盛为文章谈义,皆

---

① 《全梁文》,卷十七,梁元帝《丹阳尹传序》,页 3050 上。
② 《南齐书》,卷四十,《竟陵文宣王子良》。
③ 《梁书》,卷一,《武帝纪上》。
④ 《南齐书》,卷四十三,《何昌寓传》。
⑤ 《梁书》,卷一,《武帝纪》。
⑥ 《梁书》,卷五十,《谢徵传》;卷三十三,《王僧孺传》。《宋书》,卷四十三,《徐羡之传》。

凑竟陵王西邸,(刘)绘为后进领袖,机悟多能"①。

竟陵王又"精信释教"②,他的宗教活动包括抄经、举行讲经会,以及改良创作佛教音乐。西邸内经常举办讲经活动,而此讲经会是经过精心规划的,竟陵王请徐孝嗣(453—499)和何胤(446—531)规划讲经斋会,安排参与讲会的僧众;③至于邀请名僧的工作则委由释智秀负责。④ 讲会通常是在西邸之内的法云寺举行,永明二年(484)二月八日,招集京邑名僧在此讲经,沈约《齐竟陵王发讲疏并颂》有"置讲席于上邸,集名僧于帝畿"之句。⑤ 参与西邸讲经盛会的僧人包括宣武寺沙门释法宠、建元寺沙门释法护等人。⑥ 他又曾请释法护(439—507)在此寺讲解佛义,"齐竟陵王总校玄释,定其虚实,仍于法云寺建竖义斋,以护为标领,解释胶结"⑦。竟陵王的宗教活动范围不限于西邸,更延伸到了钟山地区。永明七年(489)十二月,他请钟山上定林寺释僧柔、小庄严寺释慧次等,于普弘寺抄《成实论》。⑧ 同年,他又招集京师著名梵呗僧人龙光寺普智、新安寺道兴、多宝寺慧忍、天保寺超胜及安乐寺僧辩等至西邸制作新乐。⑨ "竟陵八友"皆富于文采学识,同时皆笃敬事佛,常与高僧周旋游处。齐明帝建武末年,上定林寺法献法师圆寂,弟子僧佑(445—518)在其墓侧建碑,由沈约撰写碑文。⑩ 还有,沈约和

---

① 《南齐书》,卷四十八,《刘绘传》。
② 《梁书》,卷四十八,《范缜传》。
③ 《南齐书》,卷四十四,《徐孝嗣传》:"子良好佛法,使孝嗣及庐江何胤掌知斋讲及众僧。"
④ 《续高僧传》,卷五,《梁杨都宣武寺沙门释法宠传》。
⑤ 〔唐〕释道宣:《广弘明集》,卷十九(T. 2103,《大正新修大藏经》第五十二册),页232。
⑥ 《续高僧传》,卷五,《释法宠传》《释法护传》。
⑦ 《续高僧传》,卷五,《释法护传》。
⑧ 〔南朝梁〕释僧佑:《出三藏记集》,卷五(T. 2145,《大正新修大藏经》第五十五册),页38。
⑨ 《高僧传》,卷十三,《释僧辩传》。
⑩ 《高僧传》,卷十三,《释法献传》。

钟山草堂寺慧约情谊尤为深厚，出都入省，常带着他同行；他出任东阳太守，请慧约同行，及沈约回到建康任官时，慧约也返回都城草堂寺。梁武帝天监元年(502)，沈约为尚书仆射，上书请允许慧约同住尚书省。① 此外，谢朓(466—499)和庄严寺僧旻(467—527)交谊深笃，太子中庶子陆倕亦礼敬僧旻，相互器重。② 陆倕为多位名僧撰写碑铭如宝志(418—514)墓铭、延贤寺慧胜碑。③ 王融和光宅寺法云(467—529)为莫逆之交，并且尊礼敬事上定林寺法献。④

时人陶季直《京都记》记载："典午时，京师鼎族，多在青溪左及潮沟北。"⑤此情况一直延续至南朝末年。由于学者对潮沟的位置有不同的意见，⑥因此有必要说明潮沟为都城北堑。根据《建康实录》的记载，黄龙元年(229)十月，吴大帝孙权以昔日其兄孙策(谥长沙桓王)在建业的府第建"太初宫"，长子孙登(宣明太子)则在宫城之西建园苑"西苑"，其中有仓城，日后东晋即以此苑城为宫城，⑦并且画定建业都城的二十里

---

① 《续高僧传》，卷六，《释慧约传》。
② 《续高僧传》，卷五，《释僧旻传》。
③ 《高僧传》，卷五，《释保志传》；《续高僧传》，卷十六，《释慧胜传》。
④ 《续高僧传》，卷五，《释法云传》；《高僧传》，卷十三，《释法献传》。
⑤ 《建康实录》，卷二，《太祖下》。
⑥ 关于潮沟不应是建康都城的北界，最清楚的论述见于张学锋：《六朝建康城的发掘与复原新思路》(《南京晓庄学院学报》，2006 年第 2 期)。此外，郭黎安、外村中亦将潮沟划入建康城内。
⑦ 《建康实录》，卷二，《太祖下》：赤乌三年"十二月，使左台侍御史郗俭监凿城，西南自秦淮，北抵仓城，名运渎。案，建康宫城即吴'苑城'，城内有仓，名曰'苑仓'，故开此渎，通转运于仓所，时人亦呼为'仓城'。晋咸和中，修'苑城'为宫，惟仓不毁，故名'太仓'，在西华门内道北"。虽然《建康实录》关于建康都城和宫城门的记载颇有可讨论之处，但关于孙吴都建业的建置颇为清楚，前后的记载皆一致。

一十九步的范围。① 因此,潮沟为都城北堑应无疑义。又,从《陈书》记载梁敬帝太平元年(556)六月北齐入寇建康战事,也反映了潮沟系在都城北缘:

> 六月甲辰,齐兵潜至钟山龙尾。丁未,进至莫府山。……庚戌,齐军逾钟山,高祖众军分顿乐游苑东及覆舟山北,断其冲要。壬子,齐军至玄武湖西北莫府山南,将据北郊坛。众军自覆舟东移,顿郊坛北,与齐人相对。其夜大雨震电,暴风拔木,平地水丈余,齐军昼夜坐立泥中,悬瓽以爨,而台中及潮沟北水退路燥,官军每得番易。②

齐兵越过钟山,陈霸先等人的军队分别部署在覆舟山北和山南的乐游苑(在玄武湖之南),断其冲要。其后齐军又从幕府山南、玄武湖西北拟攻据位于覆舟山南、白石村东的北郊坛,③从梁朝军队防止齐军攻北郊坛的部署是"自覆舟东移,顿郊坛北,与齐人相对",可知北郊应在玄武

---

① 《建康实录》,卷二,《太祖下》:"冬十月至自武昌,城建业太初宫居之。宫即长沙桓王故府也,因以不改。今在县东北三里,晋建康宫城西南,今运渎东曲折内池,即太初宫西门外。池吴宣明太子所创,为西苑。初,吴以建康宫地为苑,其建业都城周二十里一十九步。"又,卷七《显宗成皇帝》:"(咸和五年)九月,作新宫,始缮'苑城',修六门。案,'苑城'即建康宫城。六门。案,《舆地志》:都城周二十里一十九步,本吴旧址,晋江左所筑,但有宣阳门。"

② 《陈书》,卷一,《高祖上》;《资治通鉴》,卷一六六,梁敬帝太平元年。

③ 《宋书》,卷十四,《礼志》:"北郊,晋成帝世始立,本在覆舟山南。宋太祖以其地为乐游苑,移于山西北。后以其地为北湖,移于湖塘西北。其地卑下泥湿,又移于白石村东。其地又以为湖,乃移于钟山北原道西,与南郊相对。后罢白石东湖,北郊还旧处。"张学锋认为北郊一度所在的"钟山北原道西",其位置大致在今南京太平门北玄武湖之东。(《论南京钟山南朝坛类建筑遗存的性质》,《文物》,2006年第4期)

湖之北方或东北。① 在玄武湖以北另有蠡湖塘分布,因此这一带大都是"卑下泥湿"之地。② 当晚突降下大雷雨,平地积水一丈余,齐军所据地势低,昼夜坐泥中,师疲人倦,而梁军在"台中及潮沟北,水退路燥",即指北郊坛和潮沟以北、覆舟山以南之地,势高爽垲,得以和屯据郊坛北的将士轮休,故得以逸待劳,天明陈霸先遂率众大败齐军。

从刘宋在鸡笼山一带建学馆、王邸之后,都城北面除了上述太子贵室大臣在其园宅从事文义赏会之外,也有一些私人学馆,讲学不辍,如梁武帝天监初年,伏挺(484—548)"宅居在潮沟,于宅讲《论语》,听者倾朝"。③ 另,天监四年(505),立五馆,置五经博士各一人,"以平原明山宾、吴兴沈峻、建平严植之、会稽贺玚补博士,各主一馆,馆有数百生,给其饩廪。其射策通明者,即除为吏"。④ 严植之的学馆在潮沟,每开讲时,五馆生徒齐集,听者千余人。⑤

东晋以迄南朝末年,都城北面和建康城东面是贵族大臣园宅聚集的地区。刘宋名将沈庆之(386—465)四所住宅都在清明门外⑥,宋明帝刘彧未登基前的旧邸,徐勉(466—535)、江总(519—594)的住宅也都位于此门以东。⑦ 梁初吕僧珍(453—511)、南康郡太守宋季雅的居宅

---

① 佐川英治则从这段文字推断北郊东移至玄武湖西北,《中国古代都城の设计思想:圆丘祭祀の历史的展开》,页217—218。第218页"图6:建康における北郊の变迁",宋孝武帝大明三年北郊位置在玄武湖东北,梁武帝普通二年北郊位置在玄武湖东北。

② 前注引《宋书》卷十四《礼志》称北郊一度移于湖塘西北,"其地卑下泥湿",此湖塘即蠡湖塘,在玄武湖之北大壮观山的北面。《景定建康志》卷十七《山川志一》"山阜"称:大壮观山"在城北一十八里,周回五里,高二十八丈。东连蒋山,西有水下注平陆,南临真武湖,北临蠡湖"。同书卷十九《山川志三》"池塘":蠡湖塘"在城北二十里,屈曲一十三里,溉田一十顷"。

③ 《梁书》,卷五十,《伏挺传》。

④ 《梁书》,卷四十八,《儒林传》。

⑤ 《梁书》,卷四十八,《严植之传》。

⑥ 《宋书》,卷七十七,《沈庆之传》。

⑦ 《建康实录》,卷二,《太祖下》;《南齐书》,卷五十三,《虞愿传》;《梁书》,卷二十五,《徐勉传》;《景定建康志》,卷四十二,《第宅》"江总宅",页2016上。

则在建阳门东边。①

在建康城东离城稍远钟山脚下的郊区,称为"东田",②有不少贵族大臣在此建造园宅别墅;此地稍离都城的喧嚣,可享田园山林之清景。从东晋以来,王导赐田八十亩在钟山下,为其家代代相传的园墅。③沈约在此建宅,瞩望郊皋,赏游其间,写了著名的《郊居赋》。④谢朓的庄园在钟山东,有《游东田诗》。⑤梁朝徐勉也在东田有小园,自述"中年聊于东田间营小园者,非在播艺,以要利人,正欲穿池种树,少寄情赏。又以郊际闲旷,终可为宅"。⑥其中称东田"郊际闲旷",可知离城稍远。朱异(483—549)亦在此建宅,他在《还东田宅赠朋离诗》称其环境离俗出尘,"虽有遨游美……兼以隔嚣纷"。⑦又,齐文惠太子萧长懋、豫章文献王萧嶷(444—492)也在东田建造园邸,⑧其中以文惠太子的园苑馆宇最为豪丽。

由于此一时期帝室皇族、贵族大臣大皆虔敬事佛,因此建春门、清明门以东——包括东田以迄钟山的地区,从东晋以来建造不少佛寺,如竟陵王子良在清明门外为释法镜建造齐隆寺,梁天监七年(508)法镜圆寂,释法宠即居此寺,梁武帝为其长兄宣武王萧懿(?—500),修缮庄严此寺,改称为"宣武寺"。徐勉的住宅就在其侧,他在晚年时分割其住宅的西边,捐施给宣武寺。⑨东晋末年王导的玄孙王恢为释智严在东郊

---

① 《梁书》,卷十一,《吕僧珍传》;《南史》,卷五十六,《吕僧珍传》。
② 魏斌《南朝建康的东郊》(《中国史研究》,2016 年第 3 期)认为东田系指钟山山脉下某一地理空间,范围比较大。
③ 《梁书》,卷七,《太宗王皇后》。
④ 《南史》,卷五十七,《沈约传》。
⑤ 《先秦汉魏晋南北朝诗·齐诗》,卷三,"谢朓"。
⑥ 《梁书》,卷二十五,《徐勉传》。
⑦ 《先秦汉魏晋南北朝诗·梁诗》,卷十七,"朱异"。
⑧ 《南齐书》,卷二十一,《文惠太子长懋》;卷三十五,《武陵昭王晔传》。
⑨ 《高僧传》,卷十三,《释法镜传》;《续高僧传》,卷五,《释法宠传》;《梁书》,卷二十五,《徐勉传》。

建造枳园寺。① 豫章王萧嶷在其东田宅第之东,为比丘尼慧绪建造福田寺。② 沈约《郊居赋》也提到他居于东田园宅,有机会亲近佛寺:"时言归于陋宇,聊暇日以翱翔。栖余志于净国,归余心于道场。"史称文惠太子、竟陵王子良兄弟"俱好释法"③,在僧传中也经常见到"竟陵王子良和文惠太子崇仰尊事某位僧人"这种近乎制式化的叙述,可知他们在宋、齐佛教界扮演着重要的角色。依《高僧传》《续高僧传》《比丘尼传》所述,竟陵王子良支持供养的齐梁间高僧有二十八人以上,比丘尼十一人。④ 关于竟陵王子良和佛教的关系,以及钟山的寺院和佛教信仰详情,将以另文讨论。

鸡笼山下的西邸和建康城东的"东田"一带的贵室大臣园宅相互辉映,两者也有相当程度的互动,如游于西邸的"竟陵八友"中的谢朓、沈约的园宅都在东田,因此,从都城北面鸡笼山到东田应有一方便的交通动线。又,两个集团隐然也有相较长短的意味,如王僧孺先是游于竟陵王西邸,文惠太子闻其名,召他入东宫,更拟任命他为东宫官属,此事因文惠太子辞世而未成。⑤ 明帝建武元年(494),竟陵王子良辞世,文华光辉的西邸之游遂告云散,不久朝代更迭,梁朝的建国者即"八友"之一的萧衍,他承继了竟陵王的佛教和文化事业,因此西邸的文化网络并未受到破坏,并且有更进一步的发展。⑥

五、钟山的文化活动内涵

钟山位于建康城东北方,是建康文化的佛教中心,"都城北面"和

---

① 《高僧传》,卷三,《释智严传》。
② 《比丘尼传》,卷三,《慧绪尼传》。
③ 《南齐书》,卷二十一,《文惠太子传》;同书卷五十四,《顾欢传》。
④ 春日礼智:《南齐竟陵王文学八友》,《印度学佛教学研究》,第三十五卷第一号,页75—76。
⑤ 《梁书》,卷三十三,《王僧孺传》。
⑥ 关于钟山文化区的佛教内涵,将以另文讨论。

"都城东面"在此交会,完成"钟山文化区"的最后一块拼图。

东晋在钟山的造林政策,使得此山崖壁幽僻,林木蓊郁,成为隐士避世栖居之所,也是僧人向往的修禅佳处。因此,刘宋以后钟山寺院数目增加得很快,至梁朝钟山已有七十所佛寺,道宣称"钟山帝里,宝刹相望"①。其中,上定林寺居于最重要的地位。皇室贵族如萧子良、梁武帝不仅是文化界的领袖,同时也是钟山寺院的主要赞助者;由于僧尼在建康文化中占有重要的地位,竟陵王子良甚至在钟山规划了"名僧墓地"区。钟山除了寺院的讲经法会,时人在前往听讲习法之余,也游赏钟山的胜景。

(一) 隐士和名僧风范相互辉映

刘宋以后,灵秀的钟山成为隐士、禅僧偏好偃息居住之地。如宋文帝时天竺僧人僧伽罗多抵达建康,就看中了钟山作为修行的处所,并且建造寺院:"元嘉十年卜居钟阜之阳,剪棘开榛,造立精舍,即宋熙寺是也。"②同年,罽宾僧人昙摩密多(356—442)抵达建康,以为"钟山镇岳,埒美嵩华",住在钟山定林下寺,因下寺基址邻近溪涧,因此寻觅高爽之地,于元嘉十二年(435)另建定林上寺。③ 齐高帝建元年间(479—483),释僧附从北方来到建康,居于定林下寺,"美其林数,得栖心之胜壤也"④。

从宋世以降,钟山也成为隐士栖居之地,或官员避静之所。前面提及周续之晚年隐于钟山养病,又齐世任中书舍人的孔嗣之去官后即隐于此山。⑤ 齐建元初年,周颙担任始兴王前军咨议,直侍殿省,他在钟

---

① 《续高僧传》,卷十五,《义解篇十一》"论曰"。
② 《高僧传》,卷三,《畺良耶舍传》。
③ 《高僧传》,卷三,《昙摩密多传》。
④ 《续高僧传》,卷十六,《释僧附传》。
⑤ 《南齐书》,卷五十四,《吴苞传》。

山西立隐舍,不当职时即居于此。① 宋熙寺一带是隐士或贵族官员栖隐避静之地,如梁代王规"于钟山宋熙寺筑室居焉",由于宋熙寺地近开善寺,也便于前往参加法会听讲,阮孝绪(479—536)、刘訏、刘歊三人高行隐居,共同在宋熙寺东涧筑室居住,不结交当世权贵,都城人称之为"三隐"。刘訏善玄言,又精于释典,常和刘歊至钟山诸寺听讲经谈义。② 钟山诸寺也是居于都城的僧人避喧之所,如齐释智欣善讲说,精通文义,因文惠太子屡次前往东田园苑,智欣"不交当世",恐受干扰,因此"谢病居钟山宋熙寺,确然自得,不与富贵游往。行不苟合,交不委亲"。天监五年他在寺中圆寂,就葬在此地。③ 由于高僧荟集,原系僧人习静修行的钟山诸寺,却吸引皇室名士大臣前往礼敬,请益佛法,使得此山佛寺成为政治、文化上层阶级齐集之地。如博学通识兼善佛理的处士何胤(446—531)、阮孝绪每入钟山听内典。④ 又如名僧释僧远(414—484)居于上定林寺,文惠太子、竟陵王皆以为师,数度前往参礼致敬。名士张融、周颙,隐士何点、明僧绍(？—483)也向他请益佛法,即僧传所称"山居逸迹之宾,傲世陵云之士,莫不崇踵山门,展敬禅室"。⑤

(二) 上定林寺——钟山的佛教中心

刘宋以降,上定林寺就渐成为建康佛教的中心之一,名僧在此讲说佛义,译经传法。孝武帝孝建二年(455),北凉王族安阳侯沮渠京声(？—464)以居士身份在此寺译出《佛母般泥洹经》。⑥ 至齐时永明七

---

① 《南齐书》,卷四十一,《周颙传》。
② 《梁书》,卷四十一,《王规传》;同书卷五十一《刘訏传》。
③ 《续高僧传》,卷五,《释智欣传》。
④ 《梁书》,卷五十一,《何点传附弟胤传》《阮孝绪传》。
⑤ 《高僧传》,卷八,《释僧远传》。
⑥ 《高僧传》,卷二,《昙无谶传》;《出三藏记集》卷二:"《佛母般泥洹经》一卷,孝建二年于钟山定林上寺译出,一名《大爱道般泥洹经》。"

年十二月,竟陵王萧子良招集上定林寺释僧柔(431—494)、小庄严寺释慧次(434—490)等五百余人,在普弘寺抄《成实论》。当时佛教界的领导人物如道场寺释慧观等人皆参与此集,①其中僧柔法师的影响力尤大,他的弟子闻名者有七人,梁朝三大法师法云、智藏(458—522)、僧旻都出自其门,②各有关于《成实论》的著作,其中法云撰《成实论义疏》,僧旻著《成实论义疏》十卷,智藏撰《成实论义疏》十四卷,合称"成实论三疏"。

梁朝时,上定林寺、华林园宝云经藏和建初寺是建康三大佛教经藏收藏所。③ 僧佑《出三藏记集》(T. 2145)中有《定林上寺建般若台大云邑造经藏记》《定林上寺太尉临川王造镇经藏记》《建初寺立波若台经藏记》之目。④ 大内文雄认为:定林寺经藏和僧佑、文学理论家刘勰(约465—520)有关。⑤ 此一经藏系临川王萧宏(473—526,梁武帝异母弟)所造,他和南平王萧伟(476—533)、永康公主萧玉环、丁贵嫔等皇族都以僧佑律师为戒师。⑥ 僧佑传称他"凡获信施,悉以治定林、建初,及修缮诸寺,并建无遮大集、舍身斋等,及造立经藏,搜校卷轴"⑦。由上可知,秦淮河南岸建初寺经藏的建立也和僧佑有关,永明十年(492),竟陵王子良请僧佑至三吴讲律,其后他回到建康,就移住建初寺,⑧天监十

---

① 《出三藏记集》,卷五。
② 春日礼智:《关于南齐上定林寺僧柔》,《印度学佛教学研究》,第 25 卷 1 号,页 214—215。
③ 《续高僧传》,卷一,《梁扬都庄严寺金陵沙门释宝唱传》:"遂敕掌华林园宝云经藏,搜求遗逸,皆令具足。备造三本,以用供上。"
④ 《出三藏记集》,卷十二。
⑤ 大内文雄:《南朝梁定林寺众经要抄》,《印度学佛教学研究》,第 26 卷第 1 号,页 269—572。
⑥ 《高僧传》,卷十一,《释僧佑传》。
⑦ 《高僧传》,卷十一,《释僧佑传》。
⑧ 《续高僧传》,卷六,《释明彻传》:"齐永明十年,竟陵王请沙门僧佑三吴讲律,中途相遇,虽则年齿悬殊,情同莫逆。彻因从佑受学十诵,随出杨都,住建初寺。"

七年(518)圆寂于此,葬在定林寺前的名僧墓区。至于刘勰和上定林寺经藏的关联,则因他早年即追随僧祐,且长期居住在定林寺。他虽曾仕宦,但居官时大都从事和佛典经藏有关事务,而且大都和定林寺相涉。天监初年,刘勰初仕为奉朝请,其后转任临川王记事,①定林寺的经藏系临川王萧宏所造。天监七年(508)十一月,梁武帝下令在上定林寺编集《众经要抄》,选道俗三十人包括释僧智、僧晃、临川王记事刘勰等人参与,以庄严寺僧旻主导此事,天监八年(509)四月完成。② 至于华林园宝云经藏在皇宫园苑区,它的整备和僧祐的弟子宝唱有关。③

幽僻的定林寺有时也会应皇族贵人之请,举行法会,如沈约发愿造"千僧会"——供养一千名僧人斋会,但因财力不足,难以一次筹建如此大规模的法会,故分成十次做"百僧会",此十次斋会举行的地点就涵盖了东半部的钟山文化区,在慧约法师所住的草堂寺举行八次,在上定林寺举办一次,以僧祐法师为法主。第十次则是在沈约东田的郊园。④

钟山寺院主要倚赖皇帝和皇室——包括皇子、后妃公主,以及大臣贵族财物的支持和供养,其宗教活动主要以禅修和讲经为主。如宋元嘉十一年临川公主在钟山之阳的蒋陵里建竹园寺(尼寺),⑤此寺有三名比丘尼都得到皇族贵戚的供养,宋宰江夏王义恭对于慧浚尼(392—464)"常给衣药,四时无爽",齐文帝钦礼净渊尼(436—506)"四事供养,

---

① 《梁书》,卷五十,《刘勰传》。
② 〔隋〕费长房:《历代三宝纪》卷十一:"众经要抄一部并目录八十八卷,右一部八十八卷。天监七年十一月,帝以法海浩博,浅识窥寻,卒难该究。因敕庄严寺沙门释僧旻等,于定林上寺辑撰此部,到八年夏四月方了。见宝唱录。"(T. 2034,《大正新修大藏经》第四十九册)。《续高僧传》卷五《梁杨都庄严寺沙门释僧旻传》:"帝自临听,仍选才学道俗释僧智、僧晃、临川王记室东莞刘勰等三十人,同集上定林寺,抄一切经论,以类相从,凡八十卷。皆令取衷于旻。"
③ 《续高僧传》,卷一,《释宝唱传》:"遂敕掌华林园宝云经藏,搜求遗逸,皆令具足。备造三本,以用供上。"
④ 《广弘明集》,卷二十八,沈约《千僧会愿文》。
⑤ 《建康实录》,卷十二,《太祖文皇帝》。

信驿重沓",竟陵王子良则推敬净行尼(444—509),"厚加资给"①。这三名尼师的修持偏重习禅,讲说义理,都契合贵族品味,如慧浚"深禅秘观……禅味之乐,老而不衰",宋孝武帝孝建二年(455),她曾听闻流亡到建康的北凉王族沮渠安阳讽诵禅经,请其写出此经,即是《禅要秘密治病经》。②净行尼长讲说经义,"及请讲说,听众数百人,官第尼寺,法事连续,当时先达,无能屈者"③。又,朝臣也有在钟山建造寺院者,如天监六年(507),梁朝后阁舍人王昙朗在钟山造明庆寺,到溉(477—548)家族在蒋山建立延贤寺,他与其弟到洽皆虔心释氏,在其弟去世后,将二人所居的斋室舍为寺院,他的俸禄都用以供养这两所家寺。④钟山有数十所寺院,有些寺院并未得到这样的奥援,也有因其地处偏郊,不易举行大规模的斋会,僧人无法得到信众的㑉施。齐世道慧(451—481)原来住在钟山灵曜寺,此寺以禅修为主,⑤少有讲会法集,㑉施有限;道慧为了奉养老母,而想移居庄严寺,其母体谅他的心志,自己也出家为道。⑥

(三) 名僧墓地

建康僧尼人数甚为庞大,可能接近建康人口的十分之一。梁朝郭

---

① 《比丘尼传》,卷二,《慧浚尼传》;同书卷四,《净渊尼传》;卷四,《净行尼传》。
② 《出三藏记集》,卷九,《禅要秘密治病经记第十五》;同书卷十四,《沮渠安阳侯传》。
③ 《比丘尼传》,卷四,《净行尼传》。
④ 《南史》,卷二十五,《到彦之传附到溉传》。
⑤ 如刘宋时期道营"始住灵曜寺习禅"。(《高僧传》,卷十一,《释道营传》)释慧勇(515—583)最初到建康时"依止灵曜寺则法师为和上,锐志禅诵"。(《续高僧传》,卷七,《陈杨都不禅众寺释慧勇传》)正因此寺以习禅闻名,经历梁末侯景对建康佛寺的毁坏之后,陈武帝"立禅众于灵曜寺,学徒又结"。(《续高僧传》,卷十七,《释智颙传》)
⑥ 《高僧传》,卷八,《释道慧传》。

祖深称："都下佛寺五百余所,穷极宏丽。僧尼十余万,资产丰沃。"①又《金陵记》称："梁都之时,户二十八万。"②以一户五人计,约一百四十万,僧尼大约占了建康居民十分之一左右。虽然其时政治上南北分立,但无碍于僧人的南来北往,因此建康的僧尼除了来自东晋南朝各地,也有一些是来自北方和外国的僧人。其中,名僧的地位尊崇,和王室贵族官员游处习道,是形塑建康文化的重要成分。竟陵王萧子良特别在钟山规划出一个区域,作为高行德望僧人的墓葬区,称为"名德葬地",又称"名僧墓地"。

"名僧墓地"的起源,系竟陵王子良为他所崇仰的释僧远规划的,仅高僧、名尼方得以葬于此地。永明二年,在上定林寺隐迹修行"蔬食五十余年,涧饮二十余载"的僧远迁化,弟子竟陵王子良景仰其志节清高,不希望将他和一般僧人同葬,故另规划葬所,以资表彰其高行懿德:

> 弟子意不欲遗形影迹,杂处众僧墓中。得别卜余地,是所愿也。方应树刹表奇,刻石铭德矣。即为营坟于山南,立碑颂德,太尉琅琊王俭制文。③

萧子良将僧远葬在上定林寺之南,此地后来遂成为名僧特定的墓葬区。《比丘尼传》叙述华严寺妙智尼葬于定林寺,有以下的叙述:"齐竟陵文宣王疆界钟山,集葬名德。年六十四,建武二年卒,葬于定林寺。"④

竟陵王笃事释教,他在钟山规划"名僧葬地",可能受到罽宾国安葬僧人区分凡、圣的影响。《高僧传》记载建康枳园寺释智严西行求法,在罽宾国圆寂,得以葬在圣僧墓地之事。出身西凉州的智严一生中两度西行访法,第一次至罽宾,遇佛驮跋陀罗禅师,即请他至关中传法。智

---

① 《南史》,卷七十,《郭祖深传》。
② 《资治通鉴》,卷一六二,梁武帝太清三年。
③ 《高僧传》,卷八,《释僧远传》。
④ 《比丘尼传》,卷三,《妙智尼传》。

严晚年因戒律方面有所疑虑,因此再度赴天竺请教大德高僧,回程抵达罽宾国时无疾而终。当地僧人火化处有凡僧和圣僧之分,原先将智严遗体移向凡僧墓地时,其棺木异常沉重,无法抬起;而转向圣墓时,则轻而易举。智严的两名随行弟子智羽、智远,特地回到建康,告知上述瑞应之事,其后再返回罽宾。《高僧传·智严传》又据此称智严是超凡入圣的得道者:"以此推严信是得道人也,但未知果向中间深浅耳。"①

钟山的"名僧墓区"位于开善寺和上定林寺之间,僧佑即"窆于开善路西、定林之旧墓"。② 梁世建初寺释明彻"窆于定林寺之旧墓"。③ 庄严寺释僧旻去世"窆于钟山之开善墓所"。④ 普通三年(522)梁武帝的家僧建初寺释明彻"窆于定林寺之旧墓"⑤。普通七年(526),天竺寺法超去世,武帝"令有司葬钟山开善寺墓"⑥。陈后主至德元年(583),耆阇寺的释安廪圆寂,"窆于开善寺之西山"⑦。按:梁武帝在圣僧宝志葬地起塔,称"志公塔",又在其地建开善寺。⑧ 开善寺位于隐士钟爱的宋熙寺之东,它的东面依次是下定林寺和上定林寺。⑨ 上述诸寺位置由西至东为宋熙寺—志公塔—下定林寺—上定林寺。此一特定墓葬区从梁朝一直延续至南朝末年,至德二年(584),大彭城寺释宝琼迁化,"窆于钟山之阳名僧旧墓"⑩。

---

① 《高僧传》,卷三,《释智严》。
② 《高僧传》,卷十一,《释僧佑传》;《比丘尼传》,卷三,《妙智尼传》。
③ 《续高僧传》,卷六,《释明彻传》。
④ 《续高僧传》,卷五,《释僧旻传》。
⑤ 《续高僧传》,卷六,《释明彻传》。
⑥ 《续高僧传》,卷二十一,《释法超传》。
⑦ 《续高僧传》,卷七,《释安廪传》。
⑧ 《高僧传》,卷十,《释保志传》。
⑨ 《景定建康志》,卷十八,《山川志二》"溪涧":东涧"在钟山宝公塔之西宋熙寺基之东"。同书卷十七《山川志一》"山阜·钟山之右":"内有定林庵,荆公王安石尝读书于此。本下定林寺,寺记云:'宋元嘉中,建上定林,在宝公塔东;下定林在上定林西,今皆废。'"
⑩ 《续高僧传》,卷七,《释宝琼传》。

从僧传可知,受到帝室尊崇敬事或戒行名德方得以入葬"名僧墓地",故是僧人身后的殊荣,且大都得以在墓所建碑。此一墓区的墓主以比丘居多,但也有少数比丘尼。如齐华严寺妙智尼"建武二年卒,葬于定林寺南,齐侍中琅琊王伦妻江氏为著石赞文序,立于墓左"①。丹阳乐遵舍宅为比丘尼僧敬建造崇圣寺,齐文惠太子、竟陵王子良亦经常致送嚫施供养。永明四年,僧敬尼圆寂,葬于钟山,弟子建碑于墓所,中书侍郎沈约撰文。② 天监八年(509)竹园寺净行尼(444—509)辞世,葬于钟山。③ 值得注意的是,净行尼有一位姐姐也出家,法名净渊,亦住在竹园寺,天监五年(506)辞世,未注记其葬地。④ 姐妹二人出俗同居于竹园寺,净行尼为义解僧,受到竟陵王、梁武帝和当代名僧的敬重,经常受邀到寺院,乃至于官员邸宅讲经说法,及其圆寂后入葬钟山名僧墓地。⑤ 又,建福寺的比丘尼智胜(427—792)受齐文惠太子丰厚供养,曾舍衣钵为宋、齐七帝在摄山造石像,永明十年辞世,丧事由官方供给,葬在钟山。⑥ 闲居寺比丘尼僧述曾受齐文惠太子、竟陵王礼遇供养,并为之修缮寺院,她于天监十四年(515)圆寂,也葬于钟山之阳。⑦ 葬在"名僧墓地"的比丘尼人数极少,应和其社会关系不如僧人广泛活络,以及有些比丘尼修习小乘教法有关。⑧

东晋南朝因有禁碑令,若要立碑需得皇帝准许。⑨ 然而,名僧不仅

---

① 《比丘尼传》,卷四,《慧胜尼传》。
② 《比丘尼传》,卷三,《僧敬尼传》。
③ 《比丘尼传》,卷四,《净行尼传》。
④ 《比丘尼传》,卷四,《净渊尼传》。
⑤ 《比丘尼传》,卷四,《净行尼传》:"齐竟陵文宣王萧子良厚加资给,僧宗、宝亮二法师雅相赏异。及请讲说,听众数百人。官第尼寺,法事连续。当时先达无能屈者。"
⑥ 《比丘尼传》,卷三,《智胜尼传》。
⑦ 《比丘尼传》,卷四,《僧述尼传》。
⑧ 关于建康的小乘教法,当以另文讨论。
⑨ 徐国荣:《汉末私谥和曹操碑禁的文化意蕴》,《东南文化》,1997年第3期;刘涛:《魏晋南朝的禁碑与立碑》,《故宫博物院院刊》,2001年第3期。

得以葬在特定的"名德墓地",还经常得以立碑纪德,由高门士族或著名文士撰写碑文。僧人的墓碑有的树立在其驻锡的寺院或墓侧,也有在寺院、墓侧皆建碑者,甚至有一个碑是阴、阳面各刻着由两位文人所撰写的碑文。① 如释僧旻辞世后建有三碑,二碑立于墓侧,另在其所住的庄严寺立碑树德,"隐士陈留阮孝绪为著墓志,弟子智学、慧庆等建立三碑。其二碑,皇太子、湘东王并为制文,树于墓侧。征士何胤著文,立于本寺"。② 至于释智藏圆寂后,在其所住的开善寺和墓地各立一碑,"坟所寺内各一,新安太守萧机制文,湘东王绎制铭,太子中庶子陈郡殷钧为立墓志"。③ 光宅寺法云葬在定林寺侧,墓地树立二碑,"太子中庶琅琊王筠为作铭志,弟子周长胤等有犹子之慕,创造二碑立于墓所,湘东王萧绎各为制文"。④ 又,释宝志的墓室内有墓铭,另在其驻锡的开善寺门前立碑:"陆倕制铭辞于冢内,王筠勒碑文于寺门。"⑤

(四) 宗教场所兼游赏之地

钟山翠色幽景,远离建康城的喧嚣,又有数十所寺院隐匿在山林之间,从刘宋初年就成为建康居民游赏之地,他们前往钟山不仅可赏游青葱笼翠的景物,同时也享受宗教人文的理致情怀。

前往钟山游赏的帝王、大臣文士欣游之余,时或赋诗作记。元嘉二十四年(447)左卫将军萧思话(400—455)侍从宋文帝登钟山,途中有磐石清泉,文帝欣然悦意,"上使于石上弹琴,因赐以银钟酒,谓曰:'相赏

---

① 在禁碑令下,佛教的碑碣比较不受限制,僧人的墓碑和佛寺的碑碣成为其中一个异数。参见拙文:《从造像碑看南北朝佛教的几个面向——石像、义邑和中国撰述经典》,收入林富士主编:《中国史新论·宗教史分册》(台北:"中央研究院"、联经出版事业公司,2010),页217—258。
② 《续高僧传》,卷五,《释僧旻传》。
③ 《续高僧传》,卷五,《释智藏》。
④ 《续高僧传》,卷五,《释法云传》。
⑤ 《高僧传》,卷十,《梁京师释保志传》。

有松石间意'"。① 山石泉水、美酒琴声,展现幽情雅意的贵族品位。沈约也曾陪西阳王刘子尚(451—466)同游,有《钟山诗应西阳王教》的诗作。梁武帝在钟山建大爱敬寺,常带领群臣前往观游,赋《游钟山大爱敬寺》诗,昭明太子萧统(501—533)亦作诗唱和;陈朝徐伯阳亦有《游钟山开善寺》诗。② 梁天监六年后阁舍人王昙朗在钟山造明庆寺,颇有一些官员前往游观参访,姚察(533—606)幼年时曾从此寺尚禅师受菩萨戒,萧子显、王褒、江总皆有游此寺的诗作。③ 陈朝张正见曾陪衡阳王陈伯信游钟山耆阇寺,并赋诗纪游。④ 住在建康城的僧人偶亦专程前往钟山访幽探静,陈文帝天嘉初年时,释洪偃在宣武寺讲经"每因讲隙,游钟山之开善、定林,息心宴坐"。⑤

六朝游钟山诗中,大都提及寺院的讲经法集。在佛教僧人安居期间(每年四月十五日至七月十五日),僧众皆不离寺外出,在寺中修习讲经。齐、梁皇室有时也请僧众至其园宅安居讲经,齐文惠太子曾请僧众至东宫"玄圃园"安居,沈约撰《南齐皇太子解讲疏》中称"皇太子以建元四年四月十五日,集大乘望僧于玄圃园安居。宝池禁苑,皆充供具;珍台绮榭,施佛及僧。……暨七月既望,乃敬舍宝躯,爰及舆冕,自缨以降凡九十九物。……愿以此力,普被幽明,帝室有嵩华之固,苍黔享仁寿之福……"⑥皇室有时或带领大臣到钟山的寺院听讲,如昭明太子萧统有《钟山解讲》诗,陆倕、萧子显、刘孝绰、刘孝仪等人皆有奉和之作。⑦

---

① 《宋书》,卷七十八,《萧思话传》。
② 《先秦汉魏晋南北朝诗·梁诗》,卷六,"沈约";卷一,"梁武帝萧衍";卷十四,"梁昭明太子萧统"。《先秦汉魏晋南北朝诗·陈诗》,卷二,"徐伯阳"。
③ 《先秦汉魏晋南北朝诗·北周诗》,卷一,"王褒",页2343。《先秦汉魏晋南北朝诗·隋诗》,卷三,"姚察",页2674。此外,《全隋文》,卷十一,江总《明庆寺尚禅师碑》,页4076,见严可均辑《上古三代秦汉三国六朝文》。
④ 《先秦汉魏晋南北朝诗·陈诗》,卷三,"张正见"。
⑤ 《续高僧传》,卷七,《释洪偃传》。
⑥ 《广弘明集》,卷十九,《南齐皇太子解讲疏》。
⑦ 《先秦汉魏晋南北朝诗·梁诗》,卷十四,"梁昭明太子萧统";卷十三,"陆倕";卷十五,"萧子显";卷十六,"刘孝绰";卷十九,"刘孝仪"。

钟山除了前述佛寺及其相关的文化活动，另有近于巫祝或道教的蒋子文信仰。汉朝末年，秣陵尉蒋子文逐贼，战死于此山，孙权为他立庙。孙吴时钟山改称"蒋山"，宋代以前多以为此系因蒋子文之祖名"钟"的缘故，其实孙权的祖父讳"钟"才是此山改名的原因；胡三省为了改正此说之误，注《资治通鉴》时，乃不厌其烦，四度标记改名乃因"孙权祖亦讳钟，当因是改也"[①]。关于蒋子文信仰及其祠庙，学者已有一些重要研究，[②]宫川尚志认为它原来是建康下层民众和巫者的信仰，孙吴建康数有灾异，孙权封他为侯，并且为立庙以禳灾。东晋南朝战乱频仍，蒋子文一直受到帝王和将领的信奉，东晋苏峻之乱后，加封蒋侯为相国，东晋孝武帝晋封为"蒋王"；萧齐崔慧景乱平后，更晋升"蒋帝"，成为战神和建康的守护神。[③] 南唐以金陵为都城，追谥"庄武帝"，更修新庙，命徐铉（916—991）撰写册文和庙碑。[④] 一直到明清时期，蒋子文信仰对于统治阶层或平民百姓，都具有相当的影响力。

五、余　言

东晋时期，建康秦淮河南岸——江左甲族王、谢居处的乌衣巷及其附近的瓦官寺，是高僧和名士贵胄谈玄并论佛法大义之地，"乌衣之游"一词不仅描述其时政治文化的特色，也反映出都城的文化中心在南岸。

[①] 《资治通鉴》，卷九十四，晋成帝咸和三年；卷一二七，宋文帝元嘉三十年；卷一六一，梁武帝太清二年；卷一七七，隋文帝开皇九年。

[②] 宫川尚志：《民间的巫祝道与祠庙信仰》，载其《六朝宗教史》，东京：国书刊行会，1948年版，1974年修订增补，页213—231。林富士：《中国六朝时期的蒋子文信仰》，载林富士、傅飞岚主编：《遗迹崇拜与圣者崇拜：中国圣者传记与地域史的材料》，台北：允晨文化，2000，页163—204。

[③] 宫川尚志：《民间的巫祝道与祠庙信仰》，页163—204。《景定建康志》，卷四十四，《祠祀志一》"蒋帝庙"。

[④] 《景定建康志》，卷三十三，《文籍志一》"石刻"；卷四十四，《祠祀志一》"蒋帝庙"。

刘宋以后，建康的文化中心逐渐从秦淮河南岸转移到北岸的"钟山文化区"。东晋咸和中重建的建康城在东面规建了清明、建春二门，宋文帝在都城北方开设广莫门，便利了从城内到都城北方和都城以东迄钟山之地的交通，也促进了这两个区域的发展。刘宋文帝在都城北面的鸡笼山建文、史、玄学馆，以及建造王邸，另外在钟山建儒学馆，此"四学"所在地初步标示出"钟山文化区"的范围。东晋在钟山造林的政策，将此山美化成建康近郊的优山美地，吸引逐幽而居的隐士和僧人，此地渐次增建佛寺，名僧汇集，帝室贵人瞻礼，而成为建康的佛教中心。其后，齐竟陵王萧子良在鸡笼山建"西邸"，推动多项文化事业的发展；文惠太子萧长懋在都城东郊"东田"一带建园邸，从都城东面以迄钟山山脚下这块地区成为王府皇邸、贵族大臣园宅分布之地。西邸和东田的宗教、文化活动深化了此区的文化色彩。钟山文化区形成始于刘宋元嘉治世，经萧齐永明（483—494）之世，延续至梁武帝时达到高峰。

晚唐杜牧名句"南朝四百八十寺，多少楼台烟雨中"，反映了唐人对于六朝建康文化的记忆和怀想；然而，此诗的迷蒙空灵却难以描绘建康文化的具体样貌。上文尝试以史书、文集、僧传中零星的资料，勾勒钟山文化区的轮廓。佛教是此一文化区重要的元素，由陆路传来的大乘佛教和经海路传来的小乘佛教在此汇集，在钟山也发展了新的迦毗罗神信仰，并且向外扩散，凡此皆显示建康佛教的特色，凡此俟以他文再做进一步的讨论。

六朝建康与北魏洛阳之比较

一、前　言

　　三世纪迄六世纪是中国史上一段漫长混乱的分裂时期，汉末以降，先有魏、蜀、吴三国的鼎立，晋武帝虽然统一了三分之局，但晋室短暂的统一旋即为八王之乱、五胡叛变所破坏，永嘉之祸造成晋室南渡、偏安江左的局面。而整个中原地区就沦为诸胡交争之所，鲜卑拓跋氏的北魏最后统一了北方，和江南的汉族政权相对峙，即所谓的南北朝。三国时期，据有江南的孙吴首先以建业为都城，东晋南渡，便以孙吴旧都为都城，其后南朝四代皆沿以为都。北魏初建都于平城，至孝文帝太和十七年(493)在洛阳的基址上营建都城，次年，即迁都洛阳。迄宣武帝时，又更经营，而创建了中国有史以来规模最大的都城。建康和洛阳分别为此一时代南、北方的政治中心，将此二都城作一番比较，不但可以看出两者规划之异同，而从此二城风貌之异同，亦可探寻南北政治、社会的差异，并可探讨二城规划之关联。

二、时间与空间之比较

　　六朝时代建康、洛阳同为南、北两大都城，但北魏洛阳营建的年代较晚，且其兴盛的时间也很短。

　　洛阳早在周朝即建为都城，东汉又据以为都，至汉末因经董卓之乱而告荒残空虚。曹魏代汉，以洛阳为国都，开始营建洛阳。晋室代兴，仍以洛阳为都。晋怀帝永嘉五年(311),匈奴刘渊攻陷洛阳,魏、晋两代的累积经营又被摧毁殆尽。从此时迄魏孝文帝重建洛阳为止,其间一百八十余年,是洛阳的黑暗时期。

魏孝文帝于太和十七年重建洛阳,以强大的政治力规划空前宏大的都城,并且移民以充实洛阳,后又经宣武帝的经营,把洛阳造成一个繁华壮丽的城市。其后边镇叛变,孝明帝武泰元年(528,梁武帝大通二年),尔朱荣率兵至洛阳,屠杀洛阳王公贵人二千余人于河阴,但他并未破坏洛阳城,洛阳宫阙府署依旧壮丽如昔,只是人民逃窜流散,十不存一二①,洛阳几乎成为一座空城。孝武帝永熙三年(534,梁武帝大通六年),孝武帝不满尔朱荣部将高欢之挟制,西奔关中,依关西大行台宇文泰;高欢另立孝静帝于洛阳,北魏自此分裂为东、西。此年十月,高欢因为都城洛阳西面毗邻西魏,南又迫近梁朝国境,于是迁都于邺,并逼迁洛阳居民四十万户,以充实新都。迄东魏孝静帝天平二年(535,梁武帝大同元年),更令尚书右仆射高隆之发民夫十万,拆撤洛阳宫殿,将材木运往邺都,起造新宫②。洛阳的宫室在河阴之祸七年后,才被摧毁,而民居、府署仍尚称完好。孝静帝元象元年(538,梁武帝大同四年),东魏侯景、高敖曹与西魏将独孤信交战于洛阳的金墉城,侯景烧洛阳城内外民居:

东魏侯景、高敖曹等围独孤信于金墉,太师欢帅兵军继之,景悉烧洛阳内外官寺民居,存者什二三。③

至此,洛阳不止宫阙荡然无存,连民居里坊也几尽化为丘墟。

自公元493年营建,迄528年河阴之祸,北魏洛阳由兴起到衰落,

---

① 《资治通鉴》,卷一五二,《梁纪八》,武帝大通二年,页4744。
② 《北史》,卷五四,《高隆之传》,页1945。
③ 《资治通鉴》,卷一五八,《梁纪十四》,武帝大同四年,页4893。

其间仅三十五年;即使从洛阳营建算起,到538年侯景焚城,也不过四十五年。

吴大帝黄龙元年(229),自武昌迁都建业,首创建业为都城。迄于吴亡,除孙皓曾迁都武昌一年之外,共都建业五十年。永嘉丧乱,洛阳倾覆,促成晋室政权在江南的建立。自东晋元帝建武元年(317),迄隋开皇九年(589)统一南北以前,除了梁元帝曾都于江陵三年之外,江南政权皆以建康为都城;总计孙吴、东晋、宋、齐、梁、陈六朝计都建康达三百二十一年之久。

从永嘉之乱洛阳毁坏,到北魏孝文帝重建之时,虽是洛阳的黑暗时期(311—493),却是建康城的建设时期,此一事实应予特别注意。建康在孙吴一代已建为都城,但其时城郭、宫室都很简陋,东晋初年,据孙吴旧都,并不加改建,仅增筑外郭篱门而已,建康城仍称简陋。晋成帝咸和二年(327),苏峻作乱,焚毁建康宫室,乱平之后,成帝于咸和五年(330)建造新宫,并且由王导主持规划大计,重新规划建康城。其后又经各代的经营,迄梁朝达于极盛。北魏始建洛阳时,建康历为孙吴以迄于齐皆为各朝都城,长达二百二十六年之久,已是一个完备而繁盛的都城,可供北魏参考。因此孝文帝在营建洛阳之前,曾派遣蒋少游至南方摹写宫殿,建康的规划遂影响及洛阳的营建。

当洛阳因北魏的衰落而化为丘墟时,却正值梁朝建康极盛之世;又在洛阳荒毁后,建康仍维持二十年的黄金盛世。梁武帝太清二年(548),侯景叛变,围攻建康,在长达半年的围城战中,建康城遭受极为严重的破坏,为建康城衰落之始,其后经陈世的修复,建康继为陈朝三十二年的都城。迄隋文帝平陈,方下令将建康城平荡耕垦。① 总计在洛阳残破荒毁之后,建康仍屹立江南五十二年。

北魏以政治力推动建设,在短时间内营建一个宏大壮丽的都城,但都城也因政治力遽然衰落而倾颓荒废。建康虽然也因政治力推动而建

---

① 《隋书》,卷三一,《地理志下》,页876。

为都城,但江南政权始终较为衰落,"君弱臣强,国弊家丰"为东晋南朝政治之特色,所以建康之建设持续而缓慢,其繁华富盛其实是六朝各代累积的成果,建康最后也因江南政权的覆亡而被夷为平地。

以地理环境而言,洛阳和建康非常类似。洛阳北有邙山,南枕洛水,西有伊水,东环谷水。建康北有覆舟、鸡笼山,南枕秦淮河,西面遥临大江,东有青溪,两者山川形势颇为相近。南齐山谦之在其所著的《丹阳记》中,就曾说:"出建阳门,望钟山之与覆舟,似上东门首阳之与北邙也。"①东晋初年,由北方南渡的人士在此一和洛阳相似的环境中,更有深刻的感受:

> 过江诸人,每至暇日,辄相邀新亭,藉卉饮宴。周侯中坐而叹曰:"风景不殊,正自有江河之异!"皆相视流泪。唯王丞相愀然变色曰:"当共勠力王室,克复神州,何至作楚囚相对邪?"②

东晋周𫖮(269—322)盛叹"风景不殊,举目有江河之异",乃因建康与洛阳的环境相似,而一在长江流域,一在黄河流域,所以说有江河之异。六朝文人的诗文中,也常出现以建康山水比附洛阳山水的辞句,任昉(460—508)形容齐竟陵王子良的宅第云:"良田广宅,符仲长之言;邙山洛水,协应叟之志。"③朱异称其在建康都城的住宅云:"卜田宅分京之阳,面清洛兮背修邙。"④六朝以后的人也有类似的形容,唐人许浑《金陵怀古》诗云:"英雄一去豪华尽,惟有青山似洛中。"⑤宋人马光祖《进建康志表》也说:"钟阜帝王之宅……窃以紫盖东南,势雄建邺,青山表

---

① 《太平御览》,卷四十一,《地部六·蒋山》,页326-2。
② 《世说新语笺疏》,上卷上,《言语第二》,页92。
③ 《全梁文》,卷四四,任昉《齐竟陵文宣王行状》,页3205-1。
④ 《全梁文》,卷六二,朱异《田饮引》,页3320-2。
⑤ 〔清〕彭定求等编:《全唐诗》(北京:中华书局,1960初版,1985年三印),册一六,卷五三三,页6084。

里,景似洛阳,吴晋以来,皆号京畿。"①

三、都城规划之比较

建康与洛阳都属于将旧都有计划地予以扩大改建的都城。建康乃是在孙吴建业的旧基上改建,至东晋咸和五年的重新规划之后才定型;而北魏洛阳亦为在魏晋的基础上营建的新都。建康、洛阳地理环境近似,且在都城的营建上又属同一类型,其规划也有很多相似之处。

(一) 都城形状与城门

北魏洛阳"东西二十里,南北十五里"②,显然是东西宽、南北狭的长方形城市。现存资料中并没有关于建康城形状的记载,《建康实录》引《舆地志》之说,只称建康都城周二十里一十九步,③而隋文帝平陈后,将建康城夷为平地,以至于建康城遗址无可考。朱偰于民国二十一年迄二十四年间实地调查六朝遗迹,只能凭鸡鸣寺后一段古城,推定建康城之北界,至于东、西、南三面则无法确定。他又假定建康为边长约五里余的正方形城市。④ 根据《建康实录》之记载,建康宫城(孙吴时为"苑城",俗称"台城")周八里,⑤如作正方形,则边长为二里;又台城南面距都城门尚有二里之遥,⑥故台城当在都城中央偏北处。《舆地志》云:

都城南正中宣阳门,对苑城,其南直朱雀门;正北宫城,无别

---

① 《景定建康志》,《进表一》,页 1318 - 2。
② 《洛阳伽蓝记校注》,卷五,《城北》,页 342。
③ 《建康实录》,卷二,页 179。
④ 朱偰:《金陵古迹图考》,页 108—109。
⑤ 《建康实录》,卷七,页 181。
⑥ 《建康实录》,卷七,页 181。

门,乃知苑城即宫城,在都城内近北明矣。①

由此可知朱偰之假设是可以成立的,建康城应为正方形,或接近正方形的城市。

依《周礼·考工记》:"匠人营国,方九里,旁三门",则都城每一边三门,四面共计十二门。北魏洛阳并不符合此种规划,而有十三门,西、南面都有四门,北面有二门。建康城门数目也没有确切的记载,众说纷纭,莫衷一是。《建康实录》及正史所见,唯有八门,即东晋咸和中所修建的六门:陵阳门、宣阳门、开阳门、建春门、清明门及西明门。至宋文帝元嘉二十五年(448),又增开二门,"夏四月乙巳,新作阊阖、广莫二门,改先广莫门曰承明,开阳门曰津阳"②。朱偰认为新作的阊阖、广莫二门,是指都城门,而先前广莫门为宫城门,因建康仿洛阳之制,而洛阳有广莫门,所以作广莫门,而将宫城广莫门改称承明门。③ 然宋代《景定建康志》引《宫苑记》之说,认为建康有十二门,而《建康实录》之说是错误的。④ 实则《宫苑记》十二门之说,可能是附会魏晋洛阳十二门之制。因建康宫殿、城门之名多以西晋洛阳城之旧称为名,而隋文帝将建康城平荡耕垦,一无遗存,所以隋以后在没有遗迹可寻的情况下,对于六朝建康的营建设置,便有种种揣测及附会。《景定建康志》所引《宫苑记》当是《南朝宫苑记》一书,此书不见于《唐书·艺文志》的著录之中,而见于《宋史·艺文志》,成书时代较晚,时建康宫殿早已不存,而其记载反而较为详尽,故不可信,似以《建康实录》八门之说较为允当。

---

① 《景定建康志》,卷二十,《考证》,页 1623-2。
② 《宋书》,卷五,《文帝纪》,页 50。
③ 朱偰:《金陵古迹图考》,页 106。
④ 《景定建康志》,卷二十,《古都城》,页 1623-1。

(二) 宫、市方位

孙吴太初宫及昭明宫皆在建康城之西南区，苑城在中央偏北处，东晋咸和五年重新规划后，以吴的苑城之地创建宫城，故自东晋之后，宫城在都城中央偏北之位置（见《建康与六朝历史的发展》附图），并不符合周礼"中央宫阙，前朝后市"的原则。关于这一点，北魏洛阳也同样采取宫城在北区"背朝面市"的规划。

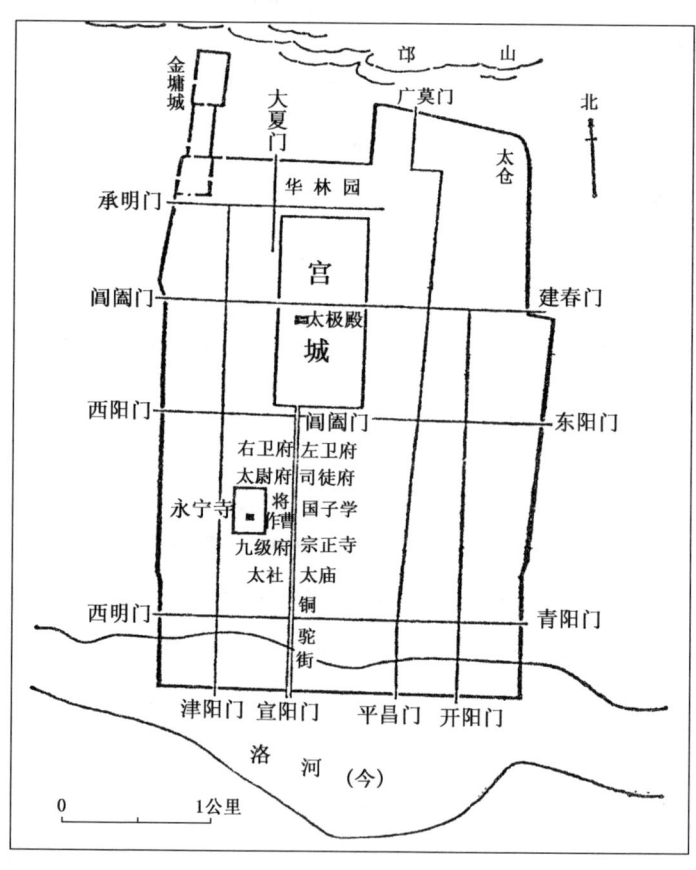

图一　北魏洛阳平面图

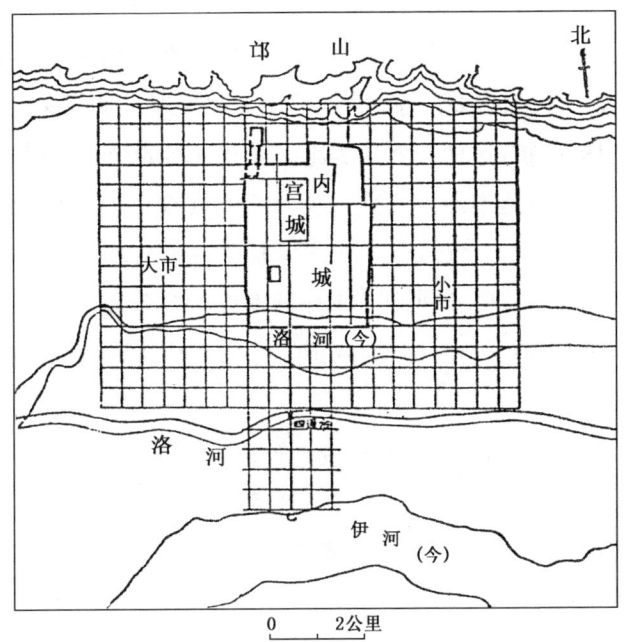

图二　北魏洛阳外郭城平面图

　　史学界的先进很早就注意到北魏洛阳宫城偏北的规划直接影响隋代长安、洛阳的营建,因此于此点特别感兴趣,而提出不同的看法。陈寅恪从文化渊源观点,探讨北魏洛阳规划异于经典传统"面朝背市"的缘由,认为洛阳的营建和江左、河西、平城的规制都有关系,江左方面对洛阳的影响只限于宫殿,至于洛阳的都城规划则和河西的文化有关。因洛阳的营建出于河西汉族李冲(450—498)的创制,李冲为一保存乡里土风国粹之人,且凉州都邑有宫在城北,而市在城南之状况;李冲一方面受河西家世遗传所熏习,另一方面又受凉州都会姑臧宫北市南的影响,在他创建洛阳之时,遂一反周礼传统,而有宫城位于城北之新创。①

----
① 陈寅恪:《隋唐制度渊源略论稿》(北京:三联书店,2001),第二章《礼仪附都城建筑》,页69—78。

日本学者那波利贞则从民族性格解释北魏洛阳的规划。他认为宫阙区域正门外的道路城门常为交通要地,因此在宫城南面之都城门内外自然形成繁华的区域。"前朝后市"传统的规划乃是蔑视工商业行为的儒家思想的产物,这种规划其实违反都城发展的趋势,对都城居民的日常生活而言,更是不便。北魏王朝乃胡人政权,一方面因系胡人,没有传统的包袱,可以对汉族传统文物采取批判的态度;另一方面胡人也具有较实际的性格,鉴于西晋以前都城发展的实际现象及基于实际情况的考虑,而能断然放弃"面朝背市"的传统都城规划,把宫城置于都城的北区。①

陈寅恪及那波利贞又从经济观点解释立市于城南的原因。陈寅恪以为洛阳城南水运便利,为设立市场最适合的地点②;那波利贞认为宫城南面城门内外,交通量大,故造成繁荣的地区,北魏置市于此,乃迁就都城发展的趋势。

建康和洛阳的都城规划,一样是宫城居于北方"背朝面市",违反周礼"面朝背市"的原则,而建康城此一营建早在东晋成帝咸和五年(330)完成;比北魏孝文帝太和十七年(493)的创建洛阳,还早一百六十三年。这项事实自来皆为治史者所忽略,前此史家热衷于北魏洛阳的研究,不但因为隋唐洛阳、长安的营建皆直接承袭北魏洛阳的规划,而且以洛阳为第一个"背朝面市"的都城,故对此城特别感兴趣。又因北魏系胡人在中原建立的政权,因此史家的解释往往有趋于此政权的特异性之取向,如那波利贞胡人性格的解释、陈寅恪河西文化的说法也是由此观点出发。然而,这些看法都不能用来说明建康城采取这种规划的缘由,因为东晋并非胡人政权,而是永嘉乱后,中原的汉人政权在江南的重建。

---

① 那波利贞:《支那首都計畫史上より考察したろ唐の長安城》,收入《桑原博士还历纪念东洋史论丛》(东京:弘文堂,1932),页 1259—1260。又曹魏邺城的宫阙区域略为偏北,那波利贞于此文中也指出邺城之宫城和北面都城城墙之间尚有市街存在,因此邺城不能算作第一个采取宫苑在北设计的都城。

② 陈寅恪:《隋唐制度渊源略论稿》,第二章《礼仪附都城建筑》,页 74。

然则中国历史上真正第一个背朝面市的都城建康,究竟在什么背景之下,产生此种异于传统的规划? 本文以为影响建康城规划的因素有三:一就实质环境而言,为迁就孙吴以来街市的发展;二在思想上来说,为汉末以后儒家思想的式微;三以规划者其人而论,为王导性格与行事。

就实质环境而言,孙吴首创建业为都城,其时营建建业乃依先前已形成的街市规划,如城南的秦淮河是对外重要的水道,沿岸地区早发展成繁荣的商业区,因此孙吴迁就既成的事实,立大市于秦淮南岸的佛陀里。① 晋室南渡,沿孙吴之旧,仍都建业,成帝咸和中,在孙吴的旧基上重新规划都城。然而建康自孙吴以来,历百余年的发展,其街市早已固定化了,王导于此时规划建康,必受此地长久以来形成的街市所限制。

从思想方面来说,汉末以来儒家的衰微,老、庄玄学成为思想界的主流,儒家思想的影响力微弱,也阻碍了周礼都城规划在此时代的付诸实现,孙吴一代始终未立宗庙社稷,就是最好的说明。晋元帝依孙吴规模,创建都城,立太庙与太社,系从郭璞卜筮之结果,置于都城宣阳门外,而不依周礼之制,置于都城之内。且太庙、太社比邻而立,与左祖右社之规划又不相符②。由这一点看来,东晋初立宗庙社稷时,并不以周礼先王旧典或前此东汉、魏、西晋都城之规制为依归。至晋孝武帝曾一度想依洛阳之制,把太庙、太社移入宣阳门内,却被尚书仆射王珣(349—400)以"龟筮弗违"的理由谏止,因此仍置于旧地不改③。先朝旧制竟然不及龟筮之可信,也就是在这种背景下,王导重新营建建康时,才能摆脱儒家理想都城计划,依据其时的实质环境规划,而有中国第一个"背朝面市"都城的出现。

王导其人的性格、行事,也影响了他对建康城的规划。《世说新语》

---

① 见本书《六朝时代的建康——市廛、民居与治安》。
② 见本书《六朝建康城的兴盛与衰落》。
③ 《建康实录》,卷九,页288。

上有这样一则记载:"丞相末年,略不复省事,正封箓诺之,自叹曰:'人言我愦愦,后人当思此愦愦。'"①徐广《晋记》也说:"(王)导阿衡三世,经纶夷险,政务宽恕,事从简易,故垂遗爱之誉也。"②就是这种"政务宽恕,事从简易"的风格,使王导在规划建康时,不至于采取雷厉风行的手段,破坏已形成的市街发展,而是以温和的态度,迁就既已发展的街市。由于要迁就原有的市街,传统的都城规划势必不能施行,而必须别有新创,因此创建东汉以后第一个违反周礼之制的都城。

(三) 城区轴心

何炳棣在《北魏洛阳城郭规划》一文中,指出洛阳城规划有三个特征:一是宫苑单位的形成,二是城区轴心原则的确立,三是计划坊里制的始创。③ 而建康城也具有前二者的特征。建康宫城称为台城,其东北有乐游苑,是以建康城的北区及东北方成为一个宫苑区域。在魏晋以前,西汉长安的宫殿散在城内各处,与民居混杂,西晋的洛阳也还没有将宫苑造成一个单独隔离的区域。东晋的建康和北魏的洛阳同样形成了独立的宫苑单位,而建康城之规划时间比洛阳早一百六十余年。

北魏洛阳宫城之南,连接西阳门和东阳门的御道是全城的东西轴心,而因宫苑的北移,由宫城南门的阊阖门迄都城宣阳门的铜驼街,就成为南半城的南北轴心。在此以前的都城中,汉代的长安没有这种轴心的规划,东汉洛阳的情况不明,无法确定是否有此种设计,何文怀疑西晋的洛阳已经有东西、南北轴心的规制,而北魏营建洛阳时,承袭西晋旧制,更予以确立。④ 也就是说,从东汉迄西晋的都城是否有城区轴心之设置,仍蒙昧难知。然就这一点而言,建康城在中国都市计划史

---

① 《世说新语笺疏》,上卷下,《政事第三》,页 178。
② 《世说新语笺疏》,上卷下,《政事第三》,页 178。
③ 何炳棣:《北魏洛阳城郭规划》,收入《庆祝李济先生七十岁论文集》(台北:清华学报社,1965),上册。
④ 何炳棣:《北魏洛阳城郭规划》,《庆祝李济先生七十岁论文集》,上册。

上,是这种轴心制由蒙昧源起到清楚确立的关键。早在孙吴时代,建业(康)就有清晰的南北轴心,由苑城南门经都城白门(后世的宣阳门)迄于朱雀门。① 至东晋咸和中的规划,以吴苑城创筑宫城,宫城北移,在宫城南门外又发展出东西轴心,由都城的西明门,经宫城大司马门前,以迄建春门。② 至于北魏洛阳城轴心的营建,则是咸和规划建康以后一百六十余年的事。

(四) 里坊与道路

在都城内规划住宅区的里坊,其起源甚早,但由于文献缺乏,早期城市内里坊的规划,情形不详。到了北魏,在洛阳规划兴建众多的里坊,则有明确的记载。宣武帝景明二年(501)从广阳王嘉之建议,于洛阳城四周筑二百二十坊,③其制据《洛阳伽蓝记》之描述:

> 京师东西二十里,南北十五里,户十万九千余,庙社、宫室、府曹以外,方三百步为一里,里开四门,门置正二人,吏四人,门士八人,合有二百二十里。④

洛阳的里坊制直接影响隋唐长安、洛阳的规划,唯一不同的是北魏洛阳多数的里坊都置于都城以外的地区,隋唐两京则皆设在城内。至于建

---

① 《景定建康志》,卷十六,《疆域志·古御街》,页1531,引《宫苑记》:"吴时自宫门南出,至朱雀门七八里,府寺相属。晋成帝因吴苑城筑新宫,正中曰宣阳门,南对朱雀门,相去五里余,名为御道。"自宣阳门到朱雀门的里数,《建康实录》,卷九,页266,注引《舆地志》则称六里:"朱雀门北对宣阳门,相去六里,名为御道,夹开御沟,植柳环济。"

② 《建康实录》,卷七,页180,注引《舆地志》:"正西南西明门,门三道,东对建春门,即宫城大司马门前横街也。"

③ 《魏书》,卷十八,《广阳王嘉传》云筑坊三百二十,而《洛阳伽蓝记》卷五称筑坊二百二十,据何炳棣考证,以二百二十坊为确,见何炳棣《北魏洛阳城郭规划》。

④ 《洛阳伽蓝记校注》,卷五,页381。

康城，虽然从文献上可见到一些里坊之名，①但由于数据不足，无法确知其里坊规划的情况；不过，有一点是可以确定的，即建康城里坊的规划当不如洛阳的齐整划一。北魏挟其强大的政治力在一座荒废的旧城上重建都城，自可畅行无阻贯彻其计划，作严整的规划。孙吴、东晋的营建建康，都是依先前形成的街市创筑，必定受到先前已有的邑屋民舍的影响，加上建康城内外水道纵横，冈阜隐现，可能也限制了它作规律整齐的规划。

在道路的规划方面，洛阳既有计划地建设坊里，其道路应该相当接近棋盘式的设计，而建康的道路则因地形的关系，故出现迂曲回绕，不规则的弯曲道路。②

总而言之，建康与洛阳的地理环境颇为相近，其都城规划也极为类似，虽然两者创筑的背景不同，却趋于相同的设计：如宫苑单位的独立、"背朝面市"宫城的北移、城区轴心的原则。两者之间微小的差异，在于建康里坊规划不如洛阳的整齐划一与规模宏大，以及建康道路设计为曲折的弯路，异于洛阳的平直与规律。

四、都城风貌的比较

建康与洛阳虽有类似的地理环境与都城规划，但由于都市的居民、建筑物的分布，以及南、北政权所采取的政策有别，而展现不同的风貌。

（一）人口结构和里坊的阶级区分

北魏建国以来，一向采取强迫移民以繁荣京师的政策；初期定都平城时，即曾"徙山东六州民吏，及徙何（前燕）、高丽杂夷三十六万，百工伎巧十余万口，以充京师"，此后又有多次大规模强迫移民的记载，洛阳

---

① 见本书《六朝时代的建康——市廛、民居与治安》。
② 见本书《六朝建康城的兴盛与衰落》。

的创建亦复相同。除了六宫、文武百官悉迁于洛阳之外,亦迁徙平民,故孝文帝于太和十八年(494)下诏代民迁洛者复租赋三年。① 洛阳总人口数为十万九千余户,②以一户五人计,则有五十四万五千余人;居民的身份则除了北魏王室、官僚等统治阶级之外,还有经营工商的平民和百工伎巧。北魏建国之初,道武帝建都平城,即下令士庶异居、伎作不杂处;③孝文帝营建洛阳之初,就采纳韩显宗(466—499)的建议,为使"寺署有别,四民异居",在城内外划分各个特定的区域,以安置不同身份职业的人。④

《洛阳伽蓝记》一书对于城内外各个区域的划分,有详细的叙述。洛阳城内北半部是宫苑区域,南半部是官寺府署及王公贵人的住宅,如铜驼街之西有司空刘腾(464—523)宅,铜驼街之东有大将军高肇(?—515)、中书侍郎王翊、苞信县令段晖宅。⑤洛阳城外东区的东安里、晖文里、昭德里、敬义里、孝敬里、景宁里为贵族官僚的居处;洛阳小市、殖货里为庶民住所。⑥ 城外南区的利民里、劝学里、延贤里为贵臣居宅。洛水以南,伊水之北的地区,以御道为界,东有四夷馆,即金陵、燕然、扶桑、崦嵫四馆;西有归正、归德、慕化、慕义四里,为安置南朝降人和远邦异域归化人的处所。⑦ 城外西区环绕洛阳四周的大市十里,都是商业工伎的专业区;大市之西,北起邙山,南迄洛水,东西宽二里,南北长十五里的狭长地带为宗室所居处,称为"寿丘里",民间称之为"王子

---

① 《魏书》,卷七,《高祖纪》,页176。
② 《洛阳伽蓝记校注》,卷五,页381。
③ 《魏书》,卷六十,《韩麒麟传附子显宗传》,载显宗上书云:"仰惟太祖道武皇帝创基拨乱,日不暇给,然犹分别士庶,不令杂居,伎作屠沽,各有攸处。"页134。
④ 《魏书》,卷六十,《韩麒麟传附子显宗传》,页1339。
⑤ 《洛阳伽蓝记校注》,卷一,《城内》,页38、52、55。
⑥ 《洛阳伽蓝记校注》,卷二,《城东》,页93—94、99—100、104、117、121。
⑦ 《洛阳伽蓝记校注》,卷三,《城南》,页160。

坊"①。城外北区永平里为贵人住所;闻义里(上商里)为造瓦的专业区。②

由上所述,可知洛阳里坊规划的特色,在于士庶别居,工艺伎巧及商贩为业者也各以其专业聚集在特定的区域。

汉末,部分中原人士为避战祸南迁;及永嘉之祸,中原倾覆,晋室南迁,更有大批的人民避难于安平康丰的江南,此二者为扬州地区人口大量增加的重要因素。其中南渡的大家世族主要定居于都城所在的建康及会稽,建康因此成为一个人口稠密的都城。梁朝建康人口有二十八万余户,③以一户五人计,约有一百四十万人,几乎是北魏洛阳人口的三倍。又建康的里坊规划也不同于洛阳,洛阳严格实施士庶异居,建康则无严格的限制。洛阳城内只有王公贵人的居宅,建康却是"六门之内,士庶甚多"④,建康都城习称"六门城"⑤。都城之内如此,都城外之区域自然更没有限制。然而六朝社会为一严别贵贱的阶层社会,建康虽然士庶杂居,而同一阶层的人有集居某地的倾向。由潮沟到青溪遍布贵族园宅,御道左右是富人的住宅区,秦淮河南岸为民居所在,⑥其划分相当明显,充分表现此一社会的特性。

(二) 园宅

建康和洛阳的居民可分为两大类,一是皇亲宗室,以及任职于朝廷的高低级官吏,一是平民。东晋南朝的王公贵臣在建康兴建豪华的住

---

① 《洛阳伽蓝记校注》,卷四,《城西》,页 206。
② 《洛阳伽蓝记校注》,卷五,《城北》,页 248—249。
③ 《太平寰宇记》,卷九十,《江南东道二·升州》,引《金陵记》云:"梁都之时,城中二十八万户。"页 1774。
④ 《隋书》,卷七,《礼仪志二》,天监三年诏,页 131。
⑤ 《太平御览》,卷一九三,《居处部二一·城下》,引《郡国志》:"陈宫城,周二十里,东晋所筑,号曰'六门城'。"页 1061-2。
⑥ 见本书《六朝建康的园宅》。

宅和人工园林，蔚为风气，精心设计的园宅因而成为建康的特色之一。① 洛阳城内外也有一些华丽精饰的园宅，和建康的园宅一样，也有华楼回榭、山石泉池，并饶花果竹木。洛阳园宅的数目远不及建康众多与兴盛，而且园宅虽有少数是达官显要所建，如冠军将军郭文"堂宇园林，匹于邦君"②，司农张伦"园林山池之美，诸王莫及"③，但大半皆为宗室贵戚所造：

> 于是帝族王侯、外戚公主，擅山海之富，居川林之饶，争修园宅，互相夸竞。崇门丰室，洞户连房，飞馆生风，重楼起雾。高台芳榭，家家而筑；花林曲池，园园而有。莫不桃李夏绿，竹柏冬青。④

此和北魏为胡人政权有关，汉人的世族高官因在异族统治下，故不敢过于放肆。又因为北方儒学尚盛，而儒家主张居室俭朴，所以修造园宅多为鲜卑族的宗室贵戚，而不像建康主要修造园宅者均属达官贵人。建康、洛阳的园宅不仅显示此二都城景观之不同，也反映出南北政治、社会、思想文化的差异。

（三）佛寺

六朝时代佛教俱盛于南、北，而北魏孝文帝规划洛阳时，都城之内只许置僧寺、尼寺各一所，其余皆置之城外。然而这种理性的规划，却抵挡不住时方炽盛、如火如荼的佛教信仰，至孝明帝神龟元年（518），洛阳佛寺栉比而立，侵占民居，达三分之一。任城王澄（467—519）曾上奏，请将都城之内的佛寺迁徙于郭外：

---

① 见本书《六朝建康的园宅》。
② 《洛阳伽蓝记校注》，卷五，《城北》，页249。
③ 《洛阳伽蓝记校注》，卷二，《城东》，页100。
④ 《洛阳伽蓝记校注》，卷四，《城西》，页206。

自迁都已来,年逾二纪,寺夺民居,三分且一。……如臣愚意,都城之中,虽有标榜,营造粗功,事可改立者,请依先制,在于郭外,任择所便。其地若买得,券证分明者,听其转之,若官地盗作,即令还官。若灵像既成,不可移撤,请依今敕,如旧不禁,悉令坊内行止,不许毁坊开门,以妨里内通巷,若被旨者,不在断限,郭内准此商量。①

然此建议在其时佛教信仰弥漫的时代,并未被接纳。至北魏末年,洛阳有一千三百六十七所寺院。② 南朝佛教亦极隆盛,但建康的佛寺不及洛阳之盛,梁代为南朝佛教发展的高峰,寺院有七百余所。③ 但以二城人口和佛寺数目相较,洛阳人口只有建康的三分之一,而寺院数目却是建康的两倍。这并不是意味北朝佛教较南朝为盛,而是南、北佛教信仰有别。南朝佛教偏学理,北朝佛教重实行,所以南朝建造寺院的风气不如北朝蓬勃兴盛。④ 同时,南朝因信仰性质的关系,上层阶级的世家贵族才有能力从事佛理的研讨,故立寺者多属这个阶层;南朝的佛教倾向于哲理的谈辩,建康的佛寺也因此具有浓厚的贵族气息。而北方的佛教趋于信行,平民百姓亦能信解,所以百姓造寺者甚多。今无法确知洛阳一千三百六十七寺中,有多少是百姓兴建的,而从北魏全境"其王公贵室五等诸侯寺八百三十九所,百姓造寺三万余所"⑤的比例看来,洛阳城中寺院百姓建造的比例应该很高。

---

① 《魏书》,卷一一四,《释老志》,页3045—3046。
② 《洛阳伽蓝记校注》,卷五,《城北》,页349。
③ 《辩正论》,卷三,《十代奉佛篇》,页503c。
④ 汤用彤:《汉魏两晋南北朝佛教史》(台北:鼎文书局,1976),页487。又,据法琳《辩正论·十代奉佛篇上》云梁朝时南朝全境佛寺计2840所,而北魏全境有佛寺3万所,页503b。
⑤ 《辩正论》,卷三,《十代奉佛篇》,页507b—c。

(四) 国际性

汉代开辟通往西域的路径,是中土与西域交通划时代的开始,从此中土的货物可经由此路输往西方,西域的商人也经此途至中土贸易,佛教亦沿经此路线传入中土。汉末三国以降,西域僧人至中土者甚多。北魏建国后,国势甚盛,西域使臣及商人络绎于途,当时有很多西域人寄居洛阳,达万余家:"自葱岭已西,至于大秦,百国千城,莫不欢附,商胡贩客,日奔塞下,所谓尽天地之区已。乐中国土风,因而宅者,不可胜数。是以附化之民,万有余家。门巷修整,阊阖填列,青槐荫陌,绿树垂庭,天下难得之货,咸悉在焉。"①洛阳因此而具有国际性的色彩,洛阳并且有专为外国人居留而规划的里坊,在洛水以南、伊水之北,以御道为界,其东有金陵、燕然、扶桑、崦嵫四馆,称为"四夷馆",其西有归正、归德、慕化、慕义四里,称为"四夷里";外国人初至洛阳,须先在四夷馆住三年,方可入居四夷里:

> 永桥以南,圜丘以北,伊、洛之间,夹御道有四夷馆。道东有四馆:一名金陵,二名燕然,三名扶桑,四名崦嵫。道西有四馆(里):一曰归正,二曰归德,三曰慕化,四曰慕义。吴人投国者处金陵馆,三年已后,赐宅归正里。……北夷来附者处燕然馆,三年已后,赐宅归德里。……东夷来附者处扶桑馆,赐宅慕化里。西夷来附者处崦嵫馆,赐宅慕义里。②

吴人北降,居于归正里者也有三千余家,而西域人居于慕义里者有万余家③。《洛阳伽蓝记》中只提到西域人和南朝人的归化定居,而没

---

① 《洛阳伽蓝记校注》,卷三,《城南》,页161。
② 《洛阳伽蓝记校注》,卷三,《城南》,页160—161。
③ 《洛阳伽蓝记校注》,卷二,《城东》,页117;卷三,《城南》,页161。

有提到东夷、北狄人的来附。慕化、归德二里可能只是预先做好规划，而没有高丽、百济等东夷人，或柔然等北夷族人定居。北魏时和高丽、日本间的来往并不密切，且和北夷的柔然处于对立的状态。

南、北政权并峙，建康因地处长江下游，和西域之间的陆路交通为北朝所阻隔，故与西域的往来只能靠海路。从西域诸国经由南海抵达中土的船舶，先至广州，而以广州为转运站。高僧传中有不少六朝时代中、西海上交通的记载，其中由海路到中土的僧人商旅，皆在广州登岸，再由广州经水、陆路，抵达南朝都城建康。因此，广州为南朝对外交通的要地，番舶往来频繁，而建康不具备国际贸易、交通之地位。然建康系一国之都城，异国使臣亦常时往来，所以建康也设有"六馆"，以接待四方使者：

> 国馆六，一曰显仁，处高丽使；二曰集雅，处百济使；三曰显信，处吐番使；四曰来远，处蠕蠕使；五曰职官，处延陀使；六曰行人，处北方使。五馆并相近，而行人在篱门外。①

六馆之中，除了行人馆外，其他五馆皆集在一处，《建康地记》云："显仁馆在江宁县东南五里，青溪中桥东，湘宫巷下，古高丽使处。"②即位于建康城东，清明门外湘宫寺附近，而安置北朝使臣的行人馆则偏处建康外郭的篱门外，显示南朝对北朝的猜防和敌意。

北魏和西域关系密切，所以有大批西域人定居洛阳，西域的工艺、技术、物产也源源输入洛阳，而使洛阳具有国际色彩。南方的建康在对外交通上来说，则属一封闭性的都城，因此不像洛阳富于国际色彩。

---

① 《舆地纪胜》，卷十七，《江宁东路·建康府一》，引《宫苑记》。
② 《太平御览》，卷一九四，《居处部二三》，页1065-2。

五、六朝建康和北魏洛阳营建之关系

洛阳与建康在都城的规划上极为相似,而北魏创建洛阳的时间,又比东晋咸和中规划建康还晚二百六十三年,因此,北魏洛阳的规划是否承袭建康的新创,便成为一个值得思虑的问题。

魏孝文帝在营建洛阳之前,曾经派遣将作大匠蒋少游(?—501)出使南齐,密令他观察建康宫殿楷式:

> (永明)九年,遣使李道固、蒋少游报使。少游有机巧,密令观京师宫殿楷式。清河崔元祖启世祖曰:"少游,臣之外甥,特有公输之思。宋世陷虏,处以大将之官。今为副使,必欲模范宫阙。岂可令毡乡之鄙,取象天宫?臣谓且留少游,令使主反命。"世祖以非和通意,不许。少游,安乐人,房宫室制度皆从其出。①

陈寅恪认为北魏之所以遣使模拟建康宫殿,是因为北魏依魏晋洛阳基址建都,然自永嘉丧乱以后,洛阳荒废已久,不得不取则建康宫殿。他又以为规划大计的人是李冲(450—498),而非蒋少游,且建康山川形势又不同于洛阳,难以论断此二城的全体计划,因此他主张蒋少游模拟建康的只限于宫殿部分。②

实则洛阳与建康地理环境极为类似,二城的都城规划也非常相近,而只有些微的差异。尤其宫城的独立与北移,与城区轴心设计,是西晋以前都城所未曾出现的规划,而建康与洛阳同样有此规划,况且建康的兴建比洛阳为早,是以此二都城的相似就不能归之于巧合,而必定有所传承沿袭。宫城北移、城区轴心首先出现于东晋的建康城,而建康为万

---

① 《南齐书》,卷五七,《魏虏传》,页990。
② 陈寅恪,《隋唐制度渊源略论稿》,第二章《礼仪附都城建筑》,页71—72。

方瞩目的都城,其规划新创必广为同时代的人所知。事实上,洛阳的营建几乎全受建康影响,它不只模拟南朝的宫殿,在几个规划的大原则上,甚至是建康的翻版。

原刊于《"国立台湾大学"建筑与城乡研究学报》,第二卷第一期(1983)

中篇 社会与经济

移民潮、非汉民族和六朝商业政策的转变

一、前　言

　　大量人口的移动是魏晋南北朝史上一个重要的现象，它也主导了此一时期历史的发展，无论北方或南方的政权都是外来移民者建立的，北方汉人移民对其时历史发展有重大的影响。东晋、宋、齐、梁、陈五个朝代都是北方移民建立的政权，谭其骧统计《南史》列传人物728人，其中原籍北方者506人，南方者222人，①可见政坛上重要官职皆以北方移民及其后裔担任，他们左右了南方的政治。这一大批南迁人口对于政治、社会、经济、文化方面都有重大的影响。② 同时，另一重要的现象是非汉民族也在此一时期的历史中扮演了重要的角色。自古以来，中国历史的舞台上就不是只有汉族的活动，还有其他多种民族一起演出；③六朝时期，非汉民族在六朝历史中扮演着前所未有的主要角色，北方先有五个非汉民族（匈奴、鲜卑、氐、羌、羯）建了历史上所谓的"五

---

　　①　谭其骧：《晋永嘉丧乱后之民族迁徙》，《燕京学报》，第十五期(1934)，后收入《长水集》(北京：人民出版社，1987)上册，页220。

　　②　胡阿祥：《东晋南朝人口南迁的概况及其影响补说》，收入氏著《东晋南朝侨州郡县与侨流人口研究》，页358—377。

　　③　今日中华人民共和国认定境内有56民族，由于汉族以外的55个民族相对汉族人口较少，习惯上被称为"少数民族"。六朝时期在南方的一些地区非汉民族人数可能比政府登记的人口为多，本文称为"非汉民族"。

胡十六国"①,其后鲜卑族的北魏统一中国北方,和被逼退到南方的东晋南朝政权对峙;其后,接续北魏的北周也是非汉人建立的政权。同一时期,南方的疆域内也有广大的区域分布先住民的非汉民族(主要为蛮、僚、俚)。

永嘉以后迁到南方的北方移民,被称为"侨人","侨"就是寄居在外地的意思,有时也称为"北人";原来在南方居住者称为"南人""吴人"或"旧民"。侨人和吴人的磨合主导南方历史的发展。② 侨人居于政治社会的高层,吴人次之。由于东晋建国之初,为了安置庞大数量的北方移民,设置许多侨州、侨郡、侨县;为了控制、安抚境内的非汉民族,在其居住的州郡设置军府以监控,同时设立左郡、左县以笼络和控制归顺者。对于侨人给予免税的优待,影响及东晋南朝税收。此外,政府也难以从非汉民族处取得税收,又因为镇抚非汉民族所设立的军府,花费了巨大的人力和行政成本,此三者都给东晋财政带来相当困境,使得其改变了秦汉以降"重农抑商"政策,这是造成其时商业发达的重要原因之一。

二、从北方来的新移民

在公元三世纪的最后十年,西晋皇室八个亲王为了争夺皇位,在洛阳地区互相争战,历时十六年,历史上称之为"八王之乱"(291—306)。在此期间,在今山西省的匈奴起兵反抗,导致建都洛阳的晋朝(西晋)亡国。317年,琅琊王司马睿在建康(今江苏南京)即位,在南方延续司马氏的政权,史称东晋。从永嘉(307—313)初年以后,北方陷入战乱,大

---

① 公元304年至439年间,五胡和汉人在华北建立的十六个政权:前赵、夏、北凉(匈奴)、前燕、后燕、南燕、南凉、西秦(鲜卑)、后赵(羯)、前秦、后凉、成汉(氐)、后秦(羌);此外,还有汉人建立的前凉、西凉、北燕。
② 朴汉济:《"侨旧体制"的展开与东晋南朝史》,《北朝研究》,页15—17。朴汉济教授提出"胡汉体制"作为理解十六国北朝史,以及用"侨旧体制"解读东晋南朝史,"侨"是指西晋永嘉乱后,不断南徙的北方官民;"旧"则是指南方的先住民。

量的人口向南移动,自此至刘宋泰始年间(465—472),约 160 余年之间,由于战乱,居住在北方的汉人大规模地向南迁移,时间之长,规模之大,人数之多,堪称此一时期最醒目的现象。在此之后,仍然有小规模的移民活动。① 大量北方汉人南移,也改变了南方民族的居住版图。据保守估计,北方移民及其后裔的人口,约在二百万左右。② 大致上说来,黄河下游和山东、河北、河南东部的移民,多迁往长江下游和淮河流域;至于今甘肃、陕西、山西、河南西部的人,则多迁往长江上游和汉水流域。谭其骧根据史籍记载估计,西晋永嘉(307—313)时期,南迁人数约在九十万,也就是说北方人八人之中,就有一人迁移至南方;至刘宋大明八年(464),南方疆域之内的人口,六分之一是北方移民。③ 北方人大规模向南迁移的时间主要有七次,永嘉之乱、苏峻和祖约之乱(327—329)、后赵灭亡(351)、淝水之战(383)、刘裕北伐(416—418)、北魏太武帝南征至瓜步、宋失北四州及豫州淮西(467),北方移民迁往今日山东省黄河以南的地区、江苏省、安徽省、河南省黄河以南的地区、湖北、陕西、四川,也有少数再往南迁到江西、湖南。其中,以迁到江苏省和山东南部的最多,在江苏省的集中在南徐州(今日江苏扬州至淮阴、镇江一带),这里北方移民人数甚至超过本地居民。④ 此外,也有一大批政治高层的官员、士人随着皇室移入首都建康及其邻近地区。

北方移民南来的路线和其社会的阶级,也影响及其选择在南方的

---

① 关于此一时期人口迁移的分期,学者有不同的看法,如谭其骧:《晋永嘉丧乱后之民族迁徙》,《燕京学报》15 卷第 1 期,1934 年 6 月);王仲荦:《魏晋南北朝史》(上海:上海人民出版社,1979),第五章第二节;葛剑雄:《中国移民史》(福州:福建人民出版社,1997),第二卷第十章第一节;胡阿祥:《东晋南朝人口南迁的概况及其影响补说》,氏著《东晋南朝侨州郡县与侨流人口研究》,页 359—366。
② 葛剑雄:《中国移民史》,第二卷第十章第四节,页 410—412。
③ 谭其骧:《晋永嘉乱后之民族迁徙》,《长水集》上册,页 219—220。
④ 谭其骧:《晋永嘉乱后之民族迁徙》,页 220;王仲荦:《魏晋南北朝史》上册,页 345;蒋福亚:《魏晋南北朝社会经济史》(天津:天津古籍出版社,2005),页 58。

居住地域,成为东晋南朝三百年政治社会经济发展的关键。北方的上层阶级包括西晋皇室、大臣,主要移入首都建康及附近的地区和会稽、临海郡之间(今浙江南部)。中层阶级多为骁勇善战的次等士族,早先移住京口(今江苏镇江)、晋陵(今江苏常州)一带;较晚南渡者移居襄阳(今湖北襄樊)一带。下层阶级即低等的士族和一般人民则和原有住民的吴人杂居。中层次等士族人数较上层和下层阶级为多,不能入住首都建康,所以选择离首都不远、地广人稀的京口、晋陵和襄阳地区,使得此二地形成一个尚武之区。① 在南徐州(今江苏中部)北方次等士族及平民的移民,超过旧民人数二万余人。② 这批次等士族都是以勇武善战著称,北方移民的领袖郗鉴(269—339)利用这些移民组成军队,使此地成为东晋的重镇。公元 377 年,前秦挥兵南下时,谢玄(343—388)受命负责长江下游军事防务,以郗鉴所奠定的基础,招募骁勇之士,训练新军,因京口在都城建康之北,称为"北府兵",其将领也多是出身京口的北方侨民。③ 东晋孝武帝太元十八年(393),这支军队以仅有八万人击败前秦苻坚南侵的近百万的军队。其后,北府兵的将领刘裕更取代了晋室,建立宋朝(420—479),刘裕就是出自京口侨人的后代。至于接续其后的齐(479—502)、梁(502—557)王朝的建国者则是出身晋陵(今江苏常州市)新移民的后代。另一个由北方移民建立起来的军事力量则影响齐、梁历史的发展,从永嘉乱后——特别是淝水之战后,襄阳地区(包括南阳、新野、顺阳等地)新移民人数多于旧民,公元 386 年东晋在此设立侨置的雍州,来自秦陇、河洛地区的侨人士族和汉水流域的土著豪族组成的武力,成为南朝重要的武力,在南朝政局中发挥重大

---

① 陈寅恪:《述东晋王导之功业》,《中山大学学报》(社会科学版),1956 年第 1 期;收于《金明馆丛稿初编》(上海:上海古籍出版社,1980),页 57—67。
② 谭其骧:《晋永嘉丧乱后之民族迁徙》,《长水集》上册,页 220。
③ 陈寅恪:《述东晋王导之功业》,页 58—60;田余庆:《东晋门阀政治》(北京大学出版社,1989),页 89—93;《北府兵始末》,《纪念陈寅恪先生诞辰百年学术论文集》(北京:北京大学出版社,1989),页 208—210。

的作用。① 从刘宋中叶以后,京口的北府兵衰落,襄阳地区的武力豪族是支撑南朝宋、齐、梁三代的重要军事力量,②萧衍建国所依靠的就是襄阳雍州的武力。

大量北方汉人南移,改变了南方住民的人口结构,也有利于都市的发展。大致上说来,黄河下游和山东、河北、河南东部的移民,多迁往长江下游和淮河流域;至于今甘肃、陕西、山西、河南西部的人,则多迁往长江上游和汉水流域。南方的首都建康城成为一大都会,约有一百四十余万居民,它可能是当时世界上人口最多的城市。建康的居民分为两大类,一种是王公贵族和各级官员,一种是平民。王公贵族大都是来自北方的大族,拥有大批没有登记在户籍中的依附人口,为他们服务或利用特权经营包括商业和在京城以外的各种营利事业,这些依附人口有一大部分是北方移民。永嘉前后,一些北方大族虽然在都城建康从事政治活动,但因邻近建康的三吴地区已经被原来南方的大族所占,所以他们只能渡过浙江,到浙江以南的地区开辟田园,从事产业的经营——包括农业、制造业、商业、运输业。东汉以来,浙江的宁绍平原的制造业很发达,至四世纪初年,北方移民大批南下,特别是北方大族带着他们的随从、庇荫人口至浙东地区定居,使得此地增加了很多人口,它的中心都市山阴(今浙江绍兴)是浙东地区最大的都市,刘宋时期,山阴的著籍人口有三万户,当时会稽郡十个县著籍户数为五万二千二百二十八户,则山阴户数占了会稽郡的 57.4%。由于有很多北方上层移民(士族、皇戚、贵臣)住在此地,他们拥有大批荫附人口,因此山阴的实

---

① 安田二郎:《晋宋革命と雍州(襄陽)の僑民—軍政支配から民政支配へ》,《東洋史研究》第四十二卷第一号(1983),后收入:《六朝政治史の研究》(京都:京都大学出版会,2003),页385—415。

② 王永平、徐成:《略论东晋南朝时期襄阳豪族集团的社会特征》,《扬州大学学报》(社会科学版),2010年第1期。

际人口其实超出许多,它无疑是南朝境内重要的大都市之一。① 魏晋时期,京口(今江苏镇江)以至晋陵一带还是相当荒凉的地区,至东晋初年由于大量北人的移入,他们在此从事农业耕垦,促进此地的发展,②京口也成为一商业都市。此外,毗陵(今江苏常州)、吴郡(今江苏苏州)、宣城(今安徽宣城)、山阴(今浙江绍兴)、余杭(今浙江杭州)、东阳(今浙江金华)都是重要的商业都会。

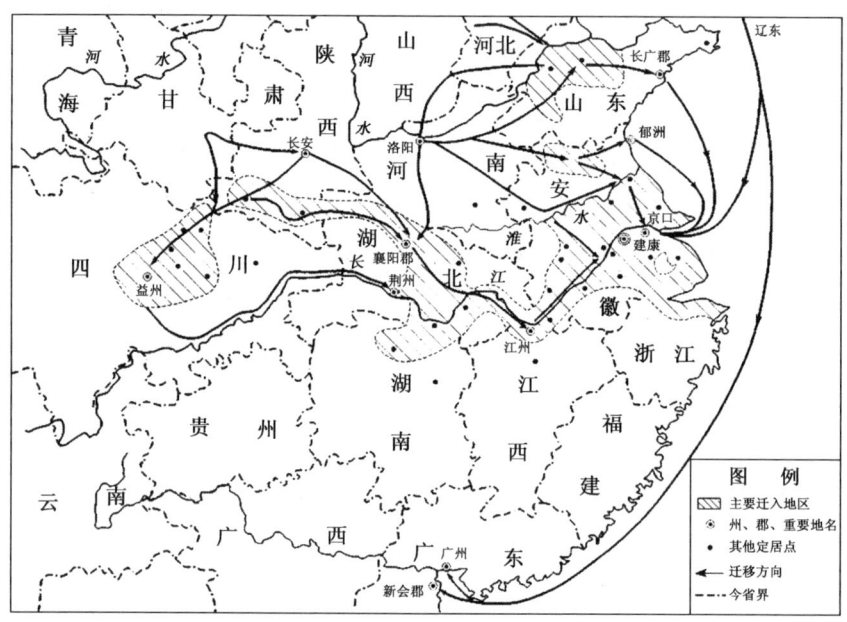

永嘉乱后移民南迁的路线和迁入地区的分布

(葛剑雄《中国移民史》第二卷,页339)

---

① 刘淑芬:《六朝时代的建康——市廛、民居与治安》,收入氏著《六朝的城市与社会》(台北:台湾学生书局,1992),页135—136。同书《三至六世纪浙东地区的经济发展》,页205。

② 田余庆:《东晋门阀政治》(北京:北京大学出版社,1996),《论郗鉴——兼论京口重镇形成》,页90—92。

侨州、侨郡、侨县

东晋初年，为了安置北方移民，设置"侨州""侨郡""侨县"，①东晋大兴三年（320），最早设置侨县怀德县，以安置随晋元帝司马睿南渡的琅琊郡人民，其后随着南迁人口增加，陆续增设侨州郡县，其后刘宋政权也承袭此一政策。它系以移民在南方寄居之地设置州郡县，冠上其北方原籍州郡县的旧名，它和一般州郡县有所不同，显示在以下两方面：（一）一般的州县是有土地，也有人民；侨州郡县是有北来的移民，但没有土地。（二）一般的州郡县登录人民户口的籍册是用黄色纸，称为"黄籍"，政府依此对人民征收税赋和力役；侨州郡县的籍册是用白色纸，称为"白籍"，在上面注记其原来的籍贯。中古贵族制度和乡里有密切的关系，标注原来的籍贯不仅有"商标"的意识，也有强调其乡里社会基础的意义。② 户口登录在"白籍"的侨人是不需缴税和服役的，这种优待北方移民侨州郡县的规定，更吸引北方人民一波一波地向江南迁移。③

侨州、侨郡、侨县的设置，使得东晋南朝境内有两种行政系统，随着东晋政权在南方的稳定，数量庞大的侨州郡县人口不税不役，不但影响及政府财政的收入和国力的厚实；同时，侨人和吴人在政治利益、居住地域和经济利益上都有所冲突，北方侨民已经安居立业，对逃难侨民的优待的意义也不复存在，免除侨人税役一定也引起必需付税服役的吴

---

① 关于魏晋南北朝的侨州郡县的研究，最完整的研究是胡阿祥的《东晋南朝侨州郡县与侨流人口研究》（南京：江苏教育出版社，2008）。以下多依其所陈述。

② 中村圭尔：《南朝貴族の地緣性に関する一考察——いわゆる僑郡県の検討を中心に》，《東洋学報》，第 64 卷第 1、2 号（1983），收入《六朝江南地域史研究》（刘驰译，东京：汲古书院，2006），胡阿祥认为标明郡望是侨郡县设置的直接原因，见《东晋南朝侨州郡县与侨流人口研究》，页 55—58。关于南朝贵族地缘性，见《魏晋南北朝史》上册，页 346—347。

③ 王仲荦：《魏晋南北朝史》上册，页 346—347。

人之不满。① 此外，侨人和吴人士族和地方上豪族大都拥有一批未编入户籍的隐匿人口以及奴婢，这些奴婢是可以买卖的，奴婢的来源有的是战俘、北方的流民。如东晋谢安（320—385）家族到宋元嘉九年（432）时谢弘微（391—433）还有奴僮数百人，沈庆之（386—465）甚至有上千的奴僮，梁朝皇室萧正德（？—549）家中也有奴僮数百。② 在此情况下，重新整理侨民的户籍，并且将侨人和上述士族豪族的荫附人口纳入户籍，加以课税调役的"土断制"，就是必要实行的措施。东晋南朝一共有十次土断，分别在公元327、341、364、413、431、457、473、481、502、560年。③ 但各个时期土断的规模和地域不同，如东晋时期公元364、412年这两次土断主要是在扬州地区，457年的土断主要是在雍州地区。④ 政府一再推行"土断"的措施，由于侵犯到北方侨人和南方士族的利益，并没有完全成功，东晋南朝仍然有很多未纳入政府登记的人口，使得政府无法有充分的财政收入。如公元384年，江州刺史桓伊上书晋孝武帝，称江州户口只有五万六千户；公元410年，刘毅上书称天下户口仅数十万。⑤ 学者研究孙吴至陈朝的著籍人口数，发现：西晋灭亡到刘宋末年，约有一百六十余年，尽管黄河流域人口大量南迁，加上东晋至刘宋实施土断政策之后，南方户口数竟然是零成长。陈朝疆域和孙吴差不多，陈朝灭亡时户五十万，口二百万，户口数竟然比孙吴灭亡时还要少。南方著籍户口可能只是实际人口数1/4至1/5而已。⑥

---

① 胡阿祥：《东晋南朝侨州郡县与侨流人口研究》，第四章《东晋南朝侨州郡县的地理分布》，页126—136。
② 蒋福亚：《魏晋南北朝社会经济史》，页60—61。
③ 胡阿祥：《东晋南朝侨州郡县与侨流人口研究》，第三章《东晋南朝侨州郡县与侨籍的整理：土断》，页90—93。
④ 《宋书》，卷六，《孝武帝纪》，页120。
⑤ 《晋书》，《桓宣传附桓伊传》，页2119；同书卷八十五，《刘毅传》，页2208。
⑥ 何德章：《六朝南方开发的几个问题》，《学海》，2005年第2期，页19—20。

三、非汉民族与六朝政权

中国历史上的非汉民族都没有留下自己的历史记录,他们的活动仅见诸汉人的记载。然而,汉人史书中对非汉民族的记录是有所局限的,非汉民族只有在以下三种情况下才会见诸记载:(一)非汉民族对汉人政权造成困扰和挑战时,或两者发生战争时。(二)汉族政权的势力或汉人的开发到达非汉民族聚居的地区时。(三)汉人政权需要从非汉民族处得到人力和物质的补充,而发动战争时。关于北方的非汉政权及其和汉人的关系,早已为学界所重视,并且已有不少的研究。同一时期,孙吴等六个王朝在南方建国,和自古以来就居住在华中、华南和西南地区的多种数目极为庞大的非汉民族有更多的接触和利害关系,山越、蛮、俚、僚等族长期对南方的政权造成相当大的困扰,甚至影响其政策和历史的发展。①

孙吴(222—280)建国于江南、蜀汉(221—263)立国于蜀地,他们一方面要和北方的曹魏对抗,一方面内部则有境内非汉民族的问题。孙吴境内的非汉民族主要是在荆州地区的蛮族、扬州地区的山越,以及广东、广西一带的俚族;其中,山越是长期的心腹内患,使得孙吴无法全心对抗曹魏。②"山越"泛指居住在今江苏、浙江、江西、安徽省等地的非汉民族,几乎涵盖了孙吴大部分的领域。孙吴的历史有很多征讨山越的记录,一则是为了安内,二则是为了从山越取得人力,"强者为兵,羸者补户",如建安二十二年(217)孙吴大将陆逊(183—245)讨伐丹阳、新都、会稽三郡的山越,得到精兵数万人。每次对山越的军事行动之后,

---

① 吕春盛:《南朝的政治结构与族群问题》(台北:稻乡出版社,2001)第二章《陈霸先在岭南的崛起》、第六章《陈朝内部的弱点及其灭亡》,探讨陈政权的兴亡与南方土著的动向有密切的关联。

② 吕春盛:《三国时代的山越与六朝的族群现象》,《台湾师大历史学报》,第33期(2005),页2。关尾史郎:《曹魏政权与山越》,《文史哲》,1993年第3期。

都大量搜括人口。① 孙吴灭亡之后，就几乎不见山越的记载，学者多认为经过孙吴的征讨，山越渐次和汉族融合。不过，山越并非完全消失，有一部分仍避居深山，偶尔还出现在唐代以迄南宋的史书中。② 晋室南迁，东晋以建康为都城建国，它和接续其后的宋、齐、梁、陈四个王朝，自始至终都面临境内庞大数目的非汉民族棘手的问题。

东晋南朝境内的非汉民族主要指蛮、俚、僚③，其人口数是相当庞大的，据学者推估，长江中游的蛮族约有一百万，西南地区的僚族约六十万，岭南地区的俚族则超过五十万，东南地区的山越人口超过五十万，总计非汉族人口总数超过三百万。④ 另有学者估计，蛮俚僚人口可能达到七八百万人，超过当时政府所掌握户籍的人口。⑤ 如在长江中游及其周围地区，蛮民的户口数甚至远超过当地著籍的汉人户口数。⑥ 蛮族分布在以下七个地区：(1) 河南、淮北一带(今日的河南、湖南、安徽省境内)。(2) 淮南。(3) 长江下游地区。(4) 福建。(5) 江西。(6) 湖北。(7) 湖南。其中，除了河南、淮北之外，其他六个地区至唐宋时代都有蛮族活动的记载。⑦ 谭其骧考订历代湖南省人的姓氏，发

---

① 吕春盛：《三国时代的山越与六朝的族群现象》，页 17。
② 陈可畏：《东越、山越的来源和发展》，《历史论丛》第一辑(北京：中华书局，1964)，页 174—176；陈国强、蒋炳钊、吴绵吉、辛土成等：《百越民族史》(北京：中国社会科学出版社，1988)，页 304。
③ 除了这三个总称之外，还有獠、傒等族，中古时期的人对于南方非汉民族的种类和族群可能不是非常了解，经常用一种泛称涵盖多种族群。朱大渭：《南朝少数民族概况及其与汉族的融合》，《中国史研究》，1980 年第 1 期，页 57—76；亦见于氏著《六朝史论》(北京：中华书局，1998)，页 402—436。
④ 方高峰：《六朝少数民族人口蠡测》，《中国经济史研究》，2007 年第 3 期，页 121—123。
⑤ 张泽洪：《魏晋南朝蛮、僚、俚族对南方经济发展的贡献》，《中国社会经济史研究》，1989 年第 2 期，页 88。
⑥ 鲁西奇：《释"蛮"》，《文史》，2008 年第 3 辑，页 67。
⑦ 川本芳昭：《魏晋南北朝时代の民族问题》(东京：汲古书院，1998)，第三章《蛮の问题中心としてみた六朝期段阶における各地域の状况について》，页 496、505—511、514—517、524—525、529—534。

现其中有蛮族血统者不在少数,对于我们思考六朝时代南方非汉民族人数之多和分布之广,以及整个南方人种族的成份,具有相当的启发性。①

这些非汉民族大都居住山区,被称为"山民""山蛮""山獠"。在史书上有"生蛮"和"熟蛮","生獠"和"熟獠"这样的语词。所谓"生"和"熟"有三个含义,一是指其和汉人接触的频繁程度,②二是视其所居住的地区和汉人的距离远近而论,③三是他们和汉人政府的关系,未接受过汉人管理的蛮族为"生蛮"。④ 各个非汉民族有自己的语言,风俗习惯也和汉人有相当的差异;在汉人的眼中,非汉民族在经济文化上是落后的、未开发的,汉人经常以动物的字眼称呼或描述非汉民族,如"獠""貊"等,⑤形容其语言为"鸟语""鸟声禽呼",⑥孙吴大臣薛综(?—243)甚至用"禽兽"描述交州俚人。⑦ 这种对非汉民族的歧视和贬抑,贯穿整个中国历史,一直到1940年中华民国政府才下令去除西南少数民族名称中的兽偏旁,改用他字。

蛮、俚、僚族大都在山区从事农业的耕种,兼从渔、猎,也有手工业——特别是纺织业,他们用苎麻织成的布,洁白柔韧,耐水耐湿,汗渍

---

① 谭其骧:《近代湖南人中之蛮族血统》,《史学年报》第二卷第五期(1939),后收入《长水集》上册,页390—392。
② 《隋书》,卷三十一,《地理下》,页897,叙述荆州和益州诸郡"多杂蛮左,其与夏人杂居者,则与诸华不别。其僻处山谷者,则言语不通,嗜好居处全异"。
③ 《资治通鉴》,卷一百八十七,《唐纪三》,高祖武德二年,页5867。胡三省对于"生獠"和"熟獠"的界定是"近边者为熟獠,远者为生獠。"
④ 罗新:《王化与山险——中古早期南方诸蛮历史命运之概观》一文,概述学者对于山越不同的观点,见《历史研究》,2009年第2期,页12—14。
⑤ 芮逸夫:《西南少数民族虫兽偏旁命名考略》,《"中央研究院"历史语言研究所人类学集刊》2.1(1941),页73—117。
⑥ 《宋书》,卷九十二,《良吏·徐豁传》,页2266;《魏书》,卷九十六,《僭晋司马睿传》,页2093。
⑦ 《三国志·吴书》,卷五十三,《薛综传》,页1251:"山川长远,习俗不齐,言语同异,重译乃通,民如禽兽,长幼无别,椎结徒跣,贯头左衽。"

不败，适合做夏天的衣服，称"赉布"，营销南方各地。① 米和赉布是汉人政府对他们收税的项目，从汉代到晋朝，政府对于蛮族征收象征性的赋税中就包括米和赉布，每户一年缴交布一匹。② 汉人征讨蛮族，也常搜括这种特产品，晋朝冯绲（？—168）征讨五溪蛮夷，得到赉布卅万匹；刘宋文帝元嘉十九年（442），著名的将领沈庆之（386—465）讨伐雍州蛮，虏获战利品有牛马七百余头，米粟九万余斛。③ 此外，岭南俚、僚因有海外贸易，朝廷多征收其海外贸易所获的奴隶和翡翠、明珠、犀角、象牙等珍宝。④

东晋南朝对非汉民族的政策

非汉民族居住的地区几乎涵盖了东晋南朝领土大部分地区，东晋南朝主要采取两个措施：一是在非汉民族分布地区设置军府，以监控他们。一是设特殊的郡县，以管理归顺者。

非汉民族长期对于汉人政权造成威胁，表现在以下两方面⑤：（1）有些势力雄厚的蛮民不接受南朝政府管辖，有时还结党连群劫掠城市，对地方造成很大的破坏，其中最大威胁是长江流域的蛮族，从今日四川省至湖北省长江三峡沿岸都是蛮族聚居的地方，刘宋元嘉五年（428），雍州丹、淅川蛮数度为寇，其势力雄厚，占据交通要道，阻断水陆。刘宋孝武帝至刘宋末年（457—469），巴东、建平、宜都、天门四郡（此四郡在

---

① 〔晋〕常璩撰，任乃强校注：《华阳国志校补图注》（上海：上海古籍出版社，1987），页326。
② 《后汉书》，卷八十六，《南蛮西南夷列传·南蛮》，页2831；《晋书》，卷二十六，《食货志》，页790。
③ 《全晋文》，卷一百，《车骑将军冯绲碑》，页1014下；《宋书》，卷七十七，《沈庆之传》，页1998。
④ 《晋书》，卷二十六，《食货》，页783；《隋书》，卷二十四，《食货志》，页673。
⑤ 吴永章：《南朝对"蛮"族的统治与"抚纳"政策》，《江汉论坛》，1983年第6期，页67—70。张泽洪：《两晋南朝的蛮府和左郡县》，《四川师范学院学报》，1990年第1期，页30—37。

今湖北省境内)蛮民经常劫掠地方,使得人民逃离家乡,人口严重流失,"百不存一",地方政府收不到赋税,荆州因此而变得穷困。虽然政府一再派遣军队讨伐,也不能禁止其劫略。又如梁朝张齐担任巴西太守期间(505—512),年年都要讨击蛮獠。① (2) 在南北政权边境之处的蛮族,依违在各政权中,也牵动着边境战事,如北魏对雍州蛮族采取安抚拉拢的策略,使得蛮族在北魏和齐的战争中,多主动为北魏效力。② 因此之故,南方政府不得不在蛮族聚居较多的州设置军府,随时监控。由于非汉民族包含很多族群,又因南方地理多山地沼泽,使得他们难以联合起来并且扩张势力,也没有政治组织;也因为蛮族散居各地,也难以将他们一举歼灭。③ 非汉民族始终是东晋南朝内部的一大问题。然而,梁朝末年,齐、梁王室赖以建国的雍州的北人武力已经衰落了,陈朝创建者陈霸先所用大将多为南方土豪洞主,即非汉民族傒、俚、越等族,陈朝政权的建立就是依恃南方土著豪族的势力建立的。④

左县左郡和象征性的赋税

东晋以后,在一般的郡县之外,另置郡县以安置归顺的非汉民族,在蛮区设"左郡""左县",在僚区设"僚郡",在俚人居住之地设"俚郡"。以其酋帅担任郡、县长官,维持其原来的组织和生活方式,⑤这是一种

---

① 《宋书》,卷四十六,《张邵传》,页 1395;同书卷九十七,《夷蛮传·荆雍州蛮》,页 2397—2399。《梁书》,卷十七,《张齐传》,页 282。

② 吴永章:《北朝与蛮族》,《民族论坛》,1987 年第 1 期,页 57—58,南北朝对蛮族的争夺;程有力,《南北朝时期的淮汉蛮族》,《郑州大学学报》(哲学社会科学版),2003 年第 1 期,页 18—19。

③ 吕春盛:《魏晋南北朝时期的"蛮"及其概念之演变》,《郑钦仁教授七十寿庆论文集》(台北:稻乡出版社,2006),页 53。

④ 万绳楠整理:《陈寅恪魏晋南北朝史讲演录》(合肥:黄山书社,1987),第十二篇《梁陈时期士族的没落与南方蛮族的兴起》,(二)《陈与南方蛮族》,页 202—214。

⑤ 胡阿祥:《六朝疆域与政区研究》(北京:学苑出版社,2005),第九章《南朝的宁蛮府、左郡左县、俚郡僚郡》,页 370—375。

以夷制夷的羁縻(拉拢)政策。① 左郡左县主要分布在豫州蛮族居住地区，范围相当广阔，包括今日安徽省、河南省和湖北省的一部分。有别于一般的郡县，所谓的"左"应是指"蛮左"的意思，但为了避免引起蛮族不悦，故以"左"代替"蛮"。不过，在史书中仍可见关于左郡左县中"蛮户""蛮民"的叙述。② 梁陈时代的领土缩小，蛮族居住区域为北魏所占领，故不见再设左郡左县。③

东晋南朝政府几乎无法从非汉民族处取得赋税，对于那些住在深山险阻之地的蛮民，政府既无法控制他们，当然也无从征收赋税；④ 至于在"左郡""左县""僚郡""俚郡"的非汉民族，是否和一般郡县人民缴同等的租税？吴永章认为蛮族的租税不同于汉人⑤，川本芳昭(かわもとよしあき)认为：中古时期非汉民族对中央政府承担赋税，这部分收入要计入中央和地方的财政。⑥ 从梁朝以后有些左郡左县改成一般郡县，如建宁左郡改为建宁郡，则可推定它和一般郡县原来是有所差异的。自东汉以来，非汉民族依其归化程度的不同，而有不同的租赋，国家权力所不及的"远夷"的户调就比归化的夷人为少；《隋书·食货志》记载六朝蛮、俚、僚族，依其接受汉人政权统治程度的深浅，缴交不等的

---

① 谷口房男：《南朝の左郡左縣について——六朝時代における民族認識の在り方を求めて》，《東洋大学文学部紀要·史学科篇》，第 29 号(2003)，页 6—10。

② 关于"左郡""左县"的"左"字的意涵，历来学者有不少讨论，河原正博：《宋書州郡志に見る左郡·左県の"左"の意味》，《法政史学》，第 14 号(1961)，后收入《华南民族史研究》(东京：吉川弘文馆，1984)；杨武泉：《蛮左试释》，《江汉论坛》，1986 年第 3 期。谷口房男：《南朝の左郡左縣について——六朝時代における民族認識の在り方を求めて》，页 6—11。

③ 王延武：《两晋南朝的治蛮机构与蛮族活动》，《中南民族学院学报》，1983 年第 3 期。

④ 《宋书》，卷九十七，《夷蛮传·荆雍州蛮》，页 2396："强者又不供官税，结党连群，动有数百千人，州郡力弱，则起为盗贼。"

⑤ 吴永章：《南朝对"蛮"族的统治与"抚纳"政策》，《江汉论坛》，1983 年第 6 期，页 71—72。

⑥ 川本芳昭：《魏晋南北朝時代の民族問題》(东京：汲古书院，1998)，第四篇《蛮漢抗争と融合の軌跡》，页 416—419。

赋税。① 刘宋时期,荆、雍州蛮归顺朝廷者一户一年仅须象征性地缴交谷数斛,没有徭役;和汉人相比,蛮民的负税要轻很多,因此有不少为赋役所苦的汉人逃亡至蛮人居住的地区,②蛮区因此成为政府的逃亡人口的庇护所。

除了上述象征性的赋税之外,东晋南朝政府也不定期地对非汉民族征收财物,称作"赕";征收的是钱或实物,其内容和数量没有一定的规定。③ 隋代初年,名将梁睿(531—595)上书请讨伐南宁(今贵州)的彝族酋帅爨氏,提到自古以来若军粮不足则向蛮夷征税这个事实,这种征税通常是靠武力作为后盾,这也说明了在蛮人居住地区置军府的用意,一则可以镇压蛮族,二则可裨益军国。④ 然而,对蛮民过度征求者,也会引起蛮民反叛,如宋明帝泰豫元年(472)沈攸之讨伐荆州蛮,向蛮王田头索取千万钱,但蛮王仅肯交五百万,并且愤怒而死,引起蛮民攻至郡城下。⑤ 此外,地方刺史或郡守、将领有时自行向蛮族征收租税,如刘宋将领吴喜假称是朝廷的命令,向蛮族征收赕物,全部收归私人所有。⑥ 有时候对非汉族不定期的征税,成为政府和官员的共同利益,如梁朝梁、益二州刺史年年讨伐獠人,所得的财物除了一部分交给公家之外,一部分也纳入刺史的私囊。⑦ 非汉民族对城市居民的掠夺、对汉人的征索的反抗;以及汉人对非汉民族的征讨,以取得人力和物力,正是东晋南朝政权和非汉民族关系的最好写照。

---

① 罗新:《王化与山险——中古早期南方诸蛮历史命运之概观》,《历史研究》,2009 年第 2 期,页 11—14。
② 《宋书》,卷九十七,《夷蛮传》,页 2396。
③ 《晋书》,卷二十六,《食货志》,页 783;《隋书》,卷二十四,《食货志》,页 673。
④ 《隋书》,卷三十七,《梁睿传》,页 1126—1127。
⑤ 《南齐书》,卷二十二,《豫章文献王嶷传》,页 405;《资治通鉴》,卷一百三十三,《宋纪·太宗明皇帝·泰豫元年》,页 4172。
⑥ 《宋书》,卷八十三,《吴喜传》,页 2117。
⑦ 《魏书》,卷一百一,《獠传》,页 2247。

军府庞大的开支

从晋朝开始,在非汉民族活动的地区设置军府,包括校尉、护军。在荆州设南蛮校尉,在雍州设宁蛮校尉,宁州(今云南省和贵州中、西部)设镇蛮校尉、南夷校尉,在益州设平蛮校尉、三巴校尉,豫州设安蛮校尉,北凉、南秦置西戎校尉,南秦、梁州置平戎校尉。① 另外,在广州设平越中郎将。以上诸校尉主要是为防蛮而设的,又称"蛮府",其中以南蛮校尉府的规模最大,兵士人数达万人以上。这些军府系独立的军事和行政机构,职务是监控尚未顺服的蛮民,以及被编入特殊行政区"左郡""左县"的蛮民,和在蛮区的一般郡县,如齐宁蛮府领有西新安郡等十二郡。② 除了以上军府之外,晋、宋之际,蛮族沿着淮水东移,分布地区广大,又采取分区设防的策略,在几个重要据点设置护军府,如在西阳、新蔡、晋熙、庐江、寻阳、安丰、汝阴、汝南等郡设镇蛮护军,护军是较小单位的军府,约有千余人的兵力,经常由太守兼任。③

蛮府系独立于州、郡府之外的军事机构,领有军队,并配置大量僚属,其级别和僚属都与州府相当,并且有固定专属的经费。在蛮人居住的地域,除了一般的地方政府之外,另外置有军府,如荆州行政长官是荆州刺史,另外有南蛮校尉府,地方就有双重的机构和财政支出。蛮府的编制是依其所领地内蛮夷人数的多寡和顺服的程度,而决定其大小,核定其资费,以支付蛮府的行政人事、将士的各种经费(包括粮食、武器、船舰和车马)。今仅能知道南蛮校尉府的年度经费,《南齐书》记载:

---

① 吴永章:《南朝对"蛮"族的统治与"抚纳"政策》,《江汉论坛》,1983年第6期,页67—70;张泽洪:《两晋南朝的蛮府和左郡县》,《四川师范学院学报》,1990年第1期,页30—37。

② 张泽洪:《两晋南朝的蛮府和左郡县》,《四川师范学院学报》,1990年第1期,页32—33。

③ 王延武:《两晋南朝的治蛮机构与蛮族活动》,《中南民族学院学报》,1983年第3期,页33—34。

豫章王萧嶷(444—492)曾经同时担任荆州、湘州刺史,南蛮校尉等官职,南蛮校尉府的年度经费由中央支给钱三百万、布万匹、绵千斤、绢三百匹、米千斛,超过了湘州府,和荆州府也相差不远。① 此外,南蛮校尉府另外有占地极广的屯田。据估计,刘宋时荆州府吏平常在屯田工作,每年可收到三十至六十万斛米。② 南蛮府有广阔的屯田区域,可以收到的米粮当不会少于荆州军府。蛮府等军府对财政造成相当大的负担,至齐高帝建元三年(481),王奂(435—493)就因南蛮校尉府费用庞大,从国家经济的角度考虑,建议废除南蛮校尉。③ 从西晋时代就设立的南蛮校尉,至此就废除。

东晋南朝国家的财政支出主要有:军费、各级官员的俸禄、各级行政机关的费用、非经常性的支出的预备款。④ 中央的经费来源主要是各地的赋税,在地方上征收的赋税,首先置于中央在各州、郡所设的仓库"台传仓库",由中央派遣官员"台传御史"催责监督这批钱谷,⑤中央应拨给地方官吏的行政经费,则由中央裁定数量,从各州郡的仓库支给。⑥ 各地州府和军府的经费系由当地征收来的赋税支持的,若有所不足,则由其他各州支持,如东晋时王述(303—368)指出江州的物质逆

---

① 《南齐书》,卷二十二,《豫章文献王嶷传》,页407。
② 陶新华:《魏晋南朝的军府管理与地方变乱》,《史学月刊》,2006年第7期,页24。
③ 《南齐书》,卷四十九,《王奂传》,页848。
④ 官士刚:《东晋南朝中央与地方财政问题探析》,《江西师范大学学报》,2005年第2期,页74—75。
⑤ 台是指尚书台,传是指传舍,"台传"是指中央在州郡所设立的传舍,设有仓库,彭神保:《南朝的台传》,《复旦学报》(社会科学版),1980年第3期,页103—104。
⑥ 《隋书》,卷二十四,《食货志》,页674:"其仓,京都有龙首仓……自余诸州郡台传,亦各有仓。……州郡县禄米绢布丝绵,当处输台传仓库。若给刺史守令等,先准其所部文武人物多少,由敕而裁。凡如此禄秩,既通所部兵士给之,其家所得盖少。"

长江而上运，供给荆州军府。① 东晋南朝时，雍州和梁州军府粮饷器械的供给都需仰赖荆州、湘州租税。② 宋文帝元嘉二十六年（449），在襄阳建雍州，将江州军府移到此地，同时将湘州输送到建康的租税杂物全部送到此地。③ 江、荆等州地多蛮族，一州同时有州府和军府，由于境内蛮民收不到很多的税，其地收到的主要是来自汉人的赋役，侨人白籍不负赋役者，又有各种避税的人（逃亡入蛮、弃农从商、托庇豪族贵室者），当地能够收到的钱谷就不多，加上扣掉当地军府、州府的文武官吏、士兵的俸禄廪食，各地台传仓库所余就很有限了。刘宋元徽四年（476）五月，一位中央官员虞玩之给皇帝的建言中，就将上述情形做了具体的陈述，他提到三十年来朝廷财政空虚，江州、荆州税收原来就很少，当地税收谷物布帛等物直接供给当地文武官员开支。至于豫、兖、司、徐州税收还不够当地的需求，西北的秦州的军士将领，更是穷到没有衣服可穿，还要中央给予支持。因此各地能够输送到中央的税收就很有限了，中央仅能靠扬州地方的贡赋，但各种经费的支出很大，国库空虚，只能仰赖商税收入。④ 又，齐武帝永明二年（484），皇子萧子良（460—494）在给皇帝的书启中，也有相同的陈述，明白地指出建康上游各州的赋税仅足供各地行政和军事开支，而在建康城以东通往三吴和浙江地区才是朝廷的主要收入来源。⑤ 尽管当时的经济情况如此，蛮区维持军府仍有其必要性，如宋孝武帝孝建元年（454），将荆州的江夏、竟陵、武陵、巴东、建平，另建郢州，这些地方因为没有荆州军府的保护，相继为附近蛮族所侵略，人民流散，户口骤减。⑥ 因此，就如虞玩之所

---

① 《晋书》，卷七十五，《王湛传附王述传》，页1962。
② 田余庆：《东晋门阀政治》，《庾氏之兴和庾、王江州之争》，第四《襄阳的经略》，页135。
③ 《宋书》，卷七十九，《竟陵王诞传》，页2025。
④ 《宋书》，卷九，《后废帝纪·虞玩之上表陈时事》，页185。
⑤ 《南齐书》，卷二十六，《王敬则传》，页483。
⑥ 《宋书》，卷七十四，《沈攸之传》，页1932。

述，国家财政很大一部分要仰赖商税。

四、商 业

商税是东晋南朝政府收入的大宗，就连北朝政府也注意到南朝的财政对商税的依赖，六世纪初北魏一位官员甄琛（？—524）指出：北魏只有田租布调之说，南方政权累代相承一直是依赖重视关津市场税。东晋南朝的商税包括：关津之税、交易税、市场税，以及针对某些特定物品所课的货物税。交易税包括买卖田产房屋、牛马牲畜和奴婢，都必须以交易价格课税百分之四，卖方付百分之三，买方付百分之一。① 货物税征收的范围则更广，包括柴草炭薪和鱼等日用品经过关津，都必须课税十分之一，人民深以为苦。② 此外，还有酒税、盐税、果木税。③ 在此之前，中国历史上未有如此清楚商税的规定，显示出东晋南朝政府对商税的依赖，到南朝后期它成为中央的重要收入。④

相对于秦汉以迄西晋的重农抑商，东晋南朝商业政策有明显的变化。汉代在法律上贬抑商人地位，规定：商人不得衣丝乘车，其子弟不得仕宦为吏，并且对商人课征重税以抑制商业发展。⑤ 至东晋南朝就不见有压抑商人和商业的律令，南朝甚至予高官以贵族的特权，二品以

---

① 刘淑芬：《六朝的城市与社会》，上篇《六朝建康的经济基础》四"商业利润"，页92—95。

② Shu-fen Liu, "Jiankang and the Commercial Empire of the Southern Dynasties Change and Continuity in the Medieval Chinese Economics History," in *Culture and Power in the Reconstitution of the Chinese Realm 200－600*, ed. Scott Pearce, Audrey Spiro and Patricia Ebrey (Cambridge, MA: Harvard University Asia Center, 2001), pp. 35－52.

③ 高敏：《魏晋南北朝的杂税之制》，《中国社会经济史研究》，1990年第3期，页3。

④ 郑学稼：《中国赋役制度史》，页118；官士刚：《东晋南朝估税初探》，《聊城大学学报》（社会科学版），2006年第2期，页45，47。

⑤ 《汉书》，卷二十四下，《食货志第四下》，页1153。

上清官和军人都无关津之税,①无形中鼓励了他们经营商业。官员经营商业是很普遍的,如梁代徐勉(466—535)的门人故旧都劝他经营商业和运输业②,身份低微的士人和部分商人更以门生的身份投靠可以免税的文官和武官,借其名义经商免税,取得更大的利润。③ 官员在各地设立邸店,经营商业和从事高利贷的放款事业,如梁朝皇子萧弘在建康有数十邸店,经营贷款,以田地和住宅作为抵押品,若是期限到了不能还钱,该店就取得田宅,他的借款范围包括建康三吴浙东,因此"都下、东土,百姓失业非一"。还有一些王公贵臣也直接在会稽经营放款事业,收取利息。也有官员借着到京城以外任官之便,连带地从事商业行为;有的从事国内贸易,如刘宋时期,在建康任官的会稽士族孔觊、孔道存,请假回会稽家乡,就带着十几条船,上面装满绵绢纸席等货物,打算在会稽销售。④ 有一些农民一方面受南朝货币政策不稳定的影响,购买力下降,一方面又因赋税太重,逃离土地,转而从事商业。有的从事海外贸易,如东晋王室成员司马奇派遣官员到广州和外国商人交易,齐武帝做太子时曾命令他的侍从卖丝织品给外国人,有一些农民也离开土地从事海外贸易。⑤ 此外,由于军府必须有充足的粮食和军事物资的供应,因此在军府所在地立市。商人也参与军市的交易,和地方军府关系密切,有些将军甚至出身于商人阶级,如梁朝雍州的中兵参军吕

---

① 《南史》,卷七十七四,《恩幸·沈客卿传》,页 1940。
② 《梁书》,卷二十五,《徐勉》,页 383。
③ 唐长孺:《南朝寒人的兴起》,收入《魏晋南北朝史论丛续编》(北京:三联书店,1959),页 102—105。川胜义雄:《侯景の乱と南朝の貨幣經濟》,《东方学报》,第 32 号(1962),修订后名《貨幣經濟の進展と侯景の乱》,收入《六朝貴族制社会の研究》(东京:岩波书店,1982),五《恩幸と商人》,页 375—379。
④ 《南史》,卷五十一,《梁宗室上·临川靖惠王宏传》,页 1278;同书,卷二十九,《蔡廓附子蔡兴宗传》,页 771—772;同书,卷七十七四,《恩幸·沈客卿传》,页 1940。
⑤ 刘淑芬:《六朝的城市与社会》,上篇《六朝建康的基础》,页 92—93;中篇《六朝南海贸易的开展》,页 332—338。

僧珍。①

由于政府对商税的倚重,以及高层的文官、武官也投身于商业,导致了商人地位的提高,五世纪后半期受皇帝宠信的幸臣原来都系商人,如宋孝武帝宠信的戴法兴原来是卖纻麻的商人。② 在民歌中出现了以商人为题材的诗歌,甚至直接以商人作为歌名,如"估客乐""贾客词",这是以前诗歌从未出现的现象。③ 值得注意的是,南朝诗歌中有三首名为"估客乐",其中有两首的作者是皇帝:齐武帝萧赜、陈朝最后一位皇帝陈叔宝;萧系以他曾经在长江中游城市樊城(今湖北襄樊)、邓县(今河南邓州)的经历为背景,④至于陈后主所述则是建康的情形。在当时流行的民歌中,反映出东晋南朝长江中下游地区商人的活动。南朝乐府民歌分为两大类,一是产生在以建康(今江苏南京)为中心的"吴歌",一是出自以江陵(今湖北江陵)为中心的"西曲"。有些诗歌就是以城市作为歌名,如"江陵乐""襄阳乐"(今湖北襄阳)、"寻阳乐"(今江西九江)、"寿阳乐"(今安徽寿县)、"石城乐"(今湖北钟祥)。以上诸城市都是长江中下游区的重要商业城市,这些诗歌透过女子送别商人远行,反映长江中下游城市之间频繁的交通和商业活动。⑤

六朝国内贸易最重要的两条路线,一是建康借着长江水运和江、

---

① 唐长孺:《南朝寒人的兴起》,《魏晋南北朝史论丛续编》,页102—105;川胜义雄:《侯景の乱と南朝の貨幣経済》,《东方学报》,第32册(1962),后收入《六朝贵族制社会の研究》(东京:岩波书店,1982),第六《地方商人と军人》,页380—387。

② 川胜义雄:《侯景の乱と南朝の貨幣経済》,《六朝贵族制社会の研究》,五《恩幸と商人》,页375—379。川胜义雄:《魏晋南北朝》(东京:讲谈社,2003),页254—257。

③ 李翰、于平:《南朝城市发展与文学新变》,《南通大学学报》(社会科学版),2012年4期,页23。

④ 《先秦汉魏晋南北朝诗·齐诗》卷一,齐武帝萧赜《估客乐》,页1377;《陈诗》,卷四,陈后主叔宝《估客乐》,页2509。

⑤ 王晓骊:《南朝文化和乐府民歌的城市化倾向及其对唐宋词的影响》,《江西社会科学》,2002年5期,页33—34。柳春:《论南朝乐府民歌的商业化特征》,《社科纵横》,2007年6期,页160—162。

湘、荆、益诸州来往,长江沿岸的商业城市通常有很多商船来往,如民歌形容巴陵有千只帆船,而《宋书》记录建康"方舟万计"。另一条重要商业路线是从建康借着陆上水运,从建康城南的秦淮河连接三吴水运网,到达江苏和浙江各地。当时最大的商业都市是都城建康,秦淮河以北有百余个大市,十余个小市。在浙东地区最大的商业都市是山阴(今浙江绍兴),由于商业非常兴旺,使得传统"市制"的管理难以维持秩序。①商品的内容除了农产品之外,还有制造品如青瓷、纸、纺织品等,如青瓷最重要的产地是曹娥江沿岸的上虞、始宁,最大的消费地是建康及三吴。浙江湖州南方的德清窑(今浙江德清)、宜兴均山窑,金华的婺州窑,温州瓯窑,从江南六朝墓出土的陶瓷显示,除了产地的流通之外,最大的消费地是建康周边和镇江地区。② 此外,也有少数商人从事和北方地区的商业,以及进入蛮人居住的地区从事交易,如南齐时有一名商人汤天获就进入蛮区贸易。③

至于海外贸易,是六朝商业重要的项目之一。公元208年,魏、吴、蜀三分天下的局面形成,刺激南方政权向海外寻求资源,促进了海外贸易的发展。公元226年,孙吴完全控制交州,掌握了南海的贸易。孙吴以后的东晋和南朝四代,海外贸易是其商业重要一环,孙吴时代生长在交州的薛综(?—243)对经由海上贸易而来的商品有具体的描述,主要是香料、药物、珍禽异兽和各式珠宝。④ 由于曹魏、蜀汉对这些舶来品也有一定的需求,这些物品成为孙吴和此二国交聘、贸易的主要交换项目。如公元220年,魏文帝遣使向孙吴要求以马交换海外贸易的货

---

① 刘淑芬:《三至六世纪浙东地区的经济发展》,《六朝的城市与社会》,页205。
② 中村圭尔:《江南六朝墓出土陶瓷の一考察》,收入砺波护编:《中国中世の文物》(京都:京都大学人文科学研究所,1993),页119—130;中村圭尔:《六朝江南地域史研究》(东京:汲古书院,2006)第六章《建康三吴地方》、第七章《六朝时期会稽郡の历史的役割》,页231—237、253—261。
③ 《南齐书》,卷二十五,《张敬儿传》,页474。
④ 《三国志·吴书》,卷五十三,《薛综传》,页1252。

品雀头香、大贝、明珠、象牙、犀角、玳瑁、孔雀、翡翠等物。① 东晋和南朝四代在江南立国,形势和孙吴相似,所以同样重视海外贸易。当时中国与天竺(今印度)可以直接贸易往来,印度以西诸国的货物则经印度辗转获得,从《高僧传》《续高僧传》记载天竺僧人来华,或者中国僧人搭乘商贾船舶的记载,可知当时从广州经扶南,至狮子国(今锡兰)、天竺这条航线上,有相当频繁的商旅来往,当时商船是先抵达今日越南中、北部,再沿着广西海岸,抵达广州,再沿着海岸北行,经过今日福建、浙江、江苏省海岸,至长江口,溯江至都城建康,甚至更上行至长江中游地区,深入内地贸易。如刘宋武帝时,北印度僧人佛驮跋陀罗在江陵见到五艘天竺船舶。② 六朝海外贸易最重要的港口除了广州之外,浙江的永嘉、临海、鄞县、鄮县(今浙江宁波东)等傍海城市,时有外国船舶停靠。活跃在南中国海的外国商人有天竺、狮子国、扶南、林邑、西域诸国和南海诸国人。最主要的市场是建康,浙东地区次之。此外,六朝和东北的百济、倭国(日本)也有少量的贸易往来。③

货　币

六朝南方各地区经济发展的状况有所不同,货币(包括钱币和实物)使用有地域性的差别。长江中上游地区有很多蛮族居住,地广人稀,经济发展缓慢,福建、广东、广西则多俚人,经济状况也很落后。荆、雍两州的军事势力强,但经济上并不能支持中央政府,真正称得上经济区的只有扬州的建康和三吴、浙东地区。④ 事实上,六朝史书所有的记载——包括商业活动方面也多集中在此一地区。《隋书·食货志》记载梁朝初年时,只有首都建康和其邻近的三吴、荆、郢、江、湘、梁、益州用

---

① 刘淑芬:《六朝南海贸易的开展》,《六朝的城市与社会》,页 323。
② 《高僧传》(T. 2059),卷二,《佛驮跋陀罗传》,页 335b。
③ 刘淑芬:《三至六世纪浙东地区的经济发展》,《六朝的城市与社会》,页 205。
④ 何德章:《六朝南方开发的几个问题》,《学海》,2005 年第 2 期,页 22—24。

钱，交、广州因系海外贸易之故，都是用金、银。在非汉民族居住的地区，交易大都系货币和谷帛杂用。宋文帝元嘉年间，汉水流域的梁、南秦州地区，都是以绢交易的。①

东晋南朝因为商业的发展，对于货币的需求量增大，然而，政府始终没有很好的货币政策，南朝始终有货币不足的问题，钱币的劣质化、小钱化的发展，是持续的现象。② 三国时代，各有自己独立的货币，曹魏继承汉代五铢钱的传统，官铸五铢钱，吴、蜀也各自发行货币。晋朝统一之后，汉代和三国的货币混用。东晋南渡，用孙吴的旧钱，民间也有铸钱。南朝前后共有十二次铸造货币，因货币量不足，铸造新币时改铸小钱——新钱重量不如旧钱，但政府给予它的购买力却与旧钱相同。③ 宋前废帝时及梁武帝普通初年，曾经允许民间私铸货币，质量恶劣，因此出现更多的变造钱。④ 如公元465年发行二铢钱，同时允许民间铸钱，促使货币朝小钱化发展，出现一些成数不足的恶钱，如轻薄的"鹅眼钱"，以及更劣质的"綖环钱"，放在水上不会下沉、一捏便破碎。公元466年，下令禁用，但此等劣质货币一直存在，普通四年（523），梁武帝改而铸造铁钱，但百姓不爱用官方铸造的铁钱，私下使用"鹅眼钱"。⑤ 公元530年代，铁钱政策完全失败，梁武帝后期（公元535年以后），社会上陌（百钱）的价值变小了，在建康以九十为百，在建康以东的三吴、浙东，以八十钱为百；建康以西的长江流域，以七十为百。陌的价值和国家的权威统治力的强弱有关，陌的价值也和物价有相对的关系，

---

① 《宋书》，卷八十一，《刘秀之传》，页2074。
② 宫泽知之：《魏晋南北朝时代の貨幣經濟》，《鹰陵史学》，第26号，页59。
③ 何兹全：《东晋南朝的钱币使用与钱币问题》，《"中央研究院"历史语言研究所集刊》，第十四本（1948），后收入《读史集》（上海：上海人民出版社，1982），页179。
④ 宫泽知之：《魏晋南北朝时代の貨幣經濟》，《鹰陵史学》，第26号，页59。
⑤ 《隋书》，卷二十四，《食货志》，页690。

陌足则物价低,陌减则物价高。① 在此情况下,拥有良质货币的上层阶级有较强的购买力,而手中仅有恶质货币的农民则要益加穷困,因此农民流亡者增多,失业者多,贫富差距更形增大,引起社会不安,这是梁朝在侯景之乱时不堪一击、骤然灭亡的重要因素之一。②

　　学者多认为南朝货币量不足,需要铸钱,但因铜料不足,所以历代都造小钱。③ 笔者以为南朝的生铜量并非不足,而是有大量的铜用于金铜佛像和佛寺建筑,以及生活上的器用如铜镜、铜斗、铜印等。刘宋时曾经一度想搜括民间私人铜器,用以铸钱,但是一位官员范泰(355—428)反对,未实施。又,在今云南、广西、广东的非汉民族有制作铜鼓的文化,需要大量的铜作为原料。公元378年,东晋孝武帝曾经明令禁止汉人以钱销入广州,供给非汉民族铸造铜鼓。④ 不过,更大量的铜是用以制作佛像和佛寺的构件。公元435年,丹阳尹萧摹之向皇帝建议:此后要造铜佛像,必须向中央台省申请;在各地建造寺院,要上报到州刺史处,得到允许之后,才可以建造。否则,铜像和寺院园林全部由官府没收。⑤ 虽然宋文帝同意了他的意见并且下诏实施,但此一诏令并没有落实,南朝四个朝代佛寺持续兴建。金铜佛像耗费了大量的铜,公元509年,建康正觉寺僧人法悦奏请梁武帝同意,用铜四万三千余斤,建造一所丈八的无量寿像。⑥ 又,梁武帝曾经赐铜一万三千斤给他的儿子萧纲(503—551,即梁简文帝),用以建造善觉寺塔的露盘(塔平头上

---

　　① 何兹全:《东晋南朝的钱币使用与钱币问题》,《读史集》,页179;宫泽知之:《魏晋南北朝时代の貨幣経済》,页43—46。
　　② 川胜义雄:《侯景の乱と南朝の貨幣経済》,第七《軍府と半失業の商業人口・流亡農民》,页387—395。川胜义雄:《魏晋南北朝》,页257—260;269—274。
　　③ 何兹全:《东晋南朝的钱币使用与钱币问题》,《读史集》,页51;川胜义雄:《侯景の乱と南朝の貨幣経済》,《东方学报》,第32号(1962),页257。
　　④ 《晋书》,卷二十六,《食货志》,页795。
　　⑤ 《宋书》,卷九十七,《夷蛮传・西南夷・天竺》,页2386。
　　⑥ 《高僧传》(《大正新修大藏经》第五十册),卷十三,《释法悦传》,页412。

所立之轮盘形建筑物），铜一万斤造天中天寺。① 从大量生铜使用在佛寺和佛像的建造上，就可以了解武帝普通四年（523）铸造铁钱，而不是造铜钱。梁朝未能解决其货币问题而导致的通货膨胀，是造成梁朝在侯景之乱后急速灭亡的重要原因。

五、结　语

六朝时期，南方商业的发展远远超过前代，前此学者将它归因于：北方移民南迁带来中原先进的生产技术，使得南方从零星局部的开发，进入全面开发，加上这段时期较少受到战争的破坏，经济迅速发展，故商品经济活跃。② 除此之外，六朝商业的发达也和南方政权为了财政上的需要，在商业政策上做了调整有很大的关联。此一政策的调整和政府税收的不足有关，尽管从西晋末年以后北方人民为了逃离战乱大量迁移到南方来，然而，人口的增加并不等同于税赋的增长。北方移民先是被编入"白籍"不需负担税赋，政局安定之后，政府开始将北方移民和其他逃避赋役的人，纳入正式户籍的登录并且加以课税。然而，土断政策未能完全成功，南方登籍户口数甚至比孙吴时为少，致使政府税收有限。再则，南方领土内有数量庞大的非汉民族，归顺蛮人被编入特别行政区"左郡""左县"，他们仅缴交有限的象征性赋税。同时，为了镇抚境内尚未驯服的蛮族，防止他们寇掠城市以及在边境上为北魏效力，因此在蛮族居住的地区各设有层级不等的军府，在地方上维持一定武力，地方上有限的税收几乎都用来养当地的军府和州府文武官吏和兵将，很少能够输送到中央。

归根究底，东晋南朝根本问题在皇帝权威和统治力的弱化，即史书

---

① 《全梁文》，卷十，简文帝《谢敕赍铜供造善觉寺塔露盘启》《谢敕赍柏刹柱并铜万斤启》，页 3007。

② 高敏：《魏晋南北朝经济史》（上海：上海人民出版社，1996），第十八章《魏晋南北朝的商业》，页 919。

上所说的"主弱臣强""国弊民疲",面对侨人和吴人贵族强大的势力,政府无法贯彻土断的政策,增加赋税的收入。此外,六朝对广大非汉民族居住的地区无法有效控制,也无法从这些地区取得税收。因此之故,政府遂加重对商税收入的依赖,促成其改变汉代以降的抑商政策,使得国内外商业得到相当程度的发展。由于商业发展,需要大量货币的流通,南朝十二次铸钱,但因政府的威信不足,未能有良好的货币政策,钱币朝小钱化、私铸、不足陌的发展,一直持续至陈朝灭亡。商税收入是解决东晋南朝政府财政缺口的方法之一,但因政府威信不足,无法维持稳定的货币,它所引起的弊病也拖垮了南朝最强盛的梁朝政权。

三至六世纪浙东地区的经济发展

一、前　言

　　长久以来,历史学界都以中国文明发源于黄河流域、其后向四周扩散的一元论,来解释中国历史的发展;然而,这种说法在1970年代末期以后,面临考古新发现的挑战。其实,以一元论解释中国历史的发展,是受到文献记载的主观性,以及前此考古工作主要限于黄河流域导引的缘故。在考古学方面,考古工作在地域上的拓展及其发现,学者已修正其"黄河中游文化一元论",逐渐倾向于中国文明起源多样性的看法。① 就历史学方面来说,也不一定有足够、具体的数据,充分支持一元论的解释。因此,一元论的历史解释实有重新检讨的必要。

　　今日我们所知道的中国史中,有许多一元论的历史解释,江南地区的开发就是其中一个明显的例子。从来学者都认为:江南地区的开发是汉代以后才渐次展开的,汉末和永嘉前后是两个关键性的阶段。这两个时期,由于北方的动乱,大量人士向南方迁徙,带来北方先进的农

---

　　① 杜正胜:《导论——中国上古史研究的一些关键问题》,收入杜正胜编:《中国上古论文选集》(台北:华世出版社,1979);佟柱臣:《中国新石器时代文化的多中心发展论和发展不平衡论》,《文物》,1986年第2期;严文明:《中国史前文化的统一性与多样性》,《文物》,1987年第3期。

业和技术，从而促进江南的开发。① 甚至有人以唐代的标准来看，认为六朝时江南的开发仍是有限的，要到了唐代，江南才大规模地开发。② 上述的看法，是基于北方文化优于江南的前提下发展出来的，包含两个层面：一、汉末以前，江南地区仍是落后的。③ 二、强调移民的贡献。这样的观点是否正确呢？

近三十余年来的考古发掘与研究指出：在汉末北方移民到来之前，

---

① 三十余年来，魏晋南北朝史的专著、论文，屡以此观点解释江南的开发。唐长孺：《三至六世纪江南大土地所有制的发展》（上海：上海人民出版社，1957），页 2："特别是三世纪以后，大批北方人民带着他们的先进生产技术流徙南方，江南的生产力获得迅速的提高。"何兹全《魏晋南北朝史略》谈及汉末移民时说："人口南移总是带着他们的财富、知识和生产技术，所以人口的南移，就是南方的开发。"又述东晋移民潮："这次北方人口的大量南移，对于南方说，起了很大的开发作用。南下的劳动人民把北方进步的农业技术和农业生产工具都带到南方去，把南方前此未垦的荒地继续开垦起来。"（上海：上海人民出版社，1958），页 19、77。韩国磐：《南朝经济试探》（上海：上海人民出版社，1963），页 84："南渡流民中固然包括地主阶级中的豪门大族，但是绝大多数是劳动人民。这些劳动人民带着比较进步的生产技术和生产工具来到江南，这就不仅大大增加了江南地区的劳动力，并且推动了生产技术的发展。"又，他在《魏晋南北朝史纲》（北京：人民出版社，1983），页 197—203，也重申这个说法。王仲荦：《魏晋南北朝史》（上海：上海人民出版社，1979），页 100 论及江东的开发："他们（北方移民）不仅给江南带来了进步的农业生产工具和先进的生产技能，同时也扩大了江南的耕地面积。"傅筑夫：《中国封建社会经济史》（北京：人民出版社，1984），页 40："中原人民移居江南之后，把他们先进的技术和经营管理经验带到了江南，遂大大提高了江南地区的农业生产技术，使农业生产由粗耕迅速地转变为精耕，从而彻底改变了江南地区火耕水耨的落后面貌。"罗宗真：《六朝时期全国经济重心的南移》，《江海学刊》，1984 年第 3 期，页 75："北方人民的不断南下，带来了许多先进的生产技术。"许辉：《东晋南朝时期南方经济发展的原因》，《史学月刊》，1985 年第 5 期，页 31 也同此说。王志邦：《东晋南朝浙江农业生产的发展》，收入中国魏晋南北朝史学会编：《魏晋南北朝史研究》（成都：四川社会科学院出版社，1986），页 95。童超：《东晋南朝时期的移民浪潮与土地开发》，《历史研究》，1987 年第 4 期。

② 史念海：《隋唐时期长江下游农业的发展》，收入氏著《河山集》（北京：三联书店，1978 二版）。

③ 万绳楠：《魏晋南北朝史论稿》（合肥：安徽教育出版社，1983），页 223："在魏晋时期，江南真正得到开发的，只有吴郡。"

江南某些地区已有相当程度的发展。如东汉的会稽郡就是一个制造业的中心,在制瓷业方面,还领先北方。此外,关于北方移民对江南开发的贡献方面,北方旱地农田的技术和经验,是否能对江南水乡泽国的水稻栽培有所帮助?这一点也是值得考虑的。由此,我们觉得前述观点似乎应该再作检讨。

本文主要讨论魏晋南北朝浙东地区的发展,借以检讨上述看法的正确性。在时间上,以汉献帝建安元年(196),迄隋炀帝大业五年(609)为断限,①涵括了汉末、永嘉两次移民潮。在空间上,浙东地区包括今日浙江省以南地区,是汉末、永嘉时期许多北方人士避乱南来选择定居的地区。因此,有利于检讨这个说法。

本文除了就农业、商业、制造业、都市与人口方面,检视此一时期浙东地区发展的情况之外,并将讨论下列三个问题。第一,六朝时期江南开发有限说,是否真确?第二,北方移民对浙东地区发展的贡献如何?他们是否为促进浙东开发的主要因素?第三,探讨北方移民和浙东土著之间的关系,土著和移民间是否有利益上的冲突?如果有的话,他们如何解决这些冲突?

在章节的安排上,首先讨论都市与人口,次则制造业与商业,再次讨论农业,最后探讨北方大族与浙东经济发展的关系。农为国本,本来应先讨论农业,而一般讨论江南开发的文章,也几乎都以农业为主,②不过,衡量农业开发的尺度是耕地面积的扩大与单位面积生产量的增长,六朝的文献在这方面没有数字可据以讨论,仅是只言片语的零散资料,很难对此时土地开发有具体明晰的理解。因此本文从郡县的设置、城市的增加,辅以人口数据,希望能够大致反映土地开发的情况。历代

---

① 通常三国时代自公元220年曹丕代汉这一年算起。不过,早在建安元年(196),曹操挟汉献帝迁许,事实上汉室是名存实亡了。而在此前一年(195,献帝兴平元年),孙策据吴。次年(196)更取得会稽郡,自此浙东地区即在孙吴控制下。故本文的讨论自建安元年始。

② 见页251注1。

郡县的设置基本上是中央政治势力的伸张,在一定程度上可以反映人口与经济的状况。次则配合制造业和商业的发展情况,期望能勾勒出六朝浙东经济发展的面貌。至于农业部分,主要是从土地的耕作方式及经营方法上,讨论当时农业生产力。最后讨论北方大族和土著之间的关系,以及北方大族对浙东经济发展的贡献。

在此必须说明本文遭遇的困难及其导致的限制,第一,六朝时浙东

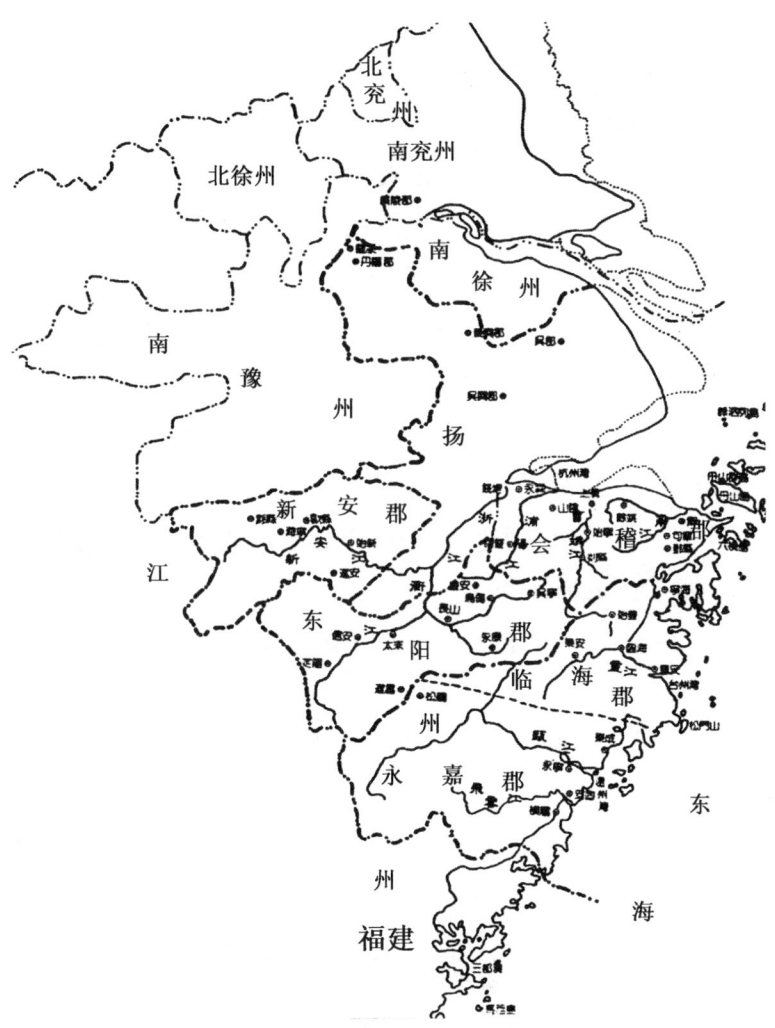

六朝浙东图(根据谭其骧《中国历史地图集》绘)

的海岸线和今日的海岸线可能有若干程度的差异,因无资料可据,在讨论沿海地区的发展时,便无法将这一点考虑在内。第二,六朝的史料并不是很丰富,大部分六朝史的论著都尽量利用所有的材料,泛论当时的状况。然而,中国幅员广大,各地之间颇有差异,实在不宜一概论之,因此本文尝试作六朝的区域研究,只讨论浙东地区。不过,由于六朝史料原本有限,若再将讨论范围缩小到一个区域,相关的数据就更少了,所以在本文某些地方的讨论中,数据稍嫌不足。关于这一点,我们也只能期待新资料的发现,再随时加以补充或修正。

二、城市与人口

六朝浙东地区是一个完整的行政单位。在东汉时,浙东有十九个城市,大部分属于会稽郡的辖域,① 到孙吴时析为四郡三十二城,至东晋又增置一郡,成为五郡三十五县。自此时到梁朝,此地都称为"浙东五郡"。整个六朝时期,扬州是一个文治区域,不设军府。② 东晋以后,凡是扬州有紧急事故,每临时开府设督,以浙江以南的会稽、临海、永嘉、东阳、新安五郡为一个行政单位,以会稽太守兼督五郡,称为"浙东五郡"或叫"会稽五郡"。③

本节以东汉到南朝末年,浙东地区郡县城的增加,讨论浙东各地的发展在空间上的推衍。另外,又以东汉迄隋的户口数作为辅助数据,以探讨各地在不同时期的发展。

---

① 其中歙县及黟县属丹阳郡,孙吴以后,以其地为新都郡。东晋改称新安郡,为浙东五郡之一。
② 见本书《建康与六朝历史的发展》。
③ 《晋书》,卷六五,《王导传附子王荟传》:"桓冲表请荟为江州刺史,固辞不拜,转督浙江东五郡、左将军、会稽内史。"页1759—1760。《南齐书》,卷二六,《王敬则传》:"建元初,狡ález游魂,军用殷广。浙东五郡,丁税一千。"页483。《晋书》,卷八四,《刘牢之传》,孙恩之乱时"牢之进号镇北将军、都督会稽五郡",页2190。

(一) 城市

虽然本文的范围是浙东地区，但基于下列两个原因，讨论兼及今日的福建地区。第一，汉代会稽郡涵盖的范围很广，大致上包括了浙东地区和今日的福建省。第二，浙东地区的发展和福建省的开发也有关联，为顾及讨论的完整性，兼谈福建地区的城市与人口。以下将东汉迄南朝末年浙东地区及福建地区郡县设置，列作一表说明。

如表一所示，以郡县城市增加的情形而言，孙吴是浙东郡县遽增的时期，东晋次之。汉末浙东有十九城，孙吴析其地，新设临海、东阳、新都三郡，增置十三个县；即较汉代增加了 68.4%。东晋时期，分临海郡之地，设立永嘉郡，又增置三县，成长率仅有 8.57%。

表一 浙东及福建地区郡县设置表

东汉（建安元年）		孙吴	东晋	宋、齐	梁	陈
会稽郡	山阴 上虞 始宁 余姚 句章 鄞 鄮 剡 永兴 诸暨 章安 宁海 永宁	会稽郡：山阴 上虞 始宁 余姚 句章 鄞 鄮 剡 永兴 诸暨	会稽郡：山阴 上虞 始宁 余姚 句章 鄞 鄮 剡 永兴 诸暨	会稽郡：山阴 上虞 始宁 余姚 句章 鄞 鄮 剡 永兴 诸暨	会稽郡：山阴 上虞 始宁 余姚 句章 鄞 鄮 剡 永兴 诸暨	会稽郡：山阴 上虞 始宁 余姚 句章 鄞 鄮 剡 永兴 诸暨
		临海郡：章安 宁海 临海 南始平 永宁 松阳 203 安阳 257	临海郡：章安 宁海 临海 永宁 永嘉郡 323	临海郡：章安 宁海 临海 始丰 乐安 347 永宁 松阳 安固 乐成 横阳 永嘉郡	临海郡：章安 宁海 临海 始丰 乐安 347 永宁 松阳 安固 乐成 横阳 永嘉郡	临海郡：章安 宁海 临海 始丰 乐安 347 永宁 松阳 安固 乐成 横阳 永嘉郡	临海郡：章安 宁海 临海 始丰 乐安 347 永宁 松阳 安固 乐成 横阳 永嘉郡

(续表)

东汉（建安元年）	孙吴	东晋	宋、齐	梁	陈
会稽郡 乌伤 长山192 太末 新安192 歙 黟	东阳郡266 乌伤 长山 永康246 吴宁195 丰安195 太末 定阳218 新安 平昌239	东阳郡 乌伤 长山 永康246 吴宁195 丰安195 太末 定阳218 信安 遂昌	东阳郡 乌伤 长山 永康246 吴宁195 丰安195 太末 定阳218 信安 遂昌	东阳郡 乌伤 长山 永康246 吴宁195 丰安195 太末 定阳218 信安 遂昌 建德	金华郡 乌伤 长山 永康 武义 丰安 太末 建德 信安郡 信安 定阳
（会稽郡续）	新都郡208 歙 始新208 黟 黎阳 海阳 新定	新安郡 歙 始新 黟 海宁 遂安	新安郡 歙 始新 黟 海宁 遂安	新安郡 梁安535 始新 遂安 寿昌 新宁郡 黟 歙 海宁 黎阳	新安郡 始新 遂安 寿昌 黟 歙 海宁 新安
（会稽郡续） 侯官	建安郡260 建安 吴兴 东平 建平 将乐260 昭武 南平 侯官 东安	建安郡 建安 吴兴 东平 建平 将乐 邵阳 延年 绥安399 晋安郡282 侯官 晋安 原丰282 温麻283 宛平 同安 新罗	建安郡 吴兴 邵武 建阳 绥成 沙村 晋安郡 侯官 晋安 原丰 温麻 罗江	建安郡 吴兴 邵武 建阳 将乐 沙村 晋安郡 侯官 晋安 原丰 温麻 南安郡 龙溪 兰水 晋安	建安郡 吴兴 邵武 建阳 将乐 沙村 绥成 晋安郡 东侯官 原丰 温麻 南安郡 龙溪 兰水 南安 蒲田

说明：① 见于表中的阿拉伯数字是郡、县设置年代。

资料来源：①《后汉书·郡国志》《晋书·地理志》《宋书·州郡志》《南齐书·州郡志》《隋书·地理志》。

②《三国郡县表附考证》(吴增仅、杨守敬)、《三国疆域表》(谢钟英)、《补三国疆域志补注》(洪亮吉、谢钟英)、《三国疆域志疑》(谢钟英)、《晋书地理志新补正》(毕沅)、《新校晋书地理志》(方恺)、《东晋疆域志》(洪亮吉)、《宋州郡志校勘记》(成孺)、《补梁疆域志》(洪齮孙)、《补陈疆域志》(臧励龢)，以上均收入：《二十五史补编》(开明书店)。

在地形上，浙东包括以今日绍兴市(六朝的山阴)为中心的宁绍平原、金衢盆地、浙南山地和除了宁绍平原之外沿海的河口小平原，如灵江、瓯江等河川的下游。从各个时期城市的分布，看浙东地形区开发的先后顺序，则宁绍平原是最早开发的地区，金衢盆地(相当于孙吴以后的东阳郡)次之。

孙吴时期，浙东城市有大幅度的增长，有两个原因：一是移民的因素。汉末数以万计从北方避难南来的人士移入此地，①人口遽增，使得尔后控制此地的孙吴政权不得不析土设县，以利于统治。二是政治因素。浙东地区是孙吴建国的基础，②当时浙东地区除了宁绍平原和灵江、瓯江、飞云江的河口平原之外，其余广大的山区大多是越人散居之处。孙吴一方面为平息山越的寇扰，以巩固其在此地的统治；另一方面，也为了充实军力，以越人为兵，或将他们纳入郡县编户，以征收赋税力役，于是展开一连串讨伐山越的军事行动，孙吴在对山越作战的过程中，或是将越人编入军队；或是将越人移居平地，增置郡县以安置和管理他们。

东晋时期，浙东郡县增加数不多，但值得注意的是，福建省地区郡

---

① 《三国志·吴书》，卷十四，《蒋济传》，建安十四年："江淮间十余万众，皆惊走吴。"页450。《三国志·吴书》，卷二，《孙权传》，建安十八年："初，曹公恐江滨郡县为权所略，征令内移。民转相惊，自庐江、九江、蕲春、庐陵户十余万皆东渡江。"页1118。

② 孙吴以江东六郡起家，《三国志·吴书》，卷四，《刘繇传》裴注引袁宏《汉纪》："刘繇将奔会稽，许子将曰：'会稽富实，策之所贪。'"页1184。

数有较多的增长。东汉时，福建为会稽郡的南部，只设冶县。① 孙吴时，在此地设建安郡，置有九县。东晋时析建安郡，设晋安郡，又增置五县。相较之下，东晋时浙东城市的增加有迟缓下来的现象，下列两个原因可以解释此一情况。一是浙东的平原和盆地已经充分开发了，所以南来的移民往福建地区定居。另一个因素是东晋时浙东的乱事，促使浙东居民移往福建，关于这一点，在户口部分再加以讨论。

从郡县城市的增加，看浙东各地开发的状况，则东汉时宁绍平原已经充分开发了，而金衢盆地则要到孙吴时才完全开发。东汉浙东十九个郡县城中，有十城集中在宁绍平原上：山阴（今浙江绍兴）、上虞（今浙江上虞）、始宁（今浙江上虞南）、余姚（今浙江余姚）、句章（今浙江慈溪）、鄞（今浙江奉化）、鄮（今浙江鄞州东鄮山北）、剡（浙江嵊州）、永兴（浙江萧山）、诸暨（今浙江诸暨）。六朝时代此一地区不曾再增置郡县，可见此地已经充分发展，这和东汉宁绍平原上制造业发达的事实（见本文第三节）是颇为一致的。东汉金衢盆地上只有六城：乌伤、太末、长山、新安、歙、黟，比起浙东其他地区，此地也算是开发较早的地区。不过，因为盆地四周山地环绕，且多越人居住，所以山地尚未充分开发，一直要到孙吴征伐山越，此地的开发方得以深入山区。吴将贺齐（？—227）讨伐歙、黟二县境内的越人，在其地新设四县，置新都郡（东晋改称新安郡）。② 另外，孙吴在金衢盆地东部增设五县：永康、吴宁、丰安、平昌、定阳，至孙皓宝鼎元年（266），更在这里设东阳郡。孙吴以后，金衢盆地上不曾再增置郡县。

东晋时期，浙东沿海河口平原和福建地区在开发上有显著的成绩。

---

① 劳干：《汉晋闽中建置考》，《"中央研究院"历史语言研究所集刊》，第五本第一部分（1935）。

② 《三国志·吴书》，卷一五，《贺齐传》："（建安）十三年，迁武威中郎将，讨丹阳黟、歙。时武强、叶乡、东阳、丰浦四乡先降，齐表言以叶乡为始新县。……齐复表分歙为新定、黎阳、休阳。并黟、歙凡六县，权遂割为新都郡，齐为太守，立府于始新，加偏将军。"页1378—1379。

汉代只在沿海口岸的宁海、章安、永宁（今浙江温州）设县，孙吴时在河口平原上增设四县，并前三县，成立临海郡。西晋永嘉以后，此地新置三县①，又析临海郡南部，置永嘉郡。

从城市在空间上的分布来看，东汉三国浙东的城市大都沿着河流发展，包括新安江、浦阳江、曹娥江、灵江、甬江、瓯江；东晋以后增加的城市则多在沿海地带。会稽郡、新安郡、东阳郡的城市大都依傍河岸，而此三郡也是浙东较早开发的地区。临海郡和永嘉郡的城市最先在海口出现，而后向内陆推进。东汉此一地区仅有三城：宁海（今浙江海宁）、章安（今浙江台州）、永宁（今浙江温州），章安濒台州湾，永宁临温州湾，都是近海的港口城市。临海、永嘉二郡的城市都以章安、永宁为基点，向河流上游及海岸平原扩展，前者如临海、始丰、乐安；后者有乐成、安固、横阳。

西汉浙东还没有大的商业都会②，东汉时宁绍平原上制造业很发达，其中心都市山阴（今浙江绍兴）成为浙东地区最大的都市。至刘宋时代，山阴已经是南朝境内的大都市，当时著籍人口有三万户③；而会稽郡十个县著籍户数为五万二千二百二十八户④，则山阴著籍户数占了会稽郡的57.4%，可见这是浙东的超级城市。值得注意的是：有许多士族、豪族、皇戚、贵臣寓居山阴，他们多拥有大批荫附人口，因此山阴的实际人口数其实较著籍户口数，超出了许多。山阴不但人口众多，而且商业非常兴旺，《宋书》上说此地"王公妃主，邸舍相望"，⑤因为商业的蓬勃发展，使得传统县城中市区的管理和秩序难以维持。⑥ 此外，

---

① 西晋太康四年（283），新设横阳县。
② 据《汉书》，卷二八下《地理志》记载，西汉江浙最大的商业都会是吴，没有提到浙东的商业都会。
③ 《宋书》，卷九二，《良吏·江秉之传》，页2270。
④ 《宋书》，卷三五，《州郡志一》，页1030。
⑤ 《宋书》，卷五七，《蔡廓附蔡兴宗传》，页1583。
⑥ 《全晋文》，卷二一，页1575，会稽太守王彪之"整市教"："近检校山阴市多不如法，或店肆错乱，或商估没漏。"

浙东也有其他商业都市的兴起，如金衢盆地上的长山（东阳郡治，今浙江金华）。①

（二）人口

中国历史上户口数的记录，在很多时期呈现若干疑点，因此不能作为估量发展绝对的标准。六朝因大族拥有大批荫附人口，所以正史所载的著籍户口数，并不能代表实际的户口数。今将《汉书》《后汉书》《晋书》《宋书》《隋书》所记载浙东诸郡户口数，列表如下，并尝试从六朝的政治、社会情况，来理解各时期浙东诸郡户口数的变化。

表二所列西晋户口数，系太康元年（280）——也就是晋武帝灭掉孙吴那一年的户口数，因此可视之为孙吴末年的户口数。至于永嘉南渡所增加的人口，则只能参考《宋书》所提供的数据。《隋书·地理志》所载是隋炀帝大业五年的户数，由于隋文帝平陈之后，即采纳苏威的建议，厘清江南户口，②所以大业五年的户数按理应该比较接近实际户口数。以隋代较为确实的户数，和《晋书》《宋书》所记不包括许多隐匿人口的著籍户口数做一比较，如户口数略无增减者，很可能表示人口的减少；户口减少者，则其实际上减少的数目比此数还大；户口数增加者，也不一定表示此地人口确实有增加，而须视其地户口隐匿情况的严重程度及人口增加数的大小，再行斟酌。不过，因为没有各地人口隐匿的数据，所以很难判断其地人口是否确实有所增加。

---

① 《隋书》，卷三一，《地理志下》："京口东通吴、会……宣城、毗陵、吴郡、会稽、余杭、东阳，其俗亦同。然数郡川泽沃衍，有海陆之饶，珍异所聚，故商贾并凑。"页887。

② 《北史》，卷六三，《苏绰附苏威传》，页2245。

表二 东汉迄隋浙东、福建地区著籍户口表

	会稽郡			郡				福建地区			
	会稽郡	东阳郡	新安郡	临海郡	永嘉郡	浙东总户数	平均每户口数	建安郡	晋安郡	福建总户数	平均每户口数
东汉 140A.D.	户 123 090 口 481 196						3.9				
西晋 280	户 30 000	户 12 000	户 5 000	户 18 000		户 65 000		户 4 300	户 4 300	户 8 600	
宋	户 52 228 口 348 014	户 16 022 口 107 965	户 12 058 口 36 651	临海郡 户 3 961 口 24 626	永嘉郡 户 6 250 口 36 680	户 90 519 口 553 936	6.12	户 3 041 口 17 686	户 2 843 口 19 838	户 5 884 口 37 524	6.38
隋 609	户 20 271	户 19 805	新安 户 6 164	遂安 户 7 342	户 10 542	户 53 582		12 420	12 420	12 420	

就整个浙东地区而言,汉末迄梁朝这个地区的人口是不断增加的。虽然如表二所列,西晋太康元年的户数较东汉为少,但这是户籍登录不实的缘故。后汉的会稽郡(包括浙东和福建地区)户数为十二万三千零九户,太康元年上述地区的户数总计为七万三千六百户,比后汉约少了五万户。后汉迄孙吴末年,这个地区非但没有战乱,而且还有大批避难南来的北方人士到此定居,因此人口必然大增,不可能减少。史书上出现这样不合理的数字,其实正显示户口隐匿情况的严重。根据虞玩之(？—493)估计,在刘宋明帝泰始三年(467)到苍梧王元徽四年(476)之间,扬州等九郡却籍的户数为七万一千余。① 扬州计有八郡,其中包括浙东五个郡,因此却籍的七万一千余户中,有一部分是属于浙东地区的。

以刘宋的著籍户口和太康元年著籍户口比较,则浙东的会稽、东阳、新安三郡户数都有增加;至于沿海的临海郡城市增加,但户口显著地减少,这是户口逃亡,托庇于大族的结果,而非人口减少。东汉会稽郡每户平均口数为3.9,刘宋时浙东各郡每户平均口数为6.21,由此似乎可以看出户口隐匿的一些蛛丝马迹。

以西晋至刘宋各地著籍户口做一比较,则以会稽郡、新安郡增加的幅度较大,除了会稽郡制造业发达的原因之外,可能还和交通因素有关。会稽郡增加了二万二千二百二十八户,增加率为74%;新安郡增加了七千零五十八户,百分比为141.1%。东阳郡人口也有增加,增加了四千零二十二户,增加率为33.5%。自东汉以来,会稽郡辖域宁绍平原制造业发达,其经济繁荣自然是吸引移民的因素;另外,也和此地海上交通便利有关。关于这一点,将在第五节中再讨论。以郡县设置而言,东阳郡开发仅次于会稽郡,但此时人口增加数反而不如新安郡,

---

① 《南齐书》,卷三四,《虞玩之传》,玩之上表云:"自泰始三年至元徽四年,扬州等九郡四号黄籍,共却七万一千余户。"页609。扬州只有八郡,包括浙东五郡及丹阳、吴、吴兴三郡。另外一郡,当属他州,故曰扬州等九郡。

究其原因,可能和交通条件有关。东阳郡和新安郡分别属金衢盆地和新安江流域,都处于内陆,对外交通主要靠浙江水系的联系。从北方至东阳郡,须经三吴水运系统到杭州湾,溯浦阳江和衢江,至金衢盆地各处,其路线比较迂回。从北方至新安郡,有一条路线是由杭州湾溯浙江、新安江,和北方至东阳郡的路线相似。不过,新安江西北通长江支流青弋江,西南可通鄱阳湖水系,就新安郡对西南、西北向的交通,比东阳郡对外交通来得顺畅便利。永嘉前后,避乱而来的北方人士移住新安郡,可能多循青弋江及鄱阳湖水系,进入新安江流域。①

梁朝末年,部分浙东沿海居民移往福建和广东,是大业五年浙东著籍户口数较刘宋时锐减的原因。早在东晋时,就有浙东人民迁居广东,②但这仅是少数避役百姓。浙东人真正大批移民福建、广东,始于梁末,一因侯景之乱(548—552),战事扩及三吴、会稽,此时不仅浙东本地居民向南迁徙,就连刚从建康、三吴到会稽避难的人士,也不暇喘息地又向更南方迁移。③ 他们或迁往福建,或移住广东。④ 二则伴随侯景乱事而来的浙东大饥荒,以会稽郡最为严重,死者十之七八,存活者多逃往福建。⑤ 陈文帝曾下诏书,允许梁末迁到福建晋安、建安、义安

---

① 《隋书》,卷三一,《地理志下》:"新安、永嘉、建安、遂安、鄱阳、九江、临川、庐陵、南康、宜春,其俗又颇类豫章。"页887。新安风俗和九江、鄱阳相近,可见此数郡关系密切。

② 《晋书》,卷七三,《庾亮附庾翼传》:"时东土多赋役,百姓乃从海道入广州。"页1932。

③ 《资治通鉴》,卷一六二,《梁纪十八》,武帝太清三年,总页5032:"于是三吴尽没于景,公侯在会稽者,俱南渡岭。"

④ 《陈书》,卷三,《世祖纪》:"(天嘉六年)三月乙未,诏侯景以来遭乱移在建安、晋安、义安郡者,并许还本土。"页58。

⑤ 《陈书》,卷三五,《陈宝应传》:"侯景之乱……是时东境饥馑,会稽尤甚,死者十七八,平民男女,并皆自卖,而晋安独丰沃。(陈)宝应自海道寇临安、永嘉及会稽、余姚、诸暨,又载米粟与之贸易,多致玉帛,子女其有能致舟乘者,亦并奔归之,由是大致赀产,士众强盛。"页486—487。

诸郡的人还归本乡,但还乡土者恐怕也很有限。① 隋代福建户数比刘宋时显著地增加,②而这些避难移住福建、广东的人,多沿海道,这也可以解释此时濒海的会稽、临海二郡著籍户口的锐减。

表二所列浙东、福建的户口数,虽然可以对六朝的政治、社会情况,作上述的理解,但仍存着一个疑问,即:至隋朝浙东及福建的户口数反较东汉及西晋时为少,如果这个记载可信的话,该作如何解释? 除了前述梁末这两个地区有大量人民移往广东的原因之外,是否还有其他的理由?

三、制造业和商业

六朝以前的史书中,很少有关于制造业方面的记载,因此要了解当时的经济情况,有很大一部分要靠出土文物提供资料。《史记·货殖列传》《汉书·地理志》记各地的产业,都只列举农、畜、渔、牧、矿产,而没有提到制造品,根据此二书的记载,固然可以知道一地经济约略的状况以及其发展的潜力;但不足以理解其经济发展的全貌。近数十年来考古的发掘成果,指出汉代的四川和浙东制造业非常发达,六朝浙东的制瓷工业、铜镜铸造业也都很兴盛。另外,从少数文献的记载,可知浙东的纺织业、制纸业也有相当程度的发展。

从东汉开始,浙东制造业的发达,虽然和当地原料的供应不虞缺乏有关,但也和此地自春秋战国以冶铸著名,及早有制作陶瓷的基础,有一脉相连的关系。春秋时代,浙东为越国领地,以冶铸闻名,尤其擅长

---

① 《陈书》,卷三,页58。《世祖纪》。隋代厘清户口,厘出荫附人口后,遭侯景之乱的会稽、永嘉、临海诸郡人口不是未见增加,就是减少,可见乱后返回乡土者少。

② 隋唐之《地理志》记福建地区人口仅录建安郡户数,虽然如此,光是建安郡的户数便超过刘宋整个福建地区的户数甚多。

兵器的制作。① 东汉首都洛阳、浙东会稽、四川广汉并列为三大铜镜铸造中心②，应是承继前代的铸造技术及继续发展的结果。又，在浙江绍兴富盛发掘的战国窑址，此地已能制印纹陶和原始青瓷，③开启两汉浙东瓷器制造独步一时的先声。

(一) 制瓷业

从东汉迄六朝，浙东的制瓷业在中国瓷器制造史上，占有特殊而重要的一页。本节主要就瓷窑遗址的分布，看浙东各地制瓷业的发展，并且从出土瓷器探讨浙东瓷制品的贸易网络。

虽然在长江以南大部分的地区，都有东汉瓷窑遗址的发现，但却以浙江的数量最多，④浙江甚至被认为是包括青瓷、黑瓷制作的发源地。浙东陶、瓷土矿产丰富，为此地陶器和瓷器的制造业提供了必备的原料，宁绍平原、金衢盆地和瓯江流域都有陶、瓷土的蕴藏，而以宁绍平原的藏量最丰。此地原始瓷器可溯至战国时代；至于瓷器和黑瓷，则从东汉时就已开始生产。⑤ 宁绍平原一带的瓷窑称为"越窑"，越窑青瓷制作精美，在六朝时期，独步全国。另外，永嘉一带的"瓯窑"、金衢盆地的"婺州窑"，也都是六朝青瓷的重要产地。

从窑址的发现，可知汉代浙东部分地区制造业已经很发达了；而从窑址的分布看各地区开发的先后次序，两者似乎也有相应的关系。考古工作者在宁绍平原发现了许多汉代的窑址，分布在上虞、鄞、慈溪，而

---

① 中国社会科学院考古研究所编：《新中国的考古发现和研究》(北京：文物出版社，1984)，页 314。
② 王仲殊：《关于日本三角缘神兽镜的问题》，《考古》，1981 年第 4 期。
③ 绍兴县文物管理委员会：《浙江绍兴富盛战国窑址》，《考古》，1979 年第 3 期。
④ 中国硅酸盐学会：《中国陶瓷史》(北京：文物出版社，1982)，页 130、137—138。
⑤ 朱伯谦、林士民：《我国黑瓷的起源及其影响》，《考古》，1983 年第 12 期。

仅仅上虞一地,到 1977 年的统计,就已经发现三十六处东汉窑址。①
宁绍平原是浙东开发最早的地区,东汉时此地制造业已经相当蓬勃兴
盛,这可能成为它吸引北方避难的人民到此定居的因素之一。东汉金
衢盆地的发展,仅次于宁绍平原,然而迄今尚未在此地发现汉代窑址,
不过从出土的瓷器判断,可知婺州窑在汉代业已开始生产了。② 又,在
开发较晚的河口平原也有汉代窑址的发现,永嘉附近有三处窑址,都分
布在瓯江支流楠溪两岸;③其地近海口,可知永嘉一带的发展和海运路
线有关。

三国以迄西晋,宁绍平原的制瓷业在技术上仍然领先各地;虽然浙
东其他地方也有窑址的发现,但在数量和窑址的集中方面,都和宁绍平
原无法相比。宁绍平原上,三国窑址分布在曹娥江中游两岸的山脚下,
仅在上虞就已经发现三十余处。西晋的窑址在上虞、山阴都有发现,上
虞有六十余处遗址。④ 另外,在金衢盆地的武义县发现三国窑址一
处。⑤ 至于永嘉一带,则尚未发现三国、西晋的瓷窑遗址。由此可见,
迄于西晋金衢盆地、永嘉制瓷业的发展仍然有限,还不是瓷器主要的
产地。

东晋以后,浙东瓷窑遗址的分布较广,显示制瓷业有由点向面扩散
的迹象。宁绍平原的窑址不再只集中于上虞、山阴二地,在永兴(今萧
山上董、石盖村)、鄞州(小白)、余姚(今余姚上林湖)都有东晋窑址的发
现。而在鄞州、余姚,也有南朝窑址的遗存。⑥ 永嘉郡则在永宁(今永

---

① 中国硅酸盐学会:《中国陶瓷史》,页 126。
② 贡昌:《谈婺州窑》,收入文物编辑委员会编:《中国古代窑址调查发掘报
告集》(北京:文物出版社,1984)。
③ 浙江省文物管理委员会:《温州地区古审址调查纪略》,《文物》,1965 年第
11 期。
④ 中国硅酸盐学会:《中国陶瓷史》,页 139—140。
⑤ 金华地区文管会:《浙江武义北公社管湖三国窑》,《考古》,1983 年第 6
期。
⑥ 中国硅酸盐学会:《中国陶瓷史》,页 141。

嘉)发掘了三处东晋窑址,在乐成(今乐清白象)有南朝瓷窑遗址。[1] 至于金衢盆地上,在其第一大城长山发现东晋窑址一处,[2]而此地虽然没有南朝瓷窑的遗址发掘,但从迄今所发掘的唐代窑址看来,十三处窑址分布金衢盆地各处,包括今日的东阳、金华、兰溪、武义、永康、衢州、龙游、江山,[3]南朝时期上述某些地方可能就已开始生产瓷器,显示金衢盆地的制瓷业有由点向面扩散的倾向。

从东汉开始,宁绍平原就是一个制瓷业的中心,其制瓷技术逐渐向浙东各地,甚至北向浙西,南向福建输出。从出土瓷器看,西晋越窑对于均山窑(六朝时义兴郡阳羡县,今江苏宜兴)有若干影响,[4]而和与其相邻的德清窑(吴兴郡),无疑有更密切的关系。今已发现四处德清窑遗址,[5]另外,在德清西南方的余杭,也发现两处窑址。[6] 福建地区制瓷业大约自东晋才开始发展,可能和浙东人民的移居福建有关,在闽侯洪塘怀安村已发现南朝瓷窑。[7]

东汉迄西晋间,是越窑一枝独秀的时期,其产品制作优良,它的销售不仅遍及三吴、建康,更远销长江中游地区。东汉末年,宁绍平原所产的黑瓷就已经流传到浙江以外的地区,安徽省亳县曹操宗族墓葬出土的黑釉瓷器,即是越窑的产品。[8] 江苏省三国西晋的墓葬中,有越窑

---

[1] 浙江省文物管理委员会:《温州地区古窑址调查纪略》,《文物》1965 年第 11 期。

[2] 贡昌:《谈婺州窑》,页 22。

[3] 贡昌:《谈婺州窑》。并见中国硅酸盐学会:《中国陶瓷史》,页 144。

[4] 中国硅酸盐学会:《中国陶瓷史》,页 141。

[5] 汪扬:《德清窑调查散记》,《文物参考资料》,1857 年第 10 期。王士伦:《德清窑瓷器》,《文物》,1959 年第 12 期。

[6] 中国硅酸盐学会:《中国陶瓷史》,页 144。

[7] 中国硅酸盐学会:《中国陶瓷史》,页 148—149。文物编辑委员会编:《文物考古工作三十年》(北京:文物出版社,1979),页 257。

[8] 朱伯谦、林士民:《我国黑瓷的起源及其影响》,《考古》,1983 年第 12 期。并见安徽省博物馆:《亳县曹操宗族墓葬》,《文物》,1978 年第 8 期。

的青瓷作为陪葬品,如南京赵士岗吴墓出土的青瓷虎子①,吴县狮子山西晋傅氏家族墓出土的两件青瓷谷仓②,江苏金坛白塔公社惠群大队砖室墓出土的青瓷扁壶③,可见当时越窑产品在扬州地区是很普遍的商品。又,浙东的瓷器不但销售至三吴和今安徽地区,也及于长江中游。专家认为:安徽出土的两晋青瓷是属于越窑系统,可能是由浙江运来的;④在长江中游发现六朝黑釉或酱色釉瓷器,从造型、装饰和烧成各方面判断,可能是浙江的产品。⑤ 在湖北等地出土的青瓷,也多属越窑系统。⑥ 越窑产品营销各地,一方面反映浙东制瓷业的发达及其产品优良,另一方面也显示浙东因制造业兴盛,而有活跃的商业活动。

(二) 铜镜镶造业

东汉会稽是铜镜主要的制造地之一,至三国两晋南北朝时它已成为中国最重要的铜镜铸造中心。

会稽铜镜铸造业的发达,不只缘于原料供应不虞缺乏,⑦也因为它

---

① 江苏省文物管理委员会:《南京近郊六朝墓的清理》,《考古学报》,1957年第1期,页188—189。

② 龟碑上分别刻有"元康二年润月十九日超(造)会稽",及"元康出始宁,用此甖,宜子孙,作吏高,其乐无极"的字样。见张志新:《江苏省吴县狮子山西晋墓清理简报》,《文物资料丛刊》,第3期。

③ 其上刻有"紫(此)是会稽上虞范休可作坪者也"的字样,见镇江市博物馆:《介绍一件上虞青瓷扁壶》,《文物》,1976年第9期。

④ 王业友:《略谈安徽出土的六朝青瓷》,收入中国考古学会编:《中国考古学会第三次年会论文集》(北京:文物出版社,1979),页153—154。

⑤ 蒋赞初:《长江中游六朝墓葬的分期和断代——附论出土的青瓷器》,收入《中国考古学会第三次年会论文集》,页146。

⑥ 罗宗真:《江苏东吴青瓷工艺的成就》,收入《中国考古学会第三次年会论文集》,页162。

⑦ 《汉书・地理志》记江南只有丹阳(今安徽宣城)有铜官的设置,但《水经注》中提到山阴铜牛山上设有铜官,见《永乐大典本水经注》(东京:中文出版社,1983),总页713。

有此地早先发展的铸造业作为基础。① 中国很早就发明了铜镜铸造，但到了战国时代，铜镜才普遍被使用，②今日没有文献或出土文物，可以证明当时会稽已经开始铸造铜镜。不过，春秋时代的越国以冶铸闻名，其冶铸技术对于东汉此地铜镜铸造业的发达，应该有直接或间接的促进作用。

从出土的纪年铜镜铭文，可知汉末建安年间，会稽山阴已发展成一铸镜中心。③ 汉末以后，中国北方因战乱及铜料缺乏，铜镜铸造业明显地衰退；而浙东未受战祸波及，制造业得以在原有基础上继续成长。三国至西晋，会稽郡山阴县在铜镜铸造业方面，有特异的成绩；不只其产品远销各地，还对国内外作技术上的输出。东汉时期，洛阳、山阴、四川广汉（今四川梓潼）同为铜镜主要的制造地。④ 东汉中期以后，山阴的铜镜铸造在形制和技术上有所创新，打破汉代以来以线条构成平面的纹样，开始生产以神仙、瑞兽为文饰浮雕的镜，即所谓的"神兽镜"和"画像镜"，⑤开启了三国时代此地铜镜制造业的鼎盛。孙吴境内的吴县和江夏（今湖北武汉），也有铜镜铸造业，但无论在制造业的兴盛程度或铸造技术方面，都不如山阴。⑥ 三至四世纪时，会稽所制的神兽镜不只输入曹魏统治下的华北，亦输入也有铜镜铸造业的武昌，更远输至日本⑦。同时，会稽不仅对外销售成品，也对外输出技术和工匠。在湖北省和日本出土的铜镜铭文，都显示了会稽工匠的输出，如：湖北鄂城出

---

① 《越绝书》（上海：上海古籍出版社，1985），卷十，《外传记地传》："姑中山者，越铜官之山也，越人谓之铜姑渎"，又"六山者，句践铸铜"。

② 孔祥星、刘一曼：《中国铜镜》（北京：文物出版社，1984），页3—9。

③ 湖北省博物馆、鄂州市博物馆编：《鄂城三国六朝铜镜》（北京：文物出版社，1986），俞伟超《序》，页2。

④ 王仲殊：《关于日本三角缘神兽镜的问题》，《考古》，1981年第4期。

⑤ 王仲殊：《关于日本三角缘神兽镜的问题》，《考古》，1981年第4期，页348—349。

⑥ 徐苹芳：《三国两晋南北朝的铜镜》，《考古》，1984年第6期，页558。

⑦ 王仲殊：《关于日本三角缘神兽镜的问题》，《考古》，1981年第4期。

土一枚黄武六年(227)重列神兽镜上的铭文为:"会稽山阴作师鲍唐""家在武昌思其少";日本大阪府国分茶臼山古坟出土的三角缘神兽镜的铭文为:"吾作明竟真大好,浮由天下(敖)四海,用青同(铜)至海东。"王仲殊认为:以上二例分别证明会稽工匠到武昌及渡海到日本去作镜。① 俞伟超以为:前者说明了武昌的铸镜业是由于引进了会稽山阴著名的匠师而发展起来的。② 东渡日本的孙吴工匠并且有所新创,铸造出镜缘部分有异于中国神兽镜的"三角缘神兽镜"。③

东晋以后,山阴的铜镜制造业有明显衰退的现象,这是因为随着佛教信仰在江南的兴盛,愈来愈多的铜料用在佛像和佛寺建造上。从出土的铜镜来看,东晋以后的铜镜纹样简陋,铜质低劣,铸工不精,而且铜镜愈做愈小。东汉三国西晋的神兽镜直径一般为 10 余厘米,④至南朝末期梁、陈铜镜的直径一般为 5 厘米,有的甚至只有 3.2 厘米,⑤显示铜镜的退化和铜料的缺乏有很大的关系。有学者认为铜料缺乏的原因,是东晋以后长江中、下游铜矿大量减产之故,⑥本文则认为:铜料缺乏主要的原因不在于铜产量的减少,而是东晋以后大量地建造佛寺和佛像之故,使得铸镜铜料来源不足。当时不只以铜铸佛像,连佛塔上的露盘也以铜打造;此外,铜更普遍地作为装饰品,点缀佛寺的庄严华丽。建造佛寺、佛像所用铜料数量甚为可观,梁武帝曾赐太子萧纲铜一万

---

① 王仲殊:《关于日本三角缘神兽镜的问题》,《考古》,1981 年第 4 期,页 351—352、356。
② 湖北省博物馆、鄂州市博物馆编:《鄂城三国六朝铜镜》,俞伟超《序》,页 3。
③ 在中国没有三角缘神兽镜的出土,见前引王仲殊文。
④ 徐苹芳:《三国两晋南北朝的铜镜》,《考古》,1984 年第 6 期,页 552。
⑤ 徐苹芳:《三国两晋南北朝的铜镜》,《考古》,1984 年第 6 期,页 561。
⑥ 徐苹芳:《三国两晋南北朝的铜镜》,《考古》,1984 年第 6 期,页 561。

斤,帮助他建造天中天寺,又赐一万三千斤铜,供造善觉寺塔露盘。①如果把三国迄梁、陈时代的寺院数目做一比较,②就更可了解铜镜制造业的"铜荒"其实不完全是因铜产量减少。

(三) 制纸业

根据文献的记载,最迟在三国时代,浙东就有造纸业了,主要生产楮纸(谷皮纸)和藤纸。吴末晋初,陆机(261—303)曾指出江南人捣楮桑木以为纸,③西晋张华(232—300)在他所著的《博物志》一书中说:"剡溪古藤甚多,可造纸,故即名纸为剡藤。"④剡溪位于宁绍平原曹娥江上游,溯溪而上四五百里,都有制纸业。⑤ 其实从宁绍平原到余杭及金衢盆地的山区多产藤,也是藤纸的产地。⑥ 东晋浙东的藤纸已是优良的纸制品,东晋余杭令范宁下令:"土纸不可以作文书,皆令用藤角纸。"⑦浙东的藤纸以剡溪两岸的产品最佳,唐人皮日休《二游》诗:"宣

---

① 《全梁文》,卷十,简文帝《谢敕赉柏刹柱并铜万斤启》:"臣纲启:传诏吕文强奉宣敕旨赉臣柏刹柱一口,铜一万斤,供起天中天寺。"页3007-2。又,《谢敕赉铜供造善觉寺塔露盘启》:"臣纲启:主书陈僧聪奉宣敕旨,垂赉铜一万三千斤,供造善觉寺塔露盘。"页3007-1。

② 《辩正论》(《大正新修大藏经》第五十二册),卷三,《十代奉佛篇上》,页503a—c,记载东晋南朝的寺院数目如下:东晋1768座,宋1913座,齐2015座,梁2846座,陈1232座。

③ 潘吉星:《中国造纸技术史稿》(北京:文物出版社,1979),页44。

④ 《造纸史话》编写组:《造纸史话》(上海:上海科学技术出版社,1983)。

⑤ 《全唐文》(北京:中华书局,1987),卷七二七,总页7495-1,舒元舆:《悲剡溪古藤文》:"剡淡(溪)上绵四五百里,多古藤……遂问溪上人,有道者言:'溪中多纸工。'"

⑥ 〔唐〕李吉甫撰:《元和郡县图志》(东京:中文出版社,1973),卷二十五,《江南道一》,总页337,"余杭县"条:"由拳山,晋郭文举所居,傍有由拳村,出好藤纸。"

⑦ 〔唐〕徐坚著:《初学记》(台北:鼎文书局,1976),卷二十一,《纸第七》,总页517。又见潘吉星:《中国造纸技术史稿》,页58。

毫利若风,剡纸光与月。"①又,李肇也说:"纸之妙者,越之剡藤。"②

六朝浙东制纸业发达,不仅质量好,产量亦大,因此成为此地向外销售的产品之一。浙东纸是当时往来浙东、建康谋利者携带的货品,③也可作为馈赠物,如东晋王羲之担任会稽太守时,曾把库藏九万枚纸送给谢安。④

迄今学者对于浙东造纸业的发展,也还是本着二元论的解释,认为:三国江南的造纸业属于初级阶段,晋室南渡后,把北方先进的造纸技术带到南方来,南方的造纸业才迅速发展;⑤或认为东晋南迁后,江南才发展制纸业。⑥这种看法还有待商榷。关于三国以前造纸的文献数据极少,因此很难说东汉浙东没有制纸业,而且以当时浙东制造业的水平、当地对纸张的需求两方面而言,浙东发展造纸业是很有可能的事。⑦东汉浙东会稽经学很盛,西汉末有一些士人避难南迁,东汉初年时"会稽颇称多士";⑧而至汉末三国时此地经学有丰硕成果:山阴贺氏的礼学、余姚虞氏的易学,皆为世所瞩目钦重。⑨以其地文化发展,对纸张的需求,加上此地原料供应没有问题,东汉时此地可能就有造纸业,但这一点只是推测,正确与否尚有待新资料的发现来证明。

---

① 《全唐文》,卷六〇九,总页 7028。

② 李肇:《唐国史补》(上海:上海古籍出版社,1979),卷下,页 60。

③ 《宋书》,卷八十四,《孔觊传》:"觊弟道存,从弟徽,颇营产业。二弟请假东还,觊出渚迎之,缁重十余船,皆是绵绢纸席之属。"页 2155。按:孔觊系会稽山阴人,请假东还,谓自会稽还建康。

④ 《太平御览》,卷六〇五,《文部二一·纸》,引《语林》:"王右军为会稽,谢公乞笺纸,库中唯有九万枚,悉与之。"页 2854-1。

⑤ 《造纸史话》编写组:《造纸史话》,页 167。

⑥ 潘吉星:《中国造纸技术史稿》,页 55。

⑦ 《造纸史话》编写组:《造纸史话》,其基本观点是从造纸与文化发展的关系言之。

⑧ 《后汉书》,卷七六,《循吏·任诞传》,页 2460。

⑨ 见本书《六朝会稽士族》。

(四) 纺织业

六朝浙东的纺织业有麻、葛和丝织业。早在汉代,麻、葛制品即是此地著名的手工业产品;而丝织业则南方本较北方落后,要到汉末及永嘉两次移民潮之后,浙东的丝织业方有长足的进展。

至迟在春秋时代,浙东已有麻、葛纺织业,①东汉时,其产品极为精美,成为贡品,②也是北方上层社会喜好的宝贵物品。③ 三国时代,浙东的麻布、葛布是具有地方特色优良的纺织品,魏文帝曾说:"江东为葛,宁可比罗纨绮縠也。"④又说:"代郡黄布为细,乐浪练为精,太未(末)布为白。"⑤太末属会稽郡。宁绍平原是浙东纺织业最发达的地区,整个浙东地区都产麻布,⑥诸暨、剡县(今浙江嵊州)的麻布,⑦以及山阴的葛布,⑧都是其中的精品。唐开元中,婺州、衢州(以上二地在金衢盆地,相当于六朝的东阳郡地)、处州、温州(以上相当于六朝的永嘉

---

① 《越绝书校释》,卷八,《外传记地传》,页 200:"葛山者,勾践罢吴,种葛,使越女织治葛布,献于吴王夫差,去县七里。"

② 《后汉书》,卷八一,《独行传》,记陆续之祖父闳"美姿貌,喜着越布单衣,光武见而好之,自是常敕会稽郡献越布。"页 2682。

③ 《后汉书》,卷十,《马皇后传》记马皇后曾以白越三千端赐诸贵人,注云:"白越,越布。"页 410。

④ 《太平御览》,卷八一六,《布帛部三·罗》,《魏文帝诏》,页 3758 - 1。

⑤ 《太平御览》,卷八二〇,《布帛部七·布》,引《魏略》,页 3780 - 1。

⑥ 新安郡也是苎麻产地。《梁书》,卷五三,《良吏传》,记载伏暅为新安太守,"郡多麻苎,家人乃至无以为绳,其厉志如此"。页 775。又,《晋书》,卷六五,《王导传》云苏峻乱后,"帑藏空竭,库中惟有练数千端"。页 1751。

⑦ 《嘉泰会稽志》,收入,《宋元方志丛刊》(北京:中华书局,1990),卷十七,布帛:"苎之精者,本出于苎罗山。"苎罗山在诸暨。又云:"强口布以麻为之,出于剡机,织殊粗,而商人贩妇往往竞取,以与吴人为市。强口者去剡十五里,其溪水尤绀澈可爱。"页 7048。

⑧ 《嘉泰会稽志》,卷十七,《布帛》:"葛之细者,旧出葛山。"页 7047 - 2。葛山在山阴县境。

郡地），皆贡纻布。① 东晋南朝时一般人的穿着都是麻、葛织品，因此这类产品是纺织品中的大宗。②

江南本非主要蚕桑地区，浙东丝织业的发展是北人南迁的影响和技术移植的具体结果；三国时此地的丝织业已有相当程度的发展，东晋南朝时更有长足的进展。孙吴的丝织业虽然不如蜀汉，但仍出产丝织品，孙吴向曹魏称臣时，所贡献的纺织品之中，除葛布之外，还有大量的丝织品。③ 当时浙西的武康（今永安）和浙东的诸暨都生产高级的丝织品，其产品及生产技术可能还由海道传至日本。④ 六朝浙东丝织业主要在宁绍平原和沿海河口平原，《永嘉郡记》称其地有"八熟之蚕"，⑤ 而唐代越州（六朝会稽郡地）的贡品是宝花罗和吴绫。⑥

北方纺织技术南移最明显的一个例子是织锦业，刘宋武帝北伐，灭后秦，将关中的百工迁到首都建康，江南才开始发展织锦业。⑦ 到了南齐时，南方的织锦业已驰名远方异域，芮芮国的使臣曾至建康，要求派遣锦工至其国。⑧ 由此可见，北方的丝织技术对于浙东的纺织业有相当的影响和作用。

（五）手工业者

上述浙东的制瓷、铜镜铸造、制纸和纺织业，是属于官府工业？或者其中也有一些私人手工业？

---

① 《元和郡县图志》，卷二六，《江南道二》，页 346—347。
② 李仁溥：《中国纺织史稿》（长沙：岳麓书社，1983），页 75—76。
③ 李仁溥：《中国纺织史稿》，页 71。
④ 李仁溥：《中国纺织史稿》，页 72—73。
⑤ 缪启榆校释，缪桂龙参校：《齐民要术校释》（北京：农业出版社，1982），卷五，《种桑柘第四十五》，引郑辑之《永嘉记》，页 233。
⑥ 《元和郡县图志》，卷二六，《江南道二》，页 345。
⑦ 《太平御览》，卷八一五，《布帛二·锦》，引《丹阳记》："斗场锦署，平关右迁其百工也，江东历代尚未有锦，而成都独称妙，故三国时，魏则布于蜀，而吴亦资西道。"页 3755-2。
⑧ 《南齐书》，卷五九，《芮芮房》，页 1025。

自汉末开始,南北手工业异途发展。黄巾之乱以后,北方陷于长期的战争与混乱,城市受到严重的破坏,导致城市中手工业的衰落;而战火并未波及长江流域,南方的手工业遂得以在原有的基础上继续发展。唐长孺认为:在汉末大混乱过去之后,三国时北方首先恢复官府手工业,亦即把手工业者聚集在官府作坊中工作;其后迄北朝末期,政府都将手工业者置于官府严密的控制下。他也以为,南方的情形和北方类似,虽然南方并没有像北朝那样禁止私家藏匿手工业者,但要到南朝以后,才逐步放松对手工业的控制。① 其实,自三国以后,南方的私人手工业就很发达。

出土浙东制造的青瓷器和铜镜上标记工匠姓名的铭辞,虽然没有说明是官府工匠或私人工匠,但从后来此地私人畜有大量工匠的事实看来,这些可能都是私人工匠。三国浙东似乎有极兴旺的私人手工业。南京赵士岗吴墓出土的青瓷虎子腹部刻有"赤乌十四年(251)会稽上虞师袁宜作"的字样,②江苏省金坛白塔公社砖室墓出土的青瓷扁壶腹部刻:"紫(此)是会稽上虞范休可作坪者也。"③在铜镜方面,绍兴出土的神兽镜上分别有下列的铭辞:"建安二十二年(217)十月辛卯朔四日甲午,太岁在丁酉时加未,师郑豫作明镜"和"天纪元年(277)岁在丁酉,师徐伯所作明镜"④。又在浙江衢州出土的重列式神兽镜的铭辞为:"黄武五年(226)太岁在丙午,五月辛未朔七日,天下太平,吴国孙王治口口,太师鲍唐而作。"⑤另外,从许多湖北省出土的铜镜铭文,可知其系

---

① 唐长孺:《魏晋至唐官府作场及官府工程的工匠》,收入氏著《魏晋南北朝史论丛续编》(北京:三联书店,1978 二版)。

② 江苏省文物管理委员会:《南京近郊六朝墓的清理》,《考古学报》,1957 年第 1 期,页 188—189。

③ 镇江市博物馆:《介绍一件上虞青瓷扁壶》,《文物》,1976 年第 9 期。

④ 梅原末治:《汉三国六朝纪年镜图说》(京都:桑名文星堂,1943),页 37、97。

⑤ 王仲殊:《吴县、山阴和武昌——从铭文看三国时代吴的铜镜产地》,《考古》,1985 年第 11 期。

会稽山阴的工匠所做的。如鄂城五里坂出土的同向式神兽镜的铭辞为:"黄初二年(221)十一月丁卯朔廿七日癸巳,扬州会稽山阴师唐豫命作镜。"鄂城钢厂六三〇工地出土的对置式神兽镜,铭辞为:"黄初四年(223)五月丙午朔十四日,会稽师鲍作明镜。"鄂城西山铁矿出土的重列式神兽镜铭辞为:"黄龙二年(230)七月丁未朔七日癸丑,大师鲍豫而作明镜。"①这些工匠可能都是私人手工业者。其中山阴鲍氏和唐氏显然是两个作铜镜的家族,其中有至武昌作镜者,他们是被征调至武昌作镜?或者是被迁徙至武昌?②还是在客观情势的需要下,自愿前往武昌作镜?不得而知。不过,前述会稽至日本作镜者,由于没有文献记载三国孙吴和日本使节往来,所以这些渡海至东瀛的铸镜工匠可能是自行前往的,也可见孙吴对私人手工业者的控制还不是很严格的。当然,孙吴政府也拥有一定数量的冶铸和造船等官府作坊③。

    三国以后,南方铜镜和青瓷器上几乎不再出现工匠姓名的铭辞,这可能和东晋以后士族、豪强势力的发展有关;由于士族、豪族控制了制造业的原料,使得许多私人手工业者投入士族、豪族的私门。制造业的发展和原料的供应息息相关,前述诸项制造业的原料:瓷土、铜、藤、楮木,以及作为动力来源的薪炭,都是山林水泽的出产品。六朝的川泽林木原来是国有的,而当时在政治、社会上占绝对优势的士族和在地方上有强固经济势力的豪族,他们为追求自身的利益,常侵夺政府的公田山泽,将之占为己有。自东晋以降,不断地有诏令禁止私人屯封山泽。④

---

    ① 王仲殊:《吴县、山阴和武昌——从铭文看三国时代吴的铜镜产地》,《考古》,1985年第11期。

    ② 王仲殊:《吴县、山阴和武昌——从铭文看三国时代吴的铜镜产地》,《考古》,1985年第11期。"征调"与"被徙"是两种不同的情况。

    ③ 唐长孺:《魏晋至唐官府作场及官府工程的工匠》,页37—38。

    ④ 《宋书》,卷六,《孝武帝纪》,元嘉三十年七月甲寅诏:"其江海田池公家规固者,详所开弛。贵戚竞利,悉皆禁绝。"页112。又,大明七年七月丙申诏:"前诏江海田池,与民共利。历岁未久,浸以弛替。名山大川,往往占固。有司严加检纠,申明旧制。"页132。

大同七年(541)，梁武帝颁下的一道诏书中，提到了原是国家专利的传、屯、邸、冶四大企业，已有私人势力的侵入。① 在此四大企业中，屯经营山泽屯封，冶从事矿冶，②都和制造业有关。屯封山泽的士族豪强掌握了制造业的原料，一方面自行招揽私人手工业者，在其屯封处所从事生产。另一方面，独立的小制造业者可能由于原料来源有困难，不得不投入士族豪强私门的作坊中工作。近年六朝青瓷窑址的发现与研究，指出制瓷业的发展和士族豪强有密切的关联，阳羡（今江苏宜兴）均山窑（南山窑）的兴废，恰与其地豪族周氏一门的盛衰相始终。③

东晋以后，浙东是南、北士族豪强汇集地之一，因此也是私人屯封最严重的地区，其地制造业和当地的士族豪强有密切的关系。浙东原有本地士族、豪族的势力，④永嘉前后，更有一批北方士族来此定居，他们挟着政治上的优势，在此发展其经济势力。南、北士族豪强在此竞逐经济利益，使得浙东诸郡有很多私人屯封的山泽别墅。刘宋时的会稽郡是："会稽多诸豪右，不遵王宪，封山略湖，妨民害治。"⑤南、北士族豪强屯封山泽，掌握了多数制造业的原料，他们很可能就是上虞、山阴、余姚瓷窑的主人。伴随着私人屯封中手工业作坊的发展，独立的小制造业者面临原料来源的缺乏，以及私人屯封的招诱，其人数逐渐减少，这也许就是三国以后的器物不再有工匠署名的原因。《南齐书》卷五十二《崔慰祖传》说："父梁州之资，家财千万，散与宗族，漆器题为日字，日字

---

① 《梁书》，卷三，《武帝纪下》，大同七年十二月壬寅诏："又复公私传、屯、邸、冶，爰至僧尼，当其地界，止应依限守视；乃至广加封固，越界分断水陆采捕，及以樵苏，遂致细民措手无所。……若是公家创内，止不得辄自立屯，与公竞作，以收私利。至百姓樵采以供烟爨者，悉不得禁；及采捕，亦勿诃问。若不遵承，皆以死罪。"页86—87。

② 韩国磐：《南朝经济试探》，页354。

③ 蒋赞初：《关于宜兴陶瓷发展史中的几个问题》，收入文物编辑委员会：《中国古代窑址调查发掘报告集》（北京：文物出版社，1984），页66。均山窑的时代在东吴后期到西晋，见《中国陶瓷史》，页142。

④ 见本书《六朝会稽士族》。

⑤ 《宋书》，卷五七，《蔡廓附蔡兴宗传》，页1583。

之器,流乎远近。"制造品上的标记代之以家族的标记。

又,南朝后期出现的百工番役和工匠雇借制度,都和私人屯封中手工业的发展有关。首先,私人屯封的作坊成为在官府作坊中劳动的"百工"逃亡的去处,使得政府控制的手工业者人数逐渐减少。为防止百工的逃亡,托庇于士族豪强的屯封,必须从改善百工的待遇着手,齐明帝于建武元年(494)下令:官府作坊工匠可"悉开番假,递令休息",亦即调整官府工匠的工作时间,给予休假。① 然而,这个命令充其量只能缓和官府百工的逃亡,并不能防止独立制造业者为逃避政府的调发,而投入私人屯封的生产。梁武帝颁布雇借工匠的办法,即是针对后者而设计的:"凡所营造不关材官及以国匠,皆资雇借。"② 即凡政府诸种营造不属于材官将军所掌管的工程,以及国家工匠负责的工事之外,都向民间购买材料及雇用工匠。③ 当然,工匠雇借的办法施行的原因之一是缺乏征发的对象。④ 由于官府百工的逃入私人屯封,政府能控制的百工人数不足以应付营造的人力,欲征调民间工匠,又恐民间工匠为逃避征调而投入私门,于是实行雇借的办法。此一"亡羊补牢"之法,显示出政府和士族豪强争夺户口人力资源竞争中的失败。

浙东的制造业主要操之于当地的士族豪强和北方大族之手,独立的手工业者可能只占一小部分。梁武帝颁布的雇借工匠制,正反映了私人工匠投入私人屯封情况的严重。

---

① 《南齐书》,卷六,《明帝纪》,页 86。唐长孺《魏晋至唐官府作场及官府工程的工匠》一文,认为此诏的用意,是使百工在上番服役之外,获得一定的时间,为自己进行生产。但此诏所说的是"细作中署、材官、车府"的官府作坊工匠,原是受政府严密控制的官府工匠,不可能让他们有自行生产之情事。

② 《梁书》,卷三八,《贺琛传》,梁武帝答贺琛奏,页 548。

③ 照唐长孺之说,此一诏令指"当时营造所用的材料和工匠"。见前引唐长孺文,页 59。但材官一词当指材官将军。按六朝时材官将军有时属少府,有时属尚书起部。梁时属少府(《隋书》,卷二六,《百官志》),魏时材官校尉主天下材木,后兼掌工徒,见陶希圣编校:《中国政治制度史》(台北:启业书局,1973),第三册,页 213。

④ 唐长孺:《魏晋至唐官府作场及官府工程的工匠》。

(六) 商业

　　由于浙东农业的发展和制造业的发达，有许多农产品及制造品可与外地交易；而此一地区错综纵横的水运网和海运，提供了良好便利的运输路线，使浙东的商业蓬勃兴旺。因为地形，浙东的交通以水运和海运为主。宁绍平原到处是河川湖泽，自然可以舟楫往来；金衢盆地有新安江、衢江、浦阳江分布其间，水运也很便利。又宁绍平原和沿海的河口平原，则海运发达，北通山东半岛、江苏北部、长江口，南经福建沿海，抵达广西、广东、越南中北部及南海诸国。此外，浙南山地对内外的联系，则以陆运为主。

　　在国内贸易方面，除了浙东各城市间有某种程度的贸易往来之外，①浙东的农产品向北销售至杭州湾一带及太湖流域，制造品则更远销建康、安徽及长江中游地区。会稽郡和太湖流域间有米粮贸易，其渡口之一的西陵戍（在会稽郡永兴县西北），平时一日收税的定额是三千五百，②可知此二地间商旅往来相当频繁。另外，也有其他农产品的交易，如会稽永兴人郭原平运瓜至钱唐贩卖。③浙东的青瓷器制作精美，因此有许多成品运销太湖流域及首都建康。吴县狮子山傅氏家族墓出土的两件青瓷谷仓刻辞，指出其制造地分别是会稽和始宁；④南京赵士岗吴墓出土的青瓷虎子、江苏金坛白塔公社出土的青瓷扁壶上的铭辞，也都注明是会稽的产品。此外，在湖北、安徽等处也有越窑青瓷的出土。又除了会稽郡的制造品外，浙东各郡的制造品也运销至建康、三吴

---

　　① 如《宋书》，卷九一，《孝义传》，页 2244，会稽永兴人郭世道及其友人共至山阴市货物。

　　② 《南齐书》，卷四六，《陆慧晓附顾宪之传》，西陵戍主杜元懿启："吴兴无秋，会稽丰登，商旅往来，倍多常岁，官格日三千五百元，懿如即所见，日可一倍。盈缩相兼，略计年长百万。"页 807。

　　③ 《宋书》，卷八一，《孝义·郭原平传》，页 2245。

　　④ 张志新：《江苏吴县西晋墓清理简报》，《文物资料丛刊》，第 3 辑。

等地。① 在贸易项目上，除农产品之外，浙东对外输出的制造品有铜镜、瓷器、纸、布、绵、绢等。

在海外贸易方面，浙东沿海的城市因系广州和建康海路交通的中介站，故得以和外国船舶货易。从汉代以后，交、广二州即是南海贸易的前哨，六朝外国船舶抵达广州后，常沿着海岸北行，经过今福建、浙江、江苏海岸，至长江口，西向溯江至建康；甚至更往上行至长江中游地区。② 浙东的永嘉（今浙江温州）、临海（今浙江台州）、鄞县（今浙江鄞州）、鄮县等傍海的城市，因此有外国船舶泊碇；更因为住居会稽的大族是南海贸易货品主要的销售对象之一，所以南海商船可能在北航建康途中，在浙东稍做停留，出售部分的商品。西晋陆云形容鄮县"北接青徐，东洞交广，海物杂错，不可称名"③。

又，自汉朝开始，浙东和东南海上的夷洲、亶洲有所接触；④六朝浙东与东北的高句丽、百济、倭国（日本）都有贸易往来。上述诸国都有遣使来华的记录⑤，近年又有出土文物可资证明。吉林长川二号墓及山城下三三二号墓，发掘江南织锦残片和模拟织锦的壁画，⑥以及日本出土孙吴渡海工匠所造的三角缘神兽镜，都显示六朝江南政权和此诸国有经济上的交流。

---

① 《南史》，卷二三，《王诞附王莹传》，王实为新安太守："实从兄来郡，就求告。实与铜钱五十万，不听于郡及道散用，从兄密于郡市货，还都求利。"页623。新安郡产苎布等，王实从兄在新安所买回建康贩卖的货品，大约是此类制造品。

② 见本书《六朝南海贸易的开展》。

③ 《全晋文》，卷一〇三，页5，陆云《答车茂安书》。

④ 《后汉书》，卷八五，《东夷列传》："会稽海外有东鳀人，分为二十余国。又有夷洲及澶洲……人民时至会稽市。"页2822。《三国志·吴书》，卷二，《吴主传》："（亶洲）在海中……世相承有数万家，其上人民，时有至会稽货布，会稽东县人入海行，亦有遭风流移至亶洲者。"页1136。

⑤ 《南史》，卷七九，《夷貊传下》，页1969。

⑥ 吉林文物工作队：《吉林集安市长川二号封土墓发掘纪要》，《考古与文物》，1983年第1期。

四、农　业

本节拟从浙东田园别墅的经营和水利的兴修，讨论此时农业发展的状况。在土地的形态上，六朝江南最突显的特色是"大土地所有"，①即有很多的士族豪强占有面积广阔的田园别墅；此外，当然也存在着一些小自耕农，及其拥有的小块耕地。浙东自然也不例外。此处主要讨论田园别墅多元化的经营，多数的史家认为，田园别墅是一种自给自足的庄园经济，②本文想要探讨以下的问题：田园别墅果真是不求经济效益的庄园经济？其多元化经营方式有没有其他的因素？

(一) 大土地所有

浙东是江南大土地所有最发达的地区之一。这些庄园别墅的主人可分为三类：浙东本地的士族与豪族、避乱而来的北方大族，以及在政治上崭露头角的本地寒人。浙东的士族以会稽孔、魏、虞、谢四族最为著名，他们都拥有广大的田产土地；其中，尤以孔、虞二氏的产业最为可观。文献上找不到虞氏有田园的直接史料。不过，自东晋初年迄刘宋，虞氏都有挟藏户口的记录。③ 当时田园别墅的生产需要大批的劳动力，有许多为逃避政府赋役征发的人们，往往投靠大土地的主人，为其从事生产。因此，大土地所有和挟藏户口其实是一体的两面。从虞氏藏户口的事实，可以推知这个家族必拥有广大的田地。至于孔氏不仅在其本籍地有田产，更向邻近的县份拓展经济势力。孔氏原籍会稽郡山阴县，刘宋时，孔灵符(？—465)又在永兴县(今浙江萧山)立墅辟田

---

① 唐长孺：《三至六世纪江南大土地所有制的发展》。
② 唐长孺：《三至六世纪江南大土地所有制的发展》，页 69—70、99—100。又，韩国磐：《南朝经济试探》，页 77—79。
③ 《晋书》，卷四三，《山涛附山遐传》，页 1230，记虞喜挟藏户口。《宋书》，卷二，《武帝纪中》，页 27，云虞亮藏亡命千余人。

园,面积广阔,周围三十三里,包括:"水陆地二百六十五顷,含带二山,又有果园九处。"①除了本地士族外,地方豪族原本以经济立足,自是拥有众多田产;又从刘宋开始在政治上崭露头角的本地寒人,也常利用其权势,在乡里开辟田园。刘宋时任会稽太守的蔡兴宗,至当地所见的情况是:"会稽多诸豪右,不遵王宪,又幸臣近习,参半宫省,封略山湖。"②永嘉前后,有许多北方人士避乱江南,其中部分定居浙东的北方大族也拥有广大的田墅,如琅琊王氏、陈郡谢氏、济阳江氏等。王羲之在山阴、诸暨、剡县都有田园。③而谢灵运(385—433)《山居赋》描述其田墅中山岭绵亘,园苑相接,其范畴东西、南北各有二至三里宽;④又谢混(? —412)在会稽也有产业。⑤ 至于江氏,则自东晋迄南朝末年,一直都保有山阴的田墅。⑥

从来史家多认为六朝大土地所有田园别墅多元化的经营,是一种自给自足的庄园经济,其实田园别墅产品大部分是用以出售求利的。认为此时田园别墅是自给自足式的经济看法,主要是基于下列两个理由:一、引用谢灵运《山居赋》一文的描述"供粮食与浆饮,谢工商与衡牧"⑦,以资证明。二、六朝商业不很发达,商品流通有限的观点。⑧ 在六朝史研究中,谢灵运《山居赋》一文常被广泛地征引,用以理解农作物

---

① 《宋书》,卷五四,《孔季恭附孔灵符传》,页1533。
② 《宋书》,卷五七,《蔡廓附蔡兴宗传》,页1583。
③ 《晋书》,卷八十,《王羲之传》,页2098—2099。
④ 《宋书》,卷六七,《谢灵运传》,页1767。
⑤ 《宋书》,卷五八,《谢弘微传》,页1593。
⑥ 《陈书》,卷二七,《江总传》,载江总《修心赋》称山阴龙华寺系江总之祖先旧业,其寺域含江带湖,兼有果园药苑:"此伽蓝者,余六世祖宋尚书右仆射州陵侯元嘉二十四年之所构也。侯之王父晋护军将军彪,昔莅此邦,卜居山阴都阳里,贻厥子孙,有终焉之志。寺域则宅之旧基,左江右湖,面山背壑,东西连跨,南北纡萦。"页344。
⑦ 《宋书》,卷六七,《谢灵运传》,页1760。
⑧ 唐长孺:《三至六世纪江南大土地所有制的发展》,页69—70、99—100。又,韩国磐:《南朝经济试探》,页77—79。

的栽种和庄园的生产。然而,《山居赋》虽系写景之文,但其间也夹杂抒情之语;前述那句话多少有自矜其田墅生产丰足之意,因此不宜以此认为其系庄园经济。否则,谢灵运一家哪能完全消耗"绵亘田野"所产的谷物?"北山二园,南山三苑"所出的蔬果?田园别墅的产品并不如有些史家所说,只有一小部分用来出售,①相反的,田园别墅本来就大规模地生产各项农产品,以出售求利。梁朝徐勉(465—535)在建康附近东田经营小园,尚且极力辩称他不是追求经济利益:"非在播艺,以邀利入,正欲穿池种树,少寄情赏。"②徐勉在建康的东田小园的规模想必不大,而仍然可以获利,那么浙东连山接苑、跨湖越泽的田园别墅,其收益就更可观了。关于六朝商业不发达的理由,近年来已不被认为是正确的,从第四节商业部分的讨论,也可为此作一佐证。

田园别墅采取多元化的生产经营,并不是基于庄园经济自给自足的需要,而是大土地所有者的产业零散分布,以及浙东地形多变化所导致的结果。学者多认为:自汉末以后,产业的经营有走向单一作物种植的趋势,如三国李衡种橘千株,西晋石崇(249—300)金谷园杂果万株。③然而,由于江南的田园别墅主人的产业通常不是一大片完整的土地,而是零散的分布,④所以很难采取单一作物栽植的经营方式。浙东多河湖丘陵,因此田园别墅中常包含复杂的地形,除平畴田野外,还涵括山丘、湖泽,如谢灵运、孔灵符的田墅中就有山,也有湖。像这样具有多种地形的田墅,自然不可能从事单一作物的种植,而是为了适应不同的地形,走向多元化的经营;在一个田墅中,稻田、麦田、蔬圃、果园、

---

① 唐长孺:《三至六世纪江南大土地所有制的发展》,页 69—70、99—100。又,韩国磐:《南朝经济试探》,页 77—79。
② 《梁书》,卷二五,《徐勉传》,载徐勉《诫子书》,页 384。
③ 村上嘉实:《六朝思想史研究》(京都:平乐寺书店,1974),页 360。又见唐长孺:《三至六世纪江南大土地所有制的发展》,页 68—69。
④ 渡边信一郎:《漢六朝期にすける大土地所有と経営(上)》,《东洋史研究》,第 33 卷第 1 号。

林场、鱼池兼而有之。当然,多元化的经营方式也使得田墅的景致显得丰富而有变化,在追求经济效益之余,另外也有满足士族豪家游赏怡情的功能。

　　有些史家以水利的兴修作为衡量农业发展的标准,认为六朝江南农业并不是很发达,而有其局限性。① 这个看法还值得商榷。诚然,六朝四百年间浙东只有两件官修汉代旧陂的例子②,似乎此一时期在水利事业方面少有进展。不过,我们必须注意士族豪家的封山占泽和田园别墅广泛地存在,田墅主人投资兴修水利可能是更为普遍的情况。如谢灵运在上虞县的田庄中就有私人修建的水陂。③ 又浙东多水泽,固然有利于灌溉耕作,但也易生水潦,筑塘修陂的水利事业和当地人民的生活息息相关,因此会稽郡的百姓便自行负担地方上水利的兴修,即所谓的"塘役"。塘役是会稽百姓在地方官的领导下,每年依修筑湖塘或桥路所需的人力,平均共同分担的力役。④ 前面提到六朝所以少有官修水利的记载,除了田园别墅的主人自己投资其产业中的水利设施之外,这种由地方居民自行负担地方上的水利兴建,也是一个重要的原因。

　　关于北方移民带来先进的农业技术,促进江南的发展之说,实需斟酌。此说原本没有具体的例证可资证明。再则,北方的旱地农法恐怕不适合江南水乡泽国的稻作栽培。陈文华据出土文物研究汉代长江流域的水稻栽培,认为"至迟到了东汉时期,长江流域的水稻种植已经摆

---

　　① 史念海:《隋唐时期长江下游农业的发展》。
　　② 《晋书》,卷七八,《孔愉传》,孔愉于会稽内史任内,修汉句章旧陂,页2053。《嘉泰会稽志》卷十,页6898-1,会稽太守谢辀筑山阴县古塘。
　　③ 《嘉泰会稽志》,卷十,页6891-2:"谢陂湖,在(上虞)县北三十五里,旧经云谢灵运庄也,自湖至谢氏西庄一十余里。"
　　④ 《南齐书》,卷二六,《王敬则传》:"会土边带湖海,民丁无士庶皆保塘役。"页482,又同传,竟陵王子良上疏云:"塘丁所上,本不入官。良由陂湖宜壅,桥路须通,均夫订直,民自为用,若甲分毁坏,则年一修改;若乙限坚完,则终岁无役。"页482—483。

脱了'火耕水耨'的落后状态,而已经走上了精耕细作的道路"。① 可知汉末北方移民大批南来之前,江南的农业已经相当进步了。此处要特别提出来说明的是,史书及一般魏晋南北朝史的论著,都把"火耕水耨"视为一种落后的耕作方法,日本学者西岛定生、天野元之助、米田贤次郎从技术的层面探讨此种耕作方法,都认为把火耕水耨贬抑为原始而落后的技术,是不恰当的看法。② 一直到西晋、刘宋时,在浙东农业最发达的会稽郡,这种耕作方法还是非常普遍。③ 迄南朝末年,广东省境仍采此法。④ 根据出土文物研究所得到的结论,证明东汉长江流域已采用精耕细作,六朝迄于隋代的文献仍然以火耕水耨形容江南的农业生产,很可能"火耕水耨"只是用来形容异于北方旱地农耕水田耕作方式的词语。

《宋书》记载扬州的情况:"地广野丰,民勤本业,一岁或稔,则数郡忘饥。会土带海傍湖,良畴亦数十万顷,膏腴上地,亩值一金,鄠、杜之间,不能比也。"⑤可知此时浙东农业是非常发达的。浙东和太湖流域是江南主要的粮食产地,其生产力提高,使得粮食价格下跌,如梁武帝天监四年(505)大丰收,斛米才三十钱。⑥ 六朝在钱塘设立仓储,"钱塘

---

① 陈文华:《中国汉代长江流域的水稻栽培和有关农具的成就》,《农业考古》,1987年第1期。
② 米田贤次郎:《漢六朝間の稲作技術につ}lて火耕水耨の再検討を並せて》,《鷹陵史学》,第7号。
③ 《全晋文》,卷一〇二,页5,陆云《答车茂安书》中描述鄞县风土:"遏长川以为陂,燔茂草以为田;火耕水种,不烦人力。"又,《宋书》,卷八十,《豫章王子尚传》称"鄞县多疁田",页2059。疁田即火耕水耨之田。见李剑农:《魏晋南北朝隋唐经济史稿》,页5。
④ 《全陈文》,卷十一,徐陵《广州刺史欧阳頠德政碑》中提及东衡州(治所在广东曲江)"火耕水种,弥亘原野"。
⑤ 《宋书》,卷五四,《孔季恭等传》,页1540。
⑥ 《梁书》,卷二,《武帝纪中》,页42。

仓"是京师以外三大粮仓之一,①由此可见浙东农业对于六朝政权的重要性。

五、北方大族与浙东的发展

永嘉前后,很多避乱南来的北方人士至浙东定居,并且从事经济活动。因此,讨论六朝浙东地区的发展就不能忽略北方人士对此地的影响。由于缺乏有关平民的资料②,此处的讨论仅限于北方的大族。

(一)北方大族移居浙东的原因

永嘉乱后许多北方大族至浙东从事经济活动,陈寅恪作了以下的解释:随着晋室政权在江南的重建,北方大族占据了政治上的高位,一些北方大族虽然在都城建康从事政治活动,但因邻近建康的三吴地区已为吴人大族所占,所以北方大族只好渡过浙江,到会稽求田问舍。③其实,浙东会稽郡是较早开发之地,自汉末以后已有本地士族、豪族势力的兴起,并且在此占有广大的土地。假若北方大族只是因为要避开吴人势力所在的三吴,而到会稽从事经济活动,则在会稽也会碰上本地士族豪家。又,北方大族不仅在此殖产兴利而已,他们甚至定居于此,渡江以后历代的坟茔也在此安厝。因此,北方大族在此定居及从事经济活动,应该还有其他因素。本文认为探讨北方大族定居会稽的因素,

---

① 《隋书》,卷二四,《食货志》记南朝仓贮,除京都诸仓之外,"在外有豫章仓、钓矶仓、钱唐仓,并是大贮备处"。页675。

② 可见到的北方移民活动的资料,就我所知,仅有《嘉泰会稽志》,卷十,页6898—1,"伧塘"条:"旧经云:昔伧楚共筑此塘,堰水溉田,营居室于此,故名。"按余嘉锡《释伧楚》指出:"伧楚之名,大要起于魏晋之间,盖南朝大夫鄙夷江、淮以北之人,而为之目者也。"见余嘉锡:《余嘉锡论学杂著》(台北:河洛出版社,1976)。这可能是一批北方平民所筑的。

③ 陈寅恪:《述东晋王导之功业》,收入《金明馆丛稿初编》(北京:三联书店,2001),页69—71。

应了解其在地域上的分布,及其从事的经济活动,方可正确评估他们对浙东地区发展的影响。

首先,为明了北方大族在浙东的分布,今将定居于此的北方大族田园庐墓所在,及其和浙东地区的关联——是否曾经担任浙东的守宰,是否渡江即定居此地,抑或渡江后先居他处,后徙居于此的资料,列表说明如下:

表三 定居浙东北方大族田园庐墓表

姓名	园宅所在	庐墓所在	其人或先世曾为浙东守宰	资料来源	备注
1. 谢安	上虞①			《晋书》79 《会志》9②	渡江即居此
2. 王羲之 王献之	山阴 山阴	诸暨 剡	会稽内史	《晋书》80 《会志》13、6 《会志》13	自为会稽内史始居于此
3. 谢玄 谢奂	剡	始宁 始宁		《宋书》67 《会志》9	谢玄为谢安之族,故同
4. 江彪	山阴		长山令、会稽内史	《晋书》56 《陈书》27	
5. 山遐		萧山	余姚令、东阳太守	《晋书》43	
6. 郗愔	章安 余姚	山阴	临海太守、会稽内史	《晋书》67 《会志》9	
7. 许昐 许询	山阴 永兴	萧山		《会志》6、13 《会志》13、9	
8. 阮裕	剡	剡		《晋书》49 《会志》6	渡江即居此
9. 支遁		剡		《世说》6 《会志》6	
10. 戴逵	剡			《晋书》94	后徙居
11. 傅敷 傅晞	会稽		上虞令	《晋书》47	永嘉乱避地会稽

(续表)

姓名	园宅所在	庐墓所在	其人或先世会为浙东守宰	资料来源	备注
12. 孙统 孙绰	会稽 会稽		鄞令、吴宁令、余姚令、章安令、永嘉太守	《晋书》56 《晋书》56	渡江即居此
13. 何充	山阴		东阳太宁、会稽内史	《晋书》77	
14. 王随之 王镇之	上虞	上虞	上虞令 剡令、上虞令	《宋书》92	可能自随之为上虞令始居此
15. 王弘之	上虞 始宁			《宋书》93	
16. 阮万龄	剡		东阳太守	《宋书》93	阮氏有一支晋时已居于剡
17. 戴颙	剡 桐庐	剡		《宋书》93 《会志》6	
18. 谢灵运	始宁 上虞 山阴	山阴	永嘉太守	《宋书》67 《会志》6、9	祖父谢玄
19. 孔淳之	剡			《宋书》93	可能渡江即居此地
20. 傅隆	上虞			《宋书》55	曾祖傅晞
21. 辛普明	会稽			《南齐》55	
22. 江淹	永兴			《会志》13	其先世可能早定居会稽

注：①《嘉泰会稽志》卷六云，谢安墓在上虞县西北四十里，而《建康实录》称谢安墓在建康梅岗。

②《嘉泰会稽志》。

如上表所能掌握定居浙东北方大族的资料，显示北方大族几乎都集中在会稽郡。除了21、22条之外，北方大族定居会稽的情况可分为两类：第一类是永嘉前后南来时，就直指浙东定居者。如陈郡谢氏一族，包括谢安、谢玄、谢奂、谢灵运，北地傅氏的傅敷、傅晞兄弟，太原孙氏,陈留阮氏,即上表中第 3、5、8、11、12、16、18、19,皆属此类。第二类是永嘉南来先居于他处,其后因本人或亲族担任浙东的地方官,于任官期间在此购置产业,或卸任后定居于此者。如琅琊王氏"乌衣王"的王羲之(303—361)家族,王羲之为王导(276—339)之侄,王导随元帝渡江,居于建康;至王羲之任会稽内史后,王氏方定居会稽。又陈留江彪(江统之子)渡江后本非直奔浙东,一直到穆帝永和年间担任会稽内史时,才卜居山阴。① 而琅琊王氏的一支也因王随之为上虞令后,方定居会稽。高平郗愔(313—384)因任临海太守职,卸任后定居章安(今浙江临海)。高阳许旼因任会稽内史后,举家迁居会稽。上表中 2、4、6、7、13、14、17,都属此类。至于 21、22 的辛普明、江淹(444—505),因为没有资料可以判断其属于哪一类,暂且不论。

属于第一类定居浙东的北方大族,其所以定居会稽可能和海运路线有密切的关系。即他们在永嘉前后避乱南移时,大都经由海路,直航会稽。前此学者研究汉末、永嘉之际中原人士流徙的路线,都没有提到海路。② 事实上,汉代沿海交通已经相当频繁,③从今日山东、江苏北部的海岸航行至浙东、交州,是其中最重要的一线。今虽无直接证据可说明汉末北方人士经由海道至会稽避乱,但从三国时魏将王稚由海道至句章,略长吏、资财及男女二百余口之事,④可知由北方至浙东的海道是很便利的。西晋末,大量北方人士避乱南迁,其中一部分是经由海路至浙东定居。

由海路而来的北方大族所以选择会稽郡作为目的地,也和其天师

---

① 《晋书》,卷五六,《江统附江彪传》,页 1538。
② 陈啸江:《三国时代人口的移动》,《食货》,第 1 卷第 3 期;贺昌群:《汉末大乱中原人民之流徙与文化之传播》,收入姚季农编:《三国史论集》(台北:古籍史料出版社,1972);谭其骧:《晋永嘉丧乱后之民族迁徙》,《燕京学报》,第 15 期。
③ 劳干:《论汉代之陆运与水运》,《"中央研究院"历史语言研究所集刊》,第十六本(1948)。
④ 《三国志·吴书》,卷三,《嗣主传·孙休》,页 1161。

道的信仰有关。陈寅恪在《天师道与滨海地域的关系》一文中指出，天师道起源于东方滨海的燕、齐之地，而传播于吴、会、青、徐诸州；吴、会诸郡为天师道的传教区。① 汉末的会稽已是天师道信仰中心之一，《三国志》称道士于吉活跃于吴、会地区，② 晋朝许迈也说："自山阴南至临安，多有金堂玉室、仙人芝草，左元放之徒，汉末诸得道者皆在焉。"③ 可见汉末杭州湾南岸是道教徒活动频繁的地区。又自汉末以降，许多高门大族世代崇奉天师道，而他们的信仰又和其居住的濒海地域有关，如琅琊王氏、陈郡谢氏、高平郗氏等皆然。④ 因此，在北方陷于战火纷乱之时，他们迁徙避难所采取的路线，就由于其居处近海，而走海路；又缘于其信仰之故，而选择南方天师道信仰最盛的会稽郡为其去处。如汉末迁居会稽山阴的孔氏，即是信奉天师道的家族；⑤ 永嘉前后陈郡谢氏南渡，也以会稽为定居之所。

又第二类型即南渡后先居他处，再移居会稽者，也多半和天师道信仰有关。如琅琊王氏先至建康，至王羲之为会稽内史后，遂在会稽定居，《晋书》说王羲之"雅好服食养性，不乐在京师，初渡浙江，便有终焉之志"。⑥ 高平郗氏的情况也和王氏类似，郗愔南渡后也先在他处安置，及他任临海太守时，与住在会稽的姊夫王羲之，及名士许询游处，三人皆醉心于道术；及郗氏辞官退隐后，便定居于章安。⑦

一些北方大族的移居浙东，与其原来居住的地区、海路交通和宗教

---

① 陈寅恪：《天师道与滨海地域的关系》，收入《金明馆丛稿初编》（北京：三联书店，2001），页3、17—38。
② 《三国志·吴书》，卷一，《孙破虏讨逆传》，注引《江表传》，页1109。
③ 《晋书》，卷八十，《王羲之附许迈传》，页2107。
④ 陈寅恪：《天师道与滨海地域的关系》，《金明馆丛稿初编》，页18。
⑤ 《晋书》，卷七八，《孔愉传》："吴平，愉迁于洛。……东还会稽，入新安山中，改姓孙氏，以稼穑读书为务，信著乡里。后忽舍去，皆谓为神人，而为之立祠。"页2051。《南齐书》，卷四八，《孔稚珪传》称他"有隐遁之怀，于禹井山立馆，事道精笃"。页835。
⑥ 《晋书》，卷八十，《王羲之传》，页2098。
⑦ 《晋书》，卷六七，《郗鉴附郗愔传》，页1802。

的因素有关,而浙东地区农业发达,以及东汉以降会稽郡制造业的发达,也是吸引北方移民至此定居的原因。

(二) 北方大族在浙东的经济活动

自东汉以降,浙东地区就有士族、豪族势力的兴起;永嘉以后,一些北方大族先后在浙东定居,并且从事经济活动,北方大族在此从事何种经济活动,对于浙东经济的发展有何贡献,他们和土著大族、豪族之间是否有任何经济利益方面的冲突,都是饶有兴味的问题。

一些北方大族在浙东拥有田园别墅,从事农业的经营;或许为了避免和土著大族豪族的冲突,①他们如欲购置田产,大都避免在浙东土著大族势力强固的地区殖产兴利。自汉末以来,浙东土著士族、豪族最主要的经济活动是农业经营,他们通常在其本籍地及其邻近的地区有广大的田产。② 因此,北方大族若要在浙东士族豪族的经济势力范围之内开辟田园,势必遭到土著大族的干涉与抵制。如刘宋时谢灵运请决湖为田而不能行,就是一例。谢灵运请将山阴回踵湖、始宁县的岯崲湖决为湖田,朝廷应允了,却遭到会稽太守孟顗的坚决反对,而未能付诸实行。《宋书》记载:孟顗拒绝执行朝廷命令的理由,是因此二湖为百姓采捕水产之所,为了百姓利益着想,故不惜抗命。③ 其实,其间可能还有土著大族干涉的成分。六朝各地皆有士族、豪族势力的存在,而郡太守、县令自辟掾史,都以本地的大族担任。④ 这固然是顺应当时情势,

---

① 唐长孺:《三至六世纪江南大土地所有制的发展》,页 57:"江南豪门只有在不触动他们既得权益的基础上才支持这个政权,而寄人国土的侨人政权也不敢触动他们。"
② 见本书《六朝会稽士族》。
③ 《宋书》,卷六七,《谢灵运传》:"会稽东郭有回踵湖,灵运求决以为田,太祖令州郡履行。此湖去郭近,水物所出,百姓惜之,顗坚执不与。灵运既不得回踵,又求始宁岯崲湖为田,顗又固执。"页 1776。
④ 严耕望:《中国地方行政制度史》,卷中,《魏晋南北朝地方行政制度》("中央研究院"历史语言研究所专刊之四十五,1963),页 397—402。

取得地方大族的合作,有利于政令的推行,①但它同时也增强了地方大族对地方行政的影响力。孟顗之所以敢违抗朝廷命令,坚拒谢灵运在山阴、始宁二县占泽以广湖田,扩张土地,其背后实有会稽士族、豪族强固的势力作为倚仗声援。此事意味着土著大族杯葛北方大族在浙东封占山泽,而朝廷亦无可如何,不了了之。以此之故,北方大族如欲求田问舍,通常避开浙东土著势力强固之域。

如表三所示,北方大族的田园庐墓主要分布在山阴、上虞、剡县、始宁、永兴、萧山,显示其有意避开土著大族的势力范围。浙东大族中,以会稽四族的势力最强固,他们拥有广袤的田产,从事大土地的农业经营。② 他们的产业主要分布在山阴、永兴和余姚,如山阴孔氏在山阴、永兴都有田墅③,余姚虞氏宗族势力强大④,自然在本籍地占有广大田土。从北方大族田园在浙东的分布看来,他们确实避开了土著大族的势力范围,只有郗愔一人曾居余姚,余无他例。至于北方大族虽然也在会稽大族势力最大的山阴活动,不过因为山阴的土境褊狭,田地有限,早已为本地的士族豪强所占,⑤北方大族在此大概只能从事制造业或商业。

北方大族中固然有如谢灵运者,在浙东有田园别墅,从事土地的经营,不过,这是少数。⑥ 而多数北方大族在浙东主要参与的经济活动是制造业、商业、运输业。以北方大族在浙东的活动地点而言,除山阴外,

---

① 朝廷也鼓励地方官辟大族为掾史大吏。《梁书》,卷十,《杨公则传》,杨公则为湘州刺史,"所辟引皆州郡著姓,高祖班下诸州以为法。"页196。

② 见本书《六朝会稽士族》。

③ 《宋书》,卷五四,《孔季恭附孔灵符传》,页1533。

④ 见本书《六朝会稽士族》。

⑤ 《宋书》,卷五四,《孔季恭附孔灵符传》:"山阴县土境褊狭,民多田少,灵符表徙无赀之家于余姚、鄞、鄮三县界,垦起湖田。上使公卿博议,太宰江夏王义恭议曰:'……寻山阴豪族富室,顷亩不少。'"页1533。可见山阴的土地已被当地的士族豪强所占。

⑥ 唐长孺:《三至六世纪江南大土地所有制的发展》,页60,举例说明了有很多一直没有获得土地的侨人士族。

大都集中在曹娥江流域的上虞、始宁、剡县,而这些地区正是浙东制造业最发达之地,可知他们主要的经济活动之一是制造业。由于浙东自东汉以来,制造业就很发达,部分浙东土著大族也从事制造业,但东晋南渡后,北方大族挟着政治上的优势,侵占国有的山泽,可能比土著大族更易掌握制造业的原料。又定居山阴的北方大族通常只有住宅和商店,而少拥有广大的田园。因山阴肥腴的土地早为土著大族孔、魏、谢三族所占,故后来者的北方大族几乎不可能在此开辟田园,上述谢灵运欲在山阴扩张土地,也只能请求决湖为田。因此,北方大族大都在此经营邸店,放高利贷营利,《宋书·蔡兴宗传》说:"会土全实,民物殷阜,王公妃主,邸舍相望,桡乱在所,大为民患,子息滋长,督责无穷。"①就把北方大族的活动描绘得很生动。"邸"店一方面是放高利贷的场所②,另一方面也是货物的堆置场所,是以又和运输业有关,而运输业其实和商业、制造业又不可分。徐勉在《诫子书》中,提到其门人故旧劝他经营产业的方法之一是:"又欲舳舻运致,亦令货殖聚敛。"③北方大族在浙东从事舳舻运致的项目主要是浙东的制造品,如瓷器、铜镜、纸、纺织品等。

  北方大族虽然在浙东也有田墅,但他们主要从事的经济活动是商业、制造业和运输业,因此多少可以减少和热衷于土地经营的会稽大族之间的冲突;同时,又因会稽大族田园别墅中农产品的运销,必须借助邸店和运输业的运作,故北方大族和土著大族在经济上甚至有合作的可能。综观北方大族在浙东的经济活动,可知他们对于此地农业进一步发展似乎没有很多贡献,但对于此地原已甚为发达的制造业和商业,则有推波助澜的作用,而使山阴成为一大商业都会。

---

① 《宋书》,卷五七,《蔡廓附蔡兴宗传》,页1583。
② 韩国磐:《南朝经济试探》,页170。
③ 《梁书》,卷二五,《徐勉传》,页384。

六、结　语

　　基于以上的讨论,可知以一元论解释江南开发的观点,须作相当程度的修正。以浙东地区为例,首先,此一地区在汉末移民潮来到之前,大部分的地区业已开发,宁绍平原制造业的发达及其所带来的经济上的繁荣,甚至成为吸引北方移民来此定居的因素。再则,六朝时期水利的建设多出于私人之力,如士族豪强致力于田园别墅的经营,投资兴修水利,以及山阴居民自行负担水利设施等;因此以少数见诸史籍记载的官修水利来衡量此一时期农业的发展,而得到六朝江南开发有限的结论,也是不恰当的看法。又,此一时期由于北人南来,引进许多北方作物,也是值得重视的。[①]六朝浙东农业应该是颇有进展的。从城市的增加、内陆山区的开发,制造业由宁绍平原向各地的扩散,以及浙东首要都市山阴的繁荣,都是此四百年间经济发展具体的成果。

　　自来论江南开发者多强调北方移民的因素,而从浙东发展的历程看来,则孙吴在江南建国更是一个重要而不可忽略的因素。虽然汉末大量中原人士避乱而来,孙吴的开发浙东地区——其中也有移民的因素在内,但我们所要强调的是,孙吴透过军事行动讨伐山越、设置郡县,以政治力量深入浙东各地,其对促进浙东深入开发的贡献之大,实非一小群一小群移民团体的私人力量可与之比拟的。然而,北方移民潮对于浙东地区经济的发展确实有所帮助,主要在于劳动力的提供,而甚少有技术方面的贡献。汉末浙东制造业发达,制瓷业还领先各地,因此北方移民对此地制造业技术水准提升上的贡献恐怕有限,唯有在丝织业方面较为显著。

　　六朝两次大移民潮中,以永嘉移民潮对浙东地区造成的震撼较大;不过,北方大族和浙东土著大族在经济利益上似乎没有严重的冲突。

---

　　① 韩国磐:《南朝经济试探》,页89—91。

浙东土著大族大都从事大土地的农业经营和制造业，而北方大族则大多在此经营商业、制造业和运输业，双方因此得以避免经济利益上尖锐的冲突。同时，由于农产品、制造品的运销和运输业、商业密不可分，北方大族和土著大族甚至有携手合作的可能，共同促进浙东的繁荣。此外，北方大族避乱南来，带来大量的资金，对于此地资金的流通，也有某种程度的贡献。

在中国滨海地域的开发中，海路交通是一个重要的因素。汉末、永嘉移民潮迁居浙东者，有一部分是经海道而来；又东晋南朝时浙东居民或为逃离战祸，或为避免赋役，常由海路移往福建、广东，从而促进此二地的开发。此外，汉末、永嘉移民潮直指浙东为目的地者，也和其天师道的信仰有关。在六朝史研究的各个层面，宗教都是一个不可忽略的因素。

中国疆域辽阔，包含多种不同的地形和气候区，各地风土人情有程度不等的差异，也有各自的发展。因此，以一元论贯穿过去数千年各地的发展，是过于简化的解释。我们希望更多的学者能对不同时期的各个区域做个别的研究，以期能够对中国历史有更完整而透彻的了解。

原刊于《"中央研究院"历史语言研究所集刊》第五十八本第三分（1987）

六朝会稽士族

一、前　言

　　门阀贵族——又称为士族,①是中国中古史上重要而热门的研究主题之一,迄今中外学者已做了许多深入的研究,大部分是就综合性的观点,探讨门阀贵族制,并且对当时的政治、社会提出若干解释,②这类研究使我们对中古的门阀制及政治社会,能有整体性的了解。此外,就门阀中个别家族的讨论,也是一个很好的研究视角,对于进一步了解复杂的门阀制的内涵及其实际上的运作,乃至于中古的政治社会情况,都有很大的帮助。可惜的是这方面的研究可能受史料的限制,多偏重活

---

① 唐长孺:《门阀的形成及其衰落》,《武汉大学人文科学学报》,1958年8月。史书中关于中古门阀贵族的称呼不一,据毛汉光统计,共有二十七种。见毛汉光:《两晋南北朝士族政治之研究》(台北:"中国学术奖助委员会",1966),页1。近代学者的论述亦各有所取,一般说来,日本学者多用"贵族",中国学者多用"士族",如毛汉光(前引书),范文澜《中国通史简编》第二本(北京:人民出版社,1949),韩国磐《南北朝经济试探》(上海:上海人民出版社,1963)皆然,但亦有用其他名词者,如王仲荦称"世族地主"(《魏晋南北朝史》,上海:上海人民出版社,1961),吕思勉称"士族"或"世族"(《两晋南北朝史》,上海:开明书店,1948)。

② 凡研究六朝史无可避免会涉及这个问题,因此这方面的论文、专书很多,在此无法一一列举,比较重要的有:王伊同:《五朝门第》(台北:文海出版社重印,1973)。宫崎市定:《九品官人法の研究》(京都:京都大学文学部东洋史研究会,1956)。矢野主税:《门阀社会成立史》(东京:国书刊行会,1976)。

跃于中央政坛的北方大族的讨论,①少有关于地方性士族的探究,不能不说是一项缺失。本文讨论的主题——会稽士族,在六朝前半期是中央性的士族,但在刘宋以后则大都退回地方,成为地方性的士族。② 会稽士族性质的转变,提醒我们必须注意:六朝四百年间,士族的地位并不是那样固定而无所改变,若干士族的政治地位及其影响力曾经有所升降;又,在有关地方性士族资料匮乏的情况下,对退为地方性士族的会稽士族研究,也有助于我们认识地方性士族及其作用。

东晋南朝士族有北方大族的"侨姓"、南方大族的"吴姓",吴姓的首要大族是吴郡士族朱、张、顾、陆,此外,会稽士族在六朝史上也有相当的分量。首先,会稽士族固然不是吴姓中第一等大族,③但他们是仅次于吴郡士族的吴姓,其重要性直追朱、张、顾、陆。次则,吴郡士族在政

---

① 关于个别家族的研究有:毛汉光:《我国中古士大夫之个案研究——琅琊王氏》,《"中央研究院"历史语言研究所集刊》,第 37 本第 2 分(1967)。竹田龙儿:《弘農楊氏についての一考察》,《史学》,第 31 卷(1958)。矢野主税:《张氏研究》《郑氏研究》《韦氏研究》《裴氏研究》,分别刊于《社会科学论丛》,第 5 卷(1955)、第 8 卷(1958)、第 11 卷(1961)、第 14 卷(1964)。丹羽兑子:《魏晋時代の名族——荀氏の人々について》,收入中国中世史研究会编:《中国中世史研究》(东京:东海大学出版会,1970)。守屋美都雄:《六朝門閥の一研究——太原王氏系譜考》(东洋大学学术丛书,1951)。Ebrey Patricia B., *The Aristocratic Family of Early Imperial China: A Case Study of the Poling Ts'ui Family* (Cambridge University Press, 1978). Hans H. Frankel, "The K'ung Family of Shan-Yin," *Tsing Hua Journal of Chinese Studies*, new series II, no. 1. Ch'en Chi-yun, "The Rise and Decline of Hsun Family (ca. 100-300 A. D.): A Case Study of One of the Aristocratic Family in the Six Dynasties," International Conference on Asian History (University of Hong Kong, 1964). Johnson David, "The Last Years of A Great Clan: The Li Family of Chao Chun in Late T'ang and Early Sung," *Harvard Journal of Asiatic Studies*, vol. 37, no. 1.

② 汉时士人无中央性士族、地方性士族的区分,魏晋南朝才有中央士族与地方士族的区分,见越智重明:《魏晋南朝の貴族制》(东京:研文出版社,1982),第二章第八节,《中央士人層の出現とその実態》。

③ 《新唐书》,卷一九九,《儒学传·柳冲》,页 5678,载柳芳论氏族云"吴姓以朱、张、顾、陆为大",而未提到会稽士族。

治上的作用与会稽士族在经济上的影响力，是东晋南朝南方大族两项突出的表现。会稽士族在政治上虽然不及吴郡士族活跃，可是他们多数重视个人或家族在经济方面的发展，会稽士族的产业及其从事经济活动的范围主要在浙东地区，一方面因为他们拥有雄厚的财力及家族声望，故在地方上有很大的影响力；另一方面，浙东是六朝政府的财赋要地之一，①会稽士族在此地拥有大量不纳赋税的土地和不负担赋役的荫附人口，严重地影响政府赋役的征发；为了应对此一情况，东晋南朝政府遂在此地施行特别的法律。由上可知，在六朝史的研究上，无论就门阀制度，或就浙东区域，乃至于整个南朝的社会、经济、政治而言，都不可忽略会稽士族的研究。

虽然门阀一直要到唐末方湮沉消灭，但隋代的统一是以北朝并兼南朝，唐室继隋朝而立，其政权仍以关陇集团为核心，南朝的吴姓不再占有重要地位，②入唐以后，吴姓几乎完全退出政治舞台，出现于史书者寥若晨星。不过，为了讨论的完整性，本文的叙事也及于唐代。又迄今我们对士族的了解仍属有限，一般认为士族的特性，如宗族强大、经学传承等，都是北方大族的特性，至于其他地区的士族是否皆是如此，则很难说。本文于普遍检视会稽士族后，意图归纳出其特性。另外，为了阐明会稽士族的特性及其政治地位的升降，本文也特别着重会稽士族和吴郡士族的比较对照，惟吴郡士族只居附从地位，将来再以专文讨论。

本文包含以下的内容：首先要找出会稽士族到底包含哪些家族。可能的话，并探明其谱系。史书上并没有关于会稽士族特别的记载，而前此六朝史研究者也未对会稽士族做过全面的讨论；因此，会稽士族包括哪些家族，尚未有一致的看法。其次，探讨会稽士族具有哪些特性。

---

① 见本书《六朝建康的经济基础》。
② 《旧唐书》，卷六五，《高士廉传》："太宗曰：'……只缘齐家惟据河北，梁、陈僻在江南，当时虽有人物，偏僻小国，不足可贵，至今犹以崔、卢、王、谢为重。'"页2443。

孙吴西晋时，会稽士族与吴郡士族同为吴地大族，其地位相当；①然而东晋以后，吴郡士族便自吴姓中突显出来，会稽士族则退居次要的地位，以至于后来谈吴姓几乎专指吴郡朱、张、顾、陆而言。究竟是什么因素使会稽士族地位下降？本文以为这个问题可从会稽士族本身的特性找到部分的答案。第三，会稽士族在政治上的升降。汉末以降，士族由地方性趋于中央化，②会稽士族中的几个家族累世出仕，和中央政权有密切的关联；但东晋刘宋以后，有些家族从政坛上逐渐消失或完全隐没，呈现回归地方的倾向。除了讨论此一现象外，并进一步探讨其地方化的缘由。最后，拟从经济层面讨论会稽士族及其对浙东行政的影响。

二、会稽士族的谱系及其家族的兴衰

会稽士族主要系指所谓的"会稽四族"——孔、魏、虞、谢，以及次等的钟离、丁和贺氏，此处以所见的史料建立这些家族的谱系，并据以讨论其在政治上的兴衰。

（一）会稽士族

六朝各地皆有士族、豪族的地方势力，不论中央方面是否承认，他们各有其门第顺序。③《华阳国志》列有巴、蜀、汉中、南中郡县大姓一百四十五氏，即是一证。仅有和中央政权较为接近的郡望家族，才会见于历史的记载。由于柳芳的《氏族论》没有提到会稽士族，加上刘宋以后部分会稽士族自中央政坛消退，少见于记载，所以"会稽士族"究竟何所指，学界还没有一致的看法。一般提及会稽士族的学者大都比照"吴

---

① 左思《吴都赋》："其居则有高门鼎贵，魁岸豪杰，虞、魏之昆，顾、陆之裔。"将会稽虞、魏二氏与吴郡的顾、陆并列。
② 毛汉光：《中国中古社会史略论稿》，《历史语言研究所集刊》，第 47 本第 3 分(1976)，页 403。
③ 宫崎市定：《九品官人法の研究》，页 541。

郡四姓"，提出"会稽四姓"之说，而"会稽四姓"包含哪些家族也无定说，有的认为是虞、魏、孔、贺①，有的以为是孔、魏、虞、谢②。

事实上，有关会稽士族的资料都称"四族"，而不称"四姓"。"会稽四族"当指孔、魏、虞、谢。《世说新语·赏誉》中叙述孙绰（字兴公）对当代四族出色的人物的赞美：

> 会稽孔沈、魏颢、虞球、虞存、谢奉，并是四族之俊，于时之杰，孙兴公目之曰："沈为孔家金，颢为魏家玉，虞为长、琳宗，谢为弘道伏。"③

虞存字长，虞球字林，二人是虞氏中出类拔萃的人物；谢奉字弘道，谢氏家族皆伏膺其才华。《宋书》卷四十二《王弘传》提到会稽士族也说"四族"："弘议曰：'……己未间，会稽士人云十数年前，亦有四族坐此被责，以时恩获停。'"这里提到的会稽四族当指孔、魏、虞、谢。

会稽士族除了四族之外，还有丁、钟离和贺氏。不过，他们的地位有高低的差别。在九品官人法的体系下，乡品二品以上的是高门，也可以称为上级士人；乡品二品以下则是寒门，其中乡品三品至五品者为下级士人，乡品六品至九品者为上级庶民。④ 会稽四族和丁、钟离氏为高门，贺氏则属下级士人。

吴姓以吴郡四姓朱、张、顾、陆为首，而会稽四族具有和其相当的地

---

① 川胜义雄：《貴族社会と孫呉政権下の江南》，《中国中世史研究》，页161。杨耀坤：《略述南朝庶族地主的发展》，四川省史学会编：《四川史学论文集》（成都：四川人民出版社，1982），页102。唐长孺：《东汉末期的大姓名士》，收入《魏晋南北朝史论拾遗》（北京：中华书局，1983），页25。

② 王仲荦：《魏晋南北朝史》，页157、401。

③ 《晋书》，卷七八，《孔愉附孔沈传》："是时，沈与魏颢、虞球、虞存、谢奉，并为四族之俊。"页2062。《晋书》的记载可能本于《世说新语》。

④ 宫崎市定：《九品官人法の研究》，页125—126；越智重明：《魏晋南朝の貴族制》，页103—105。

位品级。左思《吴都赋》云:"其居则有高门鼎贵,魁岸豪杰,虞魏之昆,顾陆之裔。"刘良注:"虞、魏、顾、陆,吴之旧姓也。"李善注:"虞,虞文秀;魏,魏周;顾,顾荣;陆,陆逊;隆吴之旧贵也。"① 孙吴的建国,其功臣名单里除了北方人士外,还有吴郡和会稽的大族,今已知顾、陆为吴郡大族,那么虞、魏可能就是会稽大族。魏周不见于史传,虞文秀为虞翻(164—233)之父,② 故《吴志》卷十二《陆绩传》云:"虞翻旧齿名盛";而魏氏则可能和汉末"八俊"之一的魏朗(?—169)有关。③ 虞、魏既和顾、陆等列并称,其等第地位应是相当的。至于孔、谢二氏地位的考察,则须借助前此学者研究的成果。综合他们的研究,判定士族地位的高下可依下列四个标准:第一,乡品和起家官品的对应关系,通常士人是以大约低于其乡品四级的官品为其起家官,因此从士人的起家官可以推知其乡品等第。④ 第二,乡品高者,其起家官,乃至于历仕之官是清要之职,如侍中、散骑侍郎、黄门侍郎等。⑤ 第三,九品官人法下所置的中正官都是上级士人的特权,郡小中正以上的中正官都是普通乡品以上的士人为之,州大中正则是乡品二品以上的上级士人担任的。⑥ 第四,乡品高者,年少即出仕,不数年即可迁至高位;而乡品低的下级士人

---

① 《文选》(上海:上海古籍出版社,1986),卷五,《吴都赋》,页218。《增补六臣注文选》(台北:华正书局)作:"其居则有高门鼎贵,魁岸豪杰,虞魏之昆,顾陆之裔。"页107。刘注见《增补六臣注文选》。李善注见《文选》(台北:石门图书公司,据宋淳熙八年尤袤刻本),卷五,页14,总页89。

② 虞翻父歆,字文秀(见《文选》,卷四四,陈琳《檄吴将校部曲文》,张铣注)。

③ 《后汉书》,卷六七,《党锢列传·魏朗传》,页2200—2201。

④ 宫崎市定:《九品官人法の研究》,页110;毛汉光:《两晋南北朝士族政治之研究》,页86。

⑤ 上田早苗:《貴族的官制の成立——清官の由来とその性格》,《中国中世史研究》,页118—126。毛汉光:《科举前后(公元600±300)清要官型态之比较研究》,《"中央研究院"国际汉学会议论文集》(台北:"中央研究院",1981),页385—387。

⑥ 越智重明:《魏晋南朝の貴族制》,第三章第一节,《州大中正の制定》,页103。

容或有位至清显高位,但必经长期升迁,至高位时,年事已高。以这些标准考察,孔、谢二氏的门第很高。孔沈的先世可追溯至汉代,其父孔群为御史中丞,叔父孔伦为黄门侍郎,都是清显之职。① 而孔沈本人初为王导辟为司徒掾,②琅琊王氏、陈郡谢氏多人皆以此为初仕之官。③ 从起家官品和乡品的对应关系,及与王、谢地位较量,孔氏属于高门应该是没有疑问的。谢奉的先世可能和东汉荆州刺史谢夷吾有关,④谢奉之祖端官散骑常侍,谢奉本人亦官至吏部尚书,其弟聘仕至侍中,亦皆高品清职。又在门阀社会中,士族以其门第自矜,门第不相值者甚至不等列同席,而谢氏则是足以和侨姓大族王、谢周旋的南方大族,《世说新语·雅量》:

> 谢安南免吏部尚书,还东,谢太傅赴桓公司马,出西,相遇于破冈。既当远别,遂停三日共语。太傅欲慰其失官,安南辄引以他端,虽信宿中途,竟不言及此事。太傅深恨在心未尽,谓同舟曰:"谢奉故是奇士。"

从谢安(320—385)与谢奉的亲善相与,可见山阴谢氏亦是高门。

根据《晋书》卷七十八《丁潭传》的记载,山阴丁氏也是高门。孙吴时,丁固为司徒,晋时丁弥为梁州刺史,丁潭官至左光禄大夫,丁话为散骑侍郎。其家系及仕宦的资料尽于此,似难以判定其家族地位,然而从丁潭历仕侍中、散骑侍郎等清职,及曾任会稽国大中正二事,可知其门

---

① 《晋书》,卷七八,《孔愉附孔岩、孔沈传》,页2059。
② 《晋书》,卷七八,《孔愉附孔岩、孔沈传》,页2062。然孔沈未应王导之辟召。
③ 宫崎市定:《九品官人法の研究》,页236。
④ 《后汉书》,卷八二,《方术列传》:"谢夷吾字尧卿,会稽山阴人也。少为郡吏,学风角占候,太守第五伦擢为督邮。"页2713,注引谢承《后汉书》:"伦甚崇其道德,转署主簿,使子从受《春秋》。"注重经学是会稽士族的特色之一,因此谢奉的先世可能和谢夷吾有关。

第不低,为上级士人。

自汉以降,山阴钟离氏即为会稽望族。① 汉时钟离意为鲁相;孙吴时,钟离氏多人仕于吴,②与山阴谢氏、吴郡顾氏等列齐名。③ 其族在东晋南朝仕宦不显,然迄唐初复跃为会稽大姓。④

山阴贺氏自东汉以来,即为经学名家,但一直到南朝末年为止,贺氏的门第始终不高,仅能算是下级士人而已。汉末贺纯以儒学显名,历官侍中、江夏太守,⑤嗣后孙权引吴、会士人为辅佐,建立霸业,贺齐(？—227)、贺邵(227—275)皆仕于吴。⑥ 两晋南朝,贺氏累世仕宦不辍,然其所任之官多非高品清职;东晋南朝贺氏任官少有超出六品以上者(见表七),唯东晋贺循(260—319)、梁朝贺琛(481—549)例外。贺循官至太常、司空,贺琛仕为御史中丞、散骑常侍,⑦然而仔细分析此二人仕宦的时代背景及其仕宦的历程,却恰可证明贺氏非属高门。首先,就其所处的时代观之,贺循、贺琛官至三品清高,实系特殊因素造就。西晋初年,贺循为武康令,因"无援于朝,久不进序"⑧,而至东晋时,一则因西晋末年陈敏(？—307)作乱江南,贺循是少数不肯从乱的江南士人

---

① 鲁迅:《会稽郡故事杂集》(香港:新艺出版社,1970),钟离岫《会稽后贤传记序》,页71。
② 《三国志·吴书》,卷十五,《钟离牧传》并裴注引《会稽典录》,钟离牧父绪为楼船都尉,兄骃,上计吏。长子祎,代牧领兵,次子盛为尚书郎,盛弟徇拜偏将军。
③ 《三国志·吴书》,卷十五,《钟离牧传》,注引《会稽典录》:"(钟离)牧父绪,楼船都尉,兄骃,上计吏,少与同郡谢赞、吴郡顾谭齐名。"页1392。
④ 北京图书馆藏位字七九号《天下姓望氏族谱残卷》,会稽郡七姓,"越州虞、孔、贺、荣、盛、钟离",见岑仲勉:《校贞观氏族志残卷》,《史学专刊》,第1期,页324。另见唐耕耦:《敦煌四件唐写本姓望氏族谱残卷》,北京大学中国中古史研究室编:《敦煌吐鲁番文献研究论集》第二辑(北京:北京大学出版社,1983),页213。
⑤ 《三国志·吴书》,卷一五,《贺齐传》,页1377,裴注引虞预《晋书》。
⑥ 《晋书》,卷六八,《贺循传》,页1824。
⑦ 《晋书》,卷六八,《贺循传》,页1828、1830;《梁书》,卷三八,《贺琛传》,页542—543。
⑧ 《晋书》,卷六八,《贺循传》,页1824。

之一，又以讨伐不愿拥戴元帝的江州刺史华轶（？—311）有功，①元帝对其优遇，多少有些酬庸的性质。二则系东晋王朝在江南建立，拉拢江南士人的结果。② 至于贺琛之见重于梁朝，系梁武帝注重学术之故。第二，贺循、贺琛虽以当时客观环境推助，得以超擢清职高位，但也受到相当程度的限制，即二人仕至高位时，年事已高。建武初年，元帝任命贺循为中书令、加散骑常侍，贺循"以老疾固辞"，未获准许，遂以羸老之身出仕。③ 至于贺琛则年近三十，犹在乡里教授，尚未释褐，及湘东王萧绎为会稽太守，欲延之为郡曹史，贺琛不应辟命；至年四十余，方初仕为祭酒从事。④ 第三，以其起家官而言，皆在乡品二品以下。贺循初为会稽郡五官掾，⑤系郡之上纲，当时郡县上纲都由大族出任，⑥但和会稽四族孔、虞二氏的起家官相较，则逊于孔、虞。东晋孔愉（268—342）初为司徒掾，虞潭起家扬州从事，⑦贺氏皆不如，可知贺氏门第不能与孔、虞相提并论。第四，《梁书》贺琛与吴郡寒门朱异（483—549）同传，《梁书》的作者姚察（533—606）以深谙谱学著称，他在《贺琛传》末论曰："朱异、贺琛并起微贱，以经术逢时，致于贵显。"⑧一语点出贺氏亦属寒门士人。

入隋以后，迄于唐初，因贺德基（557—589）一系累代仕宦，贺知章（659—744）中进士，贺氏的地位大为提高。⑨ 记载隋末唐初士族概况

---

① 《晋书》，卷六八，《贺循传》，页1828。
② 陈寅恪：《述东晋王导之功业》，收入《金明馆丛稿初编》（北京：三联书店，2001），页59—62。
③ 《晋书》，卷六八，《贺循传》，页1828。
④ 《梁书》，卷三八，《贺琛传》，页541。
⑤ 《晋书》，卷六八，《贺循传》，页1824。
⑥ 严耕望：《中国地方行政制度史·上编》，卷中，《魏晋南北朝地方行政制度》（台北："中央研究院"历史语言研究所专刊之四十五，1963），上册，第八章《任用杂考》"上纲多用士族"条，页397—403。
⑦ 《晋书》，卷七六，《虞潭传》，页2013。
⑧ 《梁书》，卷三八，《贺琛传》，页551。
⑨ 《陈书》，卷三三，《儒林·贺德基传》，页442。

的《敦煌天下姓望氏族谱残卷》，①所列越州（会稽郡）大族即包括了贺氏。不过，这已是隋唐时代的情况，若论六朝会稽高门，显然不宜把贺氏计算在内。

(二) 会稽士族的谱系

前面我们已经找出会稽士族的高门及下级士人，此处拟就可见资料，建立其谱系，借此对会稽士族做更进一步的分析。因所据的资料都是史书，其记载本偏重于政治人物，特别是和中央政府有关者的记录，所以这样建立起来的谱系有它的限制，即它只能反映某个家族在政治上的参与及显达的状况，而甚少能显示其在社会、经济、文化上的重要性和影响力。下列诸表中，四族中的孔、虞二氏资料较为完整，魏、丁、钟离氏在东晋以后仕宦不显，完全没有资料。而会稽下级士人贺氏则因累代为官，其谱系反而能自汉世下续至唐代。

---

① 唐耕耦：《敦煌写本天下姓望氏族谱残卷的若干问题》，认为残卷部分底本编撰年代在唐武德五年（622）以后，武周长安以前，或开元天宝时期。其所载郡姓主要是唐朝以前的郡姓，这些郡姓中，有的在唐代以前早已没落，有的在唐代仍有相当大的政治势力和影响力。以此观之，则残卷大致上可代表隋末唐初士族的状况。

表一　山阴孔氏

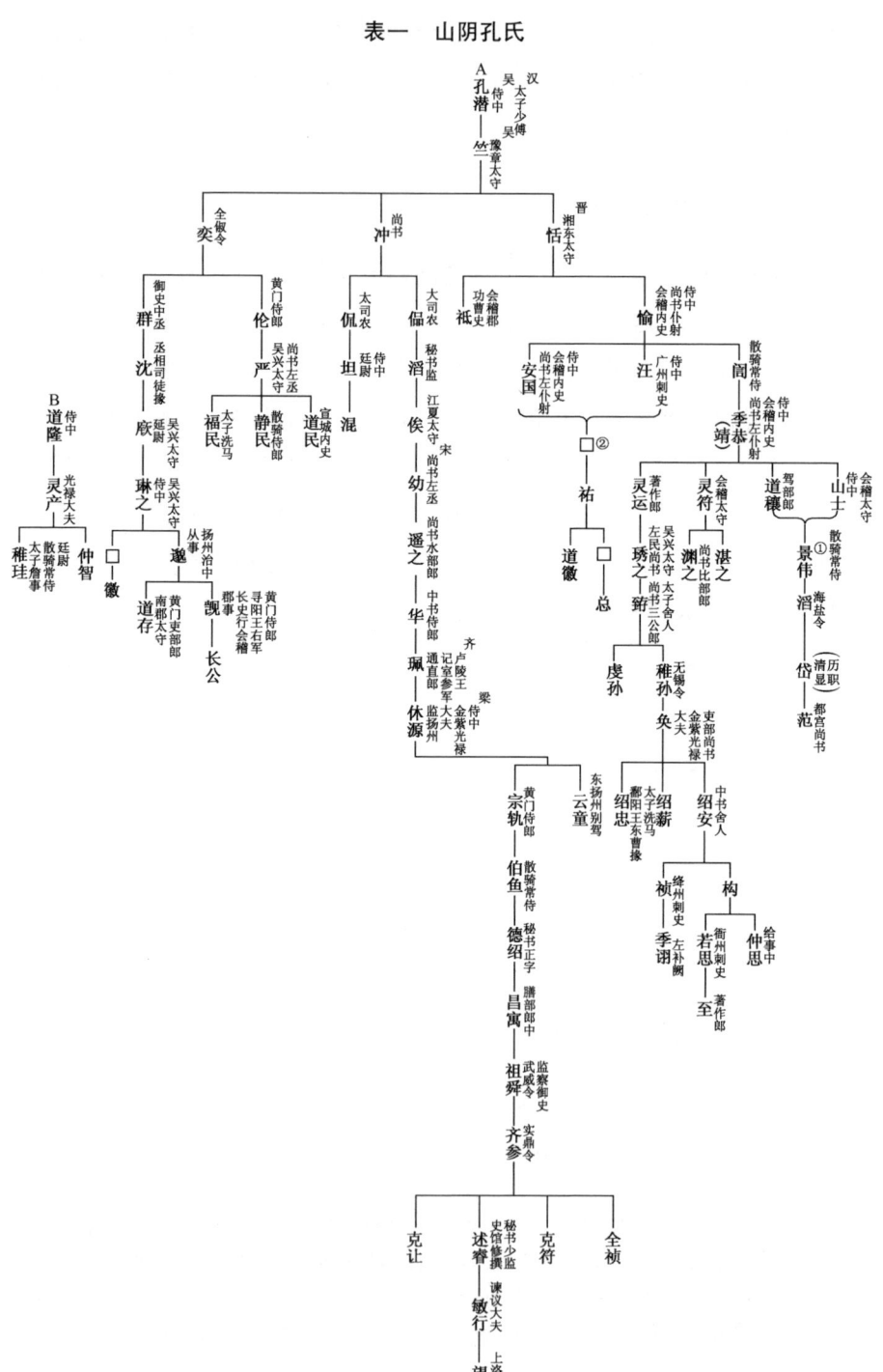

资料来源：《晋书》卷七十八《孔愉传》。《宋书》卷五十四《孔季恭传》，卷八十四《孔觊传》。《世说新语校笺·言语第二》注引《孔氏谱》，页 82；《方正第五》注引《会稽后贤记》，页 247；《品藻第九》注引《中兴书》，页 394。《南齐书》卷四十八《孔稚珪传》，卷五十三《良政传·孔琇之》。《梁书》卷三十六《孔休源传》。《陈书》卷二十一《孔奂传》。《南史》卷二十七《孔靖传》《孔琳之传》，卷六十《孔休源传》，卷七十五《隐逸传·杜京产附孔道徽》，卷七十七《恩幸列传·孔范》。《旧唐书》卷一九二《隐逸传·孔述睿》。《新唐书》卷一九六《隐逸传·孔述睿》。《元和姓纂四校记》卷六，会稽山阴孔氏，页 541—542。

附注：① 《南史·孔范传》："孔范字法言,会稽山阴人也。曾祖景伟,晋散骑常侍。祖滔,梁海盐令。父岱,历职清显。"《元和姓纂四校记》卷六："(孔靖)五代孙范,陈都官尚书。"孔靖字季恭,《宋书·孔季恭传》并《南齐书·孔琇之传》,靖有四子：山士、灵符、灵运、道穰,灵运一支世系明显。宋前废帝时,灵符以犯迕近臣,因被谮构而见杀,其子湛之、渊之并赐死,故此支遂绝嗣。孔范之先世可上推至景伟,今知景伟必非出于灵符、灵运,而系山士或道穰之子,惜无资料显示其为何者之后。

② 《南史·杜京产传附孔道徽》："道徽父祐至行通神,隐于四明山……太守王僧虔与张绪书曰：'孔祐,敬康曾孙也。……'"按,孔愉,字敬康,愉有三子：誾、汪、安国,誾一支世系明白,祐则不知为汪或安国何者之后。

表二　山阴谢氏

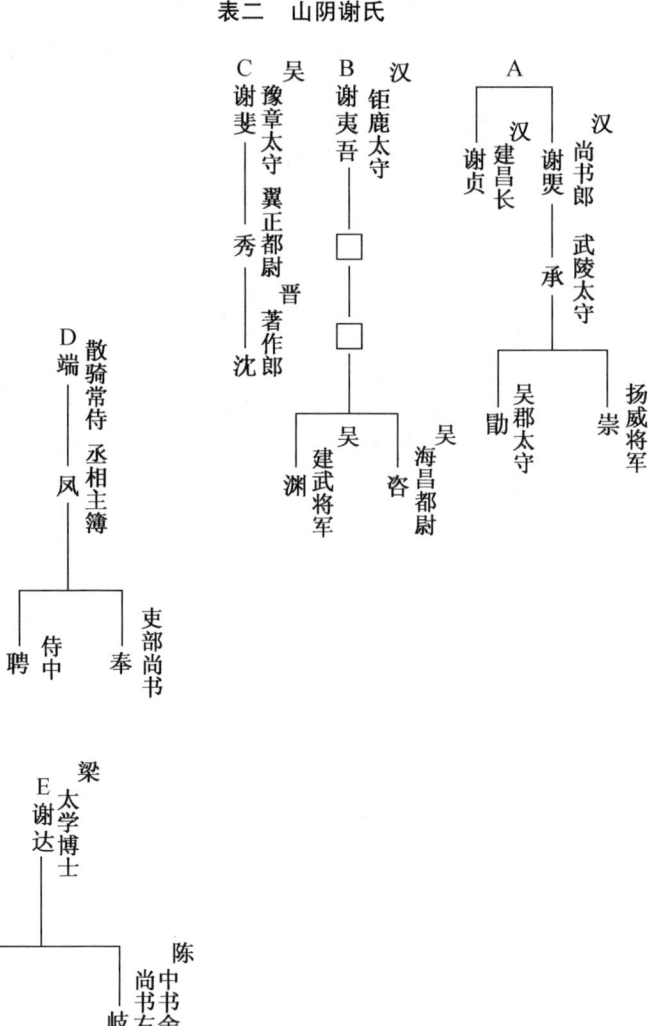

资料来源：《三国志·吴书》卷十三《陆逊传》注引《会稽典录》。《晋书》卷八十二《谢沈传》。《世说新语校笺·雅量》第六，页285，引《谢氏谱》；《品藻》第九，页394，引《谢氏谱》。《晋书》卷十《安帝纪》。《陈书》卷十六《谢岐传》。《太平御览》卷五百十六，《宗亲部六》，引《会稽典录》。

六朝会稽士族　309

表三　余姚虞氏

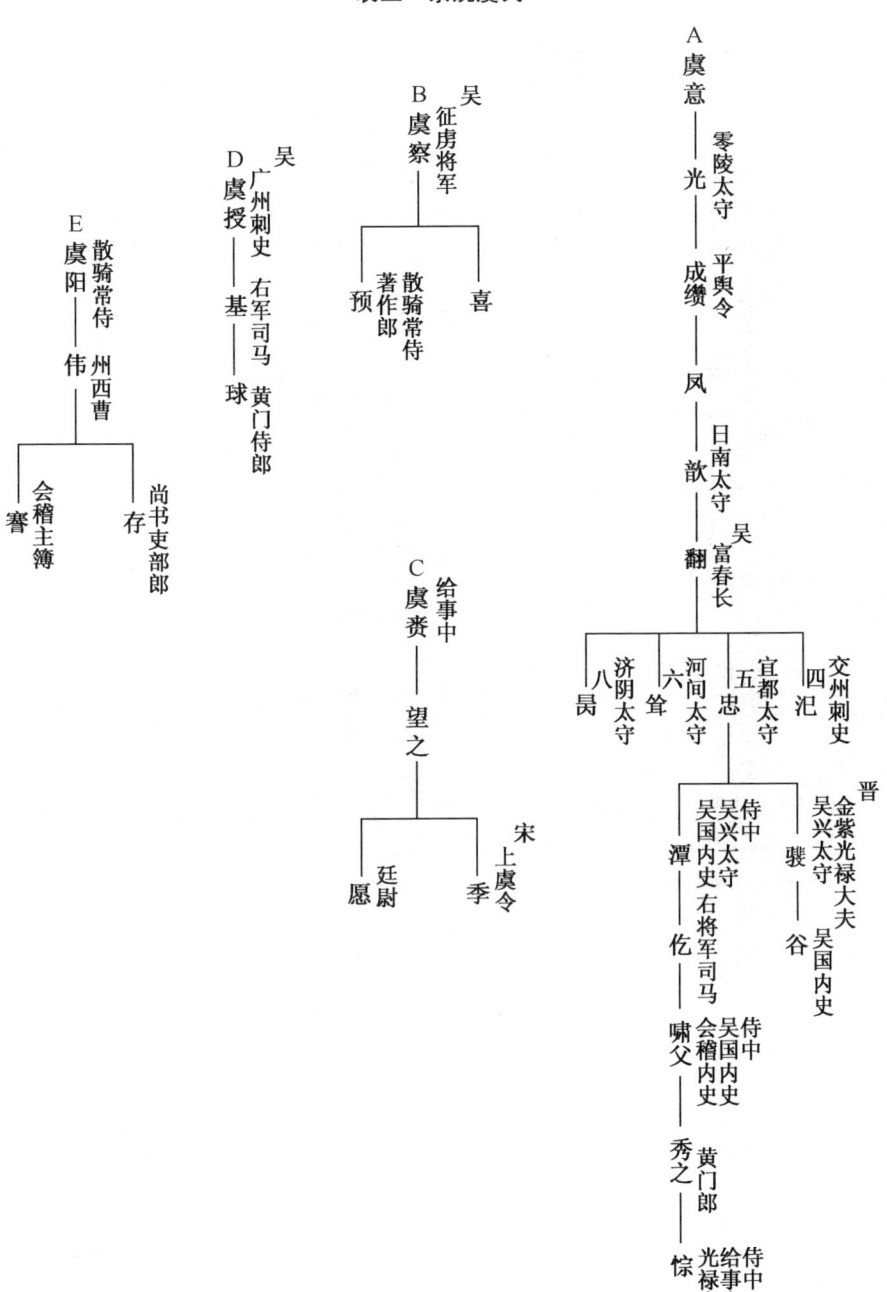

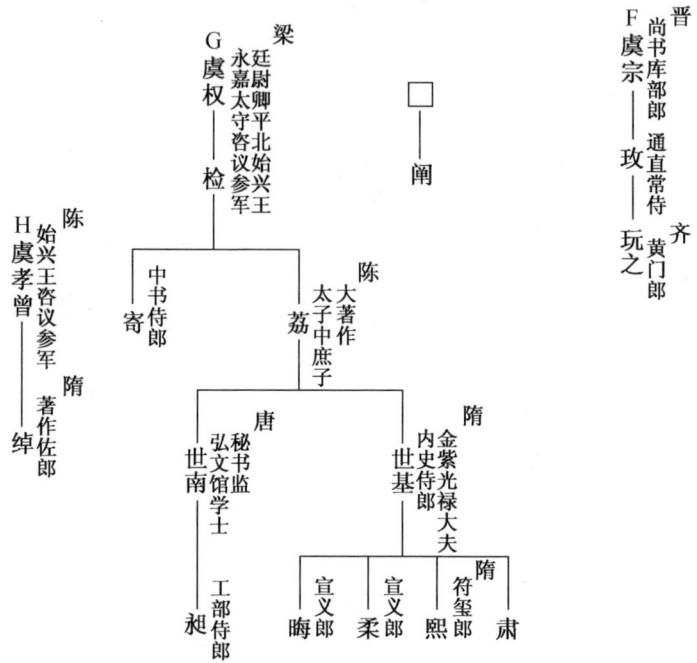

资料来源:《三国志·吴书》卷十二《虞翻传》并注引《会稽典录》。《晋书》卷七十六《虞潭传》,卷九十一《儒林虞喜传》。《世说新语校笺·政事第三》,页140;《赏誉第八》,注引《虞氏谱》。《南齐书》卷三十四《虞玩之传》,卷三十七《虞悰传》,卷五十三《良政虞愿传》。《陈书》卷十九《虞荔附虞寄传》。《南史》卷四十七《虞悰传》《虞玩之传》,卷六十九《虞荔附虞寄传》。《隋书》卷十七《虞世基传》。《旧唐书》卷七十二《虞世南传》。《新唐书》卷一〇二《虞世南传》。《元和姓纂四校记》,页209—210。

表四　上虞魏氏

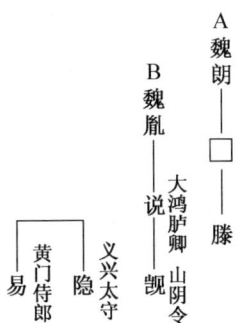

资料来源:《世说新语校笺·赏誉第八》,页 360,引《魏氏谱》;《排调第二十五》,页 612,引《魏氏谱》。《晋书》卷十《安帝纪》;卷七十九,《谢琰传》。

表五　山阴丁氏

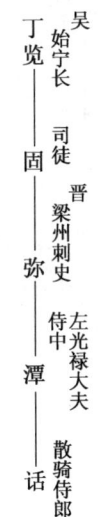

资料来源:《三国志·吴书》十二《虞翻传》注引《会稽典录》;《晋书》卷七十八《丁潭传》。

表六　山阴钟离氏

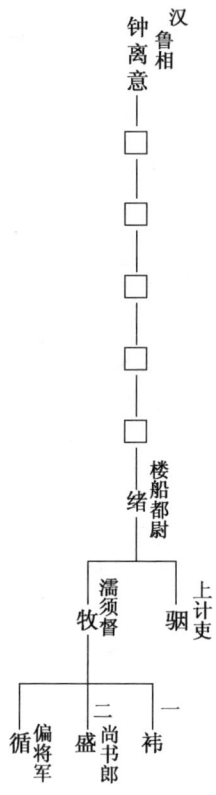

资料来源:《三国志·吴书》卷十五《钟离牧传》并注引《会稽典录》。

表七　山阴贺氏

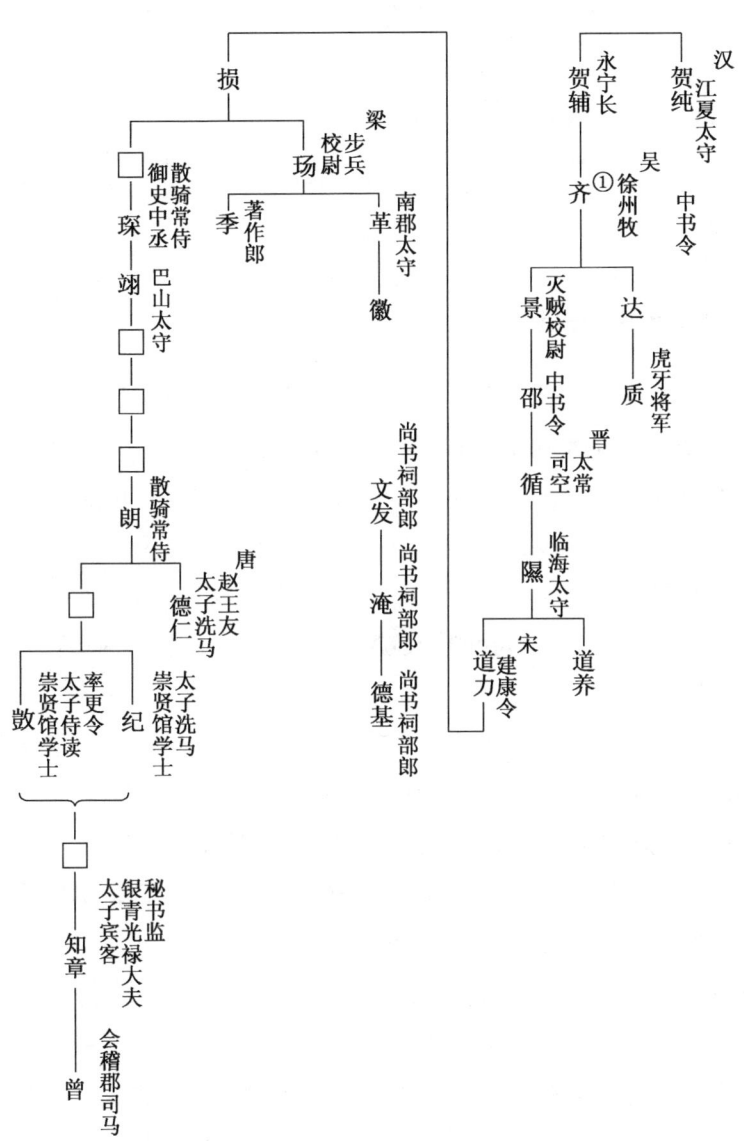

资料来源:《三国志·吴书》卷十五《贺齐传》,注引虞预《晋书》、《会稽典录》;卷二十《贺邵传》,注引《吴书》。

《晋书》卷六十八《贺循传》。

《梁书》卷三十八《贺琛传》。

《南史》卷六十二《贺玚传》。
《旧唐书》卷一九〇上,《文苑传·贺德仁传》;卷一九〇《文苑传·贺知章传》。
《新唐书》卷二百〇一,《文艺上·贺德仁传》。
岑仲勉《元和姓纂四校记》卷九,页836—837。
《陈书》卷三十三《儒林·贺德基传》。

附注:①《三国志·吴书·贺齐传》云:"(齐)子达及弟景皆有令名。"《贺邵传》注引《吴书》:"邵,贺齐之孙,景之子。"两个记载不同。岑仲勉《元和姓纂四校记》已作考证,此不冗述。

(三) 会稽士族的兴衰

由上述诸表,很明显地可以看出,孔、贺二氏自汉迄唐世系连贯不辍,但就其仕宦的情况而言,孔氏一族的各支迄于陈朝,都有仕至三品高官者;而贺氏一族则除了贺循、贺琛外,皆未至显位,可显示其非高门。虞氏家族庞大,支属分散,就中以A支系自汉迄南齐,最为完整,又此支系多人为侍中、黄门侍郎等清要之职;另F支系中,虞玩之(?—493)为黄门侍郎,可知其家族终南齐之世皆属高门;而梁、陈迄隋代,G支系代兴。

孔、魏、虞、谢同为会土高门,何以魏、谢淹沉不彰?而孔、虞仕宦较显?有几个理由可以解释此一现象。第一,在西晋末、东晋初年时,孔、虞这两个家族或是对晋室维持忠诚的态度,或是建有军功,而得到晋室的重视。西晋末年,江南有石冰(?—304)、封云之乱,孔愉不应其召为参军之职,逃隐于新安山中;①虞潭更因讨伐张昌(?—304)有功,赐爵都亭侯。② 嗣后孔愉又因讨伐江州刺史华轶之功,封余不亭侯。③ 他们除了以军功致贵外,又因其为会稽士族,在江南立国的元帝也欲得到他们的支持,故予以优厚的仕宦待遇,世代相继。前面提到贺循在西晋末、东晋初也立有军功,然因其门第不高,超擢仅止一世。

---

① 《晋书》,卷七八,《孔愉传》,页2051。
② 《晋书》,卷七六,《虞潭传》,页2005。
③ 《晋书》,卷七八,《孔愉传》,页2051。

第二，孔、虞二氏都曾以资财结交有前途的政治人物，而获得回报。如东晋末年，孔季恭以财物赡给刘裕，刘裕建国后，便以会稽太守的职位相酬庸。① 刘宋末年，虞悰（435—499）资助初仕的萧赜（萧道成长子），萧赜后即帝位，是为齐武帝，遂授虞悰侍中清职②。

第三，孔氏和吴郡张、顾氏的联婚，③对其仕宦可能有所帮助。吴郡士族在政治上较会稽士族活跃，虽然没有任何关于孔氏联婚张氏有助于其仕宦的证据，但一直到唐代，婚姻都是仕宦的辅助，④唐代山阴贺知章（659—744）就从贺氏和吴郡陆氏的联婚中，得到了好处。《旧唐书》卷一九〇《文苑传》中论贺知章："工部尚书陆象先，即知章之族姑子也，与知章甚相亲善。……（知章）举进士，初授国子四门博士，又迁太常博士，皆陆象先在中书引荐也。"会稽士族之间不能充分合作（见下文），也许是促成孔氏寻求吴郡士族之助，以期在政治上有较佳的机会的因素之一。

第四，从晋以迄唐代，孔氏仕宦相继，和其家族注重仕宦有关。到了唐代其家有以科举晋身者，如孔敏行（787—835）举进士，官至谏议大夫。⑤

第五，人才因素。魏、谢二氏在东晋以后仕宦不显，可能是由于缺乏才行俱佳的子弟，故仕进不继。汉代谢夷吾以儒学知名，孙吴以后因人才不继，遂致淹沉，《太平御览》卷五一六引《会稽典录》云：

---

① 《宋书》，卷五四，《孔季恭传》，页1531。
② 《南史》，卷四七，《虞悰传》，页1175。
③ 《南齐书》，卷四八，《孔稚珪传》，吴郡张融为孔稚珪之外兄；《梁书》，卷十六，《张稷传》，吴郡张稷之女楚瑗适会稽孔氏，则似乎吴郡张氏与会稽孔氏世代联婚。又，《南史》，卷三五，《顾琛传》云"顾琛母孔氏"，殆系会稽孔氏。此外，《嘉庆山阴县志》（民国二十五年绍兴县修志委员会排印本），卷十七，页1："谢夫人，孔琳之妻。"无法断定其为陈郡谢氏，或为山阴谢氏。
④ 陈寅恪：《读莺莺传》，收入《陈寅恪先生论集》（"中央研究院"历史语言研究所专刊之三，1971）。
⑤ 《旧唐书》，卷一九二，《隐逸·孔述睿传》，页5130。

> 谢渊字休德，山阴人。其先巨鹿太守夷吾之后也。世渐微替，仕进不继，至渊兄弟一时俱兴。兄咨，字休度，少以质行自立，干局见称，官至海昌都尉。渊起于衰末，兄弟修德，贫无戚容，历位建威将军。

而魏氏的衰微也是因人才寥落之故，《世说新语·排调》：

> 魏长齐（颧）雅有体量，而才学非所经。初宦当出，虞存嘲之曰："与卿约法三章：谈者死，文笔者刑，商略抵罪。"魏怡然而笑，无忤于色。

又同书《赏誉》：

> 魏隐兄弟，少有学义，总角诣谢奉。奉与语，大说之，曰："大宗虽衰，魏氏已复有人。"

可知魏氏主支由于缺乏才行突出的佳子弟，已经衰落了。由此观之，九品官人法虽然给予士族仕宦的保障，但士族本身亦须具备相当的条件，方能位至显宦；又士族亦须世代有佳子弟，累世仕宦，才能维持其门第的兴盛。①

中古士族虽自汉末六朝延续至唐代，但隋唐以后，其家族社会地位

---

① 以侨姓而言，王、谢累代仕宦不绝，亦因其世代有佳子弟之故，《南史》王氏诸传中，莫不言及此点，如卷三一，《王弘传》论称王弘及其弟僧达："并举栋梁之任，下逮世嗣，无亏文雅之风，其所以簪缨不替，岂徒然也？"页583；卷二四，《王准之传》论曰："观夫晋、宋以来，诸王冠冕不替，盖亦人伦所得，岂惟世禄之所专乎！"页667。以吴姓而言，吴郡四姓中以张氏在政坛上最为活跃，同前，卷三一，《张裕传》论："诸子并荷崇构，克举家声，其美誉所归，岂徒然也？"页821；卷三二，《张邵传》论："有晋自宅淮海，张氏无乏贤良，及宋齐之间，雅道弥盛，其前则敷、演、镜、畅，盖其尤著者也。"页841。

便有升降，东晋南朝会稽四族孔、魏、虞、谢为高门，而敦煌发现隋末唐初《天下姓望氏族谱残卷》记越州大族则为：虞、孔、贺、荣、盛、钟离。①魏、谢二氏已不在大姓之列，而六朝会稽下级士人贺氏上升，与孔、虞同为大族。汉末盛孝章为名士，曾任吴郡太守，盛氏应为会稽士族，惟六朝无闻于世。迄于唐代，自孙吴以后长久湮沉的钟离、盛氏复为大族，至于荣氏殆为新兴家族。《太平寰宇记》一书亦有各地大族的记载，由于其大约取材于中唐以后的数据，故其记越州大族虞、孔、夏、荣、钟、兹、谢，大致是唐代后期的情况。由此看来，到唐代后期，大族的地位又有升降，贺氏又不在其列；至于谢氏在唐初时一度衰落，至唐末又列名于大族。就整个中古时期而言，会稽四族中的孔、虞、谢三氏迄唐末，都能维持其家族地位不坠，始终为高门大族。

三、会稽士族在政治上的没落

秦汉以降，会稽郡即有相当程度的开发，②西汉末年北方战乱，许多人士遂至此避难，致使"会稽颇称多士"，③文化以此发达。至汉末其地学风已盛，大族虞、谢、贺氏皆以儒学著名；较之吴郡，会稽人才似更为兴盛。然孙吴以后，会稽士族在政治上不如吴郡士族显赫，本节拟描述此一状况，并探讨其缘由。

（一）没落的情况

汉末会稽人士颇盛，而其地位与吴郡士族并无明显的差别，《文选》卷四十四载陈琳（160—217）《檄吴将校部曲文》云：

---

① 北京图书馆藏位字七九号，《天下姓望氏族谱残卷》。
② 见本书《三至六世纪浙东地区经济的发展》。
③ 《后汉书》，卷七六，《循吏·任延传》，页2460—2461。

丞相深惟江东旧德名臣,多在载籍,近魏叔英秀出高峙,著名海内;虞文绣砥砺清节,耽学好古;周泰明当世俊彦,德行修明,皆宜膺受多福,保乂子孙。而周盛门户无辜被戮,遗类流离,湮没林莽,言之可为怆然。闻魏周荣、虞仲翔各绍堂构,能负析薪。及吴诸顾、陆旧族长者,世有高位,当报汉德,显祖扬名。

上文并提吴、会士人,其中周泰明、周盛二人身份、氏族不详,魏叔英、魏周荣史传没有记载,《文选》张铣注云:"魏周荣,叔英子也;虞仲翔,文绣子也。"①按,虞翻字仲翔,仕于吴,②则虞文绣为虞翻之父;魏叔英无可考查,很可能是汉末八俊之一山阴魏朗(字少英)之族;③即此二人属会稽大族虞、魏之族。由此可知,会稽人士颇盛,但会稽人士在政治上的机遇却不及吴郡士族,如陈琳(字孔璋)所称扬的魏叔英、虞文绣、魏周荣著名海内,却未能显宦于当世,留名史传。

孙吴建国是吴郡及会稽士人在政治上机会差别的分野。由于吴地系孙吴起事之地,故吴郡士族早参霸政,而得以接近权力中心,且分享政权。孙策和孙权以吴郡为基地,以吴兵为其军队的中坚,建立霸业,④故不得不结好有强宗部曲地方势力的吴郡士族。吴郡士族大都拥有部曲,如朱桓(177—238)有部曲万口,⑤陆逊(183—245)有部曲五

---

① 《增补六臣注文选》,页829下。
② 《三国志·吴书》,卷十二,《虞翻传》,页1317。
③ 《后汉书》,卷六七,《党锢列传》:"魏朗字少英,会稽上虞人也。……从博士郤仲信学《春秋图纬》,又诣太学受五经,京师长者李膺之徒争事之。"页2200—2201,又见《三国志·呈书》,卷十二《虞翻传》注引《会稽典录》,虞翻云:"河内太守上虞魏少英,遭世屯蹇,忘家忧国,列在八俊,为世英彦。"页1325。
④ 王鸣盛:《十七史商榷》(台北:大化书局,1984),卷四二,"策、权起事在吴"条:"《鲁肃传》云:'孙策薨,权住吴。'案:项梁与羽、策与权,起事之处皆在吴,即今苏州府治吴、长洲、元和三县地,盖自阖庐、夫差以来,吴兵甚强,汉、魏时尚有遗风,非如今日吴人之柔脆,不足为用武地也。"页371—372。
⑤ 《三国志·吴书》,卷十一,《朱桓传》,页1315。

千人；①孙皓之世，陆凯（198—269）一族同时有一相、五侯，将军十余人。② 将军领有兵，而其余亦皆拥有私人部曲，世代相传。③ 由于吴郡士族有宗族部曲的力量，孙氏即使对其不满，亦不敢严加处置，《世说新语·规箴》刘孝标注引《吴录》云："时后主暴虐，（陆）凯正直强谏，以其宗族强盛，故不敢加诛也。"而会稽士族则未拥有私人部曲，《三国志·吴书·虞翻传》中没有提到其家族有部曲之事，又贺齐、贺景、贺达（？—233）三人皆为将，按孙吴领兵制，应领有兵，代代相传，但《三国志·吴书·贺邵传》（邵为贺景之子）也没有这方面的记载。因此，孙吴领兵制的实施是否及于会稽士族，是很值得怀疑的。仕于孙吴较著名的虞、贺二氏皆没有部曲，孔、魏、谢氏可能也没有部曲。会稽士族没有部曲，以及孙吴领兵制度可能未推行于会稽士族，使会稽士族的重要性大打折扣；在政治上会稽士族不但受到冷落，而在忤犯当权者时，更遭到严厉的处罚。汉末名满天下的魏叔英、魏周荣、虞文绣皆未被援引重用；又虞翻虽见引用，然因其忠言直谏，触怒孙权，孙权竟将"旧齿名盛"的虞氏家族流放交州。④ 另外，贺氏三代仕于吴，至贺邵以忤孙皓意，惨遭酷刑屠戮，其家属亦被流徙临海。⑤

西晋时，吴郡士族和会稽士族的地位并无差别。晋武帝平吴，在晋人眼中，吴郡和会稽士族同属亡国之人，无高下之分，故左思在《吴都赋》中就将吴郡、会稽士族相提并论。由于当时南方士人在政治上备受压抑⑥，吴郡、会稽士族在政治上同样受到冷落。

---

①　《三国志·吴书》，卷十三，《陆逊传》，页1354。
②　《世说新语笺疏》，中卷下，《规箴第十》："孙皓问丞相陆凯曰：'卿一宗在朝有几人？'陆曰：'二相、五侯、将军十余人。'"页551。
③　唐长孺：《孙吴建国及汉末江南的宗部与山越》，收入唐长孺：《魏晋南北朝史论丛》（北京：三联书店，1955），页19—23。
④　《三国志·吴书》，卷十二，《陆绩传》，页1328；同卷，《虞翻传》，页1321。
⑤　《三国志·吴书》，卷二十，《贺邵传》，页1459。
⑥　《晋书》，卷六八，《贺循传》，载西晋初年，陆机上书荐贺循云："至于荆、扬二州，户各数十万，今扬州无郎，而荆州、江南乃无一人为京城职者。"页1825。

东晋在江南建国,形势略同于孙吴,故较重视吴郡士族。东晋是北方政权在南方的重建,政权操之于北方大族之手,当时吴郡士族是唯一能与北方大族共享政权的南方士族,会稽士族则被摒于其外。晋明帝病危时,吴郡陆晔(261—334)与北方大族王导、卞壸(281—328)、庾亮(289—340)、温峤(288—329)、郗鉴(269—339)共奉遗诏,同受顾命。① 对于这样的差别待遇,会稽士族孔坦(285—335)未免心怀怨怼,《晋书》卷七十八《孔愉附孔坦传》:

> 及(苏)峻平……王导、庾亮并欲用坦为丹阳尹。时乱离之后,百姓凋弊,坦固辞之。导犹未之许。坦慨然曰:"昔肃祖临崩,诸君亲据御床,共奉遗诏。孔坦疏贱,不在顾命之限。既有艰难,则以微臣为先。今由俎上肉,任人脍截耳!"乃拂衣而去。导等亦止。

由于会稽士族不满此等差别待遇,加上吴郡士族因政治上的优势而自觉高出会稽士族一等,使得会稽士族和吴郡士族之间有一种紧张的关系存在。《世说新语·政事》:

> 贺太傅(邵)作吴郡,初不出门。吴中强族轻之,乃题府门云:"会稽鸡,不能啼。"贺闻,故出行,至门反顾,索笔足之曰:"不可啼,杀吴儿!"于是至诸屯邸,检校诸顾、陆役使官兵及藏逋亡,悉以事言上,罪者甚众。陆抗时为江陵都督,故下请孙皓,然后得释。

因为两地士族有这样微妙对立的关系,所以,东晋孔坦以"吴多贤豪,而坦年少,未宜临之"为理由,辞却吴郡太守的任命。② 此外,两地士族的紧张关系也显现在其他方面,《晋书》卷九十四《隐逸传》:

---

① 《晋书》,卷七七,《陆晔传》,页2024。
② 《晋书》,卷七八,《孔愉附孔坦传》,页2056。

谢敷字庆绪，会稽人也。性澄靖寡欲，入太平山十余年。……初，月犯少微，少微一名处士星，占者以隐士当之。谯国戴逵有美才，人或忧之。俄而敷死，故会稽人士以嘲吴人云："吴中高士，便是求死不得死。"

按，戴逵原隐于会稽剡县，后居于吴。① 这种紧张的关系可能也影响及会稽士族仕进的机会，吴郡士族能与北方大族分享政治权益，而因会稽和吴郡士族之间有此紧张关系，致两者难以充分合作，相互援引。

孙吴、东晋以后，会稽士族较不受重视，除了孔氏之外，他们亦无法得到吴郡士族的引荐，致使其政治地位不断滑落。刘宋以后，魏、谢、丁、钟离几乎不曾出现于史传。而仕宦情况最好的孔、虞二氏的地位亦逐渐降低，甚至没落。以起家官而言，梁、陈时孔、虞二族的起家官都不如晋、宋时期。南齐虞玩之解褐东海王行参军，乌程令。② 孔稚珪（447—501）以宋安成王车骑法曹行参军起家，③梁朝虞荔（503—561）解褐西中郎行参军，④虞寄（510—579）起家宣城王国左常侍⑤，陈朝虞世基（？—618）以建安王法曹参军起家，⑥都是八、九品官，较之东晋孔、虞家子弟起家官都为六、七品官的情形，已经有明显下降的趋势。再就孔、虞二氏任吴兴、吴郡、会稽三名郡太守在时代上分布的情形而论，⑦东晋南朝孔、虞氏计有十八人出任此三名郡太守，其中十七人任

---

① 《晋书》，卷九四，《隐逸·戴逵传》，页2458。
② 《南齐书》，卷三四，《虞玩之传》，页607。
③ 《南齐书》，卷四八，《孔稚珪传》，页835。
④ 《陈书》，卷十九，《虞荔传》，页256。
⑤ 《陈书》，卷十九，《虞荔传》，页258。
⑥ 《隋书》，卷六七，《虞世基传》，页1569。
⑦ 六朝士族多出任名郡太守，会稽士族任吴兴、吴郡、会稽三名郡太守的名单如下：吴兴太守：孔愉、孔坦、孔严、虞潭、虞啸父、虞骏、孔琇之、孔琳之、孔觊、孔季恭。（见《晋书》，卷七六、七八；《宋书》，卷五四、五六；《南齐书》，卷五三）吴郡太守：虞潭、虞啸父。（《晋书》，卷七六）会稽太守（内史）：孔愉、孔季恭、孔安国、孔山士、孔灵符。（《晋书》，卷七八；《宋书》，卷五四）

职的时代都在晋、宋时期。(见表一、表二)由此可知,刘宋以后孔、虞二氏在仕宦上急遽衰颓。如虞氏在南齐时已渐没落了,齐武帝以虞悰(435—499)为侍中,谓之曰:"我当令卿复祖业。"①虞悰的先世均是二、三品清要官,祖父虞啸父为侍中,其父虞秀之为黄门侍郎,官位略减,然亦是清职。(见表二)齐武帝此言殆非指虞悰一支,而是暗示刘宋以后整个虞氏家族的没落。

(二) 没落的原因

刘宋以后,会稽士族在政治上的地位日益削弱,有主观的因素,也有客观的因素。

就客观的因素而言,第一,东晋立国江左,形势和孙吴相似,亦沿孙吴旧规,以维持其统治,故于南方士人中较重视吴郡士族。刘宋取代晋室政权,其后朝代更迭,以迄于陈,形势皆同于东晋,因此吴郡士族始终有较好的机会。孙吴政权主要掌握在北方大族之手,其政治地位最高;而吴郡士族是南方士族中和北方大族差距较小者,至于会稽士族则和其他各地大族一样,和北方大族的差距较大;而随着时间的推移,此一情形愈加明显。如晋、宋时期出现"会稽四族"之称,其后则未见此类的记载,显示由于和中央关系的弱化,会稽士族逐渐没落。

第二是地缘性的因素。吴郡距东晋南朝的都城建康较近,交通亦称便捷,吴郡士族因而对中央有较大的影响力,在政治上也有较佳的机会;会稽郡则距建康较远,交通路线也不很顺畅,比起吴郡士族,其机会

---

① 《南史》,卷四七,《虞悰传》,页1175。

就差了。自孙权开凿破岗埭（245）后，①吴郡至建康的交通极为便利，从三吴水运网西经破岗埭，由秦淮河，可抵建康城南。② 会稽至建康虽有内陆水运及海运两条路线，但此二路线都不是很平顺。以内陆水运而言，自会稽北渡浙江，经三吴水运网、破岗埭、秦淮河，而抵建康。然而，"浙江风猛，公私畏渡"③。再说海运路线，自会稽出海，沿今浙江、江苏省海岸北行至长江口，再溯江而上，至石头城处，转入秦淮河东行，抵建康城南。而溯长江而上这一段路，古有"京（京口）、江之险"之称。孙权之所以凿通茅山山脉，开凿破岗埭人工运河，即是为了免除吴、会至建康"行京、江之险"的不便。④ 虽然六朝会稽和建康仍有频繁的交通，但和吴郡相比，会稽和建康的交通来得较远及不便，故会稽士族对建康政治的影响也相对地减弱。

六朝有一些大族即因地缘性的因素，而在政治上完全销声匿迹。《宋高僧传》卷十五《唐杭州灵隐山道标传》云："释道标，富阳人也，俗姓

---

① 《建康实录》（北京：中华书局，1986）："（赤乌八年）八月，大赦，使校尉陈勋作屯田，发屯兵三万凿句容中道至云阳西城，以通吴、会船舰，号破岗渎，上下一十四埭，通会市，作邸阁，仍于方山南截淮立埭，号曰方山埭，今在县东南七十里。"《太平御览》，卷七三，《堰埭部》："《吴录》：句容县，大皇使陈勋开水道，立十二埭，以通吴、会诸郡，故船行不复由京口。"页 473 上。《世说新语》及《晋书》中有许多东晋人利用水道往来建康、吴会，并且出现了破岗埭之名（《晋书》，卷六八，《贺循传》），可见破岗渎在孙吴时代就完成了。冈崎文夫：《六代帝邑考略》，《南北朝における社会经济制度》（东京：弘文堂，1936）依《吴志》卷二《吴主传》的记载，认为孙权时所开云阳中道系陆路，非破岗埭水道，破岗埭水道至少到刘宋时代才完成，此说显然不确。

② 拙著《六朝时代的建康》（台北：台湾大学历史所博士论文，1982），中篇，《交通》，页 98—99。

③ 《南齐书》，卷四十，《武十七王·竟陵王子良传》，页 692。

④ 《建康实录》，卷二，页 53，"破岗渎"："案，其渎在句容东南二十五里，上七埭入延陵界，下七埭入江宁界。初，东郡船不得行京、行江也，晋、宋、齐因之。……"〔明〕谈迁著，汪北平校点：《北游录》（北京：中华书局，1960），纪程，癸巳（清顺治十年，1653）："六朝都建康，凡三吴船避京、江之险，自云阳西城凿运渎，径至都下。"页 6。

秦氏……世为汧陇大族,及晋东渡,衣冠随之,后为杭人也。其高曾至王父,皆沿以儒素,不甘为吏,故州里尊奉之。"又如今福建地区的大族几乎不曾出仕,清陈云程《闽中摭闻》云:"晋永嘉时,中原板荡,衣冠入闽者八族:林、陈、黄、郑、詹、邱、何、胡是也。以中原多事,无复北向,故六朝间仕宦名迹,鲜有闻者。"会稽士族比入闽大族的情况好,但亦因距建康较远,和中央的联系较差,在政治上便不如吴郡士族活跃。

就主观因素而言,会稽士族也有四个不利于自身的因素。首先,会稽士族以儒学著名,终六朝之世,他们始终保持汉代经学的传统,和侨姓士族的重文学清谈迥异,而使得他们在士族群中的地位日益低落。

会稽四族与贺氏都以儒学知名,世代相传。孔安国以儒素显名①,孔坦通《左氏传》②,孔奂(514—583)"好学,善属文,经史百家,莫不通涉"③,孔佥、孔元素皆长于《三礼》④,孔子祛尤明《古文尚书》⑤。东晋南朝于经学中最重《礼》学,朝廷礼乐舆服仪注为其注重的项目之一,⑥孔逭"好典故学"⑦,孔休源(469—532)深解朝仪,谙练故实,晋、宋起居注略上口,有"孔独诵"之称;⑧孔奂"博物强识,甄明故实"⑨。由上可知,孔氏一族甚重经学,一直到唐代孔若思犹长于经学,以明经见擢。⑩

虞氏亦以儒学著称,虞翻为《易》学名家,其所著《易注》亟为名士孔融(153—208)称美,此外,他还有《老子》《论语》《国语》训注,且讲学不

---

① 《晋书》,卷七八,《孔愉附孔安国传》,页2054。
② 《晋书》,卷七八,《孔愉附孔坦传》,页2054。
③ 《陈书》,卷二一,《孔奂传》,页283。
④ 《南史》,卷七一,《儒林·孔佥传》,页1740。
⑤ 《梁书》,卷四八,《儒林传·孔子祛传》,页680。
⑥ 钱穆:《略论魏晋南北朝学术文化与当时门第之关系》,《新亚学报》,第5卷第2期,页27—28。
⑦ 《南史》,卷四九,《王谌传》,页1214。
⑧ 《梁书》,卷三六,《孔休源传》,页520。
⑨ 《南史》,卷二七,《孔靖附孔奂传》,页729。
⑩ 《新唐书》,卷一九九,《儒学·孔若思传》,页5684。

缀,门徒常有数百人。① 晋时虞喜(281—356)"专心经传,兼览谶纬",著《安天论》《毛诗略》,并注《孝经》;②其弟虞预亦好经史③。刘宋虞愿著有《五经论问》④,南齐虞通之以言《易》知名⑤,梁虞僧诞精通《左传》,"当世莫及"。⑥

贺氏早自汉代即以《礼》学著名,《晋书》卷六十八《贺循传》:"贺循字彦先,会稽山阴人也。其先庆普,汉世传《礼》,世所谓'庆氏学'。"汉时庆氏学立于学官。⑦ 汉代贺纯以儒学知名,晋世贺循精于《礼》传,为当世儒宗。⑧ 刘宋贺道力善《三礼》,其子贺损、孙贺玚、曾孙贺革、贺季,以及贺玚弟子琛皆传其业,其中尤以贺玚及贺琛最为出色。⑨《南史》卷六十二《贺玚传》称他在会稽聚徒教授,四方云集,受业者至三千余人,"所著《礼》《易》《老》《庄》讲疏,朝廷博士议数百篇,《宾礼仪注》一百四十五卷。玚于《礼》尤精,馆中生徒常数百,弟子明经对策至数十人。"贺琛著有《三礼讲疏》《五经滞义》及诸仪法凡百余篇。⑩ 梁世贺文发及其子贺淹、孙贺德基,也是三代皆传《礼》学,⑪曾孙贺纪、贺敳亦以博学闻名,唐高宗时,贺纪为太子洗马,参与修订《五礼》的工作。⑫ 由上可知,贺氏《礼》学传承世代相续,几乎不曾中断,较之孔、虞二氏,其儒学家传的特性更为明显。

虽然关于魏、谢二氏的资料不够完整,但从间歇出现于史传的人物

---

① 《三国志·吴书》,卷十二,《虞翻传》,页1320、1322。
② 《晋书》,卷九一,《儒林·虞喜传》,页2349。
③ 《晋书》,卷八二,《虞预传》,页2147。
④ 《南史》,卷七十,《循吏·虞愿传》,页1711。
⑤ 《南史》,卷七二,《文学·丘巨源附虞通之传》,页1770。
⑥ 《南史》,卷七一,《儒林·崔灵恩传》,页1739。
⑦ 《汉书》,卷三十,《艺文志》,页1710。
⑧ 《晋书》,卷六八,《贺循传》,页1830。
⑨ 《南史》,卷六二,《贺玚传》,页1507—1508。
⑩ 《梁书》,卷三八,《贺琛传》,页550。
⑪ 《陈书》,卷三三,《儒林·贺德基传》,页442。
⑫ 《旧唐书》,卷一九〇,《文苑·贺德仁传》,页4987。

事迹，可知这两个家族亦是注重儒学的。汉时谢夷吾明《春秋》，晋谢沈明练经史，熟谙典章故实，朝廷礼仪有所疑滞，辄以咨询。① 梁朝谢达为太学博士，谢岐以好学见称，弟谢峤以通儒闻名。② 至于魏氏，汉末魏朗习《春秋图讳》《五经》，著有《魏子》，③其家族可能也是儒学家传，只不过人才不继，所以谢奉说魏氏"大宗已衰"，虞存嘲弄魏颛才学粗疏。

如前所述，世传经学是会稽士族共同的特色，而在东晋南朝注重玄学清谈（即所谓的"文义"）的环境下，他们仍继续经学的传承，同时漠视甚至反对清谈的作风，对于他们在士族群中的评价及仕进方面都有不利的影响。钱穆《略论魏晋南北朝学术文化与当时门第之关系》一文，指出当时经、史为同类，与老庄玄学对立。④ 而会稽士族是注重经史的，虞预好经史，修撰《晋书》，⑤谢沈明练经史，著《后汉书》《晋书》，⑥孔奂"经史百家，莫不通涉"⑦。关于会稽士族不重视清谈，亦见于《太平御览》卷四九一引《会稽典录》云：

邵员字德方，余姚人，与同县虞悛邻居。员先不知悛，十余年，悛至吴，与张温、朱据等会，清谈干云，温等敬服，于是吴中盛为悛谈。员闻而愧曰："吾与仲明游居比屋，曾不能甄其英秀，播其风烈，而令他邦称我之杰。"

正因为会稽士人的社会中没有清谈的环境，故长于清言的虞悛只有到

---

① 《晋书》，卷八二，《谢沈传》，页2152。
② 《陈书》，卷十六，《谢岐传》，页232。
③ 《后汉书》，卷六七，《党锢列传·魏朗传》，页2201。
④ 钱穆：《略论魏晋南北朝学术文化与当时门第之关系》，《新亚学报》，第5卷第2期，页32。
⑤ 《晋书》，卷八二，《虞预传》，页2147。
⑥ 《晋书》，卷八二，《谢沈传》，页2152。
⑦ 《陈书》，卷二一，《孔奂传》，页283。

业已染习清谈之风的吴郡，方能一显才华，播名扬声。又有些会稽士族，更提出反对清谈的言论，《晋书》卷八十二《虞预传》云："预雅好经史，憎疾玄虚，其论阮籍裸袒，比之伊川被发，所以胡房遍于中国，以为过衰周之时。"

东晋南朝文义成为品评士人的标准，也关系着仕宦的机会；会稽士族谨守经学、反对玄谈，是以时人对他们的评价因而降低，仕宦机会亦相对地减少。《文选》卷四载任昉《为萧扬州荐士表》云：

> 臣位任隆重，义兼家邦，实欲使名实不违，徼幸路绝。势门上品，犹当格以清谈；英俊下僚，不可限以位貌。窃见秘书丞琅琊臣王暕，年二十一，字思晦。七叶重光，海内冠冕，神清气茂，允迪中和，叔宝理遣之谈，彦辅名教之乐，故以晖映先达，领袖后进。居无尘杂，家有赐书，辞赋清新，属言玄远，室迩人旷，物疏道亲。养素丘园，台阶虚位，庠序公朝，万夫倾望，岂徒荀令可想，李公不亡而已哉！

萧扬州即齐始安王萧遥光（479—499），时任扬州刺史，他曾说："文义之事，此是士大夫以为伎艺欲求官耳。"① 故任昉（460—508）为其作表荐士，所选用人才的原则之一是"势门上品，犹当格以清谈"，而其所荐举的王疏亦是清谈中人，可见当时论断人才皆以此为标准。会稽士族世守经学，明于礼仪法度，虽然有少数士族也因当政者的重视及实际上的需要而见用，但一般而言，对其在士族群中的评价和地位以及仕宦方面，却是不利的因素。

东晋南朝时吴郡士族模仿、接受了侨姓大族注重文义的标准，是他们有较多参与政治机会关键性的原因之一。问题是：何以吴郡士族能转向文学清谈，适应新的社会政治情势，保持门第不坠，而会稽士族却

---

① 《南史》，卷四一，《齐宗室·始安王遥光传》，页1040。

仍延续经学传统，不能有所转变，以至于日趋式微？川胜义雄对江南士族的看法，对于上述问题有一些帮助。他认为西晋末年中原沦陷，造成激烈的社会流动，面对此一巨大的冲击，江南士族分化成政治家和土地经营者两种类型，吴郡士族热衷于关系江南安定的政治活动，会稽士族则倾向于土地的经营。①川胜义雄对江南士族的观察基本上是很正确的，并可做进一步申论。

永嘉以后，吴郡士族和会稽士族的分途发展，实缘于两者性格不同。就吴郡四姓而言，他们都不是经学传家的家族，所以在孙吴灭亡后仍有意于仕途的情况下，就比会稽士族更容易转向文学清谈。吴郡四姓原是"张文、朱武、陆忠、顾厚"②，各具特色，虽然顾、陆也有习经学者，但他们不像会稽虞氏《易》学家传，贺氏世代传《礼》，因此入晋以后，他们很快赶上新的潮流，沾染玄风。③《世说新语·赏誉》：

> 有问秀才，吴旧姓如何？答曰："吴府君圣王之老成，明时之俊义。朱永长理物之至德，清选之高望。严仲弼九皋之鸣鹤，空谷之白驹。顾彦先八音之琴瑟，五色之龙章。张威伯岁寒之茂松，幽夜之逸光。陆士衡、士龙鸿鹄之裴回，悬鼓之待槌。凡此诸君，以洪笔为鉏耒，以纸札为良田，以玄默为稼穑，以义理为丰年，以谈论为英华，以忠恕为珍宝。著文章为锦绣，蕴五色为缯帛。坐谦虚为席荐，张义让为帷幕。行仁义为室宇，修道德为广宅。"

可见西晋时吴郡四姓已经以文章谈论为其教养，至东晋南朝时吴四姓

---

① 川胜义雄：《孙吴政权の崩坏から江南贵族制へ》，《东方学报》，四十四册，页92—93。
② 《世说新语笺疏》，中卷下，《赏誉第八》，页491。
③ 唐长孺：《读抱朴子推论南北学风的异同》，《魏晋南北朝史论丛》，页368—371。

以文义著称者甚多。① 再就会稽士族而论,由于世传经学,因而具有相当的保守性,使得他们不易抛弃旧学,转趋清谈文学。晋室南渡,玄学开始在江南发展,而南方士人犹有保守旧业者,其中以会稽士族特为明显,他们不但谨守经学旧业,且在治学上也遵守汉儒的途径。② 经、律并重是汉代儒学的特色之一③,会稽士族也保存了这个传统,刘宋孔渊之对"张江陵骂母案"的议论,④南齐孔琇之"有吏能"⑤,而孔稚珪更参与南齐律法的修订⑥,可知孔氏犹明习律法。又虞氏则虞玩之"少闲刀笔"⑦,虞愿"儒史学涉"⑧,可见虞氏也是经、律兼修的。

会稽士族保守经学旧业,原已使他们在注重清谈文学的社会中地位大为低落,而经、律兼习的传统,更令他们遭人轻贱。东晋南朝士族多重玄学,轻实务,因此对习律法者甚为轻视,重视律学的孔稚珪在《上齐武帝表》中就指出这一点:

> 寻古之名流,多有法学,故释之、定国,声光汉台;元常、文惠,绩映魏阁。今之士子,莫肯为业,纵有习者,世议所轻。良由空勤永岁,不逢一朝之赏,积学当年,终为闾伍所嗤。

---

① 如张裕"辞义清玄",张绪善谈玄,有正始遗风,张嵊能清言。《南史》,卷三一,《张裕等传》)张敷"好读玄言,兼属文论",张融、张玄父子俱"能清言"(《南史》,卷三二,《张邵等传》)。陆倕、陆厥、陆云公、陆从典皆善属文。《南史》卷四八)

② 唐长孺:《读抱朴子推论南北学风的异同》,《魏晋南北朝史论丛》,页364—370。

③ 邢义田:《秦汉的律令学——兼论曹魏律博士的出现》,《历史语言研究所集刊》,第54本第4分(1983),页51—101。

④ 《宋书》,卷五四,《孔季恭传》,页1534。

⑤ 《南齐书》,卷五三,《孔琇之传》,页922。

⑥ 《南齐书》,卷四八,《孔稚珪传》,页836—838。

⑦ 《南齐书》,卷三四,《虞玩之传》,页607。

⑧ 《南齐书》,卷五三,《虞愿传》,页915。

孔稚珪同时奏请依五经之例,于国学内设律助教,奖励士人习律。① 在那一个轻视实务律学的时代,此一建议自然不可能付诸实行。总而言之,除了朝廷在礼仪典章和律法方面欲借重会稽士族的家学素养少数的情况之外,会稽士族的经学世业对于他们在整个士族群中的地位,以及政治上的发展,大都是负面的影响。

会稽士族不利于自身的第二个因素是会稽士族之间不能协合一致,从而削弱了他们在政治上的作用。会稽士族不能团结合作,同时表现在婚姻和仕宦上。六朝士族为了标榜自己的门第族望,避免和寒门庶族混淆,因此高门望族之间相互联婚,侨姓大族如此,吴郡士族亦然。② 文献上有不少吴郡四姓联婚的记载,却不见会稽士族间有联婚之事。会稽士族婚偶可考者唯有山阴孔氏,孔氏似与吴郡张氏世代为婚,也和顾氏联姻,③而不是和虞、魏、谢、贺诸族联婚。会稽大族何以不像吴郡士族彼此联姻呢?可能有下列两个因素:一则,如前所述会稽士族中有没落的家族,另有的家族子孙愚呆,故本地士族不愿与之婚配,虞翻《与弟书》云:

> 长子容当为求妇,其父如此,谁肯嫁之?造求小姓,足使生子。天其福人,不在旧族,扬雄之才,非出孔氏之斗,芝草无根,醴泉无源,家圣受禅,父顽母嚚,虞家世法出痴子。④

又云:

> 有数头男,皆如奴仆,伯安虽痴,诸儿不及。观我所生,有儿无

---

① 《南齐书》,卷四八,《孔稚珪传》,页837—838。
② 王伊同:《五朝门第》,下编,页48—57。王仲荦:《魏晋南北朝史》,页401。
③ 《南齐书》,卷四八,《孔稚珪传》;《梁书》,卷十六,《张稷传》;《南史》,卷三五,《顾琛传》。
④ 《太平御览》,卷五百四十一,《礼仪部二十·婚姻下》,页2583。

子,伯安三男,阿思似父,思其两弟,有似人也。去日南远,恐如甘蔗,近杪即薄。①

虞翻之子与小姓为婚,虽然也受他在吴末被贬交州一事的影响,所以说"其父如此,谁肯嫁之",但最主要的因素还是虞氏诸子多愚痴,故难与大族联姻。然而以士族社会的标准而言,像虞氏之与小姓联婚,系婚配失偶,会导致其地位的贬抑。会稽士族彼此不为婚姻的另一个原因,可能是会稽士族经济利益上的冲突,②致使他们之间的关系难以和谐。

六朝士族每以婚、宦相联结,但会稽士族不惟不借婚姻以相联结,在仕宦上亦不能相互提携。《宋书》卷五十四《孔季恭传》云:"虞啸父为征东将军、会稽内史,季恭初求为府司马,不得。"孔、虞二氏不但不能交相引荐,反而相互排挤,这或许也和他们在地方上经济利益的冲突有关。不论如何,会稽士族间不能如吴郡士族在婚、宦上紧密结合,确实降低了他们在政治上的影响力。

第三个不利于会稽士族的因素,系会稽士族的晋身之阶受到当地富人、豪族的挑战。六朝州郡县佐史、纲纪是士族出仕的起步,严归田先生认为:自东汉中叶以后,郡县掾史即出于世族,迄晋朝郡县纲纪更为世族所把持。③ 六朝之世,郡县纲佐大吏原则上须由士族出任,④然而当时政治上贪贿聚敛习为常事,有些豪族富室遂以财赂求为地方佐吏,《梁书》卷十《杨公则传》:

---

① 《太平御览》,卷九百七十四,《果部十一·甘蔗》,页4450-2。

② 关于会稽士族经济方面的情况,见本书《三至六世纪浙东地区经济的发展》。

③ 严耕望:《中国地方行政制度史·上编》,卷中,《魏晋南北朝地方行政制度》,页399—401。

④ 《新唐书》,卷一九九,《儒学·柳冲传》,记柳芳论氏族,北齐仍元魏之制:"举秀才、州主簿、郡功曹,非四姓不在选。"页5678。按,魏孝文帝定姓族系以中国士人差第阀阅为之制,故江左情形亦同。

湘州单家以赂求州职，公则至，悉断之，所辟引皆州郡著姓，高祖班下诸州以为法。

像这样以赂求州郡县之职的情形可能很多，所以梁武帝于杨公则的做法特别赞赏，特班下诸州以为法则。在经济富裕的地方，以赂求职的情形尤其严重；自东汉以降，会稽郡的农业和制造业都很发达，造就了一批富人财主，他们虽然有巨额的资财，但在此门阀社会中根本没有出仕的机会，然而他们却常运用其资财求为郡县之职，或为士人的门生，以为仕进之路。① 另外，东汉达宦主要的途径是举孝廉、除郎中，② 六朝孝廉虽不是第一等士族如王、谢者流出仕的途径，③ 但仍为次一等士族的重要出身，士族通常先为郡县纲纪大吏，再为州举为秀才，或由郡察为孝廉，而后正式进入仕途。④ 孝廉也是会稽士族重要的出身之一，《宋书》卷九十一《孝义郭世道传》云："会稽贵重'望计'及'望孝'，盛族出身，不减秘、著。"如宋明帝泰始七年（471），蔡兴宗欲举山阴孔仲智长子为望计，郭原平次子为望孝，后因明帝瞩意他人，未能成功。⑤ 然而，一些寒门富人也常经由此途径进入仕途，如刘宋时袁粲就曾收取山阴平民丁彖文的贿赂，举他为会稽郡孝廉。⑥

豪族富人以贿赂求得郡县纲纪佐吏，或被察为孝廉之事，在经济富厚的会稽郡相当严重，甚至妨及士族的出路，致使士族不得不为之谋略，《晋书》卷八十二《虞预传》云：

---

① 川胜义雄：《魏晋南朝の门生故吏》，《东方学报》，28 辑（1958），页 187—193。

② 严耕望：《中国地方行政制度史·上编》，卷中，《魏晋南北朝地方行政制度》，页 399。

③ 宫崎市定：《九品官人法の研究》，页 360。

④ 严耕望：《中国地方行政制度史·上编》，卷中，《魏晋南北朝地方行政制度》，页 351—364。

⑤ 《宋书》，卷九一，《孝义·郭世道附子原平传》，页 2246。

⑥ 《宋书》，卷八九，《袁粲传》，页 2230。

余姚风俗，各有朋党，宗人共荐预为县功曹，欲使沙汰秽浊。预书与其从叔父曰："近或闻诸君以预入寺，便应委质，则当亲事，不得徒已。然预下愚，过有所怀，邪党互瞻，异同蜂至，一旦差跌，众鼓交鸣。毫厘之失，差以千里，此古人之炯戒，而预所大恐也。"率如预言，未半年，遂见斥退。

按，余姚士族仅虞氏一族，"余姚风俗，各有朋党"当是指虞氏和当地豪族富室对立的状况。功曹的职责是掌选举，虞氏宗人所以推虞预出任县功曹，其目的也就在于防止豪族富人寒门以赂求为纲纪佐吏，或被举为孝廉，所以说"欲以沙汰秽浊"，以免妨害虞氏之清途。但从虞预上任不及半年即见斥退的事实，可知虞氏在和当地豪族富人的抗争中，彻底失败了，由此亦可见余姚富人豪家势力之大。会稽四族中，虞氏的宗族势力似最为庞大，①而犹不敌当地富人豪族，其他诸族就更不用说了。

会稽郡的豪族富人因赂求为郡县之职，一方面减少了会稽士族经由此途径出身的机会，同时也减少了会稽士族在地方政治上的影响力；另一方面，在此一士庶天隔、严别贵贱的社会里，豪族富人与会稽士族并仕为郡县掾史，不仅降低会稽士族在整个士族群中的地位，并且导致会稽士族身份的混淆。会稽士族面临地方上经济势力雄厚的富人地主豪族的挑战，是其日益隐没不彰的原因之一。

第四个不利于会稽士族的因素，则是东晋以降会稽士族并不是当地唯一有力量的集团。一则由于东汉以后会稽地区经济的发展，商人、地主早已是此地一股很大的势力，他们代表一种经济势力。二则永嘉乱后一些北方大族在此定居，他们位居显宦，代表一种政治势力。另外，在门阀政治下没有出路的寒门、富人常通过投靠权贵为门生的途

---

① 《南齐书》，卷三四，《虞玩之传》，虞玩之云其"大功兄弟，四十有二人"，页610。

径,入为近习幸臣,①他们虽然位微人轻,但因受帝王宠信亲近,故威权十足,也代表着另外一种政治势力。各种势力在此地盘结交错,使得会稽郡号为难治,《宋书》卷五十七《蔡廓附子兴宗传》:

> 会稽多诸豪右,不遵王宪。又幸臣近习,参半官省,封略山湖,妨民害治。兴宗皆以法绳之。会土全实,民物殷阜,王公妃主,邸舍相望,桡乱所在,大为民患,子息滋长,督责无穷。兴宗皆启罢省。

会稽士族固然有很高的社会地位以及相当的政治地位,亦有雄厚的经济力量,但以政治地位而言,不及侨姓的优势显宦;以社会地位而言,固然不如侨姓;而在吴姓中又居于吴郡士族之次;以经济势力而言,又非一枝独秀,独占当地的经济利益,而是和当地的地主、商人及北方大族分享其利益。总而言之,会稽士族在政治、社会方面的居于次位,使其难以达到中央显宦,因此对中央政治的影响日趋微弱。

四、会稽士族在经济上的强化

由于上述诸客观及主观因素,使得会稽士族的仕宦机会较差,对中央政治的影响力减低;但部分在政治上失意的士族退回地方,从事经济上的发展,造成他们在地方上有强大的经济势力。这种势力却影响中央在此地的行政处分。

(一) 会稽士族经济活动的倾向与豪强化的过程

会稽士族仕宦者减少,其性质遂由中央的士族渐趋于地方豪强。所谓"豪强",系指势力强横者,他们或是因宗族强大,或是因经济力富厚,而凝结成一股不可轻侮的势力;又缘于财富和土地有关,宗族聚居

---

① 川胜义雄:《魏晋南朝の門生故吏》,页187—193。

某一地区,故豪强的势力是地方性的。

先就宗族势力而言,余姚虞氏、山阴孔氏都是宗族强盛者。东晋初年,王敦叛乱,围攻首都建康,当时虞潭、孔坦各在本县招合宗人及郡中大姓,聚众万人,建旗讨伐;① 又据《梁书》记载,其时余姚虞氏有千余家。② 而这些士族不仅宗族强大,更拥有大批荫附的人口、宾客、奴僮。东晋初年,山遐为余姚县令,上任八旬,即料出私附人口万余人。余姚是大族虞氏所居地,虞喜即藏有私附人口。③ 会稽士族宗族庞大,加上为数不少的荫附人口,遂形成一股强大的地方势力。

再就经济势力而言,会稽士族大都是大地主,从事土地的经营是会稽士族的特色之一。此一特色自汉代即已显现,这和会稽的地理环境,以及其地系属开发较迟的区域有关。会稽土地沃腴,《宋书》卷五十四《孔季恭传论》有这样一段描述:"会土带海傍湖,良畴亦数十万顷,膏腴上地,亩直一金,鄠、杜之间,不能比也。"又会稽郡在西汉时开发有限,迄东汉以后才大量开发,一般而言,开发较迟的地区,其经济活动最先表现在土地开发方面,会稽士族自始即是土地经营者。以最晚定居会稽的孔氏来说,孔氏是在汉末因逃避北方的战乱才移居山阴,④ 而经几代的发展,到刘宋孔灵符(？—465)不仅在山阴有产业,还向邻县扩展,拥有为数可观的田园:"灵符家本丰,产业甚广,又于永兴立墅,周回三十三里,水陆地二百六十五顷,含带二山,又有果园九处。"⑤ 而早在汉末以前即已居于会稽的魏、虞、谢、丁、钟离诸氏大概也都有广大的田产。⑥ 大土地必须有众多的劳动力与之配合,六朝大土地和人口荫附

---

① 《晋书》,卷七六,《虞潭传》,页2013;卷七八,《孔愉附孔坦传》,页2056。
② 《梁书》,卷五三,《良吏传》,记沈瑀为余姚令:"县大姓虞氏千余家,请谒如市。"页768。
③ 《晋书》,卷四三,《山涛附山遐传》,页1230。
④ 《晋书》,卷七八,《孔愉传》,页2051。
⑤ 《宋书》,卷五四,《孔季恭附孔灵符传》,页1533。
⑥ 会稽士族贫者殆唯贺氏,见《晋书》,卷六八《贺循传》;《梁书》,卷三八《贺琛传》。

其实是一体之两面。东晋虞喜、虞亮(289—340)皆挟藏大量私附人口,①可见虞氏必领有广袤的田土;又《南齐书》卷三十七《虞悰传》说他"治家富殖,奴婢无游手",六朝时人云"耕当问奴,织当访婢",可知其亦是从事大土地经营者,虞氏家族大抵皆是富有的。② 其他诸族因东晋以后在政治上的没落,少见诸记载,故难以明了其经济状况,但从他们在汉末以前即已居于会稽这点看来,在经济上他们应该属于土地开发形态者,故可能也都辟有或多或少的土地。

由于会稽士族在其本籍地有很好的经济基础,故东晋以后在政治上没有出路的士族便退回地方,从事经济方面的发展。如会稽士族中仕宦情形最佳的孔氏,其家族中才能较差者往往将其目标由承续仕宦家业,转向以财富自立。《晋书》卷七十八《孔愉附孔安国传》云安国"群从诸兄并乏才名,以富强自立"。魏、谢、丁、钟离氏在政治上的没落,很可能导致他们退回地方,转以经济方面的发展为主。从东晋以后朝廷对会稽行政的特别处分(详下文)看来,会稽士族的经济力显然难以忽视和压制,因此,这个推论应该不会过于离谱。

会稽士族在政治上的没落,以及他们转向土地经营经济方面的发展,使其面貌渐近于纯以财力雄霸地方的地方豪强,而会稽士族的豪强化又更进一步地加速其在政治上的没落,以至于唐代以后提起"吴姓"几乎专指吴郡士族,而不及于会稽士族。

(二) 浙东地区的特别行政处分

东晋南朝浙东地区的赋役特别繁重,并且在此地实施吏民亡叛制,这都是因为会稽士族经济势力强大,影响政府对此地赋役正常的征发,故政府不得不谋求补救之道,而在此区实行殊制。

---

① 《宋书》,卷二,《武帝纪》:"至是会稽余姚虞亮复藏匿亡命千余人。"页27。
② 虞氏亦有贫者,如虞龢、虞玩之(《南史》,卷七二,《文学传》;《南齐书》,卷三四,《虞玩之传》),但这是少数。

所谓"浙东地区"系指今浙江省浙江以南的地区,东晋南朝大部分时期,在此地设会稽、永嘉、临海、新安、东阳五郡,合称"浙东五郡";又因会稽郡是此区首要之地,故常以会稽太守兼督五郡军事,因此又称为"会稽五郡"。

东晋南朝浙东地区的赋役特别繁重,缘于当时浙东在赋税及力役的征发上有异于他处;而浙东在赋役上的特殊化,则是其地士族经济力强盛所导致的结果。六朝政府在财政上主要仰赖扬州地区的供给,而其最主要的财赋来源是三吴(太湖流域)和浙东的会稽郡。① 前述会稽郡的经济势力有三:会稽士族、侨姓大族及本地豪族。侨姓大族大都从事商业或制造业的经济活动,而仅有少数人经营大土地;②至于会稽士族和地方豪强都拥有广大的田园。③ 六朝士族无赋役之征,而豪族则不能免,所以会稽地区真正影响政府赋役征收者是会稽士族及一小部分侨姓大族。他们不但占有广大且不须缴纳田赋的土地,而荫附在其土地上的劳动人民也可以逃过政府力役、兵役的征调,因而严重影响政府在此地赋役的征发。对于此一情形,政府不得不谋求对策,其解决办法是限制官员占有过多的土地以及庇荫人口的数目。西晋和刘宋都曾明令规定各级官员占田数及荫客数,违反规定者科以重刑,但并未收到效果,④其原因在于:第一,既得利益者的官员不肯放弃其利益。六朝原系门阀社会,其政治的基础在于士族,以此之故,自然不能雷厉风行地彻底查禁,开罪士族,自毁根基。第二,官品占田制及荫客制的原意

---

① 见本书《六朝建康的经济基础》。

② 少数侨姓大族也从事大土地的经营,如谢灵运(《宋书》,卷六七,《谢灵运传》);多数侨姓则从事商业或制造业,《宋书》,卷五七,《蔡廓附蔡兴宗传》:"会土全实,民物殷阜,王公妃主,邸舍相望,桡乱所在,大为民患,子息滋长,督责无穷。"页1583。

③ 《宋书》,卷五四,《孔季恭附孔灵符传》:"山阴县土境褊狭,民多田少,灵符表徙无赀之家于余姚、鄞、鄮三县界,垦起湖田。上使公卿博议,太宰江夏王义恭议曰:'……寻山阴豪族富室,顷亩不少,贫者肆力,非为无处。'"页1533。

④ 韩国磐:《南北朝经济试探》,页71—74。

是承认官员占有大土地及拥有部曲宾客之事实,并且谋求补救,给予一个限定。然而这个限定非但无法奏效,反而出现一个漏洞,即这个法令只规定了官员的占田和荫客数,因此对于不具有官员身份者,就不可限定其占田数。非官员身份的大土地所有者,如其非士族,政府犹可征课其田赋。但若其为士族,则可免税。一部分会稽士族退回地方,从事经济的发展,他们因有士族的身份,故从事大土地的经营是很有利的;然而对政府而言,则是损失大量田赋的收入,更何况会稽士族任官者也不从限田之令。如孔灵符仍是田园逾制,而碍于其地方势力强固,政府亦不敢加以处置,仍然保住了他广大的产业,也不至于影响其仕宦前途。① 因此,会稽士族朝大土地经营的发展愈演愈烈,今所见六朝大土地的记载几乎都是这个地区的记载。

此外,会稽士族经济上的发展同时也影响政府对此地区力役的征调。士族拥有广大的土地,需要大量的劳动力以从事生产,因此这些土地上通常有一批荫附人口为之从事生产。而这些荫附人口因托庇于士族,得以逃避政府力役之征,职是之故,有些百姓也托名附隶,以避徭役。《南史》卷五《东昏侯纪》云:"又先是诸郡役人,多依人士为附隶,谓之'属名'。……凡属名多不合役,止避小小假,并是役荫之家。"由是会稽郡的课户就大为减少。以山阴县而言,《宋书》卷九十二《良吏传》说"民户三万",而事实上南齐时山阴县的课户只有两万,②刘宋与南齐时代相去不远,其人口数目不至于相差太多,上述二则数据比对,则山阴县约有一万人不是课户,这一万人当包括士族及其荫附人口,还有商人。关于会稽士族非法荫户的情形,政府对之亦无可如何,东晋山遐惩治余姚虞氏藏户的失败,就是最好的例子。《晋书》卷四十三《山涛附山遐传》:

---

① 《宋书》,卷五四,《孔季恭附孔灵符传》,孔灵符以田园逾制,"为有司所纠,诏原之,而灵符对答不实,坐以免官,后复旧官"。页 1533—1534。
② 《南齐书》,卷四六,《陆慧晓附顾宪之传》,页 808。

遐字彦林，为余姚令。时江左初基，法禁宽弛，豪族多挟藏户口，以为私附。遐绳以峻法，到县八旬，出口万余。县人虞喜以藏户当弃市，遐欲绳喜。诸豪强莫不切齿于遐，言于执事，以喜有高节，不宜屈辱。又以遐辄造县舍，遂陷其罪。遐与会稽内史何充笺曰："乞留百日，穷剿逋逃，退而就罪，无恨也。"充申理，不能得。竟坐免官。

虞喜为余姚虞氏之族，终身隐居不仕，却拥有一批荫附人口。① 上述事件一方面显示了会稽士族地方势力的强固，政府的禁令在此地竟难以施行；另一方面，山遐的免官也反映了东晋政府对会稽士族的宽容和让步。

　　东晋南朝浙东地区因为负担赋役课户的减少，因此加重了课户的负担。东晋以后的赋税基本上承继西晋分田租、户调征收的办法，唯收取的标准不同，田租先是"按田收租"，后改为"度口税米"，户调则征绵、绢、布，各时期所征数额不等，今不详述，和本文讨论有关的是户调。东晋以后征收户调，是以资产多寡决定户等，再根据户等制定其户调课征的准则。② 由于浙东地区赋税人口减少，所以在评定课户赀产时，遂不得不采取较为严苛的标准。《南齐书》卷四十《竟陵王子良传》载竟陵王启云：

　　　三吴奥区，地惟河、辅，百度所资，罕不自出，宜在蠲优，使其全富。而守宰相继，务在衷克，围桑品屋，以准赀课。致令斩树发瓦，以充重赋，破民财产，要利一时。

竟陵王子良曾任会稽太守，他上启言吴、会人民赋役繁重，文中所说的虽是三吴的情况，然会稽的情形亦复相同。因吴郡士族较不热衷于经济活动，会稽士族则多致力于土地的经营，故会稽一地荫户的情形必较

---

① 《晋书》，卷四三，《山涛附山遐传》，页1230。
② 王仲荦：《魏晋南北朝史》，页424—427。

三吴为严重,由是评定赀产严苛的程度可能也超过三吴。

会稽大土地制特别发达,广大的庄园里有大量荫附人口从事生产,致使会稽从役之人大为减少;由于所有的力役遂需由课户来分担,因此其地的力役十分繁重,故竟陵王启云"东郡使民,年无常限"①。所谓"东郡"系指浙东②,会稽为浙东首要大郡,此语主要还是指会稽郡而言。会稽力役严苦,而富民又得以钱代役,故贫苦的百姓每不堪命,他们想出各种办法避役,或是自残躯体,以避役命;③或是诈病,亦为普遍现象。《南史》卷五《齐废帝东昏侯纪》云:"东境役苦,百姓多注籍诈病。"甚至逃离本乡,会稽近海,百姓多逃往广州。《晋书》卷七十三《庾亮附庾翼传》云:"时东土多赋役,百姓乃从海道入广州。"

由于浙东人民逃亡避役者众,政府遂在此地施行"吏民亡叛制",以期有效地防止人民逃亡及缉捕逃亡者。吏民亡叛制亦即什伍连坐制,根据杜正胜的研究,什伍制原是军制,连坐也出于军法,早在春秋中期迄战国时代,各国政府为掌握兵源而清查户口,先后在闾里中编组什伍,以约束人民。此制的目的除了察奸之外,最重要的是稳定户籍,禁止逃亡,而其主要精神在于连坐——包括闾里以上官员纵的连坐,以及同伍横的连坐。秦朝统一后,仍行此制,直到西汉闾里什伍制都很活跃,也一直保留什伍连坐之法。④

六朝什伍制并非普遍施行于各地,什伍连坐的内容在各地亦有所出入。《宋书》卷四十五《百官志》下有什伍的记载:"五家为伍,伍长主之。二五为什,什长主之。十什为里,里魁主之。"似乎什伍为通行全国之制;又《宋书》卷四十二《王弘传》记录了当时大臣对"同伍犯法,士人应否连坐"问题的辩论,则什伍连坐似又为各处皆行之法;其实六朝什

---

① 《南齐书》,卷四十,《竟陵王子良传》,页 696。
② 王仲荦:《魏晋南北朝史》,页 359。
③ 《南齐书》,卷四十,《竟陵王子良传》,页 696。
④ 杜正胜:《周代封建解体后的军政新秩序——编户齐民的研究之二》,《历史语言研究所集刊》,第 55 本第 1 分(1984),页 102—109。

伍制实施的情况和程度各地不一。因为什伍制或什伍连坐制的用意原是要稳定户籍,禁止逃亡,而户籍的稳定主要关涉赋、役两个问题,六朝各地是否实施什伍制,以及实施的程度如何,大抵都和其地赋役的情形有关。如首都建康一直到南齐时都未有什伍制,《南史》卷二十二《王俭传》:

> 建元元年,改封南昌县公。时都下舛杂,且多奸盗,上欲立符伍,家家以相检括。俭谏曰:"京师翼翼,四方是凑,必也持符,于事既烦,理不成旷,谢安所谓:'不尔,何以为京师?'"乃止。

此因建康的居民为士族官员、商人、士族之部曲宾客、营户、僧尼,①他们皆无赋役之责。又,什伍连坐也只是实施于某些地区之法,《宋书》卷五十三《谢方明传》:

> (谢方明)转会稽太守。江东民户殷盛,风俗峻刻,强弱相陵,奸吏蜂起,符书一下,文摄相续。又罪及比伍,动相连坐,一人犯吏,则一村废业,邑里惊扰,狗吠达旦。方明深达治体,不拘文法,阔略苛细,务存纲领。……除比伍之坐,判久系之狱。

谢方明得以除会稽的比伍之坐,可见比伍连坐不是国家常法,而是仅在某些地区实施的殊制。而在实施什伍连坐的地区间,同坐之罪的范围亦有差别,如丹阳郡的什伍有纠告之责,而无连坐之罪。② 历阳则是伍

---

① 见本书《六朝时代的建康——市廛、民居与治安》。
② 《宋书》,卷六四,《何承天传》:"时丹阳丁况等久丧不葬,承天议曰:'……丁况三家,数十年中,葬辄无棺椁,实由浅情薄恩,同于禽兽者耳。窃以为丁宝等同伍积年,未尝劝之以义,绳之以法。……因此附定制旨,若民人葬不如法,同伍当即纠言,三年除服之后,不得追相告列,于事为宜。'"页1704—1705。

遭劫不赴救者有同坐之科。①

六朝吏民亡叛制只在少数地区短暂实施过，是一种殊制；不过，在会稽它却是常制。吏民亡叛制是什伍连坐制中最深刻的一种，即凡百姓避役，缉捕不得，符伍里吏同其罪，即实行纵向与横向的连坐。《宋书》卷五十四《羊玄保传》云：

> （羊玄保）善弈棋，棋品第三，太祖与赌郡戏，胜，以补宣城太守。先是，刘式之为宣城，立吏民亡叛制，一人不禽，符伍里吏送州作部，若获者赏位二阶。玄保以为非宜，陈之曰："臣伏寻亡叛之由，皆出于穷逼，未有足以推存而乐为此者。今立殊制，于事为苦。……又寻此制，施一邦而已，若其是邪，则应与天下为一，若其非邪，亦不宜独行一郡。民离忧苦，其弊将甚，臣忝守所职，惧难遵用，致率管穴，冒以陈闻。"由是此制得停。

从羊玄保所言，可知吏民亡叛制并非全国皆行之制，而是仅施行于一郡的殊制。又此制严苛，刘宋郢州刺史沈攸之（？—478）曾将此制用于军队中，实施"将吏亡叛制"，史称其为政苛暴。② 然而，此严苛之制在会稽郡似乎是常制，从东晋迄南朝都行此制。《晋书》卷八十《王羲之传》，记载会稽内史王羲之（303—361）遗尚书仆射谢安书云：

> 自军兴以来，征役及充运死亡叛散不反者众，虚耗至此，而补代循常，所在凋困，莫知所出。上命所差，上道多叛，则吏与叛者席卷同去。又有常制，辄令其家及同伍课捕。课捕不擒，家及同伍，寻复亡叛。百姓流亡，户口日减，其源在此。

---

① 《宋书》，卷一〇〇，沈约《自序》："世祖出镇历阳，（沈亮）行参征虏军事。民有盗发冢者，罪所近村民，与符伍遭劫不赴救同坐。"页2450。

② 《宋书》，卷七四，《沈攸之传》，页1931。

其书云"又有常制",并非全国之常制,而系会稽一地之常制。一直到南齐时,会稽郡皆行此制。《南齐书》卷四十六《陆慧晓附顾宪之传》,宪之议曰:

> 山阴一县,课户二万,其民赀不满三千者,殆将居半,刻又刻之,犹且三分余一。凡有赀者,多是士人复除。其贫极者,悉皆露户役民。三五属官,盖惟分定,百端输调,则又常然。比众局检校,首尾寻续,横相质累者,亦复不少。一人被摄,十人相追;一绪裁萌,千蘖互起。……又被符简,病前后年月久远,具事不存,符旨既严,不敢暗信。县简送郡,郡简呈使,殊形诡状,千变万源。闻者忽不经怀,见者实足伤骇。兼亲属里伍,流离道路,时转寒涸,事方未已。其士人妇女,弥难厝衷。

会稽郡始终施行吏民亡叛制,推其根源,实和当地士族经济势力有关;而因士族势力庞大,根深盘固,吏民亡叛制事实上未影响及士族。吏民亡叛制的原则是符伍里吏同其罪,而什伍系以居宅为准。中国自古以来皆是士庶杂居,什伍中士庶混杂,因此士族本应在同坐之列,而由于士人的社会地位和地方势力,士人同什伍之坐要付诸实施,委实有困难。刘宋时,在一场有关士人是否应同什伍之坐的辩论中,王弘(379—432)与八座丞郎疏中,就提到了这一点:"同伍犯法,无士人不罪之科,然每至诘谪,辄有请诉。"他并且举出士人同什伍之坐,而未付诸实施的实例:

> 寻律令既不分别士庶,又士人坐同伍罹谪者,无处无之,多为时恩所宥,故不尽亲谪耳。吴及义兴适有许、陆之徒,以同符合给,二千石论启丹书。己未间,会稽士人云十数年前,亦有四族坐此被责,以时恩获停。而王尚书云人旧无同伍坐,所未之解。恐莅任之日,偶不值此事故邪?①

---

① 《宋书》,卷四二,《王弘传》,页1320。

王尚书系指王准之(378—433),曾任山阴令。他提及山阴县等地士人根本不同什伍之坐的情形:

> 昔为山阴令,士人在伍,谓之"押符"。同伍有愆,得不及坐,士人有罪,符伍纠之。……于时行此,非惟一处。①

二人皆言之凿凿,到底会稽士人是否同什伍之坐?我们认为士人同于什伍之坐虽有其科,但可能由于会稽士人地方势力过于庞大,故此科很少执行,甚或从未付诸实行。王准之曾做过山阴令,对于当地的情况自然较为清楚,故他所说会稽士人不坐同伍之罪,应该比较接近实情。至于王弘所提出来的例子是十多年前会稽士人的传言,又如果士人须同什伍之坐,不可能从东晋末年迄宋初二十余年内,都无此例。② 这场辩论的结果,由宋文帝裁夺:士人可不受同伍之坐,而罪其奴客;无奴客者,得以输赎。③ 自此士人得以名正言顺置身于什伍连坐之外;士人既可不同什伍之坐,吏民亡叛制自然也不及于士人。

东晋南朝政府为解决浙东会稽赋役征收方面的问题,为稳定户籍,防止课户逃亡,不得不在此地实施吏民亡叛制,然而政府只能消极防止人民逃亡,而对部分课户逃亡所投靠的士族地主,却是无可如何。又,吏民亡叛制施行的结果,却是更多百姓的逃亡,前引王羲之与谢安书中已经说得很明白了。而政府为从此地收取赋税,征发从役之人,又不能废去此制,因而人民的逃亡不止,甚至酿成东土的动乱,孙恩(?—402)、卢循(?—411)之乱有众十万,其中有很多是避役之人。④

---

① 《宋书》,卷四二,《王弘传》,页1318。
② 这场辩论发生在宋文帝元嘉六年(429),王弘称"己未间,会稽士人云十数年前,亦有四族坐此被责",己未系晋恭帝元熙元年(419),即在此辩论之十年前。因此"四族坐此被责"事当在此辩论二十余年前。
③ 《宋书》,卷四二,《王弘传》,页1320。
④ 《晋书》,卷一〇〇,《孙恩传》,页2632。

此外，从吏民亡叛制的实施上也可看出吴郡、会稽士族的异途发展。三吴、会稽同是六朝政府的财赋要地，为了确切掌握户籍，三吴地区可能也有什伍制及什伍连坐制，如前引王弘讨论士人是否同什伍之坐，所举的例子是吴郡、义兴及会稽。但是三吴是否也实施兼及于纵向连坐的吏民亡叛制，则不得而知。然吏民亡叛制是一种苛政，如曾在一地实施，多少会激起一些回响，如它在宣城、郢州、会稽的实施，都留下了记录。而在现存资料中，三吴并没有这方面的记载，所以我们怀疑吏民亡叛制可能不曾在三吴实行过，或者仅是短暂实施。吴、会同为政府财赋要地，而有此差别待遇，实系吴郡士族和会稽士族异途发展所致。吴郡士族仕宦的机会较佳，他们多居于建康，从事政治活动，而仰赖官禄为生，① 也就是说吴郡士族比较少从事经济活动，吴郡士族拥有田园而见于记载者，仅顾辟疆一人而已。② 可能因吴郡少有大土地制的生产经营方式，故人口逃亡、荫附于士族的情形亦较不严重，以此毋需行吏民亡叛制以遏止课户的逃亡。

五、结　论

六朝系一门阀社会，史书中常见到活跃于中央政治舞台的侨姓大族和吴郡士族，至于其他未能进入中央政治的各地士族之情况则晦微不明。幸而有像会稽士族这样原本活跃于中央的士族群，后来逐渐隐没衰微，退回地方者，可以提供我们了解那些未能进入中央政坛各地士

---

① 《隋书》，卷三一，《地理志》下云："丹阳旧京所在，人物本盛。小人率多商贩，君子资于官禄。"页887。又，《颜氏家训》，卷四，《涉务》："江南朝士，因晋中兴，南渡江，卒为羁旅，至今八、九世，未有力田，悉资俸禄而食耳。"六朝在建康从事政治活动者，大抵皆仰赖官俸生活。

② 《世说新语笺疏》，下卷上，《简傲第二十四》，页777："王子敬自会稽经吴，闻顾辟疆有名园。"何启民：《南朝门第经济之研究》，《中古门第论集》（台北：学生书局，1978），认为吴四姓除了仕宦之外，别无生产。

族的一些线索，俾能于六朝社会有更广泛的认识。

会稽士族包括上级士人四族孔、魏、虞、谢、丁、钟离氏，以及下级士人贺氏。他们具有下列三个特色：强烈的经学传统、经济力量雄厚、宗族强盛，使他们在东汉以后崛起于地方，进入中央政坛，而成为中央性的士族。东晋以后，这些模铸会稽士族的特色却未必完全对其有利，东晋政权建立后，侨姓大族居于政治高位，重视清谈文学，而在此一环境中，会稽士族保守家风、传习经史，使他们在士族群中的评价减损，并且阻碍他们在政治上的发展。又可能由于会稽士族之间在经济利益上的冲突，使他们不能如同吴郡士族一般地相互联婚，以及在仕途上彼此援引，集结成一股地方士族的政治势力；相反地，会稽士族之间极少通婚，并且在仕途上互相排挤，因而削弱了在政治上的影响力。

政治上，会稽士族的机会不如吴郡士族，不仅和孙吴建国的基础、东晋南朝的形势有关，亦由于地缘性的因素，使会稽士族和中央的关联较吴郡士族为隔阂之故。又，传统上认为九品官人法保障了士人出仕的机会，而从会稽士族中魏、谢、丁、钟离氏在东晋以后几乎从政坛消失的情形观之，则士族虽然有九品官人法作为仕宦的保障，但士族的才能亦是决定其政治上发展的因素之一，士族如不能有佳贤子弟世代相承，亦不能免于政治上的没落。

由于会稽士族有不利其在政治上发展的主观及客观因素，刘宋以后，部分在政治上没有出路的士族遂由中央退回地方，以其在地方上固有的基础，从事经济方面的发展。其结果是一方面使会稽士族豪强化，会稽士族和地方豪强的区分渐小，而导致其士族身份的隐晦，降低其在士族群中的地位，对中央政坛的影响力也日益微小。另一方面，会稽士族在政治上的衰颓及其转向经济上的发展，反而有助于他们巩固其地方势力。东晋南朝在会稽郡实施吏民亡叛制，系因会稽士族经济势力的膨胀，拥有广大不纳赋税的土地及大量荫附人口，影响政府在此地赋役的征发。政府为了防止课户逃亡，以期在此地能征发足够的赋税力役，不得已而实行此一殊制。由此可见，会稽士族虽不能活跃于中央政坛,但他们在地方经济上的发展,却影响中央对于会稽的行政处理。因此,我们不免要怀疑:六朝时代各个地区在地方士族的影响下,是否也有不同于中央的律动?

原刊于《"中央研究院"历史语言研究所集刊》第五十六本第二分(1986.6)

六朝南海贸易的开展

一、前　言

　　文献上最早关于中国海外贸易的记录，是《汉书·地理志》记载汉武帝遣译长入海市明珠、璧琉璃、奇石异物的一则记载。《后汉书》及南北朝诸史书的外国传（或称《诸夷传》，或作《夷蛮传》《东南夷》《夷貊传》）也陆续有这方面的零星资料。从这些记载看来，似乎从西汉至南北朝这段时期，中外海上贸易是很有限的。不过，到了唐代，南海贸易却相当兴盛，唐朝末年，住在广州一地的波斯、大食等国商人就有十万余人。① 从南北朝史书所反映当时海外贸易的沉寂，到唐代的飞跃进展，难免令人有突兀之感；虽然唐代西亚国际形势的改变，可以作为解释唐代海上贸易激增的部分原因，② 但是我们仍然觉得其间可能失落了某些串连的线索。

　　本文认为三国迄南北朝是中外海上贸易开展发达的一个重要时期，主要围绕下面两个问题来谈：一、从孙吴东晋南朝的立国形势，解释三国以后海上贸易的趋盛；二、交、广二州是控制南海贸易的枢纽，除叙述六朝时期海外贸易发展的状况之外，并拟探讨海外贸易的蓬勃开展对于这一个地区的影响。

------

　　①　桑原骘藏著，冯承钧译：《中国阿拉伯海上交通史》（台北：台湾商务印书馆），页 28—29。
　　②　夏鼐：《综述中国出土的波斯萨珊朝银币》，《考古学报》，1974 年第 1 期，页 97—98。

二、六朝以前的南海贸易

考古发掘资料显示，中国和越南的贸易始于公元前三世纪或二世纪初，①广东、广西两省区发掘两汉古墓，也证明了汉代南海贸易已有某种程度的流通。②南海贸易的重要性在于某些特定的进口物品只能从此一路线得到，中国从南裔邻国进口物质大致上可分为两类，一种是装饰性的奢侈品，如明珠、大贝、犀角、珊瑚、玳瑁、象牙、琥珀等珍宝；③一种则是实用性的布和香料。进口布的种类有吉贝（或作"班布"，即棉布）、白迭、火浣布，吉贝的产地在林邑、干陀利、中天竺。④ 白迭的产地在中天竺、南洋群岛⑤，火浣布的产地为西域、天竺、日南及南海诸国⑥。香料的产地很多，大秦、天竺及南海诸国都出产香料，只是各处所产的香料种属不同。⑦ 在佛教传入中国以前，中国人已使用香料熏衣或佩戴；佛教传入以后，因为香料也作供佛之用，所以随着佛教的兴盛，对香料的需求量便日益增加。上述诸舶来品中，有的物品如香料、火浣布等可通过丝路贸易而来，但像犀角、象牙、玳瑁、明珠、珊瑚等物，则只有通过南海贸易方能求致，所以《汉书》卷九十六《西域传》赞云：

---

① Ying-shih, Yu, *Trade and Expansion in Han China* (Berkeley: University of California Press)，p. 182.

② 夏鼐：《综述中国出土的波斯萨珊朝银币》，《考古学报》，1974年，第1期，页97—98。

③ 《汉书》，卷二八，《地理志下》云粤地："处近海，多犀、象、玳瑁、珠玑、银、铜、果、布之凑，中国往商贾者多取富焉。番禺，其一都会也。"页1670。说明了番禺（今广州市）为海外贸易要站，而上列诸物品多为舶来品。

④ 《梁书》，卷五四，《诸夷传》，页784。

⑤ 《梁书》，卷五四，《诸夷传》，页797—798。并参许云樵：《康泰〈吴时外国传〉辑注》（新加坡：东南亚研究所，1971），页30，《诸薄国》。

⑥ 《太平御览》，卷八二〇，《布帛七》，"火浣布"条，总页3782下—3783上。

⑦ 据《梁书·诸夷传》，林邑产沉香、（竹栈）香，盘盘国产糖香，狼牙修国盛产（竹栈）沉婆律香，大秦产苏合香，罽宾产郁金香。

"故能睹犀布、玳瑁,则建珠崖七郡。"

就南海舶来品的普及性,可以推知西汉以后,其进口量可能不小,而且不断地增加。从汉武帝开百越地始,中原人士对南方的物产,尤其是南海舶来品极为喜爱。① 汉代立下重法,携珠入关者死,②可能是为防止到交州(今越南中、北部,广东和广西)任官者贪污,回京时携带大批珠宝,谋取暴利;③也可能是为了抑制关中人士崇尚明珠之饰的浮华风气。南海舶来品的使用者似乎只限于上层阶级,汉末,玳瑁席、象牙床、琉璃屏风、器皿等常见诸文人的记载。④ 但从晋朝法令——士卒百工不得服真珠珰珥、犀、玳瑁、越叠,⑤可知南海舶来品也似渐普及于平民阶级,也意味着舶来品进口数量的增加。

文献上说汉时对外贸易的港口,主要是番禺(今广东广州)、合浦(今北海、钦州、防城港、玉林一带)、徐闻(今广东雷州),⑥现今出土的资料,也证明了这一点。广州许多汉墓出土的陶制犀角、象牙和大批的珠饰,显示其时此地确是一个国际贸易的都会。⑦ 广西合浦汉墓出土

---

① 《后汉书》,卷二四,《马援传》:"初,援在交趾,常饵薏苡实,用能轻身省欲,以胜瘴气。南方薏苡实大,援欲以为种,军还,载之一车,时人以为南土珍怪,权贵皆望之。……及卒后,有上书潛之者,以为前所载还,皆明珠文犀。"页846。
② 〔汉〕刘向:《古列女传》(明万历三十四丙午年刊本,"中央研究院"傅斯年图书馆藏),卷五,《珠崖二义》:"法:内珠入于关者死。"
③ 《后汉书》,卷四一,《钟离意传》:"时交趾太守张恢,坐臧千金,以资物簿入大司农,诏班赐群臣。意得珠玑,悉以委地而不拜赐。"页1407。
④ 如刘桢《清虑赋》:"后布玳瑁之席,前设翡蠵之筵。"又孙德施《南榴枕赋》:"委之玳瑁席,停之象牙床。"
⑤ 《太平御览》,卷八〇二,《珍宝部》"珠"上:"晋令曰:士卒百工不得服真珠珰珥。"页3694-1。卷八〇七,《珍宝部六》,"玳瑁"条:"晋令曰:士卒百工不得服犀、玳瑁。"页3718-2。卷八二〇,《布帛七》,"白叠"条:"晋令曰:士卒百工不得服越叠。"页3783-2。
⑥ 《汉书》,卷二八,《地理志下》云:"自日南障塞、徐闻、合浦船行可五月,有都元国。"页1671。可知徐闻、合浦亦为港口。
⑦ 中国社会科学院考古研究所编:《广州汉墓》(北京:文物出版社,1981),页128、243—244、281、291、351。

物有金饼、金珠、玛瑙、琥珀、琉璃等海外物产①,广东徐闻汉墓中有琥珀、水晶、玛瑙等各种珠饰②,都说明了此二地亦是海外贸易的据点。因为合浦是海外贸易的港口,故合浦之北的郁林郡(今广西贵港)也成为珊瑚交易中心。③

汉代对海外贸易的态度是比较消极的,"汉弃珠崖"事件就是一个很好的例证。交州刺史部这一块南裔边陲广大的土地,本是俚夷居处之地,迄于汉代此地的开发极为有限,在重农主义以田赋为赋税征收标准的立场观之,此地几乎无法征收赋税,④故汉室对于此地的统治并不是很感兴趣。因此当珠崖郡(今海南岛)土著屡次叛乱,汉室就甚感不耐烦,宁可放弃对此地的统治权,元帝初元元年(前48),珠崖又叛,贾捐之以"又非独珠厓有珠犀玳瑁也,弃之不足惜,不击不损威。其民犹鱼鳖,何足贪也!"主张放弃其地。三年(前46),文帝遂遵从他的意见,废撤珠崖郡。⑤ 当时海外贸易的商船大致上沿海岸而行,诸国船舶皆先抵达今越南中、北部,再循广西海岸,抵达广州。珠崖恰位于由越南中、北部到广州的必经之路上,汉室放弃珠崖,事实上也等于放弃了南海贸易的主动权和控制权。

正因为汉帝国对南海贸易的态度是消极保守的,所以对岭南诸郡的控制权也不是很完整。其中汉室比较重视南海、合浦和郁林郡,至于南海贸易最前线的交趾、九真、日南诸郡,则甚为忽略,或者说对这些地方的控制力较为松散。三国以后,由于发展海外贸易,加强对此诸郡的

---

① 广西壮族自治区文物考古写作小组:《广西合浦西汉木椁墓》,《考古》,1972年第5期。

② 广东省博物馆:《广东徐闻东汉墓——兼论汉代徐闻的地理位置和海上交通》,《考古》,1977年第4期,页277。

③ 《太平御览》,卷八〇七,《珍宝部六》,"珊瑚"条引《述异记》云:"郁林郡有珊瑚市,海客市珊瑚处也。"总页3717下。

④ 萧璠:《春秋至两汉时期中国向南方的发展》(台北:台湾大学文史丛刊,1973),页127—128。

⑤ 《汉书》,卷六四下,《贾捐之传》,页2830—2835。

控制,以至于常引起和林邑国的边境冲突,汉代则完全没有这一类的记载。当时如果有边境冲突,其结果可能如放弃珠崖一样处理。①

三、孙吴海外贸易的推展

早期中国经由海路与外国贸易,主要经由南海与今日中南半岛及南洋群岛诸国,乃至与印度、伊朗等国直接或间接贸易。自三世纪至六世纪间,中国长期处于政权分立的状态,南方政权自然掌握了南海贸易,因此讨论这个时期的海外贸易,主要谈的是孙吴、东晋、南朝四代六个王朝的南海贸易。

汉末三国分立,吴、蜀竞夺交州。最后孙吴取得交州的控制权,不但可自交州取得人口资源,充实军力,亦可自交州辗转得到南中(今四川南部和贵州、云南)的马,补充孙吴境内马的匮乏;更重要的是,拥有交州便取得了南海贸易的控制权,独享海外贸易之利。

赤壁之战(建安十三年,208)后,魏、吴、蜀三分天下的局面大致上形成,掌握南海贸易的交州在孙吴的势力范围里;不过,直到黄武五年(226)以后,孙吴才能完全控制交州。一方面,从汉末以后,苍梧士燮(137—226)家族分据交趾、合浦、九真、南海太守之职,几近割据的状态,建安十五年(210),士燮家族虽然顺服孙权派任的交州刺史步骘(?—247),但交州实际上仍是在士燮家族的控制之下。一直到黄武五年士燮病殁,孙权派遣吕岱(161—256)讨伐抗命的士氏家族,杀士燮之弟士壹(?—226)、士䵋(?—226),铲除士氏的地方势力,孙吴才算真正领有交州之地。另一方面,直迄公元229年,蜀汉才放弃和孙吴争夺

---

① 《后汉书》,卷八六,《南蛮西南夷列传》云,永和二年日南、象林徼外蛮夷数千人攻象林县,交趾太守不能平,朝廷从李固议,并不派遣大军前往却攘。李固议云:"今日南兵单无谷,守既不足,战又不能。可一切徙其吏民北依交趾,事静之后,又命归本,还募蛮夷,使自相攻,转输金帛,以为其资。有能反间致头首者,许以封侯列士之赏。"页2838。

交州。① 因为由交州溯红河、西江而上,可抵云贵高原的牂柯等地——即所谓的"南中"。其时南中是南夷土著盘踞之地,南夷酋帅雍闿(?—225)和士燮通闻,进而与孙吴互通声息,故蜀汉以管理南中的庲降都督李恢(?—231)领交州刺史,想通过南中,进一步向交州推进。相对地,孙权也以刘阐为益州刺史,处于交、益州界。吴、蜀以南中为焦点,于对方的领土都存觊觎之心。然而在曹魏的强大与威胁之下,使吴、蜀不得不联合起来,与之对抗。229年,蜀汉丞相诸葛亮(181—234)因北伐曹魏,需得孙吴助力,故派遣卫尉陈震为使,与孙权结盟,双方同时撤销所署的益州刺史及交州刺史。②

吴、蜀之争夺交州,主要是因控有交州,即可得到当地的资源,并且能独占海外贸易之利。汉末以降,各割据政权处于军事对抗的情况下,无不思积粮屯兵,加强自身的财力及战斗力,所以十分重视人的资源及各种物资。孙吴平定交州的目的之一,即在于取得人力资源。《吴书》卷十五《吕岱传》,吕岱(161—256)平交州,孙权诏云:"自今已去,国家永无南顾之忧,三郡晏然,无怵惕之惊,又得恶民以供赋役,重用叹息。"又赤乌十一年(248)交阯、九真土著叛乱,以陆胤为交州刺史讨平之,前后出兵八千余人。③ 孙皓末年,更料实广州户口,④欲取得更多的人民以供赋役。孙吴对交州的讨伐与控制,与其讨伐扬州山越的性质是一样的。

孙吴从交州可得到的另一项资源是马。荆、扬二州不产马,因此孙吴对马的需求甚为殷切,其向外购买马的来源有三:一是曹魏势力的华北,二是蜀汉势力的益州,三是公孙氏政权的辽东。然而孙吴和这几处并未建立一种正常的马交易,或是趁遣使之便,或是双方交聘的赠礼,

---

① 宫川尚志:《三國の分立と交州の地位》,《东洋史研究》,第7卷2,3期。
② 《三国志·吴书》,卷二,《吴主传》,页1134—1135;《蜀书》,卷十三,《李恢传》,页1045—1046。
③ 《三国志·吴书》,卷十六,《陆凯传》,页1409。
④ 《三国志·吴书》,卷三,《嗣主传》,页1172。

甚至是双方偶一为之的物资交换,故其数量可能是有限的。关于孙吴市马见诸记载的有:建安二十四年(219),孙权乘遣使奉贡于汉室之便,令王惇市马。① 黄武二年(223)蜀汉遣中郎将邓芝(177—251)来聘,《吴书》卷二《吴主传》裴注引《吴历》曰:"蜀致马二百匹,锦千端,及方物。自是之后,聘使往来以为常。吴亦致方土所出,以答其厚意焉。"然而,孙吴经由蜀、吴交聘得到的马显然不敷使用,于是更积极向外寻求。嘉禾二年(233)遣将军周贺、校尉裴潜乘海之辽东,从公孙渊求马;②在回程时经成山遭曹魏将田豫伏击,周贺等皆死。③ 以孙权的雄才,更曾因需马殷切而上了公孙渊(?—238)的当。嘉禾三年(234),公孙渊奉表称臣,孙权遣太常张弥、执金吾许晏、将军贺达(?—233)将兵万人,备金宝珍货,至辽东册封公孙渊。不料公孙渊背盟,斩张弥等人,送首于曹魏。孙权这样未经考虑结好公孙渊,其目的也是希望得到辽东的马;④由于公孙渊背盟,双方交恶,辽东马的来源遂断绝了。因吴、蜀之间尚有联盟关系,蜀马遂成为孙吴求马唯一正式的来源。《吴书》卷八《薛综传》裴注引《汉晋春秋》云:"孙休时,(薛)珝为五官中郎将,遣至蜀求马。"透过官方正式往来交易的蜀马,其次数和马的数量,今不得而知,值得注意的是:孙吴可经由交州得到一部分所需的马。《蜀书》卷十三《李恢传》称李恢(?—231)讨平南中夷蛮的叛乱:"赋出叟、濮耕牛、战马、金银犀革,充继军资",可知南中亦产马,前述交州溯红河、西江可抵达南中地,《吴书》卷十《士燮传》云:"(士)一时贡马,几数百匹。"此马

---

① 《三国志·吴书》,卷二,《吴主传》,页1121。
② 《资治通鉴》,卷七二,《魏纪四·明帝太和六年》,总页2276。
③ 《三国志·吴书》,卷二,《吴主传》,页1136。
④ 《三国志·吴书》,卷十三,《陆逊传》:"及公孙渊背盟,权欲往征,逊上疏曰:'渊凭险恃固,拘留大使,名马不献,实可仇忿。……强寇在境,荒服未庭,陛下乘桴远征,必致窥窬,戚至而忧,悔之无及。若使大事时捷,则渊不讨自服;今乃远惜辽东众之与马,奈何独欲捐江东万安之本业而不惜乎?乞息六师,以威大虏,早定中夏,垂耀将来。'权用纳焉。"页1350—1351。

当系来自南中。六朝时期,交州大概一直都是南中马的转运站。①

虽然交州可供给孙吴政权人力的资源及南中的马,但它对孙吴的重要性主要还是在海外贸易方面。经由南海而达中国大陆的舶来品是孙吴与曹魏、蜀汉正式交聘、贸易,甚或走私贸易主要交换的项目。孙吴时,交州开发犹浅,原不重其田赋收益,而是仰赖其海外贸易之利。《吴书》卷八《薛综传》,记载薛综(?—243)上疏对交州的描述:

> 然而土广人众,阻险毒害,易以为乱,难以从治。县官羁縻,示令威服,田户之租赋,裁取供办,贵致远珍名珠、香药、象牙、犀角、玳瑁、珊瑚、琉璃、鹦鹉、翡翠、孔雀、奇物,充备宝玩,不必仰其赋入,以益中国也。

由于孙吴领有交州,魏、蜀无法取得这些物质,而他们对于这些舶来品仍有一定的需求。魏文帝、明帝均曾遣使索取这些物品。《吴书》卷二《吴主传》裴注引《江表传》曰:"是岁(建安二十五年,220)魏文帝遣使求雀头香、大贝、明珠、象牙、犀角、玳瑁、孔雀、翡翠、斗鸭、长鸣鸡。"同传另一则记载则明白点出曹魏是以马来交换南方珍宝的:"(嘉禾四年)魏使以马求易珠玑、翡翠、玳瑁,权曰:'此皆孤所不用,而可得马,何苦而不听其交易?'"这是官方遣使的交易,而吴、魏边境亦有互市之地,如石阳。② 在南北交易的市场上,吴得之于交州的海外珍异当是其中重要的货品。至于孙吴和蜀汉长期交聘、互赠方物,海外舶来品自然也是其中重要的项目。

对孙吴而言,海外贸易之物不仅是上层社会的奢侈品及本国所需之物,还可作为与曹魏、蜀汉报聘交换、贸易,以取得所需的物资。在三

---

① 《宋书》,卷四六,《刘勔传》云其为郁林太守时,"大致名马,并献珊瑚连理树"。页2192,此马当系来自南中。

② 李剑农:《魏晋南北朝隋唐经济史稿》(台北:华世出版社,1981),页85—86。

国并立互争之际,后者显得特别重要,因此从黄武四年(225)孙吴真正控制交州后,便展开了对外贸易的交涉,下列三个事件便是其具体的行动:一、黄武五年(226),遣使扶南、林邑等国①;二、赤乌五年(241),遣将军聂友(220—253)、校尉陆凯(198—269)讨珠崖、儋耳,把汉代放弃的珠崖郡重新置于控制下;②三、永安七年(264),分交州地,另置广州。③

黄武五年,交州刺吏吕岱在讨平抗命的士氏家族之后,遣康泰、朱应出海,至扶南、林邑、堂明诸国,史书上说他们此行的任务是"南宣国化"④。杉本直治郎认为孙吴的遣使有两个目的:在军事方面,拟取得人的资源,主要的目标是扶南;在经济方面,欲取得物的资源。⑤ 然而当时的扶南对孙吴而言,仍是相当陌生的,孙吴欲取得人的资源或得到军事同盟,并不可能求之于远方异域陌生之地。又,即使孙吴真的急需补充人的资源,求之于远方,也应是在他求助于辽东失败之后;但孙吴遣使南方诸国却是在和辽东结盟的十年之前,故孙吴于扶南有军事目的之说并不可信。康泰、朱应出使南洋诸国之事,应视为孙吴积极开展对外贸易的第一个行动。

驹井义明认为:康泰、朱应出使南洋诸国是出于交州刺史吕岱私自的行动,而非孙权之授意。⑥ 不论此举是中央或地方官的主动,遣使"南宣国化"的目的显然是一方面对外宣称交州主权的易主,另一方面则招揽海外商人前来贸易。自汉末以降,士燮家族控制交州达数十年之久,他们同时也控制了南海的贸易,《吴书·士燮传》云:"燮每遣使诣

---

① 《三国志·吴书》,卷十五,《吕岱传》,页1385。
② 《三国志·吴书》,卷二,《吴主传》,页1145。
③ 《三国志·吴书》,卷三,《嗣主传》,页1162。
④ 《三国志·吴书》,卷十五,《吕岱传》,页1385。
⑤ 杉本直治郎:《東南アジア史研究》,《三國時代における吳の對南政策》(东京:日本学术振兴会,1956),页499—450。
⑥ 驹井义明:《所謂孫權の南方遣使について》,《歷史と地理》,第25卷第6号。

权,致杂香细葛,辄以千数,明珠、大贝、琉璃、翡翠、玳瑁、犀、象之珍,奇物异果,蕉耶、龙眼之属。"士燮送孙权的礼物清单中大都是舶来品。孙权一旦铲除了士氏在交州的势力,唯恐情势变易,致海外商人不敢前来贸易,乃遣使诸国,招徕外商。在康泰出使的第二年(黄武六年),扶南即遣使入贡,①可见孙吴的遣使确实收到了效果。

孙权更进一步控制南海贸易的行动,是赤乌五年派遣聂友、陆凯击儋耳、珠崖,再度控有今雷州半岛及海南岛。自汉元帝放弃珠崖以后,雷州半岛及海南岛似乎为俚獠所据,而不在汉人的控制下,故孙吴须遣兵讨服土著,才能控制此地。珠崖、儋耳控扼南洋商船沿林邑及交趾、合浦郡海岸至广州必经之道,汉弃珠崖的理由是彼处只有珠玑之利,不足宝惜;孙吴重将珠崖、儋耳纳入控制之下,却正是为了海外贸易的珠玑之利。

永安七年分交州地立广州,是孙吴重视海外贸易的又一表现,同时也显示了孙吴在海外贸易中积极主动的一面。因交州境域辽阔,包括今广东、广西及越南中、北部,而交州刺史治所在番禺,对于广西及越南中北部的控制力便薄弱了。至孙皓时,分交州的南海、苍梧、郁林三郡立广州,而以交趾、日南、九真、合浦四郡为交州,应是希望更有效地控制原交州的西部地区。关于这一点,从孙皓在交州境内增设的三郡新昌、武平、九德,②全在今越南境内,即可得到证明。越南中北部的日南、九真、交趾,是南海商船抵达中国大陆的首站,孙皓在此增设郡县,显然和主动展开对外贸易有关。新设的三郡中,新昌、武平系分交趾郡而立,九德系析九真郡而设,故孙吴的势力可能还未推展到和林邑接壤的日南郡。自三国以后,南方王朝因为重视海外贸易,其控制力也逐步向交州南部推移;从东晋开始由于中国大陆势力延伸至日南郡,便和林

---

① 《资治通鉴》,卷七十,《魏纪二》,文帝黄初七年,总页2232。
② 《三国志·吴书》,卷三,《嗣主传》,页1168。并见《晋书》,卷十五,《地理志下》,页465。

邑有许多的边境冲突。

今日虽无史料遗存,可以显示孙吴推展海外贸易的成果如何,但从西晋初年南海舶来品充斥洛阳的情况,①可以推知到孙吴末年时,南海贸易必定相当蓬勃兴盛。

四、东晋、刘宋与林邑的边境冲突

永嘉乱后,晋室南渡,以迄南朝四代,皆立国于江左,形势大略与孙吴时相似,因此南海贸易对于这些南方政权有相等的重要性。虽然当时南方取道益州、河南国,有一条与丝路平行、通往西域的路线,②自东晋末年,桓温(312—373)灭成国,东晋及南朝政权一直拥有蜀地,因此可以由此路线通西域,取得西域的物质;但就南方政权而言,海道可能更为便利一些。如康居人释道仙以商贾为业"往来吴、蜀,江海上下",③显然走的是海路。更何况南海诸国的产品仅能由海路而来,所以南海贸易对于南方政权而言,具有取得西域及南洋物资的重要性。《宋书》卷九十七《夷蛮传》对南海贸易有精辟的叙述:

> 晋氏南移,河、陇夐隔,戎夷梗路,外域天断。若夫大秦、天竺,迥出西溟,二汉衔役,特艰斯路,而高货所资,或出交部,泛海陵波,因风远至。又重峻参差,氏众非一,殊名诡号,种别类殊,山琛水宝,由兹自出,通犀翠羽之珍,蛇珠火布之异,千名万品,并世主之所虚心,故舟舶继路,商使交属。

---

① 西晋王公贵臣竞相夸富,所夸示的是珊瑚、沉香、象牙等南海舶来品,见《晋书》,卷三三,《石苞传附石崇传》,页 1007;《世说新语·汰侈三十》。
② 唐长孺:《南北朝期间西域与南朝的陆道交通》,收入氏著《魏晋南北朝史论拾遗》(北京:中华书局,1983)。
③ 《续高僧传》(收入《大正藏》,第五十册),卷二五,《隋蜀灌口竹林寺释道仙传》,总页 651 上。

东晋、刘宋政府甚为重视南海贸易,故须进一步推展对交州南部的控制权,遂和林邑不断地爆发边境冲突。自东晋中期迄刘宋文帝元嘉二十三年(446)大举出兵讨伐林邑的一百年间,见于记载的双方边境冲突有十余次:

1. 永和三年(347),三月,林邑王范文攻陷日南,害日南太守夏侯览,杀五六千人,铲平西卷县城。七月,范文复据日南,害督护刘雄,据日南三年。①

2. 永和四年(348),林邑王范文袭九真,害士庶十之八九。②

3. 永和五年(349),征西都护滕畯、九真太守灌邃伐林邑王范文于卢容,为文所败,退次九真。③

4. 永和九年(353),交州刺史阮敷讨林邑王范佛于日南,破其五十余垒。④

5. 升平三年(359),十二月,林邑复为寇暴,交州刺史温放之率兵讨林邑参黎、耽潦,并降之。⑤

6. 隆安三年(399),林邑王须达寇日南,执太守炅源;又进寇九德,执太守曹炳;交趾太守杜瑗遣都护邓逸等击破之。⑥

7. 义熙三年(407),林邑王须达复寇日南,杀长史,交州刺史杜瑗遣海逻督护阮斐讨破之,斩获甚众。⑦

8. 义熙九年(413),林邑王须达复寇九真,行郡事杜慧期与战,斩其息交龙王甄知及其将范健等,生俘须达息那能,及虏获百余人。⑧

---

① 《晋书》,卷九七,《四夷传》,页2546;卷八,《穆帝纪》,页194;《梁书》,卷五四,《诸夷传》,页784—785。
② 《晋书》,卷九七,《四夷传》,页2546;卷八,《穆帝纪》,页194。
③ 《晋书》,卷九七,《四夷传》,页2546;《梁书》,卷五四,《诸夷传》,页785。
④ 《晋书》,卷八,《穆帝纪》,页199。
⑤ 《晋书》,卷八,《穆帝纪》,页204。
⑥ 《梁书》,卷五四,《诸夷传》,页785。
⑦ 《梁书》,卷五四,《诸夷传》,页785。
⑧ 《梁书》,卷五四,《诸夷传》,页785。

9. 永初元年(420),交州刺史杜慧度率文武万人南讨林邑,前后被抄略,悉得还本。林邑乞降,输生口、大象、金银、古贝等,乃释之。①

10. 元嘉元年(424),林邑王范阳迈侵暴日南、九德诸郡,交州刺史杜弘文建牙聚众欲讨之,闻有代,乃止。②

11. 元嘉八年(431),林邑寇九德,交州刺史阮弥之遣队主相道生三千人赴讨,攻区粟城不克,引还。

12. 元嘉十二年(435)、十五年(438)、十六年(439)、十八年(441),频遣使贡献,而寇盗不已,所贡亦陋薄。③

实则这一百年间,林邑与东晋、刘宋的边境冲突的次数约在此十倍以上。《晋书》卷九十七《四夷传》云:"至义熙中,每岁又来寇日南、九真、九德诸郡,杀伤甚众,交州遂致虚弱,而林邑亦用疲弊。"

自东晋迄刘宋初年,与林邑不断有边境冲突,主要原因是南海贸易权的争夺,而其关键在于日南。自东晋开始,政治势力渐及于孙吴西晋势力所未达的日南郡,遂和林邑利益相冲突。《晋书·四夷传》"林邑国"条云:

> 至永和三年,(林邑王范)文率其众攻陷日南,害太守夏侯览,杀五六千人,余奔九真,以览尸祭天,铲平西卷县城,遂据日南。告交州刺史朱蕃,求以日南北鄙横山为界。初,徼外诸国尝赍宝物自海路来贸货,而交州刺史、日南太守多贪利侵侮,十折二三。至刺史姜壮时,使韩戢领日南太守,戢估较太半,又伐船调枹,声云征伐,由是诸国恚愤。且林邑少田,贪日南之地,戢死绝,继以谢擢,侵刻如初。及览至郡,又耽荒于酒,政教愈乱,故被破灭。

---

① 《宋书》,卷九二,《良吏·杜慧度》,页2264。
② 《宋书》,卷九七,《夷蛮传》,页2377;《资治通鉴》,卷一二〇,《宋纪二》,文帝元嘉元年,总页3774。
③ 《宋书》,卷九七,《夷蛮传》,页2378。

上文说林邑侵日南是因其国内田少、贪日南之地,其实林邑之侵夺日南并不为了日南的土地,而是为了日南在南海贸易中的地位,亦即为了南海贸易之利。因为在十余次边境冲突中,除了永和三年至五年间林邑曾占据日南之外,其他十一次皆未有占领土地的记载,最多只是劫掠日南民户而已,①足以说明林邑寇边的目的不在于土地的占领。自东晋以来,林邑的侵犯边境经常只是抄掠海岸及商船的行为,其原因在于南海至印度洋的航线不经林邑,而必经日南。《水经注》卷三十六引康泰《扶南记》云:"从林邑至日南卢容浦口,可二百余里,从口南发,往扶南诸国,常从此口出也。"又《南齐书》卷五十八《东南夷传》"扶南国":

> 宋末,扶南王姓侨陈如,名阇耶跋摩,遣商货至广州。天竺道人那伽仙附载欲归国,遭风至林邑,掠其财物皆尽。那伽仙间道得达扶南,具说中国有圣主受命。永明二年,阇耶跋摩遣天竺道人释那伽仙上表,称扶南国王侨陈如阇那跋摩叩头启曰……又曰:"臣前遣使赍杂物行广州货易,天竺道人释那伽仙于广州因附臣舶,欲来扶南,海中风漂到林邑,国王夺臣货易,并那伽仙私财。"

可见从扶南到日南、广州可以不经林邑,这就是林邑经常寇扰交州日南、九真、九德的真正原因。

刘宋时代欲更加强对南海贸易的控制,因此和林邑的冲突更形激烈化。朱崖郡的存废可以反映朝廷对南海贸易的态度,汉罢珠崖郡,吴大帝赤乌五年复置珠崖郡;晋武帝平吴时,省珠崖并入合浦。至宋文帝元嘉八年,复设朱崖郡,②显示出刘宋时对交、广积极的控制。林邑对朱崖郡的设置,似乎感到不安,同年,林邑便有所行动。《宋书》卷九十

---

① 《宋书》,卷九七,《夷蛮传》,页 2378,云元嘉二十三年,文帝欲征讨林邑,林邑王惧而请和,求还所略日南民户。

② 《晋书》,卷十五,《地理志下》,页 464—465。

七 《夷蛮传》"林邑国"：

> 八年，(林邑王范阳迈)又遣楼船百余寇九德，入四会浦口，交州刺史阮弥之遣队主相道生三千人赴讨，攻区粟城不克，引还。林邑欲伐交州，借兵于扶南王，扶南不从。

林邑与交州日南郡接壤，却遣楼船寇日南之北的九德郡，可见林邑也是一个航海的国家；又其欲借兵扶南，以伐交州，则显示了林邑急欲控制南海地区。两年后(元嘉十年，433)，林邑王阳迈更遣使刘宋，直接提出求领交州的要求，①百余年来林邑和中国的冲突原因遂明朗化了。然而，自三国以降，南海贸易对于南方政权有相当的重要性，因此孙吴以降南方王朝向南方的发展是一贯的政策，宋文帝自是不肯应允。林邑未遂所欲，此后即不断寇掠交州，终于导致中国第一次征讨南陲邻国的军事行动。

元嘉二十三年，宋文帝讨伐林邑，几乎灭掉林邑国，结束了自东晋以来中国与林邑的边境冲突，同时也展开了南朝四代掌握南海贸易以及南海贸易兴隆的局面。这一年，宋文帝派遣交州刺史檀和之(？—456)、太尉府振武将军宗悫(？—465)受檀节度，水陆俱进，大举讨伐林邑，攻下林邑首都区粟城，林邑王阳迈父子逃走，林邑几遭灭国之祸。②不过由于刘宋对林邑并无占领之意③，林邑嗣后复国，而林邑经此役元气大伤，不复寇边，而和中国维持着朝贡贸易的关系。

元嘉二十三年以后，林邑不再为患南陲，可能与檀和之的军队自林邑带走为数可观的财富和人口有很大的关系。刘宋自这次军事行动中

---

① 《宋书》，卷九七，《夷蛮传》，页 2377—2378。
② 《宋书》，卷九七，《夷蛮传》，页 2378。
③ 《宋书》，卷六三，《沈演之传》："上谓之曰：'庙堂之谋，卿参其力，平此远夷，未足多建茅土。'"页 1686。

所得到的财物实难以估量,光是黄金一项,就有数十万斤之多。① 此外,宋军还掳走不少林邑人民,以为奴隶。② 林邑国内财物为之空虚,人口为之减少。元嘉二十三年以前,林邑频寇交州,与元嘉二十三年以后迄南朝末年,林邑的贡使不绝,③实在是一个强烈的对比。

先前林邑阻断海外的贡舶贸易,自元嘉二十三年以后,南方由海道来的进贡次数也有显著的增加,至梁朝最盛。《南齐书》卷五十八《东南夷传》"扶南国"云:"人性善,不便战,常为林邑所侵击,不得与交州通,故其使罕至。"大概是指宋文帝讨伐以前的事。梁朝和扶南有频繁的来往,建康城中设有扶南馆款待扶南使者,④也有一些扶南僧人到访中国大陆。⑤

五、六朝的海外贸易与贸易港口

六朝时期,中国与天竺(今日印度)可直接贸易往来,而印度以西诸国货品大都经由印度辗转卖至中国。从《高僧传》《续高僧传》《宋高僧传》所记西域、天竺僧人来华,以及中国僧人西行求法搭乘商贾船舶的记载,可知由南海经扶南海岸,至狮子国(锡兰)、天竺这条航线上,有相当频繁的贸易。

六朝活跃于南海的外国商人有天竺人、狮子国人、扶南人、林邑人、西域及南海人。他们的商船不只到广州,有的更直航建康,甚至到达长江口以北的海岸地区;有的商船更溯长江而上,深入内地贸易。西域诸

---

① 《梁书》,卷五四,《诸夷传》,页786;《南史》,卷七八,《夷貊传》,页1950;皆云"得黄金数十万斤"。另说,《南齐书》,卷五八,《东南夷传》云"得黄金数万斤",页1013。
② 《宋书》,卷六三,《沈演之传》:"上欲伐林邑,唯广州刺史陆徽与演之赞成上意。及平,赐群臣黄金、生口、铜器等物,演之所得偏多。"页1685—1686。
③ 仅梁大同九年,林邑曾趁交州土人李贲作乱之际寇边。
④ 《续高僧传》,卷一,《梁扬都正观寺扶南沙门僧伽婆罗传》。
⑤ 《续高僧传》,卷一,《陈南海郡西天竺沙门拘那罗陀传》。

国自有商船航行至中国中土,如刘宋时天竺僧人僧伽跋摩回国时系"随西域贾人舶还外国"，①西域诸国商贾从海道至中国中土者大约仍经印度,泛海至交趾。《高僧传》卷二《佛驮跋陀罗传》记载他由罽宾出发至中国中土的路径为"既度葱岭,路经六国,国主矜其远化,并倾心资奉,至交趾乃附舶,循海而行"。至于南海商人的"昆仑舶"更直航至建康。②《南齐书》卷三十一《荀伯玉传》记载齐武帝为太子时,左右张景真不法的情事,其中一项是："又度丝锦与昆仑舶营货,辄使传令防送过南州津。"南州津为建康城南的津渡。又《北齐书》卷三十七《魏收传》记载,出使陈国的封孝琰（522—572）在归途中遇见昆仑舶，③他可能走海路,那么昆仑舶就已经航行至长江以北的沿海地区了。又《高僧传》记载天竺僧人佛驮跋陀罗（觉贤）在江陵见到天竺舶五艘④；另《续高僧传》记梁时康居国商人亦由南海来华,深入四川贸易，⑤可见有一些外国商船航行在长江上。

除了上述诸国外,天竺以西的安息（波斯）也和中国有直接的贸易,它同时也是大秦与中国贸易的中转站。今在广州（六朝时番禺）之北的曲江、英德的南朝古墓中发现萨珊朝波斯银币⑥,可以证明波斯人曾在此地从事商业活动。自公元五世纪开始,波斯控制了波斯湾至印度河

---

① 《高僧传》,卷三,《僧伽跋摩传》,页342中。
② 《旧唐书》,卷一九七,《南蛮传》："林邑以南,皆卷发黑身,通号为昆仑。"页5270。昆仑舶意略同于南海船或南洋船之意,见《中国阿拉伯海上交通史》,页101。
③ 《北齐书》,卷三七,《魏收传》："其年（河清二年）又以托附陈使封孝琰,牒令其门客与行,遇昆仑舶至,得奇货猓然褥表、美玉盈尺等数十件。"页492。
④ 《高僧传》,卷二,《佛驮跋陀罗传》："佛驮跋陀罗,此云觉贤。……后语弟子云:'我昨见本乡有五舶俱发。'既而弟子告外人,关中旧僧咸以显异惑众……贤志在游化,居无求安,停止岁许,复西遍江陵,遇外国舶至,既而讯访,果是天竺五舶先所见者也。"
⑤ 《续高僧传》,卷二五,《隋蜀灌口竹林寺释道仙传》,总页651上。
⑥ 夏鼐:《综述中国出土的波斯萨珊朝银币》,《考古学报》,1974年第1期,页93。

口的贸易,①因此波斯可能阻隔大秦(罗马帝国)与中国的贸易。② 六朝时大秦的商品系辗转卖到中国来的,《梁书》卷五十四《诸夷传》中"天竺国"条:"其西与大秦、安息交市海中,多大秦珍物……又云大秦人采苏合,先笮其汁以为香膏,乃卖其滓与诸国贾人,是以展转来达中国者,不大香也。"担任大秦商品转运商者就是波斯人及天竺人。

其时往来南海贸易的船舶,不尽如桑原骘藏所说,皆是外国船舶,③其中也有中国的船舶。以中国航海技术而言,汉王莽时遣译长入海市珠贝的商队,即已远航至黄支(今印度南部)。孙吴时遣康泰、朱应至南海宣扬国化,《梁书》云其所到之国有百数十国。④ 又,据许云樵考证,康泰南宣国化的时间很长,至少在十五年以上,约在公元231至245年间;⑤虽然不知他最远曾航行至何处,但是可以证明三国时代中国航海已无技术上的问题。又,宋文帝曾敕令交州刺史泛舶至阇婆外国,延致高僧求那跋摩(367—431),⑥可知当时也有中国船舶航行南海上。

交州日南郡是外国商舶抵达中国的第一站,也是自中国大陆远航南海诸地的起点。从日南郡沿海岸而行,经越南北部、广西、到广东的番禺,有几个据点,因商舶航线所经,也是重要港口,如交趾郡、徐闻、高凉郡(今广东恩平)等。不过,南海贸易最大的中心仍要算是番禺,《高僧传》中所记三至六世纪由海道附商人舶来华的十三个僧人中,有三人是先抵交州,再转往中国内地,而有十人是到达广州,再转至他处。⑦

---

① 夏鼐:《综述中国出土的波斯萨珊朝银币》,《考古学报》,1974年第1期,页94。
② 《梁书》,卷五四,《诸夷传》云中天竺国,汉末三国时,大秦商人有到中国交趾贸易者,其后不见大秦与中国直接贸易的记载。
③ 桑原骘藏著,冯承钧译:《中国阿拉伯海上交通史》,页126—127。
④ 《梁书》,卷五四,《诸夷传》,页782。
⑤ 许云樵:《康泰〈吴时外国传〉辑注》,《引言》。
⑥ 《高僧传》,卷三,《求那跋摩传》,页340中、下。
⑦ 《高僧传》,卷一,《康僧会传》《昙摩耶舍传》,卷三《释昙无竭传》《求那跋摩传》《求那跋陀罗传》《释法显传》,卷九《耆域传》《单道开传》。《续高僧传》,《释道宗传》《释吉藏传》,《释慧胜传》《菩提达摩传》。

上述各地因商贾往来,贸易兴盛,遂各具特色。如郁林郡有珊瑚市,高凉郡则可能是南海奴隶贸易的口岸。中外奴隶贸易可能早自西汉就已经开始了,三国孙吴士燮专制交州,每出巡时,"车骑满道,胡人夹毂焚烧香者常有数十"①,前人每以此胡人系胡商,其实就《士燮传》文前后来看,是形容他威仪之盛,排场之大,此胡人当系胡人奴隶。再则,从广州汉墓出土的托灯陶俑深目高鼻②,显系胡人,可能是西域人被贩卖至中土为奴隶者。晋、宋以降,中土使用的奴隶之中有称为"昆仑"的南海人,如宋孝武帝宠幸一名为白主的昆仑奴。③ 当时昆仑奴被贩至中土者可能不在少数,故时人称肤色黑的人为"昆仑"④。如南齐王琨(399—482)小名昆仑,史称"父怿,不慧,侍婢生琨,名为昆仑"⑤。其时从事奴隶贸易者主要为扶南人,《南齐书》卷五十八《东南夷传》"扶南国"条:"扶南人黠惠知巧,攻略傍邑不宾之民为奴婢,货易金银彩帛。"高凉郡可能是奴隶贸易的口岸,《梁书》卷三十三《王僧孺传》云王氏为南海郡太守,"郡常有高凉生口及海舶每岁数至",此处所称高凉生口可能系由高凉进口的南海奴隶。又《陈书》卷九《欧阳頠传》也说欧阳頠(?—563)兄弟为广州刺史、交州刺史,"合门显贵,名振南土。又多致铜鼓、生口,献奉珍异,前后委积,颇有助于军国焉"。显然南海奴隶贸易是很兴盛的,唐代传奇小说中的"昆仑奴"并非虚构,而中土之人使用昆仑奴则更可上溯至汉魏六朝时代。

南海贸易舶来品最大的消费市场是六朝的首都建康。⑥ 另外,吴

---

① 《三国志·吴书》,卷四,《士燮传》,页1192。
② 广州市文物管理委员会、广州市博物馆:《广州汉墓》(北京:文物出版社,1981),页221、228、412—413、431。
③ 《宋书》,卷七六,《王玄谟传》,页1975。
④ 《晋书》,卷三二,《孝武文李太后传》,页981。
⑤ 《南齐书》,卷三二,《王琨传》,页577。
⑥ 《南齐书》,卷五八,《东南夷传》:"至于南夷杂种,分屿建国,四方珍怪,莫此为先,藏山隐海,瑰宝溢目。商舶远届,委输南州,故交、广富实,牣积王府。"页1018。南州津系首都建康附近的津渡。

姓大族所居的三吴,以及侨姓寓居的会稽郡也是舶来品的主要消费市场。自广州将商品转运至上述地方,可走内陆及海路二途,分别造就了沿途几个转运站的繁荣。内陆方面,由广州经始兴(治所曲江,今广东韶关市),越五岭,沿赣江,转长江至建康。刘宋时罽宾僧人求那跋摩抵广州后就走这条路线,故《高僧传》说他"路由始兴,更泛泊下都"①。又如宋武帝时中天竺僧人求那跋陀罗(394—468)至广州后,"宋太祖遣信迎接,既至京都,敕名僧慧严、慧观于新亭郊劳"。②新亭在建康西南长江岸,由长江顺流而下,才会经新亭到建康,故知求那跋陀罗是走这条路线到京师的。始兴因此也受惠于贸易转运而致繁荣,今在曲江发现波斯银币可以证实这一点。③

海路方面,则海舶从广州沿着今福建、浙江、江苏省海岸,转入长江,可上溯至建康,更可越过长江口,北行至山东半岛。因此在此一交通路线上,有几个据点特别重要,一是会稽郡的鄮县(今浙江宁波市东),一是青州长广郡(今山东即墨西南)。会稽早在汉代即是向南航行的港口,如汉武帝伐南越,水军由会稽出海。六朝时它也是向东北朝鲜半岛及日本航行的重要港口,④《全晋文》卷一百三陆云(262—303)《答车茂安书》云:

(鄮县)东临巨海,往往无涯,泛船长驱,一举千里,北接青徐,

---

① 《高僧传》,卷三,《求那跋摩传》,总页 340 下。
② 《高僧传》,卷三,《求那跋陀罗传》,总页 344 上。
③ 广东博物馆:《广东曲江南华寺古墓发掘简报》,《考古》,1983 年第 7 期,页 605。
④ 王仁波:《从考古发现看唐代中日文化交流》,《考古与文物》,1984 年第 3 期。认为八世纪以前日本到中国的遣唐使大致走北路至今山东或江苏登岸,八世纪以后才走南路,至扬州或明州(今宁波)登岸。但王仲殊《关于日本三角缘神兽镜的问题》(《考古》,1981 年第 4 期),提出孙吴时有一些会稽铸镜匠渡海至日本的看法,似乎三国时代由浙东已可直航至日本。六朝朝鲜半岛、日本和南方政权来往密切,如走北路,必须沿着山东、江苏海岸,易为北朝扣执或干涉,事实上整个六朝时代,北朝只抓到一次朝鲜出使南朝的使臣,因此当时可能已航行南路。

东洞交广，海物惟错，不可称名。

商舶循着海岸北行，经浙江、江苏沿岸，可至山东半岛南岸的长广郡，《高僧传》卷二记载印度僧人佛驮跋陀罗（359—429）由海道至交趾后，即循海而行，抵青州东莱郡，东晋法显（337—422）从狮子国由海路附商人舶归国，也是在青州长广郡登岸的。① 这和当时航行须靠季风吹送有关，法显之所以到了青州，系因值风吹送之故。同时，长广郡也是一个西行的港口，如刘宋时建康道场寺慧观法师（366—436）欲走海路西行求经，系至长广郡登舟②，因此北方可能也能和南海诸国有小量的贸易③。

六朝经由交、广州和南海诸国，乃至于天竺、安息、大秦直接或间接的贸易数量的多寡，由于史书缺乏记载，无法有确实的估量；然而，从《高僧传》及史书中一些零星的记载可以显示当时贸易量可能不小。关于广州海外贸易最具体的一则记载是前述王僧孺（465—522）为南海太守时："郡常有高凉生口及海舶每岁数至，外国贾人以通货易。"海舶每岁数至似乎贸易量有限，然《宋书·夷蛮传》中却说"舟舶继路，商使交属"，非常兴旺热络，究竟何者为是呢？我们认为《宋书》所记较近实情，第一，如果中外贸易稀落至"海舶每岁数至"，则齐武帝便不至于有此道诏书：

（永明五年九月）丙午，诏曰："……自水德将谢，丧乱弥多，师旅岁兴，饥馑代有。贫室尽于课调，泉贝倾于绝域，军国器用，动资四表，不因厥产，咸用九赋，虽有交贸之名，而无润私之实，民咨涂

---

① 《高僧传》，卷三，《释法显传》，总页 338 中。
② 《高僧传》，卷二，《昙无谶传》，总页 337 上。
③ 《北齐书》，卷三七，《魏收传》："（武定二年）其年，又以托附陈使封孝琰，牒令其门客与行，遇昆仑舶至，得奇货猓然褥表、美玉盈尺等数十件，罪当流，以赎论。"页 492。

炭，实此之由。……远邦尝市杂物，非土俗所产者，皆悉停之。"①

又《宋书》卷五十六《孔琳之传》亦提及有一些农民逃亡入商：

……而事有讹变，隆敝代起，昏作役苦，故稼人去而从商，商子事逸，末业流而浸广；泉货所通，非复始造之意。于是竞收罕至之珍，远蓄未名之货，明珠翠羽，无足而驰，丝屩文犀，飞不待翼，天下荡荡，咸以弃本为事。

逃亡入商的农民所经营的商品如明珠翠羽、丝屩文犀，全是南海贸易的项目。如果南海贸易量很小，从事此行业者必少，逃亡农民便无从自其中讨生活，求取利益了。其实不只农民希求海外贸易之利，连王公贵臣亦加入此行列，晋义阳成王之嗣孙司马奇"遣三部使到交广商货"②，就连北齐官僚也欲加入此交易行列，魏收（507—572）即曾遣客随陈国使臣南来贸易③，可见当时南海贸易必定很盛。

第二，从当时舶载量的多寡，亦可推知贸易量的大小。东晋法显自狮子国东归时，所搭乘的商人大舶便载有二百人许④；其中，除了水手及少数附载的僧人外，大都是商人，我们若估计商人约在一百五十人左右，应该不会太离谱。一条商船载有一百五十名商人，这种交易的规模应该不会太小。又从当时往来中土贸易的康居商人所得的利润"以游贾为业，往来吴蜀，江海上下，集积珠宝，故其所获赀货乃满两船。时或计者云值钱数十万贯"。⑤ 亦可见其时贸易额不小。正因为六朝南海贸易频繁兴旺，贸易额亦大，所以广州刺史每易致富，时人云："广州刺

---

① 《南齐书》，卷三，《武帝纪》，页54。
② 《晋书》，卷三七，《宗室传》，页1087。
③ 《北齐书》，卷三七，《魏收传》，页492。
④ 《高僧传》，卷三，《释法显传》，总页338中。
⑤ 《续高僧传》，卷二五，《隋蜀灌口竹林寺释道仙传》，页651-1。

史但经城门一过,便得三千万也。"① 唐末大食商人居于广州者达十万余人,实则胡商汇集广州的情形并不始于唐朝。由于南海贸易的兴盛,六朝时已经有不少胡商住在中国境内。《高僧传》卷一《康僧会传》云:其先康居人,世居天竺,其父因商贾,移于交趾。又同卷《昙摩耶舍传》云:"耶舍有弟子法度,善梵汉之言,常为译语。度本竺婆勒子,勒久停广州,往来求利,中途于南康生男,仍名南康,长名金迦,入道名法度。"耶舍为罽宾人,其弟子法度之父竺婆勒即是来往广州和南海贸易的外国商人。

六、海外贸易对于交、广二州的影响

就多数的历史经验而言,海外贸易通常能促进一地的繁荣与开发,然而六朝南海贸易蓬勃兴旺,却对交、广二州的开发没有多少推动的作用,此涉及交、广二州自身的条件,六朝贸易的消费市场及官员的心态诸种因素。

首先,就交、广二州自身的条件而言,交、广二州土地广大,多为俚僚土著的居处,溪洞密布,若非其土人酋帅,号令不行,② 故六朝政府势力所及者唯郡县治所及其附近的少数地方。南海贸易商舶所至之地,仅限于少数沿海港口城市,这些港口原来就是朝廷派驻官员驻扎之地,亦以汉人占多数。因此,海外贸易的利益为汉人及朝廷的官员独占,当地的土著俚僚未能分享其利,对于此地的开发自然不会有很大的影响。

二则南海舶来品的消费市场在建康、三吴、会稽,交、广沿海口岸虽为贸易据点,然其性质接近转口站,对于本地的影响因而减小。

三则海外贸易非但未能促进交、广州普遍的开发,更因官吏贪贿聚

---

① 《南齐书》,卷三二,《王琨传》,页 578。
② 《资治通鉴》,卷一六三,《梁纪一九》,简文帝大宝元年,总页 5047—5048。

敛,常造成此地的动乱。六朝官员大都不乐意到京师以外的地区任官①,如有求为外官者,通常是因为家境贫穷,而存着到外地发财的心理,如温峤(288—329)之子温放之因家贫,求为交州刺史。② 广、交二州虽有海外贸易之利,但僻在海隅,朝廷鞭长莫及,故其官吏每能恣意聚敛。《晋书》卷九十《良吏·吴隐之传》云:

> 广州包带山海,珍异所出,一箧之宝,可资数世,然多瘴疫,人情惮焉。唯贫瘘不能自立者,求补长史,故前后刺史皆多黩货。

交、广二州官员的贪贿聚敛不绝于史书,《陈书》卷十七《王通传附王劢传》称:王劢为南海太守,行广州府事,"越中饶沃,前后守宰例多贪纵,劢独以清白闻"。宋孝武帝时桓闿罢交州刺史任,资财巨万。③ 交、广守吏搜刮财富的来源有二:海外贸易及土著俚僚。在海外贸易方面,交、广守令常克扣外国商品、商船,或强行以低价购买舶来品,营取暴利,甚至割断外国贡献。《晋书·四夷传》云:"徼外诸国尝赍宝物自海路来贸货,而交州刺史、日南太守多贪利侵侮,十折二三。"《梁书》卷三十三《王僧孺传》云他为南海太守时:"郡常有高凉生口及海舶每岁数至,外国贾人以通货易,旧时州郡以半价就市,又买而即卖,其利数倍,历政以为常。"《南史》卷五十一《梁宗室上吴平侯景附萧劢传》也说:"广州边海,旧饶,外国舶至,多为刺史所侵。"《陈书》卷三十四《徐伯阳传》上说:"交趾通日南、象郡,多金翠珠贝珍怪之产,前后刺史皆致之。"除了徐伯阳之外,前后任刺史都克扣海外贸易的金翠珠贝宝物。交、广守令的侵夺外国船舶货物,甚至引起外国的抗议,宋文帝元嘉七年(430),

---

① 如东晋安帝义熙七年,拟任命傅亮出守东阳郡,傅亮明言"不乐外出",《宋书》,卷四三,《傅亮传》,页1336。
② 《晋书》,卷六七,《温峤传》,页1796。
③ 《南史》,卷二五,《垣护之附垣闿传》,页688。

诃罗陀国使者曾请求文帝:"愿敕广州时遣舶还,不令所在有所陵夺。"①

此外,交、广州刺史时或剥削俚僚土著。六朝蛮夷之域大皆无赋税,唯蛮夷犯罪,不受鞭罚,输财赎罪,叫作"赎",作为朝廷在此处无法征收赋税的一种补偿。②陈朝萧引奉朝廷令,至广州访查刺史马靖有无不轨情事,系假托"收督赎物"为名,③可见六朝政府对岭南俚僚亦督责赎物,而交、广刺史每借权势,借故讨伐,或督责赎物。④

交、广州刺史的苛求聚敛,一方面引起来华货易诸国的不满,如刘宋林邑的寇边系因"诸国恚愤"⑤;另一方面则引起俚僚的叛变。《南齐书》卷十四《州郡志》云交州:"外接岛夷,宝货所出,山珍海怪,莫与为比,民恃险夷,数好反叛。"其实土著的恃险反叛,也还因为交、广守宰的侵夺刻剥,《太平御览》卷七九〇《四夷部二》"屈都乾国"条引《外国传》云:"从波辽国南去,乘船可三千里,到屈都乾国土地,有人民可二千余家,皆曰:朱吾县民叛在其中。"朱吾县在今越南北部,《水经注》卷三十六《温水》引《晋书·地道记》云:"朱吾县属日南郡,去郡二百里,此县民汉时不堪二千石长吏调求,引屈都乾为国。"可知民畏苛剥,不惜叛去,远徙他国。交、广守令多唯利是图,对于此地的开发当少有正面的影响。

海外贸易给予交、广二州的最具体影响是在货币方面。《隋书》卷二十四《食货志》云:"梁初,惟京师及三吴、荆、郢、江、湘、梁、益用钱。其余州郡,则杂以谷帛交易。交、广之域,全以金银为货。"其中所列用

---

① 《宋书》,卷九七,《夷蛮传》,页2380—2381。
② 《宋书·夷蛮传》论荆、雍蛮:"蛮民顺附者,一户输谷数斛,其余无杂调,而宋民赋役严苛,贫者不复堪命,多逃亡入蛮。蛮无徭役,强者又不供官税。"页2396。《南史》,卷二五,《垣护之附垣闳传》:"凡蛮夷不受鞭罚,输财赎罪,谓之赎,时人谓闳为被赎刺史。"页688。
③ 《陈书》,卷二一,《萧允附萧引传》,页290。
④ 《南齐书》,卷十四,《州郡志上》记越州刺史常以贬伐为务,越州系分交州而置,治临漳。
⑤ 《宋书》,卷九七,《夷蛮传》,东晋时林邑势始转强,攻灭邻近诸小国(《梁书》,卷五四,《诸夷传》),林邑寇边因诸国之愤,即指为其并灭诸小国。

钱诸州事实上已包括大部分梁朝的版图,因此,交、广的使用金银可以说是一个特例。梁时交、广使用金银,系因和中国大陆贸易的许多国家出产金银,如林邑、扶南、中天竺、丹丹国、干拖利等国皆产金、银;①一则他们以金银和中国大陆交换货品,二则东晋南朝领地产金少,需要金、银的进口。② 孙吴以降发展南海贸易,遂使大量的金银流入中国大陆,金银如同其他舶来品一样,最后仍然输到建康等地,建康的王公贵臣、富人以金银做成各种饰品、器物,以及建筑物的装饰品。梁时交、广以金银为货一事,实提示我们六朝建康的财政和南海贸易之间有着某种密切的关联。

七、结　语

汉末三国分立,分裂的政权造成地方性的开发,如蜀汉之于云贵、孙吴之于扬州;西晋胡人南侵,造成汉民族大规模向南方迁移,对于南方的开发有一定的贡献,此皆为读史者所熟知;但是少有人注意到三国东晋南北朝政权的分立,同时也刺激南方政权向外寻求资源,促进海外贸易的发展。中国海上贸易正是在此时有突破性的进展,而由于发展海上贸易,中国王朝对于南裔边陲交州、广州的控制也与时逐步推进。

六朝南海有相当频繁的国际贸易,但由于交、广二州开发的程度犹浅,加以海外贸易商品的消费市场不在此地,除了少数的口岸之外,海外贸易对于促进此地的开发与繁荣并没有什么贡献。

原刊于《食货月刊》复刊第 15 卷第 9、10 期(1986)

---

① 《梁书》,卷五四,《诸夷传》。
② 东晋南朝的使臣有趁出使之便,至北方购买金银者,《魏书》,卷五三,《李孝伯附李安世传》云:"国家有江南使至,多出内藏珍物,令都下富室好容服者货之。令使任情交易,使至金玉肆问价,(宋使刘)缵曰:'北方金玉大贱,当是山川所出。'安世曰:'圣朝不贵金玉,所以贱同瓦砾。又皇上德通神明,山不爱宝,故无川无金,无山无玉。'缵初将大市,得安世言,惭而罢。"页 1175。

下篇　中古都城坊制

魏晋北朝的筑城运动

一、前　言

本文主要讨论魏晋北朝时期的筑城运动，以作为理解中古都城超大尺度规划的背景。

中古时代新规划的三个都城：北魏洛阳、隋唐长安与洛阳，在规模上都比其他朝代都城为大。以长安为例，直到唐朝末年，靠近长安南郭的三十九个坊都还是人烟稀少的地区，而为阡陌相连的耕地蔬圃。①离皇城、市场较远地区寥落的情形，是早在隋初规划此城时就已经料想到的事，因此隋文帝曾把诸皇子的邸宅建在南郭远坊，期望借此能避免南郭成为萧条荒凉的地带。②虽然曾有这一番深谋远虑，但由于实际生活上的不方便，长安南郭远坊还是不可避免地成为人烟稀少、寂寥空疏的地区。

中古时期何以出现如此大尺度的都城规划？似可从当时的历史背景来了解这问题。魏晋北朝时期，中国北方出现许多新筑或增筑加固的城，可以说是继战国时代之后，又一个筑城鼎盛的时期。战国时代由

---

① 〔清〕徐松著，张穆校补，方严点校：《唐两京城坊考》（北京：中华书局，1985），卷二，页37，"开明坊"条："自兴善寺以南四坊，东西尽郭，率无第宅。虽有居者，烟火不接，耕垦种植，阡陌相连。"兴善寺在靖善坊，靖善坊以南抵南郭，正好有四坊。

② 〔唐〕韦述著，辛德勇辑校：《两京新记辑校》（西安：三秦出版社，2006），"归义坊"条，记归义坊全一坊为隋蜀王秀宅："隋文帝以京城南面阔远，恐竟虚耗，乃使诸子并于南郭立第。"

于列强竞逐，战争频繁，各国纷纷筑城以应付当时兵火相连的情势，学者曾将此现象称之为"筑城运动"。① 魏晋北朝蓬勃的筑城行动，可视为战国之后另一个筑城运动的再现。② 魏晋北朝筑城运动的总集结是北魏洛阳和隋唐长安、洛阳的兴建，这三个都城共同凸显的特色是计划城坊制和超大尺度的规划；关于中古的计划城坊制部分，将另文讨论，此处仅就魏晋北朝筑城运动的趋势，探讨中古都城超大尺度的设计。

频繁的战争同是战国、魏晋北朝两个时期的筑城运动最主要的因素，不过，魏晋北朝的筑城运动中，比较特殊的是游牧民族参与到了筑城的行列。筑城原是从事农耕定居汉民族主要的文化特征之一，然而，魏晋北朝时期华北的舞台上，大都是游牧民族驰骋竞逐的活动。③ 他们的出现，直接或间接刺激各个政权筑城以资守御或进攻，以及民间建立坞堡小城以固蔽自守。游牧民族原先奔驰在草原上，逐水草为生，本无筑城的必要，④但当他们进入中原之后，由于实际情势的需要，也开

---

① 杜正胜：《周秦城市的发展与特质》，《"中央研究院"历史语言研究所集刊》，第51本第4分；贺业钜：《试论周代两次城市建设的高潮》，收入《中国建筑史论文选辑》（台北：明文书局，1983）。

② 谷霁光：《城民与世兵》，收入氏著《府兵制度考释》（上海：上海人民出版社，1962），提及"魏晋以来，豪宗强族普遍修筑坞堡营垒……封建皇朝和地方政府，也纷纷筑城"。页271。其他关于六朝华北城市研究的专论，则都未注意到这一点，如宫崎市定：《六朝时代华北の都市》，收入氏著《アジア史论考》（东京：朝日新闻社，1976）。宫川尚志：《三—七世纪における中国の都市》，《史林》第36卷第1号。另宫川尚志：《六朝时代の都市》，《六朝史研究——政治社会篇》（京都：平乐寺书店，1977复制第一刷）。王仲殊：《中国古代都城概说》，《考古》，1982年第5期。

③ 本文所谓的"游牧民族"，包括原非从事农耕定居的民族，分别属于匈奴、鲜卑、氐、羌、羯，即所谓的"五胡"。自汉末以后，以上各族逐渐进入中原，生活形态也渐次转变，但各族的步调并不一致，如乌桓、匈奴汉化较早，而同一族内各支属从游牧向农耕的过渡时间也先后不一。如拓跋鲜卑在南迁平城之前仍是以游牧为主，迁到平城以后，才渐由畜牧向农耕生活过渡。为讨论方便，本文一律称之为游牧民族。

④ 有少数的游牧民族已知筑城郭，见羽田明：《游牧民族と都市》，松田寿男博士古稀纪念出版委员会编：《东西文化交流史》（东京：雄山阁，1975）。

始筑城。游牧民族原先多没有筑城的经验,他们的筑城主要借助汉人的经验和技术。① 因此,就游牧民族而言,筑城不只意味着生活方式的改变,同时也是汉化的过程之一。

本文首先讨论游牧民族从不筑城到筑城的蜕变过程,其次分别讨论民间自卫的坞堡、官方兴筑的州县城、戍城、垒城及其特点,最后由此筑城运动的一般趋势,探讨中古都城超大尺度的设计。

此处所谓的"城",是指有围墙环筑的聚落而言,包括都城、州城、县城,以及为战争而修筑的戍城、垒城,民间为自卫所筑的"坞""堡""壁"。以上三个项目中,只有作为各政权政治中心的都城和州、县城内设有市场——每日市或定期市,②可以称之为"城市"。然而,魏晋北朝大部分的时期,华北遍地烽火,尤其在五胡十六国时期(304—439),兵祸连连,商业活动很有限,因此以城内有没有市场来界定城市,其实不能掌握此一时期城市发展的特质,及其在中国城市发展史中的地位。魏晋北朝的坞、堡、戍、垒常冠以"城"名,这些为防御而兴建的城大量出现,以及州城、县城为增强其防御功能,每加以增固、拓筑,可谓此一时期筑城的两个特色,因此以下分别讨论民间自卫所筑的坞堡小城和官方所筑的都城、州城和县城,至于为战争所修筑的戍城、垒城,由于数据较不完整,故并入后者讨论。

在时间上,本文以汉献帝建安元年(196)始,迄隋文帝开皇三年(583)隋大兴城——即日后唐代长安城兴筑的初步完工为止。

二、魏晋北朝筑城运动中的游牧民族

前后两个筑城运动兴盛的时期——战国时代与魏晋北朝,两者之

---

① 特别是在宫室制度方面,见《魏书》,卷九十一,《术艺传》,郭安兴建造洛阳永宁寺,郭善明营建平城宫殿,蒋少游营建平城太庙、太极殿,以及洛阳的宫室。
② 《水经注》,卷三十三,《江水》:"(平都)县有市肆,四日一会。"又同卷:"(朝阳县)治下有市,十日一会。"

间有相同点，也有相异之处。相同的是：两者都是战祸频仍的时代，同样有许多惨烈的战争，和大量坑杀降卒的事件。① 不同的是：战国时代的战争中，主要是中原列强的竞逐争夺，而魏晋北朝的舞台上，则多为游牧民族的驰骋竞逐；他们进入中原及其引发的战争，刺激了华北筑城运动的开展，而他们自身也投入了筑城的行列。

就战祸频仍这点而言，魏晋北朝可以说是另一个战国时代。从汉末天下分崩，三国鼎立抗争；西晋覆亡后，紧接着是五胡十六国的纷扰；其后东、西魏的相争互攘，在大部分的时期里，中国北方都有全面或局部的战争。加上在南、北政权对峙相抗的局面下，边境总有零星的冲突，战争是此一时期华北局势的常态，足以用"战国"之名来形容。《晋书·载记》就明白指出这一点，其序称自刘渊建国之后，华北已成为少数游牧政权和少数汉人政权竞逐争夺的场所：

> 或篡通都之乡，或拥数州之地，雄图内卷，师旅外并，穷兵凶于胜负，尽人命于锋镝，其为战国者一百三十六载。②

频繁而激烈的战争显然同是战国和魏晋北朝这两个时期筑城运动蓬勃的原因之一。③

魏晋北朝的大小无数战争里，大多是游牧民族的竞相争战，由于游牧民族进入中原以后，作战形态转变，他们也加入筑城的行列。游牧民族最初是野战掠夺，其后转为攻城略地；多数的游牧民族先前逐水草迁

---

① 《晋书》，卷一一〇，《慕容儁载记》，页2838，载常炜上言："自顷中州丧乱，连兵积年，或遇倾城之败，覆军之祸，坑师沉卒，往往而然。"

② 《晋书》，卷一〇一，《载记第一》，页2644。"战国"一词原指公元前五世纪迄公元前三世纪间相攻伐的列强，至西汉时，遂以"战国"指其时代。见杨宽：《战国史》（上海：上海人民出版社，1980二版），页2—8。《晋书》此段引文"战国"系后者的用法。

③ 杜正胜：《周秦城市的发展与特质》。

移而无城郭,①到后来因战事学习攻城的技术,在防守上也开始筑城以自保。

(一) 用夏制夷,莫如城郭

从汉末天下纷乱开始,便有一些人民筑坞堡自卫,开启六朝筑城运动蓬勃的先声;不过,筑城运动愈演愈烈是在西晋初年以后。先后进入华北的游牧民族纷纷建立政权,逐鹿中原,发生无数大大小小的战争,汉人为了对抗游牧民族的侵扰,以及各政权间的互相征战,开始筑城以资防御,或出于战略考虑而筑城,以利于进攻。

游牧民族作战以骑兵为主,擅长在平地驰骋奔逐,长于野战略地,却不利于攻城,因此防御游牧民族最有效的方法是筑城自守。六朝时无论是游牧民族或是汉人都已认清这一点。鲜卑族的南燕主慕容超在面临刘裕北伐的遭遇战时,认为骑兵利于平原作战,只要将刘裕的军队引到平地,己方必可获胜。② 梁朝将领陈庆之也以为"虏骑不可争力平原",③《魏书》记载杨侃讨伐雍州刺史萧宝夤反叛时,因"所领悉是骑士,习于野战,未可攻城,便据石锥壁",等待步兵的支持。④ 而仕于北魏的汉人高闾(? —502),对于游牧民族的生活习性及作战方法有深刻的了解,他曾说:"北狄(柔然)悍愚,同于禽兽,所长者野战,所短者攻城。"⑤虽然此系针对柔然而言,但这也是所有游牧民族的共同点。鲜卑北魏占有华北,接受汉人筑城守御的观念和方法,在面对柔然侵扰边境时,一个鲜卑出身的将领源怀(444—506)即认为"用夏制夷,莫如城

---

① 羽田明:《遊牧民族と都市》。
② 《晋书》,卷一二八,《慕容超载记》载刘裕北伐时,慕容超以为"今据五州之强,带山河之固,战车万乘,铁马万群,纵今过岘,至于平地,徐以精骑践之,此成擒也"。慕容镇曰:"若如圣旨,必须平原用马为便。"页3181。
③ 《梁书》,卷三十二,《陈庆之传》,页461。
④ 《魏书》,卷五十八,《杨播附杨侃传》,页1282。
⑤ 《魏书》,卷五十四,《高闾传》,页1201。

郭",建议筑城置戍以防守边境。① 当源怀说此话时是将自己视为"夏",而柔然是"夷"。仕于北魏的崔浩(381—450)也深知南朝汉人政权的长短处,曾说:"南人长于守城。"②

正因为"用夏制夷,莫如城郭",汉族遭遇游牧民族的骑兵时,往往坐守城郭。又因游牧骑兵通常赍粮有限,"马上赍粮,不过旬日",③如果攻城日久不下,粮食供给必成问题,攻势减弱,因此"坚壁清野"是对付行动迅疾如飞的骑兵最为有效的方法。掠夺人民及其财产是游牧民族战争中一个重要的手段④,采取坚壁清野的策略,一则迁徙城外居民入城,使其无所可掠;二则芟除或烧毁城外田地的农作物,使其无粮可食。如东晋齐郡太守辟闾浑(? —399)闻慕容德军队来袭,徙城外八千余家入广固城。⑤ 又南齐明帝建武二年(495),闻北魏有南侵之意,明帝令广陵太守萧颖胄(462—501)移居民入城,⑥刘宋营阳王景平元年(423),魏将叔孙建攻临淄时,刘宋守将的对策是:

> 青州刺史竺夔镇守东阳城,闻虏将至,敛众固守。……夔与将士盟誓,居民不入城者,使移就山阻,烧除禾稼,令虏至无所资。⑦

如前所示,不入城的城外居民也须烧毁庄稼,移居险要之地。由于城内空间有限,未必能尽数容纳城外野地的居民,守城将领又不愿他们为游牧民族所掳,增强敌方的力量,所以常令他们迁往险要之地,筑防御工

---

① 《资治通鉴》,卷一百四十五,《梁纪》,武帝天监三年,页4544。
② 《魏书》,卷三十五,《崔浩传》,页814。
③ 《晋书》,卷一二四,《慕容宝载记》,页3094,记拓跋珪伐燕,慕容宝集群臣商量对策,中书令眭邃言。
④ 萧启庆:《北亚游牧民族南侵各种原因的检讨》,《食货月刊》,复刊第1卷第12期。
⑤ 《晋书》,卷一二七,《慕容德载记》,页3167。
⑥ 《南齐书》,卷三十八,《萧赤斧附萧颖胄传》,页666。
⑦ 《宋书》,卷九十五,《索虏传》,页2325。

事以自保，此即所谓的"守险清野"或"徙民清野"。如刘宋文帝元嘉二十八年(451)，江夏王刘义恭(413—465)镇守彭城，恐魏军来袭，"议欲芟麦剪苗，移民堡聚"。①

另一方面，在华北竞逐争战的游牧民族，也从汉族学会了坚壁清野或守险清野的策略，以对抗其他的游牧骑兵。东晋孝武帝太元二十一年(396)，鲜卑拓拔珪攻打同为鲜卑族的后燕，燕主慕容宝集群臣共议，中书令眭邃提出：

> 魏军多骑，师行剽锐，马上赍粮，不过旬日。宜令郡县聚千家为一堡，深沟高垒，清野待之，至无所掠，资食无出，不过六旬，自然穷退。②

可见进入中原的游牧民族已充分认知城墙的功能——无论是小规模的坞壁、堡壁，或是州、县城，都是对抗游牧骑兵最有效的方式，因而也纷纷加入筑城的行列；后来北魏、北齐甚至比照汉人的办法，筑长城以防柔然寇边侵扰。

(二) 由掠地到攻城

自东汉以降，游牧民族匈奴、氐、羌等渐入居长城之内。至西晋初年，纷纷反叛晋室，树立政权；在此过程中有移居新环境的调适问题，包括生活习惯、生产方式和作战方法的改变。就作战方法而言，游牧民族不得不放弃原所擅长的野战略地之法，学习如何攻城。就生活习惯而言，他们也不可能维持逐水草而移居的方式，必须习惯筑城定居。

晋惠帝初年，匈奴刘渊首揭反旗，其后五胡纷纷跟进，争逐华北。

---

① 《资治通鉴》(台北：明伦出版社，1972)，卷一二六，《宋纪》八，文帝元嘉二十八年，总页3967—3968。
② 《晋书》，卷一二四，《慕容宝载记》，页3094。

各部族在拓展势力时，无可避免会遭遇深壁高垒的州、县城，和汉末以来民间私建的坞壁，游牧骑兵及野战略地的作战方法都难以施展，因此不能不学习攻城之法。宋文帝元嘉四年(427)，北魏太武帝攻打夏主赫连氏的都城统万城，打算以三万骑兵兼程前往，其臣下谏此计不可行："统万城坚，非朝夕可拔，今轻军讨之，进不可克，退无所资，不若与步兵、攻具一时俱往。"① 可见当时他们已深知要想攻克城池，骑兵是无所施其才能的。攻城和野战略地最大的差异，在于作战兵种不同，后者重骑兵，前者则以步兵为主。此外，攻城的步兵须有特殊的作战配备，也要具备攻城的技术。

从史书记载来看，六朝时攻城之具包括梯、楼车、冲车、钩梯等，魏明帝景初二年(238)，司马懿攻打公孙渊，包围襄平城，"起土山地道，楯橹钩橦，发矢石雨下，昼夜攻之"，② 胡三省《通鉴》注：

> 楯，干也，攻城之士以扞蔽其身。橹，楼车，登之以望城中。钩，钩梯也，所以钩以上城者。冲，冲车也，以冲城。③

晋成帝咸和九年(334)，辽西的鲜卑段氏攻打辽东鲜卑慕容氏，段兰攻其都城柳城，"为飞梯、地道，围守二旬"。④ 宋营阳王景平元年(423)，北魏将叔孙建率领三万骑兵，携带攻具，围攻青州东阳城，青州刺史竺夔据城力守，《宋书》对于此役双方各竭所能攻守的情况，有详细的记叙：

> 竺夔遣人出城作东西南堑，虏于城北三百余步凿长围，夔遣参

---

① 《资治通鉴》，卷一二〇，《宋纪二》，文帝元嘉四年，总页3793。魏主不纳臣下之言，骑兵至城下，果不能攻城，退军示弱，引夏主的骑兵出城与之决战。
② 《晋书》，卷一，《宣帝纪》，页11。
③ 《资治通鉴》，卷七十四，《魏纪六》，明帝景初二年，总页2336。
④ 《晋书》，卷一〇九，《慕容皝载记》，页2816。

军间茂等领善射五十人,依墙射虏,虏骑数百驰来围墙,墙内纳射,固墙死战。虏下马步进,短兵接,城上弓弩俱发,虏乃披散。虏遂填外堑,引高楼四所,虾蟆车二十乘,置长围内。夔先凿城北作三地道,令通外堑,复凿里堑,内去城二丈作子堑,遣三百余人出地道……虏填三堑尽平,唯余子堑,虾蟆车所不及。虏以橦攻城,夔募人力,于城上系大磨石堆之,又出于子堑中,用大麻絙张骨骨,攻车近城,从地道中多人力挽令折。虏复于城南掘长围,进攻逾急。①

橦车即冲车(攻车)。所谓虾蟆车,则是一种专门载土以填堑的兵车,《南史·殷琰传》记辅国将军刘勔讨伐豫州刺史殷琰的叛乱:"作大虾蟆车载土,牛皮蒙之,三百人推以塞堑。"②

此外又有钩车,在北魏攻打刘宋的盱眙之役(宋文帝元嘉二十八年,451),魏人就曾使用此物:"虏以钩车钩垣楼,城内系以䩭絙,数百人叫唤引之,车不能退。既夜,以木桶盛人,悬出城外,截其钩获之。"③钩车的作用类似钩梯。

攻城之具制作颇费时日,④较精巧的攻具需有专人巧思设计。刘裕北伐,围攻南燕慕容氏的广固城,城池坚固险要,⑤难以攻克。有人向刘裕进言,称如欲攻下此城,必须先得到南燕尚书郎张纲为其设计制作攻具。⑥其后张纲投奔刘裕,"为裕造冲车,覆以版屋,蒙之以皮,并

---

① 《宋书》,卷九五,《索虏传》,页2326—2327。
② 《宋书》,卷八十七,《殷琰传》,页2209。
③ 《宋书》,卷七十四,《臧质传》,页1913。
④ 汉献帝建安十九年(214),孙权欲攻曹魏皖城,诸将欲作土山,添攻具,吕蒙曰:"治攻具及土山,必历日乃成。"见《资治通鉴》,卷六十七,《汉纪》五十九,总页2126。
⑤ 《晋书》,卷一二七,《慕容德载记》,潘聪曰:"广固者,曹嶷之所营,山川阻峻,足为帝王之都。"页3166。
⑥ 《晋书》,卷一二八,《慕容超载记》,页3183。

设诸奇巧,城上火石弓矢无所施用;又为飞楼、悬梯、木幔之属,遥临城上"。① 刘裕果然用这些精巧的攻具,攻下广固城,消灭南燕。

攻城除了必须备有攻具之外,还要配合攻城的技术,如穿堑筑围,作土山、凿地道等工事。穿堑筑围是封闭城内对外的交通,作包围战。作土山需和城墙等高,可据以入城。前述司马懿围襄平时即曾作土山,梁武帝中大同二年(547),高欢攻打西魏玉壁城:"至于城下,乃于城南起土山,欲乘之以入。"②而穿凿地道的目的之一系破坏城壁,梁武帝大通四年(530),高欢(496—547)攻邺"为地道,施柱而焚之,城陷入地",胡三省对此攻城之法的解释是:

> 穴城下为地道而未成,恐其土颓落而不得究功,故施柱。地道既成,乃焚其柱,故城陷入地。③

高欢攻打玉壁城时也采用此法:"又于城四面穿地,作二十一道,分为四路,于其中各施梁柱,作讫,以油灌注,放火燃之,柱析,城并崩坏。"④

另外一种破坏城墙的方法是引水灌城。六朝的战争中,这种例子很多,如慕容垂(326—396)攻打苻秦的邺城,引漳水灌城。⑤ 沮渠蒙逊(368—433)攻打凉州西郡,"引水灌城,城溃,执太守吕纯以归"。⑥

游牧民族在初入中原时,不得不向汉人学习攻城的技术与战略,援引许多汉族谋臣为其策划,如前述南燕慕容氏举用善于制造攻具的张纲为尚书郎,而帮助游牧民族攻城略地者,也多是汉人,如苻坚(337—385)的将领张平、邓羌、王猛、杨安、张蚝、梁成。苻坚灭前燕慕容暐

---

① 《晋书》,卷一二八,《慕容超载记》,页3184。
② 《周书》,卷三十一,《韦孝宽传》,页536。
③ 《资治通鉴》,卷一五五,《梁纪十一》,武帝中大通四年,总页4817。
④ 《周书》,卷三十一,《韦孝宽传》,页537。
⑤ 《晋书》,卷一二三,《慕容垂载记》,页3085。
⑥ 《晋书》,卷一二九,《沮渠蒙逊载记》,页3190。

(350—385),大都是借助汉人之力。① 《晋书》三十载记,记述各游牧政权的事迹,每记后多附有为其谋略的汉族功臣。

(三) 从逐水草到筑城郭

游牧民族进入中原以后,除了逐渐放弃野战略地的作战方法,转而学习攻城之术以外,又更进一步筑城自守,或为战略上的进取而筑城。他们原以游牧为生,冬夏逐水草而迁徙,筑城定居不仅是居住习惯的改变,也影响原本的生产方式和文化内涵,关涉重大。这种变化并非骤然完成,而且也不是很顺利,其间有游牧民族维持原有生活方式的执着,以及是否保存自身文化的彷徨。鲜卑拓跋氏就是一个最显著的例子。

鲜卑拓跋氏一支从什翼犍(320—377)初建威名,议论定都,城郭而居,从迁都平城,迄魏孝文帝移都洛阳,其间经过一百五十余年之久。早在晋成帝成康五年(339),什翼犍欲于漯源川建都城时,便遭到其母王氏和部分诸部大人的反对,《魏书·平文皇后传》:

> 昭成初欲定都于漯源川,筑城郭,起官室,议不决。后闻之,曰:"国自上世,迁徙为业。今事难之后,基业未固,若城郭而居,一旦寇来,难卒迁动。"乃止。

文中云"议不决",系因诸部大人有不同的意见,《魏书·序记》曾记此事:"夏五月,朝诸大人于参合陂,议欲定都漯源川,连日不决,乃从太后计而止。"拓跋氏的定都计划遂暂时搁置下来。② 六十年之后(晋安帝

---

① 《晋书》,卷一一三,《苻坚载记上》,页 2891—2893。
② 《魏书》,卷一,《序纪》,页 12。拓跋氏原是游牧流徙,至禄官时分国为三部,其中猗卢部居于定襄盛乐故城,声势最大,后来统一三部。修盛乐城以为北都,修故平城以为南都,但此非建国定都之意(因无宗庙、社稷、宫室)。至公元 339 年,欲定都漯源川,不成,次年(340),移都于盛乐。341 年,另筑新城于故盛乐城之南。迄 398 年迁都平城,才是定都之始。

隆安二年,398),道武帝拓跋珪(371—409)才迁都平城,"始营宫室,建宗庙,立社稷"。① 又距此近百年之后(太和十八年,494),魏孝文帝更将都城由平城迁至洛阳,禁止鲜卑人穿着适于骑射的胡服,正式宣布放弃游牧的习俗。②

然而,即使由逐水草到筑城郭定居的过渡,经历一百五十余年之久,魏孝文帝迁都洛阳,放弃游牧文化,也还遭到太子拓跋恂(483—497)和一些意欲保持游牧文化的鲜卑大臣反对,而演出太子夺牧马奔代,其后被废杀的事件。③ 又如宗室元丕(422—503)"雅爱本风,不达新式,至于变俗迁洛,改官制服,禁绝旧言,皆所不愿"。④ 也是另一个典型的例子。

秃发鲜卑和匈奴族的赫连氏,在从逐水草走向城郭定居之时,也有类似的情况。晋安帝隆安五年(401),武威王(秃发)利鹿孤(?—402)欲称帝,安国将军鍮勿仑曰:

> 昔我先君肇自幽、朔,被发左衽,无冠冕之仪,迁徙不常,无城邑之制,用能中分天下,威振殊境。今建大号,诚顺天心。然宁居乐土,非贻厥之规;仓府粟帛,生敌人之志。……宜置晋人于诸城,劝课农桑,以供军国之用,我则习战法以诛未宾。若东西有变,长算以縻之;如其敌强于我,徙而以避其锋,不亦善乎?⑤

在此六年之后(安帝义熙三年,407),赫连勃勃(381—425)的将领建议他在取关中、争天下之前,应先定都高平,赫连勃勃即予拒绝:

---

① 《魏书》,卷二,《太祖纪》,页33。
② 《魏书》,卷七,《高祖纪下》,页174—176。
③ 《魏书》,卷二十二,《废太子传》,页588。逯耀东:《北魏孝文帝迁都与其家庭悲剧》,《新亚学报》,第8卷第2期。
④ 《魏书》,卷十四,《元丕传》,页360。
⑤ 《晋书》,卷一二六,《秃发利鹿孤载记》,页3145。

> 吾大业草创,众旅未多,姚兴亦一时之雄,关中未可图也。且其诸镇用命,我若专固一城,彼必并力干我,众非其敌,亡可立待。吾以云骑风驰,出其不意,救前则击其后,救后则击其前,使彼疲于奔命,我则游食自若,不及十年,岭北、河塞尽我有也。①

这虽是战略上的运用,多少也可反映其对游牧野战略地、无城郭定居习俗的依恋。

(四)"城主"一词的普遍

谷霁光认为:"城主的名号,在东西魏、北齐、北周以至南朝,都极为普遍,而且都系军将兼领。"②其实早从南北朝初期开始,由于"城"在战争中的重要性,"城主"一词就已经渐次普遍起来了。

"城主"究竟何所指呢?它本来是一个普通名词,指一城之长的郡守刺史。如公元264年,孙吴趁蜀亡之际,想要兼并蜀国故地,攻打永安,当时巴东太守罗宪(218—270)固守苦撑了六个月,还等不到外援,城中疾疫流行,有人劝他弃城逃走,为他所拒绝:"吾为城主,百姓所仰;危不能安,急而弃之,君子不为也,毕命于此。"③由于南北朝时战争频仍,出镇州郡的刺史郡守多带将军号,或者仅同三司、都督之名衔者,同时亦领兵。④因此城主常指同时负有军事防守任务的刺史郡守。如公元450年,北魏欲攻打彭城,当时宋文帝的皇子刘骏(小字道民,即后来的孝武帝)为徐州刺史,都督兖、徐等六州诸军事,镇彭城。同时,太尉

---

① 《晋书》,卷一三〇,《赫连勃勃载记》,页3203。
② 谷霁光:《城民与世兵》,《府兵制度考释》,页274。
③ 《资治通鉴》,卷七十八,《魏纪十》,元帝咸熙元年,总页2486。又,《晋书》,卷五十七,《罗宪传》作:"夫为人主,百姓所仰",页1552。
④ 《宋书》,卷三十八,《百官志上》:"凌江将军,魏置。自凌江以下,则有宣威、明威……裨将军,凡四十号……自左右前后将军以下至此四十号,唯四中郎将各一人,余皆无定员。自车骑以下为刺史又都督及仪同三司者,置官如领兵。"页1227。

江夏王刘义恭总领北伐之师,出镇彭城。魏兵抵达离彭城十里的萧城,义恭欲弃师南归,刘骏不愿弃守,谓义恭曰:"阿父既为总统,去留非所敢干,道民忝为城主,而损威延寇,其为愧恧,亦已深矣。委镇奔逃,实无颜复奉朝廷。"①次年(451),宋军北伐失利,北魏太武帝亲率步骑数十万南来,当时沈璞(416—453)为宣威将军、盱眙太守,辅国将军臧质(400—454)收败军千余人来奔。及魏军来攻,沈璞、臧质二人率城中军士拒战三旬,殄灭大半魏军,魏军退走。论拒守之功时,"臧质以璞城主,使自上露板。璞性谦虚,推功于质"。②

至南北朝中期,城主一词则不单指领兵镇守州城、郡城的刺史太守,也常用来指镇守戍城、垒城的最高长官,不论其身份是否为太守。公元500年,萧衍(464—549)起兵夺取南齐的政权,原来忠于南齐的郢州守将,在固守夏口二百余日后投降。《南齐书·和帝纪》载来年七月:"丁卯,鲁山城主孙乐祖以城降。己未,郢城主薛元嗣降。"而《梁书·武帝纪》则记:"鲁山城主孙乐祖、郢城主程茂、薛元嗣相继请降。"鲁山位于夏口对岸,原来无城,萧衍起兵东下,郢州太守张冲才派遣军主孙乐祖率数千人,协助在鲁山防守的竟陵太守房僧寄"据鲁山岸立城垒"。③鲁山城只是一个垒城而已,在这个垒城里,负责防务的是竟陵太守房僧寄,然而不久后,房僧寄病死,就由孙乐祖接替。《梁书·武帝纪》:"鲁山城主房僧寄死,众复推助防孙乐祖代之。"以官衔而言,房僧寄为太守,孙乐祖只是军主而已,地位并不高,但对于他们二人,都称之为城主,可见城主一词系指在战争中,一城不论其等级为州城、郡城、县城,甚至是垒城、戍城,也不论其负责防务者官衔职级之高低,都可称为"城主"。同时,如果不止一人负责防务,一城之城主也可以兼指两个或更多长官。如上述《梁书》所载,"郢城主程茂、薛元嗣相继请降",就是一

---

① 《宋书》,卷五十九,张畅传,页1599。
② 《宋书》,卷一〇〇,沈约《自序》,页2463。
③ 《南齐书》,卷四十九,《张冲传》,页855。

例。程茂是江夏太守,防守本城是其分内之事,固然可称作"城主",而骠骑将军薛元嗣则是齐东昏侯派遣来补给援助郢州者,也可称之为"城主"。

以城主称呼负责防戍垒城、戍城者的例子很多,甚至任命垒城、戍城时,也称作"除某城主"。如建康西南有新亭,其地筑有垒城,称作新亭垒,公元501年,萧衍兵力逼近建康时:"新亭城主江道林出战,众擒之于阵。"①《梁书·陈庆之传》记大同六年(540),他被任命防守小岘戍,"除威远将军",亦称"小岘城主"。

以上是南朝的例子,北朝的情况亦复相同。如571年,北齐的段韶(?—571)攻打北周汾州,擒获刺史杨敷(?—571),《北齐书》载:"(武平二年六月)徙围定阳,其城主开府仪同杨范(敷)固守不下。……伏兵击之,大溃,范等面缚,尽获其众。"②在定阳防守的开府仪同三司、汾州刺史杨敷便被称为"定阳城主"。又552年,西魏废帝任命司马裔防守白马戍,《周书》载:"魏废帝元年,征裔,命以本兵镇汉中,除白马城主,带华阳郡守,加授抚军将军、大都督、通直散骑常侍。"③在东、西魏,北周、北齐对峙的时期,兵锋相对,互争地盘,军事冲要之地戍守的职务常比理民治事的郡守重要,因此,垒城、戍城的城主往往同时兼附近郡守之职,如司马裔(507—571)是白马戍城主,也是华阳郡太守。又如西魏大统十四年(548),西魏任命裴宽为孔城城主,孔城为一戍城,两年后,"十六年,迁河南郡守,仍镇孔城"。④ 如东、西魏并峙时,西魏韦孝宽(509—580)镇守玉壁城,兼摄南汾州事。东魏丞相高欢率军攻打玉壁,遣祖珽(550—577)招诱城中人投降,说:"韦城主受彼荣禄,或复可尔,自外军士,何事相随入汤火中!"⑤

---

① 《梁书》,卷一,《武帝纪上》,页12。
② 《北齐书》,卷十六,《段荣附段韶传》,页213。
③ 《周书》,卷三十六,《司马裔传》,页645—646。
④ 《周书》,卷三十四,《裴宽传》,页596。
⑤ 《周书》,卷三十一,《韦孝宽传》,页537。

"城主"一词所以会在此时出现,主要是因为汉末以降,华北战乱接连不断,达四百年之久,城郭的防御功能特别突出;尤其在汉族对抗游牧民族的骑兵时,这是阻挡游牧骑兵最有效的防御工事,以至于后来游牧民族彼此竞逐争夺,也以城郭互为攻守,因此在战争形态上,一反过去在草原驰逐略地的方式,而转变为攻城。自魏晋以下,华北诸政权论其势力范围,不指山川为界,而是以其所拥有城郭的数量来计算。如论慕容德早年的势力,"始都滑台,介于魏晋之间,地无十城,众不过数万"。① 在谈及战果或败绩时,也以城计,如前赵石虎攻段辽,"段辽所署渔阳、上谷、代郡守相皆降,取四十余城"②。又,成帝咸康四年(338),石虎遣使四出,招诱民夷,南燕诸守令皆降附,由此得三十六城。③ 梁武帝中大通元年(529),梁遣陈庆之送魏北海王元颢北还,"自发铚县至于洛阳十四旬,平三十二城"。④

"城主"一词的出现,和筑城运动起讫时间颇为一致,可看出此一时期城郭的重要性。同时,和城主相类的称号还有"坞主",坞堡是汉末以降民间自卫的单位,依恃地险,筑墙以御外寇。无论是城或坞,都是在此乱世兵燹中,军民依止以避兵锋的处所,为身家性命之所寄。一城之守令或一坞之长的守御力量,或决定投靠哪一政权,都深深影响城、坞军民的安危命运,具有相当的权威。

三、民间自筑的防御体系——坞堡

本文将坞堡视为筑城运动中的一部分,自汉末纷乱开始,首先增加的城便是民间自筑的防御工事,也就是坞堡。关于坞堡,中、日学者已

---

① 《晋书》,卷一二七,《慕容德载记》,页3165。
② 《资治通鉴》,卷九十六,《晋纪十八》,成帝咸康四年,总页3015。
③ 《资治通鉴》,卷九十六,《晋纪十八》,成帝咸康四年,总页3018—3019。
④ 《梁书》,卷三十二,《陈庆之传》,页462。

有不少研究，①金发根《永嘉乱后北方的豪族》一书有专章讨论，不过他并未将坞堡视为"城"来探讨，本章主要把坞视为筑城运动中的一环，讨论一些相关的问题。

(一) 坞堡——小规模的城

坞堡是小规模的城②，系州县城之外人民自保的单位。永嘉以后，逐鹿华北的各政权如果只攻下州县城或军事要地的戍、镇城，而不能得到坞堡归附，其结果只是占据大片辽阔土地上零星散落的据点，仍然不能完全控制整个地区。因此，他们在计算势力范围时，系将郡县和坞堡数目一并列入。《晋书·石勒载记》称石勒"陷冀州郡县堡壁百余，众至十余万"。《刘聪载记》称他派遣曹嶷(？—323)攻下汶阳关，"齐鲁之间郡县垒壁降者四十余所"。③ 又石勒遣石虎(字季龙，295—349)讨曹嶷，"青州郡县垒壁尽陷"。④ 显然在叙述其时一地人民的归附时，不只说郡县城，也包括坞堡。燕主慕容垂命慕容温屯中山，劝课农桑，人民相继归附："郡县壁垒争送军粮，仓库充溢。"⑤更有甚者，叙述某一政权控有的范围，常略去州县城数目，只讲坞堡的数目，如《晋书》如此说明石季龙将领张平的势力："跨有新兴、雁门、西河、太原、上党、上郡之地，垒壁三百余，胡晋十余万户。"⑥

华北的政权在其势力范围内发布命令时，坞主、堡主也是受命的对

---

① 陈寅恪：《桃花源记旁证》，收入氏著《金明馆丛稿初编》(台北：里仁书局，1981)。那波利贞：《坞主考》，《东亚人文学报》，2卷4号。佐久间吉也：《晋代の坞主》，收入东京教育大学东洋史研究室编：《东洋史学论集第三》(东京：不昧堂书店，1954)。

② 《说文》，卷十四："坞，小障也。一曰庳城也。"又《逸周书》，《大武第八》，陈逢衡注："葆与堡通，小城也。"

③ 《晋书》，卷一〇二，《刘聪载记》，页2667。

④ 《晋书》，卷一〇五，《石勒载记下》，页2740。

⑤ 《资治通鉴》，卷一〇六，《晋纪二十八》，孝武帝太元十年，总页3343。

⑥ 《晋书》，卷一一〇，《慕容俊载记》，页2839—2840。

象之一,如前秦苻丕(?—386)丞相王永传檄"四方公侯、牧守、垒主、民豪,共讨姚苌、慕容垂"。①

坞堡可视为"城"的另一个理由,是有些坞堡在成立之时,就以城为名。《水经注》卷二十八,《沔水》:

> (筑水)又东径学城南,梁州大路所由也。旧说,昔者有人立学都于此,值世荒乱,生徒罔依,遂共立城以御难,故城得厥名矣。②

"遂共立城以御难",即筑坞壁自保。在六朝的记载里,有时即直称坞为城,《水经注》卷十五,《洛水》:

> 洛水又东径一合坞南,城在川北原上,高二十丈,南、北、东三箱,天险峭绝,惟筑西面即为固。一合之名,起于是矣。③

又,《周书·司马裔传》也言及西魏大统十三年(547),他在河内郡守任内,"攻拔东魏平齐、柳泉、蓼坞三城"。蓼坞位于河北县襄山蓼谷,时人于此谷筑坞,因谓之蓼坞。④ 有些坞具有城的规模,日后更发展成州、县城。如东晋时所筑的大栅坞,至北魏太武帝时成为豫州州治:

> 索水又北径大栅城东,晋荥阳民张卓、董迈等遭荒,鸠聚流杂保固,名为大栅坞。至太平真君八年(447),豫州刺史崔白自虎牢移州治此。又东开广旧城,创制改筑焉。⑤

---

① 《资治通鉴》,卷一〇六,《晋纪二十八》,孝武帝太元十一年,总页3365。
② 《水经注》(台北:世界书局,1988七版),页359。
③ 《水经注》,《洛水》,页196。
④ 《资治通鉴》,卷一五七,《梁纪十三》,武帝大同三年,胡注,页4890。
⑤ 《水经注》,《济水》,页95。

由此可见坞在中古城市发展的历程中,具有相当的重要性。

(二) 坞堡的数量

前文已经提到,自汉末纷乱,政府无法保护人民生命财产的安全,民间自卫的坞堡纷纷出现。① 西晋永嘉以后,北方陷于游牧民族逐鹿之中,坞堡更是大量增加,在州县治所之外的郭郊原野、山崖水际,星罗棋布地散落着许多坞堡。然而因为坞堡是民间自力营建的,而非由官方所规划,所以没有官方统计的数目。更何况值此乱世,各政权竞相争战以求存活,也无余力估量坞堡的数目。

虽然从现存资料无法得知六朝华北坞堡的确切数目,但根据以下一些记载,可以得知其时坞堡的数目是远超过州、县城的。首先,永嘉以后坞堡普遍存在于华北各地,只要一地的政治、社会情况有所变化,久为战乱所苦而惊恐的人民就会藏身坞中,以求自保。晋惠帝时,关中流民入蜀,"是时蜀人危惧,并结村堡","三蜀百姓并保险结坞,城邑皆空"。② 这是四川的情况,而华北亦复相同。再者,在五胡十六国时期,前秦时"(苻)生立一年,兽杀七百余人,百姓苦之,皆聚而邑居"。③ 即聚堡以居,又如幽、冀人民误以为前燕慕容俊(319—360)欲迁都,"互相惊扰,所在屯结"④。至于坞堡数目有多少,不得而知。苻坚时,关中堡壁有三千余所;⑤约在同时,梁、陈、汝、颖之间亦有百余坞堡。⑥ 前秦时在新兴、雁门、西河、太原有坞堡三百余,其他各地也有数目不等的坞堡。可以推知,六朝时代华北一定还有许多坞堡,其名称、数目未见诸记载。

---

① 西汉末年,盗贼四起,豪族纷纷筑坞堡营壁以自保,至东汉初年坞堡分布的地区仍然很广,见金发根:《永嘉乱后北方的豪族》(台北:"中国学术著作奖助委员会",1964),页 10—13。
② 《晋书》,卷一二〇,《李特李流载记》,页 3030。
③ 《晋书》,卷一二一,《苻生载记》,页 2877。
④ 《晋书》,卷一一〇,《慕容俊载记》,页 2835。
⑤ 《晋书》,卷一一四,《苻坚载记下》,页 2926。
⑥ 《晋书》,卷一〇二,《刘聪载记》,页 2658。

(三) 关于坞堡的几点新认识

从前人对坞堡的研究，我们已能对坞堡有大致的了解。① 此处要另外提出一些坞堡的特性。

第一，六朝居于坞堡的总人口数不在少数。虽然关于坞堡人口的数据很少留下具体的数字，但从一些片段的记载，可知六朝居于坞堡的人口相当多，坞堡小者从数百家，至数千、数万家都有。永嘉乱起，掖县人苏峻(?—328)率乡里数千家结垒以自保。② 李农(?—350)率乞活数万家保于上白，③《晋书·慕容德载记》提及乞活堡，不知是否即此堡。北魏末年，赵郡李显甫集合诸李数千家于殷州西山方五十里，至其子筑垒自保。④ 永嘉以后三辅地区三十余壁，有众五万，⑤北魏末年，秦、雍七州民守坞堡者有十万，⑥高平一地民屯聚者即有万余口。⑦

第二，自汉末至北魏末年，乃至于北齐、北周对峙期间，华北一直有坞堡的存在。《魏书·尔朱荣传》记葛荣起兵："时葛荣将向京师，众号百万，相州刺史李神轨闭门自守，贼锋已过汲郡，所在村坞悉被残略。"又《周书·段永传》记北魏孝明帝正光末年，"有贼魁左伯生，率数百骑，西至崤、潼，东至巩、洛，屠陷坞壁，所在为患"。可知直至北魏末年坞堡

---

① 陈寅恪：《桃花源记旁证》，收入氏著《金明馆丛稿初编》(台北：里仁书局，1981)。那波利贞：《坞主考》，《东亚人文学报》，2卷4号。佐久间吉也：《晋代の坞主》，收入东京教育大学东洋史研究室编：《东洋史学论集第三》(东京：不昧堂书店，1954)。
② 《晋书》，卷一〇〇，《苏峻传》，页2628。
③ 《晋书》，卷一〇七，《石季龙载记下》，页2787。
④ 《资治通鉴》，卷一五五，《梁纪十一》，武帝中大通三年，总页4803。
⑤ 《晋书》，卷一〇七，《石季龙载记下》，页2790。
⑥ 《资治通鉴》，卷一三八，《齐纪四》，武帝永明十一年，总页4341："先是，北地民支酉聚众数千，起兵于长安城北石山……秦州民王广亦起兵应之，攻执魏刺史刘藻，秦、雍间七州民皆响震，众至十万，各守堡壁以待齐救。"
⑦ 《魏书》，卷三十，《娥清传》："高平民屯聚林薮，拒射官军，清等因诛数千家，虏获万余口。"页720。

仍然是普遍存在的，同时也还有新坞堡的出现：

  （西魏）废帝元年（552）……（龙州）州民李广嗣、李武等凭据岩险，以为堡壁，招集不逞之徒，攻劫郡县，历政不能治。①

又，《周书·扶猛传》云："（西魏）大统十七年（551），大将军王雄拓定魏兴，（扶）猛率其众据险为堡。"

第三，一般都认为坞堡是人民自卫的单位，然而必须辨明：虽然大部分的坞堡是民间自设的防御体系，但有一小部分坞堡则是政府令人民依险筑堡，有时政府面临强敌，不能提供所有人民完全的保护，将之纳入州、县城郭之内，便命他们筑坞自保。如前面提到江夏王刘义恭镇彭城，恐北魏来侵，便有意移民壁聚。

第四，有些游牧民族也筑坞堡以自保，《晋书·苻生载记》"有姚襄率众万余，攻其平阳太守苻产于匈奴堡"，可知平阳（今山西临汾）有匈奴种落相率保聚之地，故称为"匈奴堡"②。

把坞堡视为六朝筑城运动中的一环，可称之为小城，由于其数目甚多，假使我们有可能自空中鸟瞰三至六世纪的华北，当可见到无数大大小小有城墙围筑的防御单位，大者是州县城，小者是坞堡；州县城是各个政权直接控制的城，坞堡则是各政权间接控制的城。坞堡并不是完全独立自主的，多数的坞堡都臣属于某一政权，或同时臣属于两个政权，他们对于所臣属的政权有输赋税、供粮食的义务，有时尚且要派遣子侄作为人质。③

---

  ① 《周书》，卷二十八，《陆腾传》，页470。
  ② 《晋书》，卷一一二，《苻生载记》，页2876。《资治通鉴》，卷一一七，《晋纪三十九》，安帝义熙十二年，页3687，胡注："此匈奴种落相率保聚之地，因以为名。"
  ③ 金发根：《永嘉乱后北方的豪族》，页107—110。

四、魏晋北朝的筑城

此节所讨论的"城",是相对于民间私人所建的坞堡小城而言,包括各政权所修筑、增建的都城、州城、县城,以及为战争而筑的戍城,而筑城则包括新建的城和拓筑、改筑旧城。

六朝除了民间自筑的坞堡小城之外,更大规模地筑城,即以上所说各政权的筑城现象。以州、县城的增筑、重修而言,在数量上虽不如坞堡之多,但坞堡多系依山恃险而建,所费工役有限,而且坞堡的规模也较州县城为小;此一时期华北各政权都城的营建,规模尤为宏廓,对后世影响很大。关于这一点,本书另有专章讨论,此处仅集中在筑城运动本身及此一时期筑城的特点。

此一时期所筑的城有一个共同的特性,即是以防御性为主,有很多城是为了战争而兴筑,或为了应付战事而将原来的城郭增固、城濠加深。自北魏分裂为东、西两部,形成北齐、北周的对立,两者为了防患柔然,都修筑了长城。北魏、北齐、北周所筑的这些长城,也应算是六朝华北筑城运动的一部分。

(一) 筑城运动的蓬勃

从三世纪开始,迄隋统一之前,华北兴建、增筑许多城郭,为了显示魏晋北朝筑城运动蓬勃的盛况,本文将所能搜集到的筑城的资料,作成一表,列之于后。表中所列的城包括都城、州城、县城和戍城。但要说明的是,许多特别为某一战役而兴筑的小城,因无城名,故不予列入。① 至于北魏、北齐、北周为防范柔然所筑的长城,则将另外说明。

---

① 如公元 528 年(梁武帝大通二年),北魏泰山太守羊侃欲叛魏降梁,筑十余城以拒其从兄羊敦,见《梁书》,卷三十九,《羊侃传》,页 557。又,北齐斛律光于齐、周边境筑十三城,见《北齐书》,卷十七,《斛律光传》,页 223。

魏晋北朝筑城表

城名	筑城年代（公元）	筑城者	备注	出处
卢龙故城	207	曹操	征匈奴蹋顿	《水经注》卷14,《濡水》
公路城		袁术		《水经注》卷22,《颍水》
汉城	229	诸葛亮		《通鉴》卷17
乐城	229	诸葛亮		同上
西乐城		诸葛亮		《水经注》卷27,《沔水》
赤岬城		公孙述		《水经注》卷33,《江水》
曲山城	249	姜维		《通鉴》卷75
东兴城	252	诸葛恪		同上
西陵城	272	陆抗		《通鉴》卷79
汲县城	晋太康中			《水经注》卷9,《清水》
匈奴城				《水经注》卷27,《沔水》
左部城		刘渊		《水经注》卷6,《汾水》
石勒城		石勒	增筑桑中县故城	《水经注》卷10,《浊漳水》
广固城	晋永嘉中	曹嶷		《水经注》卷26,《淄水》
姑臧城	323	张茂		《通鉴》卷92
东木根山城	324	贺傉		《通鉴》卷93
榆阴城	333	逸豆归		《晋书》卷109
安晋城	333	逸豆归		同上
好城	337	慕容皝		同上
曲水城	337	慕容皝		同上
盛乐故城	337	翳槐		《通鉴》卷95
龙城	341	慕容皝		《晋书》卷109
凡城		慕容恪		《晋书》卷109
盛乐新城	341	什翼犍		《通鉴》卷96
新乐城		慕容臧		《晋书》卷111

(续表)

城名	筑城年代（公元）	筑城者	备注	出处
勇士城	385	乞伏国仁		《魏书》卷99
燕熙城	386	慕容永		《通鉴》卷106
廉州堡城	395	秃发乌孤		《通鉴》卷108
燕昌城	396	慕容垂		《晋书》卷123
新兴城		慕容垂		同上
肥如城		慕容熙		《晋书》卷124
宿车城		慕容熙		同上
平城	406	拓跋珪		《魏书》卷2
统万城	413	赫连勃勃		《水经注》卷3,《河水》
嶂嵓山城		乞伏炽盘		《晋书》卷125
西安城		段业		《晋书》卷129
方伯堆城		方平		《水经注》卷4,《河水》
郗鉴城		郗鉴		《水经注》卷25,《泗水》
彭城	416	刘公及其子		《水经注》卷23,《获水》
洛阳城	417	毛修之	刘裕北伐修葺	《通鉴》卷118
王城	422	安平王		《水经注》卷5,《河水》
虎牢城	423	毛德祖	修城	《通鉴》卷119
拔邻城	427	北魏太武帝		《通鉴》卷120
长安小城	433			《通鉴》卷122
大栅城	447		拓筑旧城	《水经注》卷7,《济水》
薄骨律镇城	449	刁雍		《魏书》卷38
鹰子山城	449	陈显达		《通鉴》卷137
碻磝城	450	王玄谟	再筑	《水经注》卷5,《河水》
清水二城	458	殷孝祖		《通鉴》卷128
骆谷城	477	皮喜		《魏书》卷51
醴阳城	488			《通鉴》卷136

(续表)

城名	筑城年代（公元）	筑城者	备注	出处
洮阳城	491	伏连筹		《通鉴》卷137
泥和城	491	伏连筹		《通鉴》卷137
洛阳城	493	魏孝文帝		《魏书》卷7
邵阳洲城	495	魏孝文帝		《通鉴》卷140
宿预城	北魏太和中	张惠绍	增修郭城	《水经注》卷25，《泗水》
武川镇城	北魏景明中			《水经注》卷3，《河水》
竹敦城	504	马仙琕		《通鉴》卷145
麻阳城	504			同上
合肥东、西城	506			《通鉴》卷146
安陆城	509	韦叡	增筑	《通鉴》卷147
硖石城	515	赵祖悦	更筑外城	《通鉴》卷148
更阳城	517			《魏书》卷9
历城	517			同上
瑕丘城	517			同上
平凉城	517			同上
肥如城	517			同上
和龙城	517			同上
九原城	517			同上
谷陂城	521	桓叔兴		《魏书》卷36
曲沭戍城	524			《通鉴》卷150
六壁城	538	王思政	防离石诸胡	《周书》卷18
邺城	539	东魏孝敬帝		《通鉴》卷158
九曲城	544	侯景		《通鉴》卷143
轵道城	550	平鉴		《北齐书》卷26
伐恶城	554	高演		《周书》卷10
新城	554	高涣		《通鉴》卷165

(续表)

城名	筑城年代（公元）	筑城者	备注	出处
严城	554	高岳		同上
河南城	554	段韶		同上
安乐城	558	尉迟迥		《周书》卷4
郭默城	559	慕容俨		《北齐书》卷20
若邪城	559	慕容俨		同上
杨叶洲城	560	独孤盛		《通鉴》卷168
黑涧城	560			《北齐书》卷41
柏壁城	周武成初	达奚武		《北齐书》卷19
杨志镇城		斛律金等		《北齐书》卷27
百家镇城		斛律金等		同上
呼延镇城		斛律金等		同上
勋掌城	563	斛律光		《北齐书》卷17
武功城	566	北周武帝		《周书》卷5
郿城	566	北周武帝		《周书》卷29
斜谷城	566	北周武帝		同上
武都城	566	北周武帝		同上
留谷城	566	北周武帝		同上
津坑城	566	北周武帝		同上
安义等城	569	刘雄		同上
原州城	569	北周武帝		《周书》卷5
泾州城	569	北周武帝		同上
崇德等五城	569	宇文宪、李穆		《周书》卷12
伏龙等五城	570			《周书》卷29
汾北城	570			《周书》卷31
大宁城	570	宇文盛		《周书》卷29
统关城	570	斛律光		《北齐书》卷17

(续表)

城名	筑城年代（公元）	筑城者	备注	出处
丰化城	570	斛律光		同上
华谷城	570	斛律光		同上
龙门城	570	斛律光		同上
南汾城	570	斛律光		同上
平陇城	571	斛律光		同上
卫壁城	571	斛律光		同上
统戎城	571	斛律光		同上
姚襄南城	571			《北齐书》卷16
石殿城	571	谭公会		《周书》卷12
黎阳城	573			《通鉴》卷171
临齐城				《水经注》卷5，《河水》
晋阳城		刘仁之		《魏书》卷81
华州城		王罴	修城	《北史》卷62
弘农城		王思政		《周书》卷18
汧阳城		李贤	镇蛮而筑	《周书》卷25
甑山城		李贤		《周书》卷25
罗侯城				《魏书》卷44
临川城		陆腾		《周书》卷28
集市城		陆腾		同上
汾州北离石南		姚岳	防生胡	《周书》卷31
晋州城		梁士彦		同上
武当城		令狐整		《周书》卷36
鲁城		段韶		《北齐书》卷16
郭默戍城		段韶		同上

由上表所示，在整个魏晋北朝，有两个时期筑城运动特别兴盛，一是五胡十六国时期(304—439)，一是北魏末到隋统一南北之前，两者皆

是战事最频繁的时期。五胡十六国大都是胡人游牧政权，北魏、北周由鲜卑所建立，北齐帝室虽然是汉人，但高氏系胡化的汉人；因此可说此二时期筑城运动的蓬勃，游牧民族扮演了相当重要的角色，也反映了他们由逐水草到筑城郭的历程。

游牧民族从逐水草到筑城郭的转变，除了具体显现在上表所列的州、县城、都城、戍城的兴筑之外，更表现在修筑长城以防御突厥这一点。筑长城以防胡人寇边，可上溯至战国时代汉人以之防御游牧民族。六朝时期，北魏首先筑长城以防止柔然侵扰边境，北齐、北周也续有修筑，其所修筑长城规模浩大，是这些政权学习汉族"用夏制夷，莫如城郭"的极致表现。

以下是北魏、北齐、北周筑长城的状况：

一、北魏明元帝泰常八年（423），魏筑长城，起自赤城，西至五原，延袤二千余里，备置戍卒。①

二、北齐文宣帝天保三年（552），齐筑长城自黄栌岭以至社干戍四百余里，立三十六戍。②

三、天保六年（555），北齐发一百八十万人筑长城，自幽州北夏口至恒州九百余里。③

四、天保七年（556），先是，自西河总秦戍筑长城东至于海，前后所筑凡三千余里，率十里一戍，其要害置州镇，凡二十五所。④

五、天保八年（557），北齐于长城内筑重城，自库洛拔而东至于坞纥戍，凡四百余里。⑤

六、北齐武成帝河清三年（564），斛律羡自库堆戍东拒于海，随山屈曲二千余里，其间二百里中凡有险要，或斩山筑城，或断谷起障，并置立

---

① 《魏书》，卷三，《太宗纪》，页63。
② 《北齐书》，卷四，《文宣纪》，页56。
③ 《北齐书》，卷四，《文宣纪》，页61。
④ 《北齐书》，卷四，《文宣纪》，页63。
⑤ 《北齐书》，卷四，《文宣纪》，页64。

戍逻五十余所。①

七、北周静帝大象初,诏于翼巡长城,立亭鄣。②

(二) 城的特点

六朝华北的筑城工事和其时战事之频繁激烈有关,因此其时所筑的城皆特别注重防御功能,无论是都城、州县城或戍城皆然,显现在城郭方面,则是重城累堑,尤其是复城大量出现,在城内则建造金城和钟鼓楼。

1. 金城铁壁

由于筑城是为了在战争中利于防守,所以城不能不筑得坚实牢固。首先就城墙的夯筑而言,最突显的例子是十六国之匈奴所建夏都统万城。《晋书·赫连勃勃载记》记,公元413年夏主赫连勃勃征调十万民夫,"蒸土筑城,锥入一寸,即杀作者而并筑之"。其工事标准严苛如此,所费的功力又多,所以统万城极其坚固,《魏书》甚至以"其坚可以砺刀斧"来形容。③ 自1945年迄1981年,考古学者对统万城所做的调查、测绘和试掘,也证明了此城确是金城铁壁,极为坚固。今所残留的城墙经化验鉴定,城土主要的成分是石灰、黏土和碳酸钙,即现代所称的"三合土"。史书所说"蒸土筑城",即制造三合土中烧造石灰的手法。④ 正因如此,无怪乎此城经历一千五百余年,其东、西城垣仍然保存得相当完好,楼高距地面二至十米。⑤ 西城墙墙基厚度约有十六米。

统万城系夏的都城,要求自然极高,但其他一般的城镇也莫不力求坚牢固实。现代考古调查、发掘的北魏古城证明了这一点。内蒙古的白灵淖城发掘的北魏古城,东墙土质为黄胶泥掺杂细砂,非常坚硬;南

---

① 《北齐书》,卷十七,《斛律金附斛律羡传》,页227。
② 《周书》,卷三十,《于翼传》,页526。
③ 《魏书》,卷九十五,《铁弗刘虎附赫连昌传》,页2059。
④ 陕西省文管会:《统万城址勘测记》,《考古》,1981年第3期,页227。
⑤ 陕西省文管会:《统万城址勘测记》,《考古》,1981年第3期,页227。

墙为黄沙土夯筑,极为坚实,今残留北墙墙基宽四至九米。① 又如内蒙古乌兰不浪乡土城梁村发现的古城,据考证确定是北魏六镇之一的武川镇城,今所残留的三面城墙,墙基宽达七米。②

2. 复城

魏晋北朝普遍出现复城的现象,复城是一个城系,由两个以上小城组合而成。各政权的都城自然是由宫城、郭城套起来的多重城郭,然而在都城之外的一些大城,或是军事上的镇城、戍城之内,也都有复城。据朱大渭统计,魏晋南北朝的复城共有三十三座,从其分布而言,除了江夏郡城一城之外,其余都在长江以北,特别集中在淮水南北和黄河中、下游战争频繁的地带;就其修筑的时间来说,大都建于西晋末年以后。③ 根据考古调查,北魏初期的政治中心盛乐(今内蒙古和林格尔北),其外郭城之内有南、北两个内城。夏都统万城由东、西二城构成,北魏乌兰花土城子古城由南、北二城组合而成,城圐圙北魏古城内西北隅有子城。此外,从一些文献上的记载,亦可知当时复城是很普遍的,如《北史·尔朱荣附尔朱天光传》:

　　天光乃入陇,至(王)庆云所居水洛城,破其东城,贼遂并趣西城,城中无水,众聚热渴。

《北史·周室诸王传》:

　　(周齐炀王)宪攻拔武济,进围洛口,拔其东、西二城。

---

① 内蒙古文物工作队、包头市文物管理所:《内蒙古白灵淖城北魏古城遗址调查与试掘》,《考古》,1984年第2期。
② 张郁:《内蒙古大青山后东汉北魏古城遗址调查记》,《考古通讯》,1958年第3期。
③ 朱大渭:《魏晋南北朝时期的套城》,《齐鲁学刊》,1987年第4期。

《北史·封敕文传》：

> 金城边冏、天水梁会谋反，据上邽东城、南城，攻逼西城。

上面所说的东城、西城、南城都是城内之城，是复城的一部分。同时，此时也出现"金城"这个名词，同样属于复城的一部分。

此一时期同时有内城、中城、外郭城这种多重城郭形式的城，因此组成复城一部分的"金城"常误解为多重城郭形式下的中城，见《资治通鉴》胡三省注：

> 齐巴陵王琳与扬州刺史王贵显保寿阳外郭，吴明彻以琳初入，众心未固，丙戌，乘夜攻之，城溃，齐兵退据相国城及金城。

胡注："二城皆在寿阳城中。相国城，刘裕伐长安所筑，故名。金城，寿阳中城也。自晋以来，率谓中城为金城。"①如此说真确，寿阳便有三重城郭，其实不然，因魏晋南北朝的大型都城，如北魏洛阳、南朝建康系以都城之故，才有宫城、皇城、外郭城三重城郭的规模，寿阳虽为地方大邑，但不太可能如此。

那么金城究竟所指为何？《水经注》有几条资料可提供线索：

> 漯水又北，径聊城县故城西，城内有金城，周匝有水，南门有驰道。（卷五，《河水》）
>
> （摄）城东西三里，南北二里，东西隅有金城，城卑下，墟郭尚存，左右多坟垄。（卷五，《河水》）
>
> （彭城）大城之内，有金城、东北小城，刘公更开广之，皆垒石高四丈，列堑环之。（卷二十三，《获水》）

---

① 《资治通鉴》，卷一七一，《陈纪五》，宣帝太建五年，总页5325。

> 江水又东南径夔城南,跨据川阜,周回一里百一十八步。西北皆枕深谷,东带乡溪,南侧大江。城内西北角有金城,东北角有圆土狱,西南角有石井口,径五尺。(卷三十四,《江水》)①

由此可知,金城是城内之小城。宫川尚志认为金城和小城、子城同是位于外郭城内一角小区划的城,唯一不同是金城特别指在低地上填土而建的小城。② 他的看法系由上引《水经注》卷五《河水》"摄城"条的资料引申而来。不过细读上下文,引文中的"城卑下"乃是形容摄城,而非金城。又其他各条提及金城的资料,不见类似的描述,因此,以金城作为是外郭城内卑下之地、填土而筑的小城,是不能成立的。

金城是魏晋北朝城市的一个特出产物,是在外郭城内所筑的军事城堡,有别于内城或子城,目的是加强城的防御能力。一般而言,除了纯粹军事性的镇城和戍城之外,魏晋北朝的州、县城之面积都很大,防守不易,因此有必要在外郭城内建造军事城堡,作为最后防守的据点。如史书曾言寿阳城"郭大难守"③,城内有金城,即在外郭城内的军事堡垒,如同魏晋洛阳城内的金墉城、曹魏邺城三台。根据近年考古的探测,魏晋洛阳的金墉城整体作长方形,由三座南北毗连的小城构成。城南北长1048米,东西宽225米。城墙厚度达12至13米。城墙外建有马面。谷水环绕城之西、北、东三面④,堪称一座具有良好防卫功能的小堡垒。金城的出现,正说明了此一时期战争的频繁和激烈,不仅需要筑城以守,而且城内再筑小堡垒,以防守最后的据点。

3. 内地城市出现马面与瓮城的设计

秦汉长城沿线的障城筑有与后世马面、瓮门类似的设施,魏晋北朝

---

① 《水经注》,页69、70、302、427。
② 宫川尚志:《六朝史研究·政治社会篇》,页480。
③ 《南齐书》,卷二十五,《桓崇祖传》,页462。
④ 段鹏琦:《汉魏洛阳城的几个问题》,中国考古学研究编委会:《中国考古学研究——夏鼐先生考古五十年纪念论文集》(北京:文物出版社,1986),页248。

时期，马面开始出现在内地城市的建造上，今所知有马面兴筑的城市，有高句丽都城国内城（今吉林集安）、汉魏洛阳城、夏都统万城。不过，马面经过发掘的仅有汉魏洛阳城及高句丽的国内城。

所谓"马面"，是城墙外侧每隔一定距离设置的墩台，其作用在于加强防守，使攻城者在接近城墙或攀登城墙时，三面受敌，攻势遭阻。如在汉魏洛阳金墉城的外壁，每隔 60 到 70 米，就设有一马面，长约 15 米，宽约 8 米。又，洛阳城西面城墙和北面城墙的外壁，也设有同样的墩台。① 1984 年对洛阳北城垣一号马面进行发掘，此马面早期遗迹证明为魏晋时所筑，其基础南端宽 15.8 米、北端宽 14.4 米，南北长 12.4 米，夯土厚 2.3 米。② 高句丽国内城马面经发掘，证实为高句丽建都于此的时期（公元 3 世纪至 427 年）所建，此城北城墙探沟 T8 马面的地下基础，东西长 10 米，南北宽 6.8 米。③

夏都统万城后来相继为北魏、唐、宋时期所沿用，今统万城保存得相当完整，外郭以内分为东、西二城，尤以西城保持最好。城墙四周墙外加筑马面，西城北墙有十座，南垣有八座；东城北垣有七座。西城南垣的马面规模较大，每座长 18.8 米，至于城垣本身的厚度，宽 16.4 米。西城城墙基厚约 16 米，如加上马面的长度，则厚度可达 30 余米。④ 马面增加防御的能力，由此可见一斑。又在统万城西城的西门，尚存有"瓮城"。⑤ 瓮城也叫"瓮门"，是在外郭城的城门外面，造一个弧形的壁垒，并开数门，目的在使攻城者接近城门时，不至于长驱直入；壁垒的墙上削下圆，其形如瓮，因此得名。对攻城者而言，瓮城是一个陷阱，攻城

---

① 中国社会科学院考古研究所洛阳工作队：《汉魏洛阳城初步勘查》，《考古》，1973 年第 4 期。

② 中国社会科学院考古研究所汉魏故城工作队：《洛阳汉魏故城北垣一号马面的发掘》，《考古》，1986 年第 8 期。

③ 集安县文物保管所：《集安高句丽国内城址的调查与试掘》，《文物》，1984 年第 1 期。

④ 陕西省文管会：《统万城址勘测记》，《考古》，1981 年第 3 期，页 227。

⑤ 陕西省文管会：《统万城址勘测记》，《考古》，1981 年第 3 期，页 227。

者进入瓮城时,守城者可以埋伏其内,以行"瓮中捉鳖"。不过,统万城的马面和瓮城尚未经过发掘,还不能判定其建造的年代。虽然统万城的瓮城尚未能确定为十六国时期所筑,但高句丽国内城的瓮城,已可确知是国内城时期所建造。①

从前认为马面和瓮城至少要到唐代以后才出现②,这个说法需要修正。由上可知,魏晋北朝由于战乱频仍,出于军事上的需要,内地城市乃有这两种特殊的设计。

4. 钟鼓楼的出现和普及

至少早从西汉,许多城郭便采用以鼓示有盗贼之警的措施,③不过,在城内建鼓楼,作为城市的警备防御体系之一,则源于北魏。《魏书·李崇传》:

> 以本将军除兖州刺史,兖土旧多劫盗,崇乃村置一楼,楼悬一鼓,盗发之处,双槌乱击。四面诸村始闻挝鼓一通,次复闻者以二为节,次后闻者以三为节,各击数千槌。诸村闻鼓,皆守要路,是以盗发俄顷之间,声布百里之内。其中险要,悉有伏人,盗窃始发,便尔擒送。诸州置楼悬鼓,自崇也。④

---

① 集安县文物保管所:《集安高句丽国内城址的调查与试掘》,《文物》,1984年第1期。

② 加藤繁:《宋代都市的发展》一文说宋代的都市城门常设有瓮城。唐代的都市大致也是如此。但内地的都市从宋才开始设瓮城,见氏著《中国经济史考证》(台北:华世出版社,1981),卷一,页272—273。阎文儒:《吐鲁番的高昌故城》说:"以高昌故城现存的外城垣,已经有了瓮城和马面,宫城内遗址的夯土层又较厚……这一切都是唐或唐以后天山以南各地建筑的特征。"见《文物》,1962年7、8期合刊,页30。

③ 《汉书》,卷七十二,《鲍宣传》载他上书言民有七亡,其六是"部落鼓鸣,男女遮迣",颜师古注:"言闻桴鼓之声以为有盗贼,则当遮列而追捕。"页3088。另,四川新繁县与成都西郊出土的汉代"市井"画像砖,市区的中央有重檐市楼一座,上悬一鼓,作为市门启闭之信号,此是市楼,有别于州县城的鼓楼。

④ 《魏书》,卷六十六,《李崇传》,页1466。

鼓楼之设系源于防盗,这和魏晋北朝每逢政治不靖,人民相率屯聚坞堡有关。坞堡自保,有时住民生活的一部分是透过掠夺,以获得生活资源,①不仅劫掠州县城,也包括乡村:

> 魏废帝元年……(龙州)州民李广嗣、李武等凭据岩险,以为堡壁,招集不逞之徒,攻劫郡县,历政不能治。②
>
> (河北)郡带山河,路多盗贼。有韩、马两姓,各二千余家,恃强凭险,最为狡害,劫掠道路,侵暴乡间。③

魏晋北朝州县乡村皆多劫盗,这也正是李崇创议设鼓楼,诸州县皆设鼓楼的背景。唐代以后政治社会的大环境改变,州、县城内仍设钟、鼓楼,成为州、县城营建的规制之一。

五、超大尺度的城市规划

在魏晋北朝的筑城运动中,城有愈筑愈大的趋势。魏晋北朝所筑的城,有新筑的,也有许多是增筑扩大旧城的面积。城的面积扩大基于下列两个原因,以容纳更多的人口,便于在战时能将城外居民移入城中。一来为保护城外居民,免得他们为敌方所掠;二来是战时将城外居民移入城内,可增加人力资源。如晋安帝隆安二年(398),后燕出兵攻打北魏,其都城龙城留守兵少,尚书顿丘王兰汗和段速骨趁机叛乱,攻打龙城,当时留守的慕容盛(373—401)便将城外居民迁入城内"得丁夫万余,乘城以御之"。④ 又,南燕主慕容德(336—405)攻打齐郡,时齐郡

---

① 金发根:《永嘉乱后北方的豪族》,页 103。
② 《周书》,卷二十八,《陆腾传》,页 470。
③ 《魏书》,卷四十二,《薛辩附薛胤传》,页 943。
④ 《资治通鉴》,卷一一〇,《晋纪三十二》,安帝隆安二年,总页 3466。

太守辟闾浑(？—399)得知前燕大军来到,遂"徙八千家入广固"。①

自三国时期开始,随着政治社会不安情况日益严重,战争愈趋频繁,城也有愈筑愈大的趋势。前引《南齐书·垣崇祖传》提及寿春的外郭城很大,河西的姑臧城内有户口二十余万,可知规模不小。② 此一时期筑城规模和战争的关系,可以从历史承平时期人多住在城外的现象得到佐证,宋代苏轼在其《乞罢宿州修城状》曾说:

> 宿州,自唐以来,罗城狭小,居民多在城外;本朝承平百余年,人户安堵,不以城小为病。③

魏晋北朝由于战争频繁,有部分农民是居住在州县城内,而为了容纳这些田地在城外的农民,城也就愈筑愈大。《北史·赫连子悦传》:

> 天保中,为扬(阳)州刺史。先是城门早闭晚开,废于农作。子悦到,乃命以时关闭,人吏便之。④

阳州即宜阳,和西魏接境,为边防重地,所以城门早闭晚开,影响城内居住农人在城外田地的农事。此外,就连北魏都城洛阳城也有农民居住,⑤和同一时期南朝都城建康城内没有农民,是一个强烈的对比。⑥

一般的城有愈筑愈大的趋势,都城尤甚。今有学者认为北魏洛阳

---

① 《晋书》,卷一二七,《慕容德载记》,页3167。
② 《资治通鉴》,卷一二三,《宋纪五》,文帝元嘉十六年,总页3874。
③ 《东坡全集》,卷六十二,《乞罢宿州修城状》。
④ 《北史》,卷五十五,《赫连子悦传》,页2009。
⑤ 《北史》,卷四十,《韩麒麟传》:"太和十一年,京都大饥,麒麟表陈时务曰:'……今京师人庶,不田者多,游食之口,三分居二。'"页1332。
⑥ 《宋书》,卷五十四,《孔灵符传》提及江夏王义恭与孔灵符争论是否要将山阴无田可耕的居民徙居他处时,孔灵符以"京师无田,不闻徙居他县"为理由,而不表赞同,见页1533。

是中国历史上面积最大的都城,超过了隋唐长安城的规模。① 北魏洛阳外郭城尚未完全探勘,不过从隋唐长安城的面积,已可推想其规模之大。以下是根据考古实测历史上几个都城城墙长度、周长、面积的资料:②

城名	东城墙（米）	西城墙（米）	南城墙（米）	北城墙（米）	周长（米）	面积（平方米）
汉长安城	6 000	4 900	7 600	7 200	26.1	36
汉洛阳城	4 200	3 700	2 460	2 700	13.06	
隋唐长安	8 651	8 651	9 721	9 721	36	83.1
隋唐洛阳	7 312	6 776	7 290	6 138	27.5	
元大都	6 700	6 700	7 600	7 600	27.47	50余
明清北京	5 700	5 700	7 000	7 000	25.4	

隋唐长安的面积是今日陕西省西安市的七倍③,其面积之大,由以下数事可以得到更清晰的认识,即到唐朝末年,长安城南面距离外郭城墙四坊之地,大部分都还是空地。④ 也就是说,自隋朝规划大兴城,而为唐朝承继作为都城,经过三百余年,长安城内四分之一仍然是空地。六十年代初期,邙山上探到洛阳外郭城北墙残迹数段,1984年,又发现外郭城西墙的遗迹,总长四千多米,并且勘探到类似郭门遗址的通大道缺口,⑤宿白便据此推测,北魏洛阳的规模在历史上是空前的,超越隋

---

① 宿白:《北魏洛阳城和北邙陵墓——鲜卑遗迹辑录之三》,《文物》,1978年第7期,页43—44。但骆子昕认为北魏洛阳的外郭并不包括洛水南岸,见骆子昕:《汉魏洛阳城址考辨》,《中原文物》,1988年第2期。
② 王仲殊:《汉代考古学概说》,页3—30。马得志:《唐代长安与洛阳》,《考古》,1982年第6期。元大都考古队:《元大都的勘查和发掘》,《考古》,1972年第1期。
③ 中国社会科学院考古研究所西安唐城发掘队:《唐代长安考古纪略》,《考古》,1963年第11期。
④ 《唐两京城坊考》,卷二,页37。
⑤ 段鹏琦:《汉魏洛阳城的几个问题》,《中国考古学研究——夏鼐先生考古五十年纪念论文集》,页251。

唐长安。①

北魏营建洛阳有一部分是承继平城的规划②,如城坊的规划,在都城的规模方面亦然。平城的范围很大,不止新、旧平城二城而已,③《魏书·食货志》言:

> 既定中山,分徙吏民及徒何种人、工伎巧十万余家以充京都,各给耕牛,计口授田。天兴初,制定京邑,东至代郡,西及善无,南极阴馆,北尽参合,为畿内之田;其外四方四维置八部帅以监之,劝课农耕,量校收入,以为殿最。

王畿的范围之内,以秦汉云中故城所营建的旧平城(今大同市)为中心,在其东、西、南、北面各筑有规模不小的城,最大的是在桑干河之南的新平城,外郭周回三十二里。另在东面筑有东宫④,西面筑有西宫。先是天赐元年(404)筑西宫,至泰常八年(423),"广西宫,起外垣墙,周回二十里"⑤,其面积和新平城的外城相等,虽称为西宫,其实是旧平城外围的卫星城。至于北宫也是一样。《魏书·太祖纪》说天赐四年(407),"筑北宫垣,三十日罢",前面所述天赐三年筑新平城外城的工程也费时三十日,⑥由于北宫垣的工程和筑新平城外城的工程所费工役约略相当,可以推知北宫的规模大约和新平城的外城相近。王畿内住有许多自他处迁徙而来的各族人民,从事耕作,以供养鲜卑的朝廷、百官和军

---

① 宿白:《北魏洛阳城和北邙陵墓——鲜卑遗迹辑录之三》。
② 陈寅恪:《隋唐制度渊源略论稿》,"二、礼仪附都城建筑",收入氏著《陈寅恪先生文集·一》(台北:里仁书局,1982),提及"北魏洛阳新都之全体计划中尚有平城、河西二因子"。不过,他只讨论河西这个因子,至于平城未加细论。请见本书《中古都城坊制初探》。
③ 见本书《中古都城坊制初探》。
④ 《魏书》,卷四,《世祖纪》,页81。
⑤ 《魏书》,卷三,《太宗纪》,页64。
⑥ 《魏书》,卷二,《太祖纪》,页43。

队。孝文帝迁都、规划洛阳城时,很可能以整个平城王畿作为设计的蓝本,因此北魏洛阳才会出现超迈前代、超大尺寸的都城规划。

在北魏洛阳以后,北朝各政权所兴建的都城规模也都很大,如东魏北齐邺都、隋唐长安城。北齐以邺城为都,在曹魏邺城(为邺之北城)之南,增筑一城(南城)。据《水经注》记邺北城"东西七里,南北五里",①而北齐所修筑的南城"东西六里,南北八里六十步"。② 因此北齐时的邺城包括南、北二城,比曹魏的邺城大一倍多。由此不难推知,隋唐长安城是汉代长安城面积的二三倍。

关于魏晋北朝都城超大尺度规划的缘由,也许可以有另一种推测。鲜卑北魏虽入居中原,建立政权,但由于在某种程度上仍然保留以马作为交通工具,作战主力也仍以骑兵为主,这些可能也影响他们规划较大尺寸的道路,乃至于整个都城的规模。今日尚无平城、北魏洛阳城内街道宽度的实测数字,不过,隋唐长安系以北魏洛阳为蓝本所规划,考古学者在长安城的勘探与发掘,已掌握多数城内街道的宽度。长安城内最大一条街朱雀街宽度竟达150至155米,③当可提供一个推拟的旁证。

六、结　语

游牧民族是魏晋南北朝时期最重要的历史元素之一,他们加入中原舞台的竞逐,带来各种回响,其中之一便是促成此时华北的筑城运动。在飞骑纵横的局势下,北方出现无数民间修筑的坞堡小城,汉族为了应付游牧民族的寇扰,游牧民族也为了逐鹿中原,都不得不大修城

---

① 《水经注》,卷十,《浊漳水》。

② 〔元〕纳新:《河朔访古记》(《聚珍丛书》,第二百十三册),卷中,页7,引《邺中记》。另,《北齐书》,卷十八,《高隆之传》:"又领营构大将,京邑制造,莫不由之。增筑南城,周回二十五里。"页236。

③ 马得志:《唐代长安城考古纪略》,《考古》,1963年第11期。

郭,以备攻守。就在一波波的筑城运动中,逐渐模铸了中古都城的规划,总结于北魏洛阳和隋唐长安城的兴筑。另外,在此筑城运动中出现瓮城的设计,原先只用在边境城镇的马面,也被运用于都城的兴建。此二者和在北魏首度出现在城内的钟鼓楼,都普遍出现在唐代以后的城市蓝图中,这些面向足以显示,在中国城市建设史上,魏晋北朝的筑城运动实有其重要的意义。

中古都城坊制初探

一、前　言

在城郭之内设计大规模整齐棋盘式封闭的居住单元，是中古都城规划最显著的特色之一，如众所熟知，隋唐的长安和洛阳便是最好的例子。(附图一、二)迄今学界讨论这种规划，都认为曹魏所筑的邺都北城为其肇始[①]。不过，无论就文献资料而言，或就考古发掘所知，都无法证明邺都北城已有大规模齐整城坊的规划[②]。本文主要以文献资料，证明北魏平城是最早出现大规模城坊规划的城市，并且尝试探讨它出现的缘由。

---

①　奈良县立橿原考古学研究所附属博物馆：《中国の都城遗跡》(1983)，页34，秋山日出雄提出"曹魏、后赵邺都北城平面复原图"之后，中国学者多接受其说，如贺业钜：《关于我国古代城市规划体系之形成及其传统发展的若干问题》，《建筑历史与理论》，第3、4辑，页66；俞伟超：《中国古代都城规划的发展阶段性》，《文物》，1985年第2期，页44—45。

②　迄今已公布的邺城考古报告的复原图中，没有任何有关邺城有齐整的城坊规划之任何线索，见俞伟超：《邺城调查记》，《考古》，1963年第1期；临漳县文物保管所：《邺城考古调查和钻探报告》，《中原文物》，1983年第4期之附图。又从文献记载中，也没有关于曹魏邺城有齐整规划城坊的确切记载。当然，在曹魏邺城建春门至金明门之东西轴线以南是住宅区，这一点是有文献可稽的，不过，这些住宅区是否有如同想象复原图那样整齐方正的规划的城坊，则无法确定。况且，邺城遗址受漳水的破坏，要找寻邺城坊墙的遗迹，似乎是很困难的事。仅根据几条大路的遗迹，很难断定邺城有如后来北魏洛阳、隋唐长安洛阳那样为数众多、齐整的城坊。又，假设邺城几条大路即是其城坊的边界，则其城坊面积显然较北魏、隋唐都城城坊面积大了许多，也就是说，两者不可等同视之。

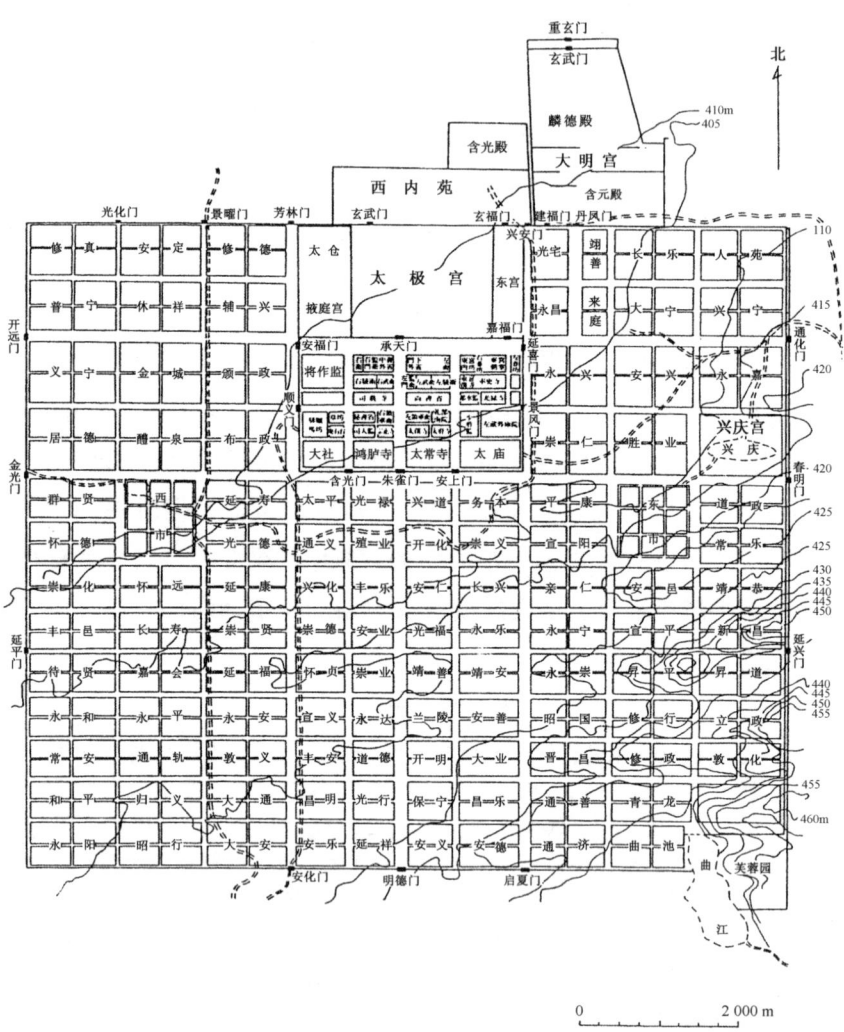

【图一】 隋大兴、唐长安城布局复原图

(摘自宿白:《隋唐长安城和洛阳城》,《考古》,1978 年第 6 期)

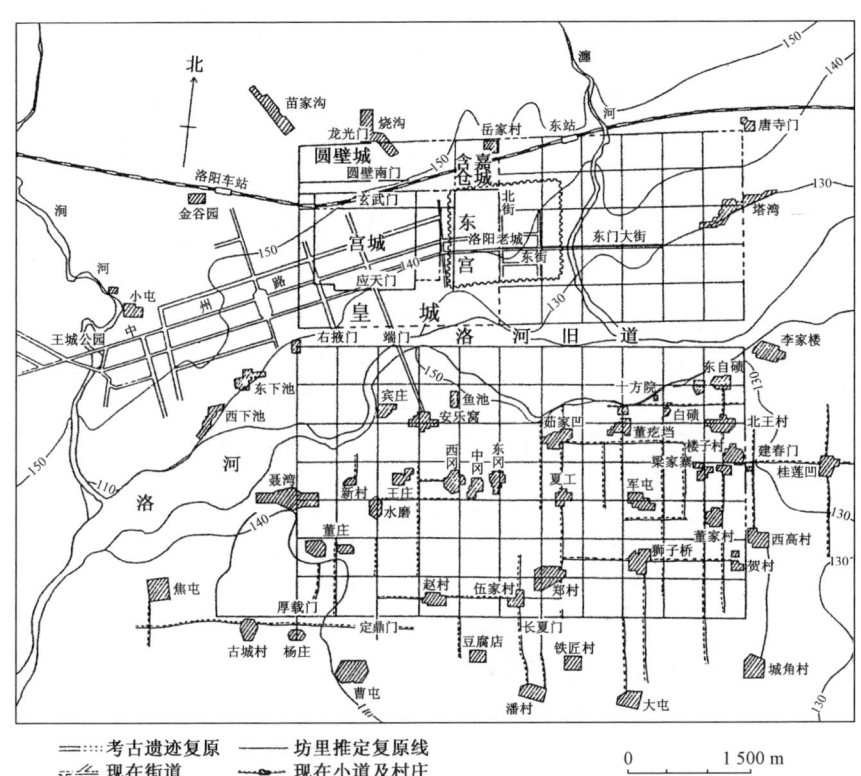

【图二】 隋唐洛阳城的复原

(摘自宿白:《隋唐长安城和洛阳城》,《考古》,1978 年第 6 期)

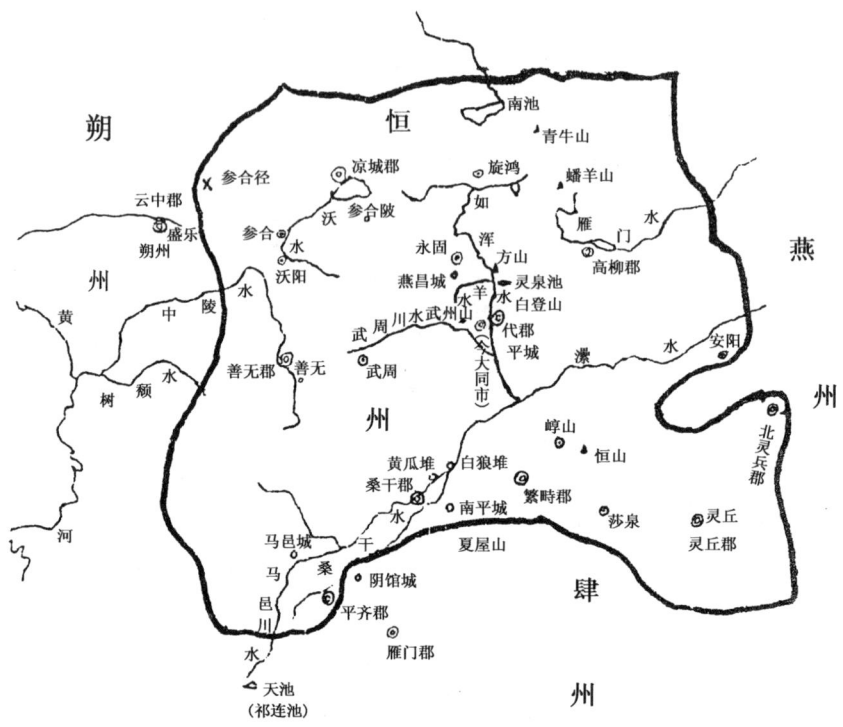

【图三】 平城时期王畿及其附近一带

（根据谭其骧《中国历史地图集》）

二、北魏平城的城坊规划

文献上所见，最早在城郭内大规模地规划、修筑城坊的都城是北魏的平城。在此之前，汉代的长安、洛阳城内宫室所占的比例很高，能够规划为住宅区的面积便很少，因此多数的住宅区系在城外。① 曹魏邺城的面积因约仅有汉长安城的四分之一，除去宫城、铜雀园的占地外，可规划为住宅区的土地便很有限了，所以也无法出现大规模的城坊规划。

---

① 王仲殊：《汉代考古学概说》，页9、21。

北魏有两个平城,一名平城,一名新平城(又称南平城或小平城)。这两个平城都有大规模的城坊规划。《魏书》上虽然有上述两个平城的记载,但由于下列三个原因,史家和考古学者一直没注意到其间的区分,而将之视为同一个城。第一,北魏以平城为都城的时期里(398—493),两个平城同时使用,加以《魏书》的记载也多含混,因此如不细辨就很难分得清楚。第二,北魏以后,平城未再作为任何王朝的都城,它的沿革便不再受到重视,至明朝修《大明一统志》时,就已经弄不清楚平城外郭为何时修筑的。① 第三,迄今考古发掘只限于平城(今山西大同)附近的陵墓和贵族坟墓,②似乎只认定大同市是北魏平城所在,而未曾注意桑干河以南另有一新平城。

北魏在建设平城的同一年,也开始修筑新平城。《魏书》卷一《序纪》记载早在北魏迁都平城之前,就已经开始修建这两个平城,晋愍帝建兴元年(313)穆帝猗卢:

> 城盛乐以为北都,修故平城以为南都。帝登平城西山,观望地势,乃更南百里,于灅水之阳黄瓜堆筑新平城,晋人谓之小平城,使长子六修镇之,统领南部。

故平城即指秦汉云中故城,约今山西大同,③也就是今日所认定的北魏

---

① 〔清〕黎仲辅纂辑,杨霖等编:《大同县志》(道光十年刊本)(南京:凤凰出版社,2005),卷七,《古迹》,页4:"平城外郭,《明一统志》:'城东五里,本汉平城县,其外郭乃西魏所筑,在无忧坡上。'按北魏纪:'太宗泰常八年,筑平城外郭,周三十二里。'旧志云西魏所筑者,谬。"

② 宿白:《盛乐、平城一带的拓跋鲜卑——北魏遗迹、鲜卑遗迹辑录之二》,《文物》,1977年第11期。

③ 《大同县志》,卷四,《疆域》,页13—14:"小白登山,盖汉与北魏之平城,虽均今日府治,其地界稍有差别,故《水经注》既引服、如二氏之说,又云今平城东十七里有台,即白登台,台南对罝阜,即白登山也。汉魏时人据汉县言,唐人据代都属县言;道元以北魏人记魏京邑,亲履其地,其言必不妄,是北魏平城东十七里,即汉平城。"

平城旧址。新平城故城在今大同之南桑干河南岸,约今日山阴东南,(附图三)位于桑干河(古称灅水)和夏屋山之间,正符合《魏书》卷二《太祖纪》关于新平城的记载:

> (天兴六年,403)九月,行幸南平城,规度灅南,面夏屋山,背黄瓜堆,将建新邑。

南平城即今新平城,清人吴辅宏重修的《大同府志》对此考订甚详:

> 南平城,即新平城。……今灅水经山阴县北,又北有黄花冈,即黄瓜堆,县南大山即古夏屋山,是山阴为南平城地无疑矣。①
>
> 夏屋山,即复宿山之东。元魏天兴六年行幸南平城,规度灅南,面夏屋山,背黄瓜堆,将建新邑。南平城为今山阴县地,灅水即㶟水,为今桑干河,在山阴北,则县南大山当即古之夏屋山矣。②

虽然两个平城都有大规模城坊的规划,但新平城的规划兴筑城坊比平城为早,《魏书》卷二《太祖纪》:

> (天赐三年,406)六月,发八部五百里内男丁筑灅南宫,门阙高十余丈;引沟穿池,广苑囿;规立外城,方二十里,分置市里,经涂洞达。三十日罢。

至于平城城坊的规划兴筑则略晚于此。《南齐书》卷五十七《魏虏传》:

---

① 〔清〕吴辅宏重修,王飞藻纂,文光更订:《大同府志》(乾隆四十七年重校刊四十一年本,南京:凤凰出版社,2005),卷六,《古迹》,页8—9。
② 《大同府志》,卷四,《山川》,页17。

> 什翼珪始都平城，犹逐水草，无城郭，木末始土著居处。佛狸破梁州、黄龙，徙其居民，大筑郭邑。截平城西为宫城……其郭城绕宫城南，悉筑为坊，坊开巷。坊大者容四五百家，小者六七十家。每南坊搜检，以备奸巧。城西南去白登山七里，于山边别立父祖庙。

"城西南去白登山七里"，可知此处叙述的是平城（参见附图三）。文中说"其郭城绕宫城南，悉筑为坊，坊开巷"，按《魏书》卷三《太宗纪》："（泰常七年，422，九月）辛亥，筑平城外郭，周回三十二里。"又据《水经注》卷十三《灢水》："如浑水又南，分为二水，一水西出，南屈入北苑中，历诸池沼，又南径虎圈东，魏太平真君五年成之以牢虎也。……又径平城西郭内，魏太（泰）常七月所城也。"可知泰常七年方筑平城外郭，也应在此时才筑坊。因此，《水经注》有一则记载说平城内有一座白楼，系建于明元帝神瑞三年（416），后来在楼上置大鼓，作为城里城坊门晨开暮闭的信号：

> 魏神瑞三年又建白楼，楼甚高竦，加观榭于其上，表里饰以石粉，缟曜建素，赭白绮分，故世谓之"白楼"也。后置大鼓于其上，晨昏伐以千椎，为城里诸门启闭之候，谓之"戒晨鼓"也。①

平城大规模地规筑城坊是一项新创。虽然有学者认为平城外城的规划是以中原都邑为蓝本，尤以邺城为其仿真的对象，②但细读《魏书》的记载，便知北魏平城仿照汉人都城主要是在宫室制度方面。《魏书》卷二十三《莫含附莫题传》：

---

① 〔北魏〕郦道元注，杨守敬、熊会贞疏，段仲熙点校，陈桥驿复校：《水经注疏》（南京：江苏古籍出版社，1989），卷十三，《灢水》，页1144—1145。
② 宿白：《盛乐、平城一带的拓跋鲜卑——北魏遗迹、鲜卑遗迹辑录之二》。

> 后太祖欲广宫室，规度平城四方数十里，将模邺、洛、长安之制，运材数百万根。以题机巧，征令监之。召入，与论兴造之宜。

宿白引这段资料证明平城的外城规划仿邺城。① 其实文中说"欲广宫室"及"运材数百万根"，显然是为建宫室之用。我们可用另一则资料来说明道武帝激赏邺城宫室，《魏书·太祖纪》：

> （元兴元年正月）帝至邺，巡登台榭，遍览宫城，将有定都之意。乃置行台，以龙骧将军日南公和跋为尚书，与左丞贾彝率郎吏及兵五千人镇邺。

虽然道武帝在"巡登台榭，遍览宫城"之后，意欲以邺城为都城；不过基于早先穆帝以平城为南都，以及实际上的考虑，仍在此年七月迁都平城，开始兴建宫室，先后修建了天华殿、中天殿、云母堂、金华堂②。从《南齐书·魏虏传》对于这些宫室的描述，可知其甚为简陋，如"伪太子宫在城东，亦开四门，瓦屋，四角起楼。妃妾住皆土屋"，又说"宫门稍覆以屋，犹不知为重楼"。由此可见，一则北魏初离帐落生活，还没学会汉人建筑房舍宫室的技术；二则北魏还没建立一套宫室制度。因此可以理解道武帝巡登邺城台榭，遍览宫城，欲以之为都城，其实是看中邺城的宫室制度。汉人都城宫室制度是游牧文化中没有的成分，所以北魏孝文帝在迁都洛阳之前，也派遣使臣至南齐观察建康的宫殿形式：

> （永明九年，491）遣使李道固、蒋少游报使。少游有机巧，密令观京师宫殿楷式。……少游，安乐人。虏宫室制度，皆从其出。③

---

① 宿白：《盛乐、平城一带的拓跋鲜卑——北魏遗迹、鲜卑遗迹辑录之二》。
② 《魏书》，卷二，《太祖纪》，页36。
③ 《南齐书》，卷五七，《魏虏传》，页990。

由上可知，北魏平城模拟曹魏邺城者，主要是在宫室制度方面。同时，如引《莫题传》证明平城模拟邺城的外城规划，在时间上亦不切合。因为平城围外郭筑坊是在明元帝泰常七年（422），而非在道武帝之世（386—409）。

前述《南齐书·魏房传》对平城城坊描述："其郭城南绕宫城南，悉筑为坊，坊开巷。坊大者容四五百家，小者六七十家。每南坊搜检，以备奸巧。"此处说的"南坊"，指的是宫城南面诸坊。又"坊开巷"，则显示坊内的规划和隋唐长安、洛阳的坊类似。① 又从"坊大者容四五百家，小者六七十家"看来，则平城的坊至少有两种不同的规格。

三、北魏洛阳的城坊规划

继平城之后，在郭城内规划整齐城坊的设计，陆续为北魏新都洛阳、北齐营建的邺都南城所取则。至隋朝兴建大兴、东都洛阳，也都采取整齐的城坊规划。

虽然北魏孝文帝于太和十七年（493）下令修建洛阳，次年，正式迁都于洛阳，但此时洛阳并未筑有城坊，洛阳筑坊是距此七年以后的事。宣武帝景明二年（501），因采纳广阳王元嘉（？—511）的建议，才修建洛阳城坊。关于洛阳修筑城坊的两则记载，在参与筑坊工役的人夫数目，以及坊的数目方面，都小有出入。《魏书》卷八《世宗纪》："九月丁酉，发畿内夫五万人筑京师三百二十三坊，四旬而罢。"而《北史》卷四《魏本纪》："九月丁酉，发畿内夫五万五千人筑京师三百二十坊，四旬罢。"就筑坊民夫人数而言，两者相差了五千人，不论何者方为正确数目，洛阳筑坊是一件大工程，是毫无疑问的。

关于洛阳城坊的数目，有三种不同的记载：前述《魏书·世宗纪》作

---

① 日野开三郎：《唐代邸店の研究》（撰者印行，1968），页267—276。宿白：《隋唐长安城和洛阳城》，《考古》，1978年第6期，页409—410。

三百二十三坊,《北史·魏本纪》及《魏书》卷十八《明元六王传·广阳王》都记三百二十坊,《洛阳伽蓝记》卷五作二百二十坊。至于何者才是正确的数目？学者考订，也没有一致的看法。劳干认为洛阳当有二百二十五个城坊,①范祥雍则以三百二十坊为正确,②何炳棣认为洛阳有二百二十个坊。③ 以上都认为只有一个数目字是正确的，其他两个数字是传抄之误。近年来有学者认为这三个数字各有所指，如贺业钜、孟凡人都认为三百二十或三百二十三，原是指洛阳郭内面积依照整齐划分可规划的坊数，而二百二十这个数字则是扣除宫城、宗庙、园苑、官署等公共建筑之后，实际上所兴筑的城坊数。④

本文认为洛阳城坊数三百二十或三百二十三，是指在洛阳城郭之内及郭外地区所建的坊数，二百二十则是仅指在郭内兴筑的坊数。《魏书·广阳王传》里说元嘉"表请于京四面筑坊三百二十，各周一千二百步"，这里说的"京四面"是指洛阳以及近郭地区。这个看法是有其根据的，因为早在迁都洛阳之前，北魏就曾在都城平城附近的王畿和"三部"广大的区域，实施整齐的区划，以便利管理。《魏书》卷三十三《公孙表附公孙邃传》：

> 后高祖与文明太后引见王公以下，高祖曰："比年方割畿内及京城三部，于百姓颇有益否？"邃对曰："先者人民离散，主司猥多，至于督察，实难齐整。自方割以来，众赋易办，实有大益。"太后曰：

---

① 劳干：《北魏洛阳城图的复原》，《"中央研究院"历史语言研究所集刊》，第二十本上册,1948。
② 范祥雍：《洛阳伽蓝记校注》(上海古籍出版社,1958)，附编三，《图说》。
③ 何炳棣：《北魏洛阳城郭规划》，《庆祝李济先生七十岁论文集》(台北：清华学报社,1965)，上册。
④ 贺业钜：《北魏洛都规划分析——兼论中期封建社会城市规划制度》，收入氏著《中国古代城市规划史论丛》(北京：中国建筑工艺出版社,1986)，页177。孟凡人：《北魏洛阳外郭形制初探》，《中国历史博物馆馆刊》,1982年总第4期，页44。

"诸人多言无益,卿言可谓识治机矣。"

上文所说"畿内及京城三部",指的是平城及其附近的王畿地带,以及北魏建国之初的势力范围。文明太后卒于孝文帝太和十四年(490),此时北魏的都城在平城,故"京城"系指平城而言。至于"畿内"的范围,据《魏书》卷一一一《食货志》所记:"天兴初,制定京邑,东至代郡,西及善无,南极阴馆,北尽参合,为畿内之田;其外四方四维置八部帅以监之,劝课农耕,量校收入,以为殿最。"而所谓的"三部",则是指北魏初期的势力范围,《魏书》卷一《序记》:"昭皇帝讳禄官立,始祖之子也。分国为三部:帝自以一部居东,在上谷北,濡源之西,东接宇文部;以文帝之长子桓皇帝讳猗㐌统一部,居代郡之参合陂北;以桓帝之弟穆皇帝讳猗卢统一部,居定襄之盛乐故城。"《魏书·公孙邃传》的记载说明了北魏孝文帝为了便利管理上述地区,将这些地区划分为整齐的小区域,所以叫作"方割"。这些方割的地区除了平城、新平城的城郭内规划筑坊之外,其余的地区大约仅有作为区划的界线而已。

方割京城似可视为日后北魏洛阳规筑方三百步、周长为一千二百步的方形城坊的前身。前文提及新平城、平城筑有城坊,但从文献资料看来,无法得知其城坊是否作整齐的方形规划。孝文帝迁都洛阳之后,迄宣武帝景明二年(501),广阳王元嘉才表请在"京四面筑坊","各周一千二百步",这个建议是孝文帝"方割畿内及京城三部"的管理办法更进一步的强化控制。元嘉原先建议筑三百二十坊,这是指"京四面"地区——包括洛阳郭内及郭外地区计划兴筑的坊数。然而,据杨衒之《洛阳伽蓝记》的记载,则说洛阳只有二百二十坊,这该如何解释呢? 我们的判断是:杨衒之曾在洛阳为官,[①]以当代人记录当代事,自然最为可信,他记洛阳有二百二十坊,指的当是郭内实际上所筑的坊数。《洛阳伽蓝记》序文里说"京师表里凡有一千余寺",同书卷五:"京师东西二十

---

① 范祥雍:《洛阳伽蓝记校注》,附编一,《杨衒之传略》,页 356—357。

里,南北十五里……庙社宫室府曹以外,方三百步为一里……合有二百二十里。寺有一千三百六十七所。……北芒山上有冯王寺、齐献武王寺,如此之寺,既郭外,不在数限,亦详载之。"由此可知,洛阳郭内有一千三百六十七所寺院,有二百二十个坊。至于《魏书·世宗纪》上说景明二年,征发畿内夫五万五千人筑京师三百二十三坊这个数字,可能包括郭外所筑的坊。①

北魏洛阳的营建虽然始于孝文帝,但一直要到宣武帝在郭内筑坊时,洛阳的都城建设才算完工,故东魏孝静帝曾说:"高祖定鼎河洛,为永永之基,经营制度,至世宗乃毕。"②

东魏、北齐的都城邺城也筑有城坊,不过其城坊可能只限于东魏拓筑的邺都南城。东魏孝静帝天平元年(534),迁都于邺,并且委任高隆之(494—554)在曹魏邺城之南拓筑南城。《北史》卷五十四《高隆之传》:"又领营构大将,以十万夫彻洛阳宫殿,运于邺,构营之制,皆委隆之。增筑南城,周二十五里。"北齐时,祖珽(550—577在世)住在邺城的义井坊,③这个坊大概是在邺都南城。从北齐的墓志铭也可知道邺城的一些坊名④,《北史》卷四十三《李崇附李谐传》则透露邺城城坊内有十字街,和唐代长安、洛阳城坊的规划相近:

(李谐之子)庶妻,元罗女也。庶亡后,岳使妻伴之寝宿。积五

---

① 《资治通鉴》,卷一四四,《齐纪十》,和帝中兴元年,页4498。也采取三百二十三坊之说。
② 《北齐书》,卷二,《神武纪下》,页16。
③ 《北齐书》,卷三九,《祖珽传》,页519。
④ 如北齐《是连夫人邢阿光墓志》:"以皇建元年十月六日遘疾卒于邺城西,宣平行(乡)土台坊宅。"见赵万里:《汉魏南北朝墓志集释》(考古学专刊乙种第二号,北京:科学出版社,1956),册四,图版326之2,叶208。河南省博物馆:《河南安阳北齐范粹墓发掘简报》,《文物》,1972年第1期,页50,载《范粹墓志》:"武平六年四月廿日,薨于邺都之天宫周。"又,安阳县文教局:《河南安阳县清理一座北齐墓》,《考古》,1973年第2期,页91,图二,载《北齐文宣帝妃颜氏墓志》:"武平七年,岁在庚申,时年卅七,八月廿六日薨于邺城西苜坊。"

年,元氏更适赵起。尝梦庶谓己曰:"我薄福,托刘氏为女,明旦当出,彼家甚贫,恐不能见养,夫妻旧恩,故来相见告,君宜乞取我。刘家在七帝坊十字街南,东入穷巷是也。"①

由此可知隋唐长安、洛阳城坊的规划乃是由北魏平城、洛阳、邺南城一系列发展而来的。

另外,北齐的晋阳也筑有城坊。公元576年,北周武帝围攻北齐晋阳城,齐人初获胜:"时齐人既胜,入坊饮酒,尽醉卧,(安德王)延宗不能复整。"②由此可知晋阳有个坊叫作上党坊③。

虽然在都城内规划兴建大规模整齐封闭的城坊,是北朝以来都城建设的新发展,不过,以旧日的都城为都而未经规划整建,就没有这样的城坊,如西魏初年的长安。当时的长安城有宫城、小城、大城三重城郭④,而未筑有城坊。《北史》卷六十二《王罴传》记载西魏文帝大统六年(540)的长安未有城坊:

> 时蠕蠕度河南寇,候骑已至豳州。朝廷虑其深入,乃征发士马,屯守京城,堑诸街巷,以备侵轶。右仆射周惠达召罴议之。罴不应命,卧而不起,谓其使曰:"若蠕蠕至渭北者,王罴率乡里自破之,不烦国家兵。何为天子城中,遂作如此惊动,由周家小儿怔怯致此?"

---

① 日野开三郎:《唐代邸店の研究》,页267—276。宿白:《隋唐长安城和洛阳城》,页409—410。
② 《北齐书》,卷十一,《文襄六王传》,页150。
③ 《北齐书》,卷一,《神武纪上》:"后上党人居晋阳者,号上党坊,神武实居之。"页6。
④ 《周书》,卷二,《文帝纪下》:"(大统四年八月)大军之东伐也,关中留守兵少,而前后所虏东魏士卒,皆散在民间,乃谋为乱。……于是沙苑所俘军人赵青雀、雍州民于伏德等遂反。青雀据长安子城……长安大城民皆相率拒青雀,每日接战。"页26。

由于坊墙具有阻挡兵马的功能,一个个城坊仿佛是大城内的许多小城。如果长安城内筑有许多城坊,遇到蠕蠕来侵,就不需要考虑"堑诸街巷"了;正因为长安城并无这样的规划,一时有警,遂想在城内街巷挖掘壕沟,以收阻挡之效。

隋末,江都已经筑有城坊,大业十四年(618)隋炀帝在江都,宇文化及作乱,裴矩(547—627)犹不知情:"矩晨起将朝,至坊门,遇逆党数人。"①隋炀帝把江都的地位提升到和京师相同的地位②,又在此修筑江都宫,是否在此时也对江都做了一番规划,则不得而知。隋唐时期,不仅西京长安、东都洛阳有大规模整齐的城坊规划,乃至于州、府、县城也有坊的规划。州、府城有大小之分,平面多作方形,每边正中开城门,内设十字街,大的州府有十六个坊,一般的州府有四个坊,小州、府和县城约是一个坊的面积(半公里见方)。③

四、中古城坊制出现的背景及其作用

关于大规模规划整齐城坊出现的原因,学者曾就北魏洛阳城坊的规划提出解释。④ 不过,中古大规模城坊的规划兴筑始于北魏平城,因此,要探讨它出现的原因,首先应就平城的情形而论。

就平城的规筑城坊而言,其目的是要控制、管理城坊内的居民,而其创始的背景则和游牧民族的徙民政策有关。游牧民族的徙民政策一方面是游牧生活的余习,另一方面则是魏晋北朝各政权竞逐情势下策

---

① 《隋书》,卷六七,《裴矩传》,页1583。
② 《隋书》,卷三,《炀帝纪》:"(大业六年)六月,制江都太守秩同京尹。"页75。并见拙文《隋炀帝的南方政策》,《史原》,第八期,页88。
③ 殷伟璋:《中国考古学会举行第五次年会讨论中国古代都市问题》,《考古》,1985年第6期,页573。
④ 宿白:《盛乐、平城一带的拓跋鲜卑——北魏遗迹、鲜卑遗迹辑录之二》;郭黎安:《魏晋南北朝都城形制的几个问题》,《江海学刊》,1985年第1期,页70。

略之运用。

　　游牧生活逐水草而居，平常迁徙时即携带其所有的人口、畜产同行；作战时以骑兵为主，带有浓厚的掠夺性质，倘若获胜，便尽掳敌方的人口与财产，携之以归。即使作战失利，也经常不忘掠夺其撤军路途上的聚落和人民。打胜仗时，或因曾遭顽强的抵抗，为了报复起见，或是无法把敌方的人民、兵卒尽数迁移，为了避免这些人力为其他政权所用，他们常采取屠城或坑卒等残酷的手法。因此这个时期坑卒、屠城的事件层出不穷，由于和本文的讨论没有很大的关系，仅举数例如下：

　　　　（刘）曜遣刘岳攻石生于洛阳……（石）季龙执刘岳及其将王腾等八十余人，并氐羌三千余人，送于襄国，坑士卒一万六千。①

　　　　（石勒）又遣（石）季龙统中外步骑四万讨曹嶷。……曹嶷降，送于襄国。勒害之，坑其众三万。②

　　　　（赫连勃勃）又攻姚兴将姚逵于杏城，二旬，克之，执逵及其将姚大用、姚安和、姚利仆、尹敌等，坑战士二万人。③

　　　　（苻）坚大怒，复遣领军杨定率左右精骑二千五百击（慕容）冲，大败之，俘掠鲜卑万余而还。坚怒，悉坑之。④

　　　　（道武帝登国八年）八月，帝南征薛干部，屠其城。⑤

　　　　（太武帝延和三年七月壬午）命诸军讨山胡白龙于西河。九月戊子，克之，斩白龙及其将帅，屠其城。⑥

从五胡十六国时期到南北朝对立时期，坑卒、屠城是很普遍的，一直到

---

① 《晋书》，卷一〇三，《刘曜载记》，页2697—2698。
② 《晋书》，卷一〇五，《石勒载记下》，页2740。
③ 《晋书》，卷一三〇，《赫连勃勃载记》，页3206。
④ 《晋书》，卷一一四，《苻坚载记下》，页2926。
⑤ 《北史》，卷一，《魏本纪一》，页13。
⑥ 《魏书》，卷四，《世祖纪上》，页84。

北朝末期,仍然有这种情形:

> (北齐后主武平二年,571)六月,(段韶)徙围定阳,其城主开府仪同杨范固守不下。韶登山望城势,乃纵兵急攻之。七月,屠其外城,大斩获首级。①

至于徙民政策作为政策的运用,是五胡十六国的君主每征服一地,就将其降服的人民迁至首都,以便就近监视,同时又派自己的族人至各地镇守。如苻坚就是一个最明显的例子,苻融还因此而提出劝谏:

> 陛下宠育鲜卑、羌、羯,布诸畿甸,旧人族类,斥徙遐方。今倾国而去,如有风尘之变者,其如宗庙何!监国以弱卒数万留守京师,鲜卑、羌、羯攒聚如林,此皆国之贼也,我之仇也。②

又游牧民族大多本非城居,及其进入中原并且建立政权后,必须建立都城作为其政治中心;而因为其族人分镇各地,所以留驻在都城的人数就不足以填满这个城市,同时,他们也需要迁徙一些被征服的人民至都城,供其驱使。如石季龙灭石生后,苻洪便说服他:"宜徙关中豪杰及羌戎内实京师。"③而北魏道武帝更曾一次迁徙近五十万的人口至平城,《魏书》卷二《太祖纪》:

> (天兴元年正月)辛酉,车驾发中山,至于望都尧山。徙山东六州民吏及徒河、高丽杂夷三十六万,百工伎巧十余万口,以充京师。

---

① 《北齐书》,卷十六,《段韶传》,页213。
② 《晋书》,卷一一四,《苻坚载记下》,页2913。
③ 《晋书》,卷一一二,《苻洪载记》,页2867。

徙民的另一个目的，是要控制被征服的人民。上文中提到天兴元年迁徙至平城各种不同背景的人民中，徒河部落原先散居各处，因管理不易，所以才将之迁往平城。《魏书》卷三十《娥清传》："先是，徒河民散居三州，颇为民害。诏清徙之平城。"另例，北魏于 466 至 469 年间，趁刘宋内部皇位继承战争，进兵青齐，占有此地。献文帝皇兴三年（469）"徙青、齐人于京师"，在平城附近设立了平齐郡安置部分青齐人士，主要是为了便于监视，唐长孺认为这些平齐民在一定的程度上也带有俘虏的性质。①

徙民的结果是使得都城里的居民，从种族到身份都很复杂，而成为计划城坊制创始的原因。以平城而言，从三世纪开始，平城及其附近桑干河上游的居民有乌桓、匈奴、鲜卑和汉人。四世纪时，拓跋鲜卑进入此一地区，并且取得此地的支配权。由于徙民政策，四世纪末到五世纪中期，此地库莫奚、高车诸部、蠕蠕、汉人、匈奴、屠各、西域各种人急遽增加。② 种族如此复杂，而鲜卑可能不是居于绝对多数的地位，因此五世纪初北魏规划平城时，在城郭内兴筑大量封闭的城坊。

北魏平城规划大规模的城坊，其目的是便于控制和管理。坊有监禁、控制之作用。北魏宗室北海王元详（476—504）为高肇（？—515）所诬告，称他与茹皓谋反，宣武帝大怒，下令："可免为庶人，别营坊馆，如法禁卫，限以终身。"后来"遂别营坊馆于洛阳县东北隅"。③ 据《洛阳伽蓝记》卷二里说洛阳县署在城外郭内的绥民里。④ 这个坊馆当是筑在

---

① 唐长孺：《北魏的青齐土民》，收入氏著《魏晋南北朝史论拾遗》（北京：中华书局，1983），页 108。
② 前田正名：《平城の歴史地理學研究》（东京：风间书房，1979），页 68—108。
③ 《魏书》，卷二十一，《献文六王传·北海王》，页 563；《北史》，卷十九，《献文六王传》，页 711。
④ 《洛阳伽蓝记校注》，页 88："建阳里东有绥民里，里内有洛阳县，临渠水。县门外有洛阳令杨机清德碑。"页 81—82："出建春（南）门外一里余，至东石桥，南北而行……桥北大道西有建阳里，大道东有绥民里。"

绥民里的东北角,四周另筑有墙,所以称"坊馆"。由上可知,坊有监禁、监视的意味。北魏时另有在城外筑较大规模的坊,作为降人特定的住宅区,以利于管理、监视。孝文帝初年,魏宗室拓跋桢(447—496)为南豫州刺史时:"淮南之人相率投附者三千余家,置之城东汝水之侧,名曰归义坊。"此归义坊可能是有栅栏或墙环筑的一个住宅区。值得注意的是,孝文帝迁都洛阳后,洛阳也有大规模安置归顺、降服之民的住宅区。《洛阳伽蓝记》卷三提及洛阳城南西域诸国归化者的特定住宅区慕义里内有一万多家:

> 永桥以南,圜丘以北,伊、洛之间,夹御道有四夷馆。道东有四馆:一名金陵,二名燕然,三名扶桑,四名崦嵫。道西有四馆:一曰归正,二曰归德,三曰慕化,四曰慕义。……西夷来附者处崦嵫馆,赐宅慕义里。自葱岭已西,至于大秦,百国千城,莫不欢附,商胡贩客,日奔塞下,所谓尽天地之区已。乐中国土风,因而宅者,不可胜数,是以附化之民,万有余家。

容纳万余家西域诸国人的慕义里,以及安置南朝降服者三千余家的归正里,①其范围当然不会只限于"方二百步为一里"的一方之地,而是包含数个或数十个"方三百步"的区域。如同洛阳城西的寿丘里就包括了三十个坊的范围,《洛阳伽蓝记》卷四《城西》:

> 自延酤以西,张方沟以东,南临洛水,北达芒山,其间东西二里,南北十五里,并名为寿丘里,皇宗所居也,民间号为王子坊。

对于安置大量归顺降服者的坊有严密的管制,不许任意迁往他坊居住。《洛阳伽蓝记》卷三:

---

① 《洛阳伽蓝记校注》,卷二,页117。又,按《元河南志》作三十余家。

> 吴人投国者处金陵馆,三年已后,赐宅归正里。景明初,伪齐建安王萧宝寅来降,封会稽公,为筑宅于归正里。后进爵为齐王,尚南阳长公主。宝寅耻与夷人同列,令公主启世宗,求入城内。世宗从之,赐宅于永安里。

北魏的城坊规划首先出现在平城,为了便利管理,北魏道武帝天赐三年筑新平城的郭城及规划城坊时,就以不同身份、职业分别城坊内的住民。《魏书》卷六十《韩麒麟附韩显宗传》载显宗上孝文帝书:

> 仰惟太祖道武皇帝创基拨乱,日不暇给,然犹分别士庶,不令杂居,伎作屠沽,各有攸处。

由于天兴元年道武帝曾迁徙近五十万人至平城,其中有百工伎巧十余万口,这里说的"伎作屠沽,各有攸处",可能就是为了方便管理这些百工伎巧而设计的。另外,同年迁到平城的山东六州"民吏"及徒河、高丽杂夷三十六万,也是其"分别士庶,不令杂居"规划的背景。后来孝文帝迁都洛阳时,也曾采纳韩显宗(466—499)的建议,仿照平城分别士庶的城坊规划;① 不过后来由于执行不够严格,各坊士庶也混杂了。甄琛(?—524)就把"诸坊混杂"列为洛阳治安不良的原因之一。《魏书》卷六十八《甄琛传》载他上孝文帝书:

> 今迁都已来,天下转广,四远赴会,事过代都,五方杂沓,难可备简,寇盗公行,劫害不绝,此由诸坊混杂,厘比不精,主司暗弱,不堪检察故也。

仅是城坊的规划和不同身份阶级、职业的人分区居住,还不一定能够保

---

① 《魏书》,卷六十,《韩麒麟附韩显宗传》,页 1340—1341。

证有良好的治安，因此至太武帝时更加强平城城坊的管理，包括精选管理城坊的官员，更派吏士辅助这些官员巡查管理。或许由于被迁徙至平城的人从种族到背景都很不同，而且其中很多是被鲜卑族征服的人，即使已就其阶级、职业分坊安置，平城的治安仍然不好，才有太武帝时加强城坊管理的措施。河南尹甄琛上表对此的叙述是：

> 诗称"京邑翼翼，四方是则"者，京邑是四方之本，安危所在，不可不清。是以国家居代，患多窃盗，世祖太武皇帝亲自发愤，广置主司、里宰，皆以下代令长及五等散男有经略者乃得为之。又多置吏士，为其羽翼，崇而重之，始得禁止。

北魏洛阳承袭了平城城坊的设计及其管理，而更加严整，洛阳城内每一个城坊的管理，据《洛阳伽蓝记》卷五云："庙社宫室府曹以外，方三百步为一里，里开四门，门置里正二人，吏四人，门士八人。"则每一里有八里正，十六个吏，三十二个门士，合计每一里有五十六人管理里坊内居民的出入，并维持治安。而每一坊的户数，多者有千户，中者有七八百户，小的只有五百户。① 又据杨衒之称洛阳共有二百二十个坊，因此洛阳城光是管理城坊的人员就有一万二千三百二十人。事实上，《洛阳伽蓝记》这段记载"门置里正二人"，"门"字可能是衍文。② 关于城坊管理人员，元孝友（？—551）曾在一封奏疏中提到"京邑诸坊，或七八百家，唯置一里正、二史"。③ 可知每坊的管理人员当是里正一人，吏二人。甄琛曾建议宣武帝全以武人担任里正之职，但未被宣武帝采纳；不过，宣

---

① 《魏书》，卷六八，《甄琛传》："京邑诸坊，大者或千户、五百户。"页1514；同前书，卷十八，《临淮王传附淮阳王嘉传》："京邑诸坊，或七八百家，唯一里正、二史。"页423。

② 此为严归田师之意见，未刊。

③ 《魏书》，卷十八，《太武五王传·临淮王》，页423。

武帝接受了他另一个建议:"以羽林为游军,于诸坊巷司察盗贼。"①除了管理城坊的官员之外,又以禁卫军来纠察城坊内的盗贼,对城坊的控制更加严密了。《魏书》记载一个在城坊内搜检盗贼的事件:

> 始(崔)光韶在都,同里人王蔓于夜遇盗,害其二子。孝庄诏黄门高道穆令加检捕,一坊之内,家别搜索。至光韶宅,绫绢钱布,匮箧充积。议者讥其矫耆。②

在此事件中,崔光韶并非寻常百姓,而在挨户搜检盗贼时,亦不能免,连仓储都被翻检,可见其搜查之彻底。

城坊制通过对坊内居民有效地控制和巡查,对治安的维护发挥很大的效用,我们可以从北宋城坊制崩坏后的一个例子来看:沈括(1031—1095)建议在边郡城内筑坊,恢复城坊制,以确保边地的治安,《续资治通鉴长编》卷二百六十:

> (熙宁八年三月癸巳朔)上批:"近沈括建议边郡城中置坊,设垣为门,以备奸伏。契勘熙、河、岷州新创,民居未多,宜易施行,可先札与经略司,仰相度画图闻奏。"

由此可知,规划城坊、筑垣设门之事,在一个新建的城中,比较容易付诸实施,这也就是城坊制首先出现在北魏新规划的平城、洛阳的原因之一。岷州(治所在今甘肃岷县)实施城坊制的情形及其效果如何呢?据《续资治通鉴长编》卷二百六十七的叙述如下:

> (熙宁八年八月癸巳)⋯⋯时契丹略汉境,民不安于鄙,傅城自

---

① 《魏书》,卷六八,《甄琛传》,页1515。
② 《魏书》,卷六六,《崔亮附崔光韶传》,页1483。

归,而夷夏莫能辨,守者无敢纳。赖敌退,鄌之人几肉于契丹。(沈)括为讲坊市法,严为防禁,使民各以乡间族党相任,分坊以处之,谨启闭之节,坊有籍,居有类,出入有禁,边人为安。

在一个新规划的城市中大规模兴筑齐整的城坊,可能来自游牧民族的构思。平城筑城坊系何人的主意,史无明文,况且平城的城坊似乎大小不一;但我们确知洛阳规筑方三百步整齐的城坊,系出自北魏宗室广阳王元嘉的建议。前引《魏书·公孙邃传》说明:魏孝文帝初年的"方割"平城王畿及"三部"地区,是洛阳齐整城坊规划之前身。方割王畿,以便于管理,似乎是孝文帝和文明太后的主意,因此,当他们两人就实施方割的效果询问臣下,大臣们都说对百姓没什么好处,唯独公孙邃(?—495)说:"自方割以来,众赋易办,实大有益。"恰恰符合孝文帝、太后的心意,太后遂称赞他"识治机"。另外,元魏宗室任城王元澄(467—519)也曾为后来洛阳郭内佛寺遽增、毁坊墙开门、破坏城坊制一事而忧心,上奏请维护城坊制坊墙之完整,《魏书》卷一一四《释老志》载任城王澄奏:

> 如臣愚意,都城之中,虽有标榜,营造粗功,事可改立者,请依先制。在于郭外,任择所便。其地若买得,券证分明者,听其转之。若官地盗作,即令还官。若灵像既成,不可移撤,请依今敕,如旧不禁,悉令坊内行止,不听毁坊开门,以妨里内通巷。若被旨者,不在断限。郭内准此商量。

虽然有人也许会辩称:负责营建北魏洛阳者大都是汉人,但值得注意的是这些汉人大臣乃至于工匠,主要负责规划营建的是宫室制度。《魏书》卷七《高祖纪下》:"(太和十七年)冬十月戊寅朔,幸金墉城。诏征司空穆亮与尚书李冲、将作大匠董爵经始洛京。"从姓氏上看,董爵大概是汉人;穆亮(451—502)是鲜卑人,在《魏书》中有传。李冲出身陇西李氏,是汉人。此三人中营建洛阳的事迹,只有《魏书》卷五十三《李冲传》

对于他营建洛阳的贡献有简短的记载:"冲机敏有巧思,北京明堂、圆丘、太庙,及洛都初基,安处郊兆,新起堂寝,皆资于冲。"由此可清楚看出,由于李冲明习汉文化的典章制度,所以对于宫室制度、宗庙祭祀都没有经验的北魏帝室,就把平城、洛阳的宫室和礼制建筑委托他规划。自来史家都太过强调汉人在营建北魏都城中所扮演的角色①,忽略其中也有鲜卑人穆亮的参与;况且北魏洛阳筑城坊并不在孝文帝之世,而是在宣武帝之时,采纳广阳王元嘉的建议才筑城坊的。

继平城之后,有大规模城坊规划的城市是北魏的洛阳,有两位学者认为这一规划的主要目的之一,是安置大批自他处迁徙而来的人民和军队。宿白认为:洛阳兴建众多规整里坊,目的在于便于控制坊内的居民;另一主要的原因则是安置、管理大批自平城迁洛的羽林虎贲,他们在组织上还有相当一部分保留着旧日部落性质的军事编制。② 这个说法多少暗示洛阳城坊规划受到鲜卑组织的影响。郭黎安则认为无论就内容、形式及管理而言,北魏洛阳的城坊都是为了适应封建化的需要而产生的。③ 以上两位学者虽然有各自的看法,不过他们都没有深论这个问题。本文认为北魏洛阳出现大规模城坊的规划,是沿袭了其规筑平城城坊的经验,其目的不只如宿白所说是安置自平城迁洛的羽林虎贲,也还包括了原先在平城的鲜卑、汉人的百官及其家属,以及充实京师而被迁徙至洛阳的商贾、百工伎巧和平民。从《洛阳伽蓝记》中的记载,可知洛阳有分别安置这些人的城坊,如城西占有三十个城坊的寿丘

---

① 见本书《六朝建康与北魏洛阳之比较》,文中认为北魏洛阳的规划全受南朝建康的影响。时隔八年,重新检讨之余,觉得这个看法必须修正,陈寅恪早年对北魏洛阳规划的看法仍然是很正确的。他指出《南齐书·魏虏传》说蒋少游出使南齐,观建康宫殿格式,后来"虏宫室制度皆从此出"的说法,是言过其实。他认为蒋少游模拟的只限于宫殿本身,北魏洛阳新都之全体计划中尚有平城、河西二因子。见氏著《隋唐制度渊源略论稿》(北京:三联书店,2001),页64。
② 宿白:《盛乐、平城一带的拓跋鲜卑——北魏遗迹、鲜卑遗迹辑录之二》。
③ 郭黎安:《魏晋南北朝都城形制的几个问题》。

里,又名王子坊,就是北魏皇室宗亲的住宅区。① 洛阳大市附近的通商、达货、调音、乐律、延酤、治觞、慈孝、奉终、准财、金肆十里,是工商业者集中居住的区域,其中通商、达货二里是商贾的住宅区,调音、乐律二里是乐人的住宅区,延酤、治觞二里是制酒专业区,慈孝、奉终是丧葬业者的集中地。②

安置大量迁徙至都城的人民和军队,以及加强控制都城内的居民,是中古城市出现大规模城坊规划的主要原因,北魏平城如此,洛阳亦然。迄于隋唐的长安、洛阳也有大规模城坊的规划,即是延续着此一城市规划的路线而来的。张永禄认为隋唐长安城规模宏伟,与隋初准备利用都城控制大量人口,以及准备迁徙江南亡国的贵族以实京师的需要有关。③ 这个看法固然不错,但是追究城中大规模城坊规划的源头,仍然要溯自北魏的平城。

五、余 论

另外,值得一提的是:自北魏迄于唐,城内有一部分的坊系属于军坊④。前面提到宿白认为北魏洛阳规划众多城坊的原因之一,是安置自平城迁洛的羽林虎贲。无疑的,任何一个政权的都城中,必然有为数不少的军队以捍卫都城。因此城坊制出现后,都城内一部分的城坊势

---

① 《洛阳伽蓝记校注》,卷四:"自延酤以西,张方沟以东,南临洛水,北达芒山,其间东西二里,南北十五里,并名为寿丘里,皇宗所居也,民间号为王子坊。"页206。又据卷五,《城北》,记洛阳"庙社宫室府曹以外,方三百步为一里",页349,则皇宗所居的寿丘里占有三十个城坊的地区,所以说"并"名为寿丘里。

② 《洛阳伽蓝记校注》,卷四,《城西》,页202—205。

③ 张永禄:《唐都长安》(西安:西北大学出版社,1987),页21。

④ 谷霁光:《城民与世兵》,收入氏著《府兵制度考释》(上海:上海人民出版社,1961),附编三,页294:"原来有手工业作坊、商店和居民的较大城市,情况便不同。军人集中居住于某些坊,作坊、商店和居民住宅则较集中于另外一些坊,同类或相近的行业和有关居民,又往往集中在一个坊。军人坊居也是很自然的,魏末的'六坊之众',则指坊居洛阳的羽林、虎贲。"

必要划给这些军队,作为驻扎之所,北魏洛阳如此,唐代都城长安亦然。宋敏求《长安志》卷十"休祥坊"条注:

> 大和二年,休祥坊百姓三百接宰相诉:"当坊右龙武城地赐百姓,经四十余年不纳税,今被擗仗使田全操并却,征索时久。"①

右龙武城地,系指休祥坊中原军人驻扎之坊,所驻的军队是禁军中的右龙武军。《文献通考》记载,唐玄宗开元二十六年(738),析羽林军为左、右龙武军,掌左右万骑营。据唐文宗大和二年(828)休祥坊百姓的说辞,此地原是右龙武军驻扎地,在此四十余年前赐给百姓作为民居,则是在唐德宗时赐给百姓。从这段记载,可知至少自唐玄宗至德宗时,此地一直是右龙武军的军坊。那么百姓何以说此地是右龙武"城"地呢?这又和北周以来军人城居的传统有关。谷霁光《府兵制度考释》中指出:自西魏、北周以来,军人城居是最主要和最经常的形式。② 北周武帝并且曾特别筑武功、郿、斜谷、留谷、武都、津坑诸城,以安置军人。同时,城坊制下坊有坊墙,城坊类似城中的小城,以之称为"城",也是很自然的事。

原刊于《"中央研究院"历史语言研究所集刊》第 61 本第 2 分(1989 年 6 月)

---

① 〔宋〕宋敏求:《长安志》,收入《宋元方志丛刊》(北京:中华书局,1990),卷十,唐京城四,页 127-1。

② 谷霁光:《府兵制度考释》,页 51。

中古都城坊制的崩解

一、前　言

关于中古城坊制的崩坏以及其后产生街巷制的城市形态，有学者将它称为"中世纪的城市革命"①，由于城坊制和街巷制的城市形态确有很大的不同，以城市革命来形容这个转变，是很恰当的。

城坊制下的城市，城内除了宫室府署等公共建筑之外，划分为若干个住宅区，这些住宅区即称作"坊"；另外，划定一个或二三个区域，作为市场用地。在坊和市的周围都筑有墙。原则上商店只能设在市区之内，而坊内的住宅除了某些情形之外，都是背着坊墙而建，不准面对坊墙外的大街开门。坊、市各开有门，早上开门，夜间关闭，夜间并且实施宵禁。坊、市分别设有官吏管理，城市居民的生活和市区的商业行为都受到相当程度的制约。城坊制后来逐渐崩解，坊内居民开始打破坊墙，对街开门；甚至占用街道种植树木蔬果，或搭建房舍凉棚，被称为"侵街"。商店也大量地在住宅区的坊中开设，后来更面对街道开店。从民

---

① Mark Elvin(伊懋可)将它称为"中世市场结构和城市化的革命"，见其 *The Pattern of the Chinese Past* (Stanford: Stanford University Press, 1973), chap. 12; G. William Skinner(史坚雅)称之为"中世纪的城市革命"，见 G. William Skinner ed., *The City in Late Imperial China* (Stanford: Stanford University Press, 1977)。虽然上述二位学者提出这两个名词，不过最早对此问题提出讨论的是日本学者加藤繁，他于 1931 年发表《宋代都市的发展》，收入氏著，吴杰译:《中国经济史考证》(北京:商务印书馆，1959 版)，页 248—259。

居限于坊内,商店限于市区这种坊墙市壁封闭式的城市,到拆除坊、市的墙垣,民居、商店皆可临着大街的开放式街巷制城市,其间的变化不仅止于空间上规划和使用的分歧意义而已,同时也是政治、社会、经济方面起了变化的反映。这个改变也影响及城市管理、居民生活,乃至于城市文化的转变。

关于中古城坊制崩解这个问题,学者已有过一些讨论。对于城坊制崩解的时间——何时开始崩解？何时完全消失？学者有两种不同的意见。一种认为城坊制在北宋末年才彻底崩解,另一种认为城坊制在唐末就被破坏了。加藤繁是最早研究这个问题的学者,他认为:唐代的城坊制一直延续到北宋初年,在真宗天禧年间(1017—1022)确实存在,至神宗熙宁年间(1068—1078)才衰退,直到北宋末年才彻底崩坏。① 杜希德(Denis Twtichett)和木田知生都持相同的看法。② 1968年,斯波义信《宋代商业史研究》中认为城坊制的崩解系在十世纪前后,亦即唐末宋初之时;③不过此书的重点并不在于唐代,因此对此问题仅是一笔带过。至1977年,梅原郁才对加藤繁的说法提出质疑,他怀疑:五代初年坊制就不存在了,宋代开封城一开始就没有坊制;然而,他并没有进一步阐释这个看法。④ 1980年,日野开三郎在《唐宋時代の商人組合"行"》一系列论文中,有一小节讨论坊市制的弛缓与崩坏,认为:自唐玄宗以后城市人口遽增,生活必需品的供给量增大,因此原来在市区内的商店、肆铺就在坊内开设,长此以往,市区的比重便渐次减低。唐宣宗大中七年(853),废州县市印,市署就名实俱亡了。至于坊墙市壁则是在唐末大混乱时期,随着城邑遭兵火摧残时与之共遭破坏的,自此以

---

① 加藤繁:《宋代都市的发展》,《中国经济史考证》,页248—259。
② Denis Twitchett, "The Tang Market System," *Asia Major*, vol. Ⅶ, part 2, pp. 230-233. 木田知生:《宋代都市の研究をめぐる諸問題國都開封を中心として》,《东洋史研究》,第37卷第2号,页280—281。
③ 斯波义信:《宋代商业史研究》(东京:风间书房,1968),页33—34。
④ 梅原郁:《宋代の開封と都市制度》,《鹰陵史学》,3、4号,页68。

后，就未曾再恢复此制。① 另外有学者如宫崎市定、佐藤武敏，他们比较注重探讨城坊制崩解的过程及其间"行"性质的转变，而未涉及城坊制崩解时间的问题。②

至于城坊制崩解的原因，迄今的研究都将它过于简单化。加藤繁认为由于经济的发展，商业突破了市区的限制③，前述日野开三郎认为是因城市人口增加，杜希德则提出此牵涉到商业的发展和政府对贸易的政策，城坊制的破坏和九世纪中叶以后政府没有力量强制执行任何措施有关。④

本文探讨中古都城坊制的崩解，主要以隋唐、五代的长安与洛阳为主，讨论城坊制崩坏的时间和原因。现今对于中古城坊制能有比较清楚的认识，仅仅限于都城的城坊制，又由于唐长安、洛阳有考古发掘的材料可资依据，对于这两个城市坊制的情况，能有较确切的掌握。虽然唐代一般州、县城市也有城坊的规划，⑤但缺乏文献的资料，因此有关城坊制的讨论只能限定在此二城而已。就城坊制崩解的时间而言，本文认为：城坊制在唐末都城确实消失无踪了，唐末五代初年的洛阳和开封都非常荒凉残破，五代新兴的王朝重建这两个饱受战火摧残的城市时，已无法使之再恢复唐代长安、洛阳都城坊制那样的规模与制度。虽然，宋初君主曾经有意恢复部分唐代的坊制，但并没能够成功。至于城坊制为什么不能维持下去，先是慢慢崩坏，最后终于瓦解？这个问题牵

---

① 日野开三郎：《東洋史學論集・第七卷——宋代と貨幣と金融（下）》（作者自刊本，1983），页309—321。
② 宫崎市定：《漢代の里制と唐代の坊制》，《东洋史研究》，第21卷第3号，页27—50。佐藤武敏：《唐代の市制と行—とくに長安を中心として—》，《东洋史研究》，第25卷第3号。
③ 加藤繁：《宋代都市の发展》，《中国经济史考证》，页248—259。
④ Denis Twitchett, "The Tang Market System"。
⑤ 隋唐州府县城有大小之分，平面多作正方形，每边正中开门，内设十字街，大的州府有十六个坊，一般的州府有四个坊。小的州府和县城约是一个坊的面积。见殷伟璋：《中国考古学会举行第五次年会讨论中国古代都市问题》，《考古》，1985年第6期，页573。

涉很广，不单要从经济层面了解，同时更要考虑政治、社会方面的因素；此外，促使城坊制崩解的部分因素，也可在城坊制本身及其制度的变迁中寻找线索。

前此讨论城坊制崩解的研究，有的是将市制和坊制的崩解分开来说，有的则是混为一谈。事实上，市区即包括在城坊制的规划之中，同时，市制破坏的起步是商店向坊内的扩散，这也和坊制的崩解有关，因此本文在讨论此一问题时，并不将其分开来讨论。

二、有关城坊制的法令及其实施的状况

就城坊制的法令而言，它包括三个要点：一、坊内的住宅除了三品以上的高官和坊内"三绝"的住户之外，一律不准对着街道开门。[①]二、坊门晨启夜闭，夜间禁止在街上行走。在长安和洛阳，坊门的启闭是以鼓为号令，称为"街鼓"之制。[②] 三、不准侵占街道种植蔬果。[③] 虽然有以上的规定，但在这些规定的实施中也有弹性，同时在这些法令之中，就存着一些破坏城坊制的因素。

首先从不准对街开门谈起，由于三品以上的高官是准许对街开门的例外，三品以上的高官本来数目就不少，新、旧高官如何审定其继续享有对街开门的特权，就是一个复杂的问题。一个三品以上的高官可以对街开门，当其去职或辞世之后，这种特权可以持续几代？在唐代的

---

① 《唐会要》（上海：中华书局，1955），卷八六，《街巷》，太和五年七月，左右巡使奏："伏准令式，及至德、长庆年中前后敕文，非三品以上及坊内三绝，不合辄向街开门。"页1576。"坊内三绝"，据宫崎市定的解释是坊内三方路绝之意，见《漢代の里制と唐代の坊制》。

② 〔唐〕长孙无忌等撰：《唐律疏议》（台北：弘文馆出版社，1986），卷二六，《疏议》引《宫卫令》："五更三筹，顺天门击鼓，听人行。昼漏尽，顺天门击鼓四百槌讫，闭门。后更击六百槌，坊门皆闭，禁人行。"页489—490。

③ 《唐律疏议》，卷二六："诸侵巷街、阡陌者，杖七十，若种植垦食者，笞五十。各令复故。"页488。

"判"文中,可以看到高官的子弟可借父祖的余荫声望,继续享有此特权。王谭《对街开门判》的命题为:"于门告张第向街开门,第云:祖父有勋荫。"①假使特权可以庇荫三代,在此之后,政府是否敕令其将对街开门的宅第,改为背街的坊中之宅呢? 如果不能,城中对街开门的住宅便会持续增加。另外,有的官员在都城中没有自己的住宅,租赁房屋居住,也将其租来的房子对街开起门来,等到这个租赁关系终止之后,是否能够确实使这些原来高官租赁开门对街的房宅恢复原状? 从唐文宗时管理京城城坊官员左右巡使的奏文中,可知这样的查核考实是相当困难的,大和五年(831)七月左右巡使《闭塞向街门户奏》:

> 伏准令式,及至德、长庆年中前后敕文,非三品以上,及坊内三绝,不合辄向街开门,各逐便宜,无所拘限,因循既久,约勒甚难,或鼓未动即先开,或夜已深犹未闭,致使街司巡检,人力难周,亦令奸盗之徒,易为逃匿。伏见诸司所有官宅,多是杂赁,尤要整齐,如非三绝者,请勒坊内开门,向街门户悉令闭塞。请准前后除准令式各合开外,一切禁断。②

因为对街开门的宅第一旦增加,住在其中的人可以不受坊门启闭时间的限制,从而破坏了夜禁的规定,所以左右巡使建议闭塞这些租赁而来对街开门住宅的门户。

不准对街开门原是要借着坊墙的阻隔,以制约坊内的居民;然而,这样坊门朝开夜闭封闭式的城坊,对坊内居民显然造成一定程度的不方便,本不是受城市居民欢迎的制度,加上城坊居民要负责维修城墙,又是一种负担。在政府力量强大、威信足以控制之时,固然可以强制坊民修筑颓倒的坊墙,但到政府威信下坠时,就不足以使那些原来觉得坊

---

① 《全唐文》,卷三三三,页 3377 上。
② 《唐会要》,卷八六,页 1576。

墙是一种生活上不便之处的人，担负起这项工役。据考古发掘实测，唐长安坊墙基的厚度大致都是 2.5—3 米，市墙墙基宽约 4 米。① 现今长安坊墙只留有坊墙墙基，故无法测得坊墙的高度，不过从文献中可知其高度不是很高，大约不超过常人肩膀的高度。② 坊墙因系夯土所筑，所以很容易因大雨或水患浸润而倾颓坏倒，《旧唐书·五行志》有这类的记载，如唐玄宗天宝十三载（754）秋，连月下雨，"京师坊市墙宇，崩坏向尽。东方瀍、洛水溢堤穴，冲坏一十九坊"。又，代宗永泰二年（766）夏，"洛阳大雨，水坏二十余坊及寺观廨舍"。以上都是比较严重的情况，至于平日豪雨，部分坊墙崩坏倾倒应是常有的事。

坊墙的维修是坊内居民的责任，法令上可见坊、市内的桥梁败坏，要由当界的坊民、市民负责修筑。代宗大历五年（770）两度下令："其坊市桥，令当界修理。"又："其坊市内有桥，不问大小，各仰本街曲当界共修。仍令京兆府各差本界官，及当坊市所由勾当，每年限正月十五日内令毕。如违，百姓决二十，仍勒依前令修。"③坊墙是否由当界的坊民修筑的？今不见有清楚的规定，但有一道判是这样命题的："洛阳县中界内坊墙因雨颓倒，比令修筑，坊人诉称：皆当合面自筑，不伏率坊内众人共修。"④这道命题其实显示了坊人必须负责这项工役。当部分坊墙倾颓败坏时，坊民希望只由当界坊民负责修筑，而不愿由全体坊民共同负担。我们所看到的"判"文是这样说的："垣高不可及肩，板筑何妨当

---

① 中国科学院考古研究所西安唐城发掘队：《唐长安城考古纪略》，《考古》，1963 年第 11 期，页 603、605。

② 《全唐文》，卷二六七，卢俌《对筑墙判》，命题是："洛阳县申界内坊墙颓倒，比令修筑，坊人诉称皆合当面自筑，不伏率坊内众人共修。"卢俌判云："垣高不可及肩，板筑何妨当面。"页 2713 下。又，卷九八〇，阙名《对筑墙判》，命题同前，此判云："广术埔，见铜驼之咫尺；仲尼数仞，无复及肩。"页 10145 下。唐代的"判"有虚拟的命题，也有事实的命题，不论何者，其命题或判文在某种程度上，常可反映当时部分的情况。

③ 《唐会要》，卷八六，页 1578。

④ 《全唐文》，卷二六七，卢俌《对筑墙判》，页 2713 下。

面。"似乎还是和坊市桥梁的维修一样,主张当界修筑。

再就街鼓制而言,它深深影响着城市居民在城内街道上活动的时间及其日常生活的作息。如同唐代诗人张籍(766—830)《洛阳行》里所说"六街朝暮鼓冬冬",鼓声在清晨时宣布了都城一日活动的开始,而黄昏的时候则变成催促居民停止活动的一种有压迫感的讯号。以下几则记载生动地描绘出当时居民受坊门朝开夜闭限制的情况。《太平广记》卷三四一《李俊》:

> 岳州刺史李俊举进士,连不中第。贞元二年,有故人国子祭酒包佶者,通于主司,援成之,榜前一日,当以名闻执政。初五更,俊将候佶,里门未开,立马门侧……俄而里门开,众竟出。①

又同书,卷三四五《裴通远》:

> 唐宪宗葬景陵,都城人士毕至,前集州司马裴通远家在崇贤里,妻女辈亦以车舆纵观于通化门。及归,日晚,驰马骤至平康北街,有白头妪步走随车而来,气力殆尽。至天门街,夜鼓时动,车马转速,妪亦忙遽。车中有老青衣从四小女,其中有哀其奔迫者,问其所居,对曰"崇贤",即谓曰:"与妪同里,可同载至里门耶?"②

同书,卷三六三《韦滂》:

> 唐大历中,士人韦滂膂力过人,夜行一无所惧。……尝于京师暮行,鼓声向绝,主人尚远,将求宿,不知何诣。忽见市中一衣冠

---

① 《太平广记》,卷三百四十一,《鬼》,页2702,出《续玄怪录》。
② 《太平广记》,卷三百四十五,《鬼》,页2734,出《集异记》。

家……①

在傍晚时分，关闭坊门的暮鼓咚咚紧催逼迫，韦滂还没抵达目的地，为了避免触犯法令，就只好躲到别人的居宅里。至于下则记事，则有位官员因暮鼓终了，坊门关闭，无法回家，又不能犯禁，只好躲到桥下。《太平广记》卷一〇〇《张无是》：

> 天宝十二载冬，有司戈张无是居在布政坊，因行街中，夜鼓绝，门闭，遂趋桥下而跧。②

像这样约束城市居民在街道上活动时间的制度，在政府力量强大时，犹可约束人民遵守法令；等到政府实力较弱时，就无法完全约束人民不对街开门，以及遵从街鼓之制之作息。以维修坊墙为例，中唐以后，由于政府势力日弱，就无力强制维护坊民负责坊墙的完整。唐德宗时，大概由于叫不动人民维修坊墙，只好下令由官方出钱雇工修筑："贞元四年（788）二月敕，京城内庄宅使界诸街坊墙，有破坏，宜令取两税钱和雇工匠修筑，不得科敛民户。"③及至唐末，政府势力衰微时，对于倾倒的坊墙，大概不暇照顾，在黄巢（？—884）、王仙芝（？—878）的破坏摧毁之前，唐代两京的坊墙可能已不如唐代前期那样整齐完备。

就坊门晨启夜闭，坊门关闭后便不准在坊外的街道行走，违反此规定者叫作"犯夜"，要受到严格的处罚。不过，这条法令也有其弹性，如有紧急公事或急事，可以申请本坊的公文，即可开坊门夜出。这些例外的规定如下：

---

① 《太平广记》，卷三百六十三，《妖怪五》，页2882，出《原化记》。
② 《太平广记》，卷一百，《释证二》，页673，出《纪闻》。
③ 《唐会要》，卷八六，页1576。

依监门式:"京城每夕分街立铺,持更行夜。鼓声绝,则禁人行;晓鼓声动,即听行。若公使赍文牒者,听。其有婚嫁,亦听。"注云:"须得县牒。丧、病须相告赴,求访医药,赍本坊文牒者,亦听。"其应听行者,并得为开坊、市门。若有警急及收掩,虽州、县亦听非时而开。①

由上可知,在严格的夜禁法规中,还顾虑到人情,遇到婚嫁喜事、急病访医、丧亡痛事,都可以依法申请坊内牒文,开门去办事。

又夜禁只限制不准在街上行走,至于坊内则不在此限。《唐律疏议》里"犯夜"条中说:"若坊内行者,不拘此律。"②因此在坊门关闭之后,居民仍可在坊内行走,坊内的酒店、商店也可照旧营业。(原则上,商店应该设在市区之内,但实际上坊内也开设了一些商店,这一点将在后文再讨论)而市区之内也是一样的。因此,在暮鼓沉寂之后,大街上固然黯寂无人,但坊内、市区之内却有人通宵夜宴,酒店灯火喧哗。《长安志》里说崇仁坊因为有许多入京应试的学子投宿于此,他们抱着入京兴奋的心情,夜间相往过从或寻欢作乐,所以此坊在夜间热闹非凡:

(崇仁坊)北街当皇城之景风门,与尚书省选院最相近,又与东市相连,选人京城无第宅者多停憩此。因是一街辐辏,遂倾两市,昼夜喧呼,灯火不绝,京中诸坊,莫之与比。③

郑愔《夜游曲》一诗,也形容了唐代长安城坊的夜生活:

汉室欢娱盛,魏国文雅遒。许史多暮宿,应陈从夜游。

---

① 《唐律疏议》,卷八,页172。
② 《唐律疏议》,卷二六,页490。
③ 《唐两京城坊考》,卷三,"崇仁坊"条,页53。

西园宴公子，北里召王侯。讵似将军猎，空嗟亭尉留。①

"西园"是指安乐公主山庄，北里则是指平康坊诸妓聚居之处。市区内也是彻夜灯火通明，管弦不辍。王建《夜看扬州市诗》："夜市千灯照碧云，高楼红袖客纷纷。如今不似时平日，犹自笙歌彻晓闻。"虽然描述的是扬州市夜间的情状，但依此推想长安、洛阳市区在夜间应也有热闹的宴会与活动。一般认为市区是邸店肆铺集中的场所，事实上，市区内也有民宅，而且不全是商人的住宅。前引《太平广记》卷三六三《韦滂》，叙述他在夜禁的鼓声之后，不知如何是好时，"忽见市中一衣冠家移家出宅，子弟欲锁门，滂求寄宿"。可见市区中有衣冠士人的住宅。又《酉阳杂俎》中也有二则记载，叙述市内有非商人的住宅。"东市人"条云："开成初，东市百姓丧父，骑驴市凶具"，另"王布"条云："永贞年，东市百姓王布，知书，藏钱千万，商旅多宾之。"②市区里的民宅也当然可以在夜间宴客，互相往来。

对于唐代都城坊、市之内居民分布的情形，以及城坊制实施的状况，过去总有一些过于笼统概化的印象，如上面所说的夜禁，即是一例。很多人提及街上的夜禁，却几乎没有人提过"坊内不禁"，对于理解唐代都城坊制会发生一些偏差。从坊内不禁这点看来，城坊制下的街鼓之制固然执行得很严格，是对都市人民生活的一项制约；不过如考虑坊内仍然可以自由活动，以及唐代都城内的坊面积很大，约等于小的州县城一般，③便可知唐代坊制下的制约其实并不是那么严格或不合理。另外，关于都城坊、市内居民是不同身份的人杂居这一点，也少有人提及。

---

① 《全唐诗》，卷一○六，页1104。
② 《酉阳杂俎》(台北：源流出版社，1982)，前集卷十五，页147；卷一，页10。
③ 殷伟璋：《中国考古学会举行第五次年会讨论中国古代都市问题》，并见日野开三郎：《唐代邸店の研究》(撰者印行，1968)，页293。

如洛阳的清化坊虽然多是达官贵人的住宅,但也有屠夫住在其中。①长安的平康里以诸妓聚居之处闻名,不过诸妓居处仅限于坊内东北隅的三曲之地②,至于坊内其他地区则有许多达官贵人住宅,如兰陵长公主李淑(628—659)、孔颖达(574—648)、褚遂良(596—658)、李林甫(683—753)等人的住宅,以及佛寺、进奏院和民宅。③

在城坊制下夜禁的实施,有其制度下的漏洞,也有其不切实际之处,是造成后来夜禁不能确实施行的部分原因。先就制度下的漏洞而言,夜禁是从黄昏时分街鼓声停,至次日天明街鼓再度响起之间,关闭坊门,不准坊内的居民在街道中行走。不过因为法令中规定:凡三品以上清官及三绝人家可以对街开门,所以坊门的关闭对这些可以对街开门的民舍居民,并不造成绝对的约束。前述唐文宗时左右街使的奏疏中就提及对于向街门户的约勒甚难:"或鼓未动即先开,或夜已深犹未闭。"这里所指开闭的门户不是坊门,而是对街开门人家的私宅之门。次就夜禁不切实际之处来说,它对早晨上朝的官员就造成极大的不便。五更五点之前,官员必须到达大明宫建福门前,待宫门开;而坊门开启的时间是五更三点,唐代长安城的尺度很大,如在坊门开启之后,三品以下的官员才能出坊入朝,显然是赶不上早朝的。据平冈武夫的估算,例如裴度(765—839)住在永乐坊(朱雀大街东第二街,皇城南第四坊)者,必须提早一小时半出门,方能赶上早朝。④那么,唐代法令是否允

---

① 〔唐〕张鷟撰,田涛、郭成伟校注:《龙筋凤髓判校注》(北京:中国政法大学出版社,1996),卷三,《金吾卫》:"右金吾郎将韦谦自清化坊屠儿刘忽索肉不得,决四十,禁经一月,忽男于石台云咆哮,无上下礼。"页101。
② 〔唐〕孙棨:《北里志》(台北:世界书局,1962,收入《增补中国笔记小说名著》,第一集,第三册),《海论三曲中事》:"平康里入北门东回三曲,即诸妓所居之聚也。"
③ 《唐两京城坊考》,卷三,页55—57。
④ 平冈武夫:《唐の長安城のこと》,《东洋史研究》,第11卷第4期,页49—51。作者以《唐六典》户部规定地方物资的运送速度来计算,马一日七十里,步行与驴马五十里,车三十里。

许三品以下官员在坊门未开时,可以不顾夜禁而上朝呢? 事实上好像不然。从唐代一个"判"的命题似可窥其端倪:"得甲夜行,所由执之,辞云:'有公事,欲早趋朝。'所由此以犯禁,不听。"白居易(772—846)对这命题的看法是:"宜遵街禁,用表司存。"①对于犯夜者的处罚也是很严厉的,大理丞徐丞逊就曾因暮鼓声绝后仍在街上行走,而被处以笞二十下的刑罚。②

然而,夜禁对于清晨上朝官员终究是一个不切实际的规定,因此唐肃宗时就下令有品命的官员可以不受犯夜的处罚:"唐至德二载正月十二日敕,自今后,犯夜人其有品命者,奏听进止,自余一切,准式科决。"③夜禁对于品命官员开禁之时,同时也是夜禁制破坏之时。唐宪宗元和十年(815)六月的一个清晨,宰相武元衡(758—815)在上朝途中遇刺,《旧唐书》卷一五八《武元衡传》记当时的情形是:"时夜漏未尽,陌上多朝骑及行人,铺卒连呼十余里,皆云贼杀宰相,声达朝堂,百官恟恟,未知死者谁也。"可知此时夜禁已经松弛了,在朝鼓未响起之前的街上,不只有朝臣官员急忙赶着上朝,也有行人游走。

至于不准百姓侵占街道种植蔬果的规定,有其实质环境的背景。长安、洛阳两城的规模宏巨,街道宽阔,长安城内的"六街"(即南向通城门的三条道路,和东西向通城门的三条道路)中,除了延平门、延兴门一线东西大街宽55米外,其余五条街的宽度都在100米以上,尤其朱雀大街更宽达150至155米。④ 这么宽阔的街道,路面是泥土路⑤,易于种植耕垦。尤其长安、洛阳城的范围很大,如要到城外地区或长安城南

---

① 《全唐文》,卷六七二,页6867上。
② 《龙筋凤髓判校注》,卷三,《金吾卫》,"左金吾卫将军赵宣检校街时,大理丞徐丞逊鼓绝后于街中行,宣决二十,奏付法,逊有故,不伏科罪。"页99。
③ 吴翊如校:《重详定刑统》(北京:中华书局,1984),卷二六,页418—419。
④ 《唐代长安城考古纪略》,页599—603。
⑤ 平冈武夫:《唐の長安城のこと》,三、街路、沟、沙堤、石柱。

的菜园蔬圃种植①，则往返费时，加以两京街鼓夜禁，更增加许多不便。在这种情况下，坊外宽阔的大街就成为居民最便利的蔬圃菜园了。《唐会要》卷八十六载唐代宗广德元年（763）九月敕："城内诸街衢，勿令诸使及百姓辄有种植。"显示了侵占都城街衢种植已成为一个问题。

　　唐朝法令中虽然有禁止侵街巷种植垦食的规定，但可能基于上述实际的考虑，禁令的条文中也还有可商量回旋的余地。《唐律疏议》卷二十六："诸侵巷街、阡陌者，杖七十。若种植垦食者，笞五十。各令复故。虽种植，无所妨废者，不坐。"最后一句说只要种植范围不妨碍巷街阡陌的功能，即无罪，等于变相允许侵街种植。然而，由于都城街道尺度颇宽，因此仅是侵占街道两旁的一部分，应该还不致于妨碍交通。②而这样的侵街种植，是促使城坊制崩坏因素之一"侵街"的第一步。

　　由上可知，城坊制无论就其法规，或是其付诸实施的过程中，都有一些促使城坊制崩解的因素。

三、城坊制崩坏的过程与时间

　　所谓城坊制崩坏主要是指以下两点：一、坊墙的拆毁，宅第民舍不按规制，向街开门，其后更进一步侵占街道起造房舍。二、市制的破坏和废除。后者是只限于市区内的商业活动和商店逐渐向坊外扩散，原来城内多数的坊中都开有商店，后来商店更面临大街开设，市区已经失去其制约商业行为的意义，而不得不予以废除。关于前者，宫崎市定提出四个阶段：第一个阶段是政府维持坊制，禁止破坏坊墙而向街开门；第二个阶段是向街开门，而后自然产生侵占街路，政府虽然禁止向街开门及侵占街路，然其成效不知如何；第三个阶段是无法禁止向街开门，

---

　　① 《唐两京城坊制考》，卷二，"开明坊"条："自兴善寺（在靖善坊）以南，东西尽郭，率无第宅，虽有居者，烟火不接，耕垦种植，阡陌相连。"页39。

　　② 宫崎市定：《漢代の里制と唐代の坊制》。

政府遂放弃此项管制，仅取缔侵占街路的行为；第四个阶段是五代以后，各个王朝首都因原来均系地方都市，久经百姓侵占街道，难以使之返归原来的面貌，故仅管制妨害交通的侵街部分。① 木田知生将坊制的破坏分为三个阶段：第一个阶段是唐中叶至宋初，在坊内开设的店肆渐朝着临街店肆转换；第二个阶段是从宋真、仁宗至北宋中后半期，临街店肆转化为侵街店肆；第三个阶段是北宋中、后半期以后，由侵街店肆朝夹街店肆发展。② 本文对木田知生的三个阶段的时间断限持保留态度外，基本上他对商店打破坊墙、侵街演变的三个阶段，大致上是很正确的。又，本文以为坊、市二者的崩解应该同时考虑，一并讨论。

从现存的资料看来，打破坊墙侵街的开始可分为三种情形：首先是在坊、市之内出现违章建筑，即在正式的店铺房舍之外的搭建物，在唐中宗时代就成为一个问题，而下令禁止。中宗景龙元年（707）十一月敕："两京市诸行自有正铺，不得于铺前更造偏铺，各听用寻常一样偏厢。"③第二种则是私人住宅向坊墙外的扩建，使得原来方正笔直的坊墙变得不够整齐，这应是法令上准许对街开门的宅第，更向街道方向扩建的结果。因此，在唐玄宗开元二十八年（740），都畿采访使御史中丞张倚奏"请整齐都城侵街墙宇"④。第三种是百姓侵占街道种植蔬果，唐代宗广德元年（763）九月下令："城内诸街衢，勿令诸使及百姓辄有种植。"⑤

以上坊、市侵街的情形在肃、代宗以后，愈演愈烈。肃宗时曾下令"非三品以上，及坊内三绝，不合辄向街开门"⑥。在代宗大历二年

---

① 宫崎市定：《漢代の里制と唐代の坊制》。
② 木田知生：《宋代都市の研究をめぐる諸問題國都開封を中心として》，页125。
③ 《唐会要》，卷八六，页1583。
④ 《唐会要》，卷八六，页1584。
⑤ 《唐会要》，卷八六，页1575。
⑥ 《唐会要》，卷八六，页1576。

(767)五月的敕文中也提到:"诸坊市街曲,有侵街打墙,接檐造舍等,先处分一切不许,并令毁拆,宜委李勉常加勾当,如有犯者,科违敕罪,兼须重罚。"①李勉当时担任京兆尹之职。

至唐文宗时(827—840),侵街又有新的状况,先前只是商店、个人住宅的打破坊墙,兴造违章建筑,而此时则百姓、军人一起侵占街角负责都城治安卫士驻守的街铺。太和五年(831),专管坊外街道治安的左街使奏:

> 伏见诸街铺,近日多被杂人及百姓诸军诸使官健起造舍屋,侵占禁街,切虑停止奸人,难为分别,今除先有敕文,百姓及诸街铺守捉官健等舍屋外,余杂人及诸军诸使官健舍屋,并令除拆,所冀禁街整肃,以绝奸民。②

所谓街铺,即在坊角的武侯铺,由犷骑卫士守卫。③ 为什么特别要侵占街铺?此一则显示了街道巡查已经渐趋松弛,二则是因为街铺在街道交界处,位于一坊的角隅,侵占角隅造屋,所能拓展的范围较广。唐宣宗大中三年(849),义成军节度使韦让就在长安怀真坊西南角亭子西,侵街造舍九间,④即是其中一个例子。

关于市制的崩解方面,商店在坊内开设,即从市肆到坊店,一向被认为是市制崩解的第一步。1966年佐藤武敏发表的《唐代の市制と行—とくに長安を中心として—》,对此有更深一层的探讨。他指出唐

---

① 《唐会要》,卷八六,页1576。
② 《唐会要》,卷八六,页1576。
③ 《新唐书》,卷四九上,《百官志上》:"左右街使,掌分察六街徼巡。凡城门坊角,有武候铺,卫士、犷骑分守,大城门百人,大铺三十人,小城门二十人,小铺五人。"
④ 《唐会要》,卷八六,《街巷》:"大中三年六月,右巡使奏,义成军节度使韦让,前任宫苑使日,故违敕文,于怀真坊西南角亭子西,侵街造舍九间。敕旨,韦让侵街造舍,颇越旧章,宜令毁拆。"页1577。

长安和北魏洛阳城一样,在市的周围诸坊,也有一些特殊行业的工商业者、从事远距离贸易的商人,以及负担不起店面的负贩商人。他认为伴随着市制的衰退,原来只是散布在"市"周围诸坊的商店,逐渐向市周边以外较远的坊扩散。① 他提出北魏洛阳、唐长安"市"周围的坊有许多商店及商人的活动,这一点是非常重要的。研究中古城市的学者多过于执着于城坊制的规定,甚少考虑到此一制度实施的实际状况。其实,北魏洛阳不仅如佐藤武敏所说市的周围诸坊有商店及商业活动,在洛阳大市、小市周围之外的地区,也有类似的情形。如《洛阳伽蓝记》卷二:

> (张)景仁,会稽山阴人也。正光(景明)年初,从萧宝夤归化,拜羽林监,赐宅城南归正里,民间号为吴人坊,南来投化者多居其内。近伊洛二水,任其习御。里三千余家,自立巷(寺)市,所卖口味,多是水族,时人谓为鱼鳖寺(市)。②

在洛水南岸安置南方归化人的归正里内,允许其自设市场,这是为实际上的需要而产生的。

其实,唐代长安、洛阳城在"市"周围诸坊以外的地区,早在坊制崩解之前,就开设了一些商店或旅舍,这些店舍都是因为城市居民生活的需要,以及提供外地人短暂居留所需而设置的。如今虽然见不到坊内商店旅舍为合法的法律条文,不过,都城为人物往来荟萃之地,势必要有旅舍可供他们投宿栖息。就目前从笔记小说里所得到的不完全资料,显示唐长安城朱雀大街东半部长兴坊、靖善坊、亲仁坊、永崇坊、宣平坊、道政坊,以及朱雀大街以西的布政坊、延福坊内都有旅馆;③洛阳

---

① 佐藤武敏:《唐代の市制と行——とくに長安を中心として——》。
② 《洛阳伽蓝记校注》,页117。
③ 《唐两京城坊考》,页43、47、62、66、77、84、105、113。

的归德坊、殖业坊也都有旅舍。① 这些外地来京的旅客以及坊内的居民,必得要解决最基本的民生问题,如果像供给饮食以充饥止渴这样平常的事,都必须到"市"区才能获得满足,实在是很大的不便利。因此,有的旅舍也兼管餐饮业或酒店,而有些饮食店也有客房可供出租。②

又,有一些坊内开有卖饼食的店,另外,在坊内也有沿路叫卖饼食的小贩。从颇能反映唐代生活面貌的唐代传奇小说中,可知很多饼食店是位于坊门之旁。③ 这些饼食店在清晨坊门未开时就已开始营业,那些赶早出坊门者可以趁等候坊门开启的时刻,在此吃早餐。④ 此外,也有以推车装载食物、沿街叫卖的小贩,他们不只兜售热食,也贩卖生鲜蔬果,如出自《逸史》的一则记事说太府卿薛洁在天门街上,遇见一个卖鱼的小贩。⑤

日野开三郎认为:长安在离"市"区较远的坊内多开设有饼店⑥,就实际生活层面来考虑,像饼食、酒店等和日常生活密切关联的商店,在各坊中可能普遍存在着。如离东市有三坊之距的开化坊(位于朱雀大街之东第一街,由皇城之南算起第二坊)之内有酒店,邻近洛阳北市的

---

① 《唐两京城坊考》,页153、175。另,页172记清化坊有旅舍,所根据的资料是《定命录》"袁天纲初至雒阳,在清化坊安置,朝野归凑,人物常满"。可知袁天纲也有可能租赁清化坊的房舍,故本文不将它计算在内。
② 日野开三郎:《唐代邸店の研究》,页58。
③ 日野开三郎:《唐代邸店の研究》,页61。
④ 《太平广记》,卷三四一,《李俊》:"(李)俊将候(包)佶,里门未开,立马门侧,傍有卖糕者,其气爊爊,有一吏若外郡之邮檄者,小囊毡帽,坐于其侧,颇有欲糕之色,俊为买而食之。"(出《续玄怪录》)页2702。又,同书,卷四五二,《任氏》:"(郑子)既行及里门,门扃未发,旁有胡人鬻饼之舍,方张灯炽炉,郑子憩其帘下,坐以候鼓。"页3693。
⑤ 〔唐〕张鹭撰,赵守俨点校:《朝野佥载》(北京:中华书局,1979),卷五:"邹骆驼,长安人。先贫,常以小车推蒸饼卖之。每胜业坊角有伏砖,车触之即翻,尘土浼其饼,驼苦之。"页119—120。《太平广记》,卷一五六,《崔洁》:"太府卿崔公名洁……崔公不之信,笑不应,过天门街,偶逢卖鱼甚鲜。"(出《逸史》)页1125。
⑥ 日野开三郎:《唐代邸店の研究》,页60。

殖业坊内亦然。①

另外,提供都城居民近程和远程交通的车行,在都城内也分布很广。在长安东市之北的胜业坊有出租的人力车②,在大宁坊的兴唐寺外有商贩车坊③。特别在城门附近,有提供远行马、驴、车辆及远行用品的长店(或叫作长行店),④如长安城东面的通化门附近,就有长店。⑤ 这些长店、车行是否一开始就被允许在坊内开设? 今不得而知。不过,唐玄宗时的京兆尹曾奏请禁止私人经营的"驿驴"这种交通行业,最后无法贯彻实施,这件事情显示两重意义:一、中古时期的政府没有提供人民公共交通的工具或路线,为了因应实际上的需求,民间兴起这项俗称为"驿驴"的行业。《通典》卷七"历代盛衰户口"条记开元时:

> (自长安)东至宋、汴,西至岐州,夹路列店肆待客,酒馔丰盈。每店皆有驴赁客乘,倏忽数十里,谓之"驿驴"。南诣荆、襄,北适太原、范阳,西至蜀州、凉府,皆有店肆以供商旅。远适数千里,不持寸刃。

"驿"本是政府传递公文、军情的联络、补给站,其间蓄养以供换乘的马

---

① 《朝野佥载》:"天后时,洛中殖业坊西门酒家有婢",页113。《太平广记》,卷八六,《异人·任三郎》:"又其年至开化坊西北角酒肆中,复见任公。"(出《录异记》)页559。

② 《太平广记》,卷三八五,《再生·辛察》:"胜业里有司门令史辛察者……察思度良久,忽悟其所居之西百余步,有一力车佣载者。"(出《河东记》),页3073。

③ 〔宋〕王钦若等编:《册府元龟》(北京:中华书局,1994),卷四五九,《台省部·公正门》,"永泰元年正月壬子"条:"章敬皇太后忌辰,百僚于兴唐寺行香,内侍鱼朝恩置斋馔于寺外之商贩车坊,延宰相及台省官就食。"页5454-2。

④ 日野开三郎:《唐代邸店の研究》,页130。

⑤ 《太平广记》,卷八四,《异人·奚乐山》:"上都通化门长店,多是车工所居也。广备其财,募人集车,轮辕辐毂,皆有定价。"(出《集异记》)页541。

叫驿马。而唐代民间经营交通行业的店肆叫作"驿店"①，其中供出租的驴，叫作"驿驴"。一方面显示民间模仿政府的交通方式，建立自家的交通行业；另一方面也可把它看作是在政府不能考虑、解决民间对"行"的需求时，民间所建立的一套和政府驿站相若的交通系统。《册府元龟》卷一五九《帝王部·革弊门》记开元二十九年事：

> 是岁，京兆府奏："两京之间，多有百姓僦驴，俗谓之'驿驴'，往来甚速，有同驿骑。……犯罪之人因兹奔窜，请禁绝。"从之，寻又不行。

由上可知，驿驴之设起初似乎不是法律明文许可的，它的设立可能给予官方民间自主性过强的压力，负责京城治安的京兆尹唯恐因此无法防范奸人逃逸，所以请禁止这项民间自营的交通设施。后来无法禁止驿驴的原因之一，应该是政府的禁令不敌民间对"行"的需求之故。这一点对于探讨城坊制崩解的原因，是很有启发的；也就是说，当我们讨论历史上某种和人民生活有关的规划或政策时，在搜寻有关的法令规章或设计理念之余，同时也应考虑到人民的需求及对此政策或规划的响应与反弹。

城坊制何时开始崩解破坏？这个问题很难有一个确实的答案。唐代两京的城坊制很可能从唐代初期起，即因人民对此制度的回应，慢慢地起了变化，一点一滴崩解；到了唐玄宗时，这些破坏城坊制规定的事件增多，对维持城坊制构成威胁，唐朝政府才屡屡下令禁止侵街等行为。

唐两京城坊制何时彻底崩溃？本文认为是在唐末僖宗时代。从肃宗、代宗以后，破坏城坊制侵街的事件愈来愈多，因此皇帝屡次下令禁

---

① 《新唐书》，卷七，《德宗纪》："(兴元二年二月)丁卯，如梁州，(李)怀光时孟庭保以兵来追，左卫大将军侯仲庄败之于驿店。"页190。

止侵街行为。① 到唐文宗时(827—840)不只侵街,而且所侵占的街地是负责巡查城坊的左右街使属下兵士驻扎的街铺。② 同时因侵街的情事多了,对街开门的住宅增加,他们出入的时间不必受街鼓的限制,所以犯夜的事件随之有增无减。唐文宗太和五年(831)左右巡使上奏描述当时违禁的向街门户不遵守夜禁规定的情形:"或鼓未动即先开,或夜已深犹未闭。"③在这种情况下,治安当然较难维持,因此就在此时管理城坊的机构有了转变,文宗太和四年(830),由北衙禁军中的神策军协助追缉盗贼,关于这一点,将在第四节再讨论。

虽然自肃、代以后侵街、犯夜的情形很严重,但真正结束城坊制、给予日益走向崩解的城坊制以致命的一击,则是唐末兵乱带给都城的难以恢复的重创。

唐代两京经过唐末兵火战乱的摧残,已非常残破,坊墙大多倾颓,连城墙也多摧塌,城内的城坊变成了农田蔬圃。《旧唐书》卷十九下《僖宗纪》记长安经黄巢之乱后残毁的情形:"初,黄巢据京师,九衢三内,宫室宛然。及诸道兵破贼,争货相攻,纵火焚剽,宫室居市间里,十焚六七。"长安宫室鞠为茂草,曾经坊墙环堵、居舍俨然的城坊变为荒榛之地,后来更被百姓耕垦为田园。如宋人张礼于哲宗元祐初年(1086)至长安游览,目睹唐朝长安皇城之南的兴道、务本二坊一部分变为草市之外,其余都垦为民田。④ 又,洛阳则经孙儒(?—892)、诸葛爽(?—886)争据的七八年间,几乎化为灰烬丘墟。⑤ 唐僖宗文德元年(888),

---

① 《唐会要》,卷八六,《街巷》,广德元年九月敕、大历二年五月敕、大中三年六月敕,页1575—1577。

② 《唐会要》,卷八六,太和五年七月左街史奏,页1576。

③ 《唐会要》,卷八六,页1576。

④ 〔宋〕张礼撰,史念海、曹尔琴校注:《游城南记校注》(西安:三秦出版社,2003),页6:"历兴道、务本二坊,张注曰:……二坊之地今为京兆东西门外之草市,余为民田。"

⑤ 《旧五代史》,卷六三,《张全义传》:"初,蔡贼孙儒、诸葛爽争据洛阳,迭相攻伐,七八年间,都城灰烬,满目荆榛。"页839。

张全义(852—926)为河南尹时,城内居民不满百户,张全义率部将耕垦,并且招集百姓劝耕务农。洛阳城内坊曲也都变成了农田。在唐哀帝天祐二年(905)十月丁亥的敕文中可以看得很清楚:

> 洛城坊曲内,旧有朝臣诸司宅舍,经乱荒榛。张全义葺理已来,皆已耕垦。……其都内坊曲及畿内已耕植田土,诸色人并不得论认。①

五代初年的洛阳仍然荒凉萧条,唐代的城坊规划已无迹可寻。经过三十年的聚众耕垦,至后唐明宗时代(926—933),居民渐多,但因建筑房舍未经规划,故"里巷颇隘",怎么也没法回复唐代街道宽阔、坊里齐整规划的旧貌。当时在朝为官的崔悒上疏,即描述了五代初年至后唐时洛阳的情形:

> 臣伏见洛都,顷当制葺之初,荒凉至甚,才通行径,遍是荆榛。此际集人开耕,便许为主,或农或圃,逾三十年。近岁居人渐多,里巷颇隘,须增屋室,宜正街坊。……窃惟旧制,宫苑之侧,不许停秽恶之物,今以菜圃相接宗庙祠宇,公府民家,秽气熏蒸,甚非蠲洁。请议条制,俾令四方则之。②

正因唐末五代洛阳的残破荒凉到了这步田地,后唐虽然定都于此,但在重建整顿洛阳时,无意也无力使之回复唐代的城坊制。后唐初年,洛阳

---

① 《旧唐书》,卷二十下,哀帝,天祐二年,页800。
② 《册府元龟》,卷四百七十五,《奏议六》,页5672。崔悒,后唐明宗朝,官秘书少监,迁右谏议大夫。

城内昔日的坊市多已成为菜园,①城墙也多倾颓隳坏,城中屋舍不多;②因此唐庄宗于同光二年(924)鼓励人民占射盖造城内无主的田地,同时也规定若是有主的空地,地主若在半年之内不建造房舍,则允许他人占射盖造。③ 然而,后唐政府仅着眼于盖造房舍,而未曾加以规划。这样毫无计划地鼓励人民建造房宇,其结果是房舍不齐整,街道狭窄、宽度不一。后唐明宗长兴二年(931)左右军巡使奏文中就提到这一点,并且建议对于已经盖造房舍的街巷做一番整顿:

> 其诸坊巷道两边,当须通得牛车,如有小街巷,亦须通得车马来往,此外并不得辄有侵占。应诸街坊通车牛外,即日或有越众迥然出头,牵盖舍屋棚阁等,并须画时毁拆,仍据撙截外,具留街道阔狭尺丈,一一分析申奏。④

这位阙名的巡使同时也建议对于尚未建房舍的地区,依照洛阳旧日的街道坊界,划分街道和住宅区:"其未曾有盖造处,宜令御史台两街使、河南府,依已前街坊地分,擘画出大街,及逐坊界分,各立坊门,兼挂名额。"⑤这里虽然提到划分坊界,立坊门,挂坊门名额,但只是一种区划而已,和唐代洛阳封闭式的城坊并不相同,比较类似宋代以后街巷制下的坊,只是一个以街巷为界分的区域。因为在同一奏疏中,对于已盖造房舍或是尚未盖造房舍的地区,都允许有临街店肆的存在,如对于尚未

---

① 《五代会要》(上海:上海古籍出版社,1978),卷二十六,《街巷》:"(长兴二年六月)敕,京城坊市人户菜园,许人收买,窃虑本主占佃年多,以鬻蔬为业,固多贫窭,岂辨盖造?恐资有力,转伤平民。……"
② 《册府元龟》,卷十四,《帝王部·都邑二》,《后唐庄宗同光三年八月左补阙杨途奏》:"复见都城旧墙,多已摧塌,不可使浩穰神京,旁通绿野,徘徊壁垒,俯近皇居。无或因循,常宜修葺。"页 164-1。
③ 《五代会要》,卷二六,《街巷》,《后唐同光二年八月敕》,页 411。
④ 《五代会要》,卷二六,《长兴二年六月八日据左右军巡使奏》,页 412。
⑤ 《五代会要》,卷二六,《长兴二年六月八日据左右军巡使奏》,页 412。

兴建房舍地区的规定是：

> 其坊内空闲，及见种田苗，并充菜园等田地，亦据本主自要量力修盖外，并许诸色人收买，修盖舍屋地宅。如是临街堪盖店处田地，有一间破明间七椽，其每间地价，亦委河南府估价准前收买。除堪盖店外，其余连店田地，每亩宜定价钱七千，以次近外，每亩五千，更以次三千，未有人买处，且勒仍旧。

因为五代洛阳的规划，允许临街店面的存在，与隋唐两京封闭式城坊制的基本精神迥异，而民舍宅第的对街开门和临街店肆的开设，正是城坊制破坏的部分因素，可见五代的洛阳显然不曾再恢复、实施唐代封闭式的城坊制。

五代另一个都城开封，同样也是个允许对街开门或开店的城市。五代开封是依唐代汴州城（今河南开封）的规模而建立的，唐德宗建中二年（781），宣武军节度使李勉重修汴州城；[1]不过，至五代时期，这个城市已经不复有封闭式的城坊，可从下列二事得知：一是商店已经溢出市外，因此后周世宗在筑开封罗城诏中说："加以坊市之中，邸店有限。"[2]二是对街开门的人家侵占街道用地的情况非常严重，《资治通鉴》卷二九二，显德二年（954）十一月："先是，大梁城中民侵街衢为舍，通大车者盖寡，上命悉直而广之，广者至三十步。"然而，周世宗在次年（955）六月所颁布整顿街道的诏书中，却仍准许街道两边的民户占用部分街道：

> 其京城内街道阔五十步者，许两边人户，各于五步内，取便种

---

[1] 董鉴泓主编：《中国古代城市建设》（北京：中国建筑工艺出版社，1988），页32。

[2] 《五代会要》，卷二十六，《城郭》，《显德二年诏》，页417。

树掘井,修盖凉棚;其三十步已下至二十五步者,各与三步,其次有差。①

可见五代都城开封在重新规划时,即没有回复封闭城坊制的意思,北宋亦沿用它作为都城。也就是说,北宋都城开封一开始就是一个没有封闭式城坊规划的城市。

一般讨论城坊制崩解的学者多以侵街作为其探讨的焦点,他们讨论北宋时期侵街的事例,得到北宋末年城坊制才彻底崩溃的结论②。其实,仔细辨识宋代都城开封的前身,即五代时的开封,这个城市业已不作封闭式的城坊规划,加以五代时期另一个都城——后唐的洛阳也不作此等规划,就可明了中古都城封闭城坊制的规划在唐末已宣告结束,从此未曾恢复过。

至于城坊制下的街鼓之制,在北宋初年并没有实施,一直到宋真宗咸平五年(1002),谢德权(953—1010)才请恢复长安的旧制。③ 不过,此一街鼓之制只维持了四五十年,至仁宗中期就废除了。④ 加藤繁因街鼓制废除,而将城坊制崩溃的时间定在宋仁宗中期,⑤事实上,他没注意到宋真宗咸平五年以前开封并没有街鼓之制;⑥同时,自五代开

---

① 《五代会要》,卷二六,《周显德三年六月诏》,页414。
② 木田知生:《宋代都市の研究をめぐる諸問題國都開封を中心として》。
③ 〔宋〕李焘撰,上海师大古籍所、华东师大古籍所点校:《续资治通鉴长编》(北京:中华书局,2004),卷五一,咸平五年二月戊辰:"京城衢巷狭隘,诏右侍禁阁门谢德权广之……德权因条上衢巷广袤及禁鼓昏晓之制,皆复长安旧制,乃诏开封府街司,约远近,立籍置表,令民自今无得侵占。"页1114。
④ 〔宋〕宋敏求撰,诚刚点校:《春明退朝录》(北京:中华书局,1980),卷上:"二纪以来,不闻街鼓之声,金吾之职废矣。"页11。《春明退朝录》约撰于宋神宗熙宁三年迄七年(1070—1074)间,二纪即二十四年,据此推算,则在仁宗庆历六年至皇祐二年(1046—1050)之间,街鼓之制即废止。
⑤ 加藤繁:《宋代都市の发展》,《中国经济史考证》,页248—259。
⑥ 木田知生:《宋代都市の研究をめぐる諸問題國都開封を中心として》也指出这一点。

始,都城内部不再有封闭式城坊的规划,坊内的住家可以对街开门,坊门的关闭已经不具有唐代制约的意义。北宋短时期恢复街鼓制,正可反映街巷制开展的初期,官方对于刚刚谢幕的封闭式城坊制的整齐与秩序之怀想。然而,开封早已不是这样的规划,因此,宋真宗虽然再实施街鼓制,不过因当时都城已经没有和街鼓制相配合的封闭式城坊,所以至宋仁宗时就将它废止了。

四、城坊制崩解的原因

关于中古都城封闭城坊制崩解原因的探讨,迄今所做的研究仍然很有限。加藤繁认为是都市人口的增加、交通商业的繁盛、财富累积、居民的种种欲望增强起来的缘故。① 其后谈论城坊制崩解的学者,也都以商业发展导致城坊制崩溃,一笔轻轻带过,只有日野开三郎曾认真讨论过这个问题。日野开三郎解释城坊制崩溃的原因,仍然遵循加藤繁的说法,加以发挥而已。他认为:关中粮食生产不足以供给长安的百官和军队,因此唐初皇帝百官常常要到洛阳吃粮,粮食不足使长安人口难以增加。然而到了玄宗时代,这种情形有了转机,开元二十一年(733),裴耀卿(681—743)创漕运搬运法,解决都城的粮食供应问题,使得此后长安、洛阳人口增加,原来长安城南面算起四坊之地多是蔬圃菜园,自此也改观了,填满了人户住家。由于人口的增加,对生活必需品的需求也加大,而有增设邸店肆铺的必要,于是商店便超出了市区的限制,在坊内开设。同时,因大运河输送能力扩大,商品物资也可以大量搬运,使得远程商业快速成长。不只长安、洛阳人口充实、商业发展,地方上大大小小的城市也得到充实发展,特别是在漕运路线上,以及沿长江的城市发展特别快速。②

---

① 加藤繁:《宋代都市的发展》,《中国经济史考证》,页248—259。
② 日野开三郎:《唐代邸店の研究》,页301—302。

日野开三郎以人口增加、供需关系来解释城坊制崩解的原因；他提出开元、天宝以后长安人口增加，坊、市都填满了居民，这一点是值得商榷的。唐代的一些资料显示，至唐代后期，长安城南面四坊之地仍然多是空地或菜圃。因此，日野开三郎的说法有不够圆满之处。宪宗元和十三年（818）时，长安城朱雀门街东第五街的升道坊以南，都是无人居住的荒凉地带。① 升道坊以南有三个坊：立教、敦化及一个阙名的坊，其南就是曲江池及其周围的游览胜处。此时去开元二十一年，已经八十五年，长安城东南角仍有空坊。在此三十余年后，穆宗长庆三年（823）正月，礼官奏疏里建议：不可在皇城南面夹朱雀大街六坊之地置私庙，但可在兰陵坊以南四坊空闲的地区设置私庙，理由是"自威远军向南三坊，俗称围外地，至甚闲僻，人鲜经过，于此置庙，无所妨碍"。② 威远军在朱雀门街东第二街，皇城以南第六坊的安善坊。③ 在安善坊之南，有大业坊、昌乐坊、安乐坊，并安善坊，共计四坊。这和宋敏求《长安志》中所记相符："自兴善寺以南四坊，东西尽郭，率无第宅。虽时有居者，烟火不接，耕垦种植，阡陌相连。"④兴善寺在靖善坊，靖善坊以南抵南郭正好是四坊：兰陵、开明、保宁、安义坊。⑤ 由上可知，一直到唐朝末年，长安城有近三分之一的地区仍然很荒凉，由此可证明前述开元年间漕运改革后，长安户口充实的说法有修正的必要，以此解释商店在坊内的开设或商业的发展，也有商榷的余地。

探讨中古都城坊制崩解的原因，只集中于商业发展这个因素的讨论是不够充分的，加藤繁曾指出"和政治、军事、文学、美术等的关系，也

---

① 《太平广记》，卷三四五，《鬼·张庚》："张庚举进士，元和十三年居长安升道里南街……庚度此坊南街尽是垆墓，绝无人住。"（出《续玄怪录》），页2731。
② 《册府元龟》，卷五九二，《掌礼部·奏议》，页7080-1。
③ 《唐两京城坊考》，卷二，"安善坊"条，页47。
④ 〔宋〕宋敏求：《长安志》（北京：中华书局，1990），卷七，《唐京城一·开明坊》，页110-2至111-1。
⑤ 《唐两京城坊考》，卷二，"开明坊条"，页37。

必须加以考察"①。诚然如此,都城犹如帝国的心脏,它跳动的变化,反映的是整个帝国政治、经济、社会、文化各方面的变化,不限于商业一端而已。因此,要探讨都城制崩解的原因,就不是一个简单而容易回答的问题,自然也不是本文所能完全解决的。此处仅粗略指出城坊制崩解的原因和中唐以后政治、社会的变化有密切的关联,从都城管理体系的变化这一点就可以看得很清楚。

隋唐长安、洛阳的城坊规划受到北魏洛阳规划的影响,北魏洛阳城坊制主要的目的是便于控制坊内的居民,每一个坊的管理体系,据《洛阳伽蓝记》卷五:"里开四门,门置里正二人,吏四人,士卒八人。"隋代大兴城坊的管理制度如何,不详。唐代每坊皆有一位坊正,掌管坊内治安,并负责坊门的启闭;同时每坊还有数名里正,掌管户籍赋役,但里正同时也须负责治安。②坊另有坊卒,坊卒是由负责京城治安的金吾卫的兵士担任的,③一坊有几个坊卒,不得而知。由文献上所见,唐代似乎不像北魏洛阳那样注重坊内的管理,比较注重坊外街道的巡查。虽然,唐玄宗时设左右巡使,分别负责督查朱雀大街左右城坊内的民事④;不过,巡使比较上是站在一个监察的立场来巡察坊内诸民事,真正负责坊内治安的还是坊正和里正,其下有坊卒辅助。至于唐代都城坊外街道的管理则有一套制度,唐玄宗设左右街使,分别负责巡察朱雀

---

① 加藤繁:《宋代都市的发展》,《中国经济史考证》,页248—259。
② 宫崎市定:《漢代の里制と唐代の坊制》。《唐律疏议》卷十六:"诸部内有一人为盗及容止盗者,里正笞五十(坊正、村正亦同)。"页379。
③ 室永芳三:《唐都長安城の坊制と治安機構(上)》,《九州大学东洋史论集》,第2号,页9—10。
④ 室永芳三:《唐都長安城の坊制と治安機構(下)》,《九州大学东洋史论集》,第4号,页5—6。左右巡系由御史台的殿中侍御史担任,其所巡察坊内的不法事项很多,《唐六典》,卷十三,"御史台、殿中侍御史"条,对此有所说明:"凡两京内,则分知左右巡,各察其所巡之内,有不法之事,谓左降流移、停匿不去,及妖讹宿宵、蒲博、盗窃、狱讼、冤滥、诸州纲典贸易、隐盗、赋敛不如法式,诸此之类,咸举按而奏之。"又,《唐会要》,卷八六,《街巷》也记录了一些左右巡使奏坊内对街开门和侵街造舍之事。

大街左右街道，根据《新唐书·百官志》的记载，左右街使分察大街徼巡，在每个坊角有武候铺，由金吾卫士及圹骑分别守卫，大铺三十人，小铺只有五人。① 大铺是设在宫城、皇城附近、"市"的周围以及居民众多城坊的坊角，小铺则设在居民不多或"围外"远坊的坊角。这些坊角的铺兵只是负责巡查街道，至于坊内系归巡史督察，坊外街道则归金吾卫街史管理，两者职务区分得很清楚，这可从下列一则记事得到更清晰的印象，《资治通鉴》卷二三九《唐纪》，宪宗元和十一年十一月：

> 庚子，以给事中柳公绰为京兆尹。公绰初赴府，有神策小将跃马横冲前导，公绰驻马，杖杀之，明日，入对延英，上色甚怒，诘其专杀之状……上曰："何不奏？"对曰："臣职当杖之，不当奏。"上曰："谁当奏者？"对曰："本军当奏；若死于街衢，金吾街使当奏；在坊内，左右、巡使当奏。"

唐代这一套都城管理体系实施的成效如何？许多资料显示，从唐玄宗以后，长安城坊管理体系就不足以应付，不仅违制对街开门的事件增加了，治安走下坡；后来甚至连犯夜的人也愈来愈多。如前述宪宗元和年间夜漏未尽之时，长安街道上已有不少行人了。

唐玄宗以后都城管理体系逐渐失效，与其说是长安人口大量增加的结果，毋宁说此和政治、社会、经济方面的变化有关。举例来说，历史上的都城大都是五方会聚、人口杂沓，在管理上较费周章的城市；不过，像宪宗元和十年六月三日清晨，有两位宰相裴度（765—839）、武元衡（758—815）在长安街道上遭人袭杀的情形，恐怕并不多见。此宰相遇刺事件是由于藩镇王承宗（801—834）、李师道的指使；自中唐以后，长

---

① 如左右巡使也负责巡察城坊是否合乎规定按时启闭。《资治通鉴》，卷二三九，《唐纪》，"宪宗元和十一年十一月庚子"条，胡注："坊皆有垣有门，随昼夜鼓声，以行启闭。巡使掌左右街百坊之内，谨启闭徼巡者也。"页8258。然而，事实上掌管坊门钥匙者是坊正。

安治安的混乱和藩镇壮大及其他政治上的变化,实有密切之关连。

中唐以后,政治情势的转变和治安不良,终于导致都城管理体系的改变。肃宗乾元元年(758),因得势而掌握禁兵的宦官李辅国(704—762)以京城治安不良为借口,请以羽林禁军代替金吾卫兵士巡查都城,但由于李揆(711—784)反对,没有付诸实施。① 然而,至文宗太和四年(830)下令:以左右神策禁军会同京兆府、长安县、万年县属吏,共同擒拿盗贼。② 代宗初年,神策军以征讨吐蕃有功,受代宗重视,成为和左右羽林、龙武、神武北衙六军相侔的禁旅。当时神策军使宦官鱼朝恩(721—770)专典禁兵,自此之后,神策军多归宦官掌管。因此,神策军加入缉捕京师盗贼,亦即意味宦官势力伸入都城管理系统。五年后,文宗太和九年(835)发生了"甘露之变",事平之后,金吾卫被解除武装,长安城便全在神策军的控制之下。③ 甘露之变系翰林学士李训(?—835)、郑注(?—835)欲讨灭以神策军为后盾而专权的宦官,不幸失败。由于金吾卫将军韩约及卫士参与这项行动,因此事变之后,当年十二月,即诏令将左、右街使的军器,全部收归弓箭库。④ 金吾卫丧失武装力量,一方面代表了神策军,亦即宦官的势力全面控制长安城,另一方

---

① 《旧唐书》,卷一百二十六,《李揆传》,页3560;《新唐书》,卷五十,《兵志·禁军》,页1331。

② 《册府元龟》,卷六五,《帝王部》,"发号令",文宗太和四年十二月:"诏曰:如闻近日京城频有寇贼,府县所由至少,防制实难。须军司共为捕察,宜令左右神策各差人与府县计会,如有盗贼,同力追擒。"页723-2。

③ 室永芳三:《唐都長安城の坊制と治安機構(下)》。

④ 《册府元龟》,卷六五,《帝王部》,"发号令",《太和九年十二月庚寅敕》:"先是元和十年六月十三日敕以内库弓箭陌刀赐左右街使,充宰相入朝以为翼卫,及建福门而退。至是因(李)训、(郑)注之乱,悉罢之。其所赐两街军器,尽归于弓箭库。"页725-1。按,自唐中期以后,京城治安不佳,代宗大历十二年(777),下令禁止在京畿内持武器狩猎。德宗贞元八年(792),没收京城内士庶家的武器,并禁私藏武器。宪宗元和元年(806),禁止在京城内持武器步行。元和六年(811),禁止禁军将卒在京城持武器步行,禁止王公贵族拥有狩猎武器。文宗太和元年(827),禁止在坊内习射。

面也显示都城管理系统的破坏。

金吾卫的解除武装,也意味着其执法力量的弱化,这当是促进城坊制崩解的原因之一。金吾警夜,纠查违反夜禁者本为金吾卫的职掌之一,自文宗以后,原已渐趋松弛的犯夜情形更加严重,①京城甚至出现了夜市。《唐会要》卷八十六,文宗开成五年(840)十二月敕:"京夜市,宜令禁断。"至唐朝末年,夜禁几乎已经完全破坏了,据哀帝天祐三年(906)皇城使奏:"漏鼓声绝后,禁断人行。今据军人百姓,更点动后,尚恣夜行。"②

此外,当我们在思考城坊制崩解的原因时,有一点也是应该列入考虑的:中唐以后的社会和隋、唐初年两京规划甫成时的社会,有相当的差异。以官吏经营商业的风气为例,唐太宗贞观六年(632)敕:"五品以上,不得入市。"③而从现存的资料看来,似乎在玄宗以前,官员经营商业的情形不是很普遍;但到玄宗时,不只高品清官,连南北卫军人也多经营商业,公然违反唐初的禁令。然而官员经营商业蔚然成风,朝廷难以禁遏,只好给予少许的限制,唐玄宗九载十月戊辰诏曰:

> 南北卫百官等,如闻昭应县两市及近场处,广造店铺,出赁与人,干利商贾,莫甚于此。自今已后,其所赁店铺,每间月估不得过五百文。其清资官准法不可置者,容其出卖。如有违犯,具名录奏。④

由上可知,由于官员军人在"市"及榷场要地建造店铺出租,似乎有炒作

---

① 在此之前,文宗太和五年(831),左右巡使已有犯夜的报告,见《唐会要》,卷八六,《太和五年七月左右巡使奏》。
② 《册府元龟》,卷十四,《帝王部·都邑二》,《天祐三年闰十二月皇城使奏》,页162-2。
③ 《唐会要》,卷八六,《市》,页1581。
④ 《册府元龟》,卷一五九,《帝王部·革弊》,页1926-2。

店铺租金的情况,在不可全面禁绝的情况下,只好限制店铺的租金。诏令中说"清资官准法不可置者,容其出卖",可知也有高品清官从事这项投资。如唐玄宗时宰相张九龄(678—740)在谢绝皇帝赐他宅第的状文中,就毫不隐晦地说自己经营商业:"又臣见在家累,仅十余人。臣之俸禄,实为丰厚,以此贸迁,足办私室。"① 由于整个社会营利风气很盛,柳宗元(773—819)《吏商》一文中说"举世争为货商"②,应当不是过分的形容。

关于唐代社会和城坊制崩解之间的关连,还有待更进一步的研究。本文怀疑:似乎从玄宗以后的唐代政治、社会、经济方面有许多势力相互激荡,因而不再适合于隋代唐初规划城坊制下的社会控制与商业控制。

五、结 语

中古城坊制从唐玄宗时代开始逐渐崩解,至唐末彻底瓦解。五代时期的都城,无论是开封或洛阳,都已经不实施城坊制了;没有封闭式的城坊规划,也没有实施街鼓制度。北宋真宗时一度恢复实施街鼓制,然而城坊制下封闭式城坊的实体已不存在,街鼓制也失去意义,至仁宗时已不复闻街鼓之声。因此,如加藤繁等学者把中古都城坊制崩溃时间定在北宋末年,其实是不正确的。北宋短暂实施街鼓制,只能看作当时曾有恢复部分城坊制的意图;然而,没有封闭式城坊规划及其相关的管理系统,街鼓制不但不能贯彻实施,同时也失去意义。所以论城坊制彻底崩解的时间,还是在唐末。

至于城坊制崩解的原因,是一个很复杂的问题,因此从来就没有人认真去讨论它。唐代都城坊制虽然奠基于隋初,不过唐代城坊制实施

---

① 《全唐文》,卷二八九,张九龄《让赐宅状》,页2938下。
② 《全唐文》,卷五八六,柳宗元《吏商》,页5925下。

及其逐渐地土崩瓦解，和唐帝国的盛衰历程颇为一致。城坊制不仅涉及城市规划的层面、政治上管理控制的层面和经济的层面，它时时也和居住在都城的达官贵人、商贾小贩、平民百姓等人的日常生活有密切的关联。因此，有关城坊制崩解原因的探讨，显然不能单纯归之于商业的发展，必须从政治、社会、文化方面加以考察。本文仅就城坊制某些不切实际的规划，以及其实际付诸实施时的弹性，讨论城坊制的崩解。至于其他城坊制崩解的原因，仍有待日后进一步的研究。

原刊于《大陆杂志》第八十二卷第一期(1991)

后　记（增订本）

随着时间的轮转推移，近二十年来六朝史的考古和研究都有长足的进展，因此当胡阿祥先生提议再度出版拙著之时，我一度很犹豫。相较于时下研究资讯的发达，1970年代末期我撰写博士论文时，无论是文献资料或考古、二手论著都很贫乏难获，如最基本的资料之一《建康实录》，当时能够找到最好的版本是光绪二十九年（1903）甘氏校刻本，它收藏在台北市郊的傅斯年图书馆，不能影印，我大约花了一个月的时间，天天到该馆阅读和抄写。又加上个人才学不足之故，拙著就显得非常薄弱，也有不少错误。然而，胡先生认为就六朝建康研究史而言，此旧作也可算是一枚足印，所以就答应了。

由于它是近三十年前不成熟的旧作，仅能修改明显的错误，在检视之际，也常心怀惭愧。除了原来的篇章之外，依胡先生的建议，增加了三篇相关文章：《六朝建康的佛寺与城市空间》一文，系2004年参加韩国忠南大学百济文化研究所"古代的王权与都市"国际研讨会发表的论文，中文版收入《郑钦仁教授七秩寿庆论文集》（台北：稻乡出版社，2006）。《东晋南朝"钟山文化区"的形成》一文，刊于《南京晓庄学院学报》2018年第1期。至于《移民潮、非汉民族和六朝商业政策的转变》一文，则是即将出版的《剑桥中国史·六朝篇第二册》中之一章"Migration, Governing Non-Han Peoples, and the Transformation of Commercial Policies during the Six Dynasties"的中文稿。

1992年出版的《六朝的城市与社会》，上篇"建康城"出自博士论文（1981）的一部分，中篇和下篇则都是1983年进入"中研院"史语所工作后陆续发表的论文。博论《六朝时代的建康》分为三篇，上篇历史篇、中篇实质环境篇、下篇文化篇,当时认为要完整描绘六朝建康这个城市,实质环境是它的骨骼,历史是它的肌理,至于文化则是它的精神魂魄。我醉心于六朝文化之余,不自量力地在文化篇以五章分别谈建康的政治风气、社会特征、经济基础、文化的内涵与特色、文化的兴盛与衰落。博士论文口试时,主试的诸位先生(指导老师孙同勋先生、何启民先生、王曾才先生,傅秀实师因卧病医院未能出席),对于上、中篇都没有什么意见,唯独对文化篇中《文化的内涵与特色》这一章非常不满意,认为过于简单轻率,称每一小节都可以是好几篇博论的课题,对于其中疏失提出强烈的批评;我俯首体认自己太过无知和狂妄,绝对没有能力讨论建康文化这个大议题。因此,迄今仅发表了经济基础这一章。不过,原来在撰写《文化的内涵与特色》这一章的一些关怀,也影响了此后研究的思考和方向。此章包括四个小节——文学的一枝独秀、玄学清谈的披靡、佛教信仰的弥漫、贵族的教养与平民文化,拟通过人群在建康城从事的各种活动,一窥城市文化的特色,但却发现文献上所见在建康活动的都是贵族,几乎没有平民的踪影。例如史书文献中不乏贵族诸多技艺和活动,涉及书法、尺牍、绘画、围棋、音律、投壶等方面的记载,但关于平民仅记录了极少数的娱乐,如斗鸡、斗鸭、掷涂、赌跳等杂戏,和"吴歌"等民间歌谣。职是之故,1986年我在纽约大都会博物馆看到东魏武定二年邑义五百人造像碑上,有一平民和不见于《高僧传》非名僧的题名时,欣喜异常,终于发现有一种文本载有中古时期众多平民的资料,可以借此探索平民的世界。由于北朝有数量庞大的造像碑,因此展开了五至六世纪华北乡村佛教的信仰,以及中古佛教信仰组织义邑与法社的研究。

然而,我原来主要的兴趣和关注系在六朝,北朝有数以千计的造像碑,南方则仅有四五百件石刻造像,而且其中仅有少数刻有铭文,何以同一时期南、北方有如此大的差异?又,北朝的造像碑之中,除了一部分出自个人或个别家族,有很多是由僧、俗组成的佛教信仰组织所建造的,这些组织称为"义邑""法义",并不见于南方的造像记。为了探讨南北朝佛教信仰所呈现的差异,遂有《从造像碑看南北朝佛教的几个面向——石像、义邑和中国撰述经典》一文(收入林富士主编:《中国史新论·宗教史分册》,台北:联经出版事业公司,2010),认为南朝实施禁碑令和符伍制,是导致南朝鲜有造像碑,以及佛教信仰组织之故。2015年在史语所讲论会发表《东晋南朝建康佛教的文化生态》一文,和文化相关的部分已先行发表,即收入本书中的《东晋南朝"钟山文化区"的形成》。至于和佛教较为密切的建康僧尼背景和教学风格,以及南朝佛教信仰的多重面貌等文,将另行发表。

六朝建康文化的缤纷璀璨,可谓中国文化史上最精彩绚丽的篇章,即使学养心力不足,今后仍将继续耕读南朝佛教文化,以副初衷。

刘淑芬
2019 年 6 月 18 日

"南京大学六朝研究所书系"已出图书

一、甲种专著

1.《东晋南朝侨州郡县与侨流人口研究》(修订本),胡阿祥著,江苏人民出版社,2019年10月版,"甲种专著"第壹号;

2.《中古丧葬礼俗中佛教因素演进的考古学研究》,吴桂兵著,科学出版社,2019年12月版,"甲种专著"第贰号;

3.《六朝的城市与社会》(增订本),刘淑芬著,南京大学出版社,2021年1月版,"甲种专著"第叁号。

二、乙种论集

1.《"都城圈"与"都城圈社会"研究文集——以六朝建康为中心》,张学锋编,南京大学出版社,2021年1月版,"乙种论集"第壹号。

三、丙种译丛

1.《中古中国的荫护与社群:公元400—600年的襄阳城》,[美]戚安道著,毕云译,南京大学出版社,2021年1月版,"丙种译丛"第壹号;

2.《从文物考古透视六朝社会》,[德]安然著,周胤等译,南京大学出版社,2021年1月版,"丙种译丛"第贰号。

四、丁种资料

1.《建康实录》,(唐)许嵩撰,张学锋、陆帅整理,南京出版社,2019年10月版,"丁种资料"第壹号。

五、戊种公共史学

1.《"胡"说六朝》,胡阿祥著,江苏人民出版社,2019年6月版,"戊种公共史学"第壹号;

2.《谢朓传》,胡阿祥、王景福著,凤凰出版社,2019年12月版,"戊种公共史学"第贰号。